사회복지조사방법론

김동기 · 조춘범 · 엄태영 · 장용언 · 황정하 · 오인근 · 이민홍
손인봉 · 최권호 · 임진섭 · 김태형 · 이상우 · 류원정 · 이선우 공저

Research Methodology for Social Welfare

학지사

머리말

『사회복지조사방법론』이란 책을 집필한 가장 큰 이유는 사회복지학과 학생들 그리고 좀 더 나아가서는 사회복지현장에 있는 실천가들에게 사회복지조사라는 매우 무겁고 힘든 주제를 최대한 쉽게 이해할 수 있도록 조금이나마 도움을 주기 위해서이다. 사회복지조사는 학부생 시절뿐만 아니라 사회복지실천 현장에 나가서도 욕구 조사, 만족도 조사, 성과평가 등과 같은 이름으로 매년 꼭 직면하게 되는 이슈이다. 그런데 사회복지실천에 해당되는 과목들과는 다르게 사회복지조사는 평상시 자주 사용하는 용어가 아니기 때문에 그 개념을 이해하고 그 단어를 사용하는 것 자체가 결코 쉽지 않다. 이로 인해 학부생 시절에 '사회복지조사론'이란 과목을 힘겹게 수강하고도 졸업 후 사회복지실천 현장에 가면 '사회복지조사'란 그 자체만으로도 다소 버거운 주제가 된다. 따라서 우리 저자들은 이와 같은 학부생들과 실천 현장가들이 직면하는 버거움과 어려움을 조금이라도 줄여 주기 위해 최대한 사회복지학과 학부생과 사회복지실천 현장가들의 눈높이에 맞춰 책을 집필하고자 노력하였다.

이 책은 기존 한국사회복지포럼 회원들이 최근에 개정된 '한국사회복지교육협의회'의 교과목 지침을 반영하여 구성하였다. 즉, 제2장으로 증거기반 실천, 제3장으로 사회복지조사와 연구윤리, 제4장으로 사회복지조사의 개관과 연구문제의 형성, 제12장으로 질적 연구의 전통, 제14장으로 양적 자료분석을 구성하였다. 따라서 앞으로 시행될 사회복지사 1급 자격증 국가시험을 좀 더 수월하게 준비할 수 있게끔 하는 수험서의 역할도 겸할 수 있을 것이다.

이 책을 접하게 되는 사회복지학과 학부생 그리고 사회복지실천 현장가들이 앞으로 또는 지금 사회복지현장에서 만나는 다양한 대상자, 즉, 노인, 아동, 장애인, 한부모 가정, 탈북자 등과 같은 다양한 사회복지실천 대상자들이 직면한 문제와 서비스 욕구 등을 좀 더 정확하게 진단하고 분석할 수 있는 안목을 이 책을 통해 조금이나마 갖게 되길 기대한다.

마지막으로, 우리 저자들의 영원한 멘토이고 인생의 선배님이자 푸근한 형님이신 故 홍영수 교수님(순천향대학교 사회복지학과)께 이 책을 바치고 싶다. 살아계셨다면 아마도 이 책의 총괄저자로서 기획하시고 집필하셨을 텐데 너무 안타깝다. 비록 같이 책을 저술하진 못했지만, 이 책을 집필한 대다수의 저자의 앎과 지식에 큰 영향을 미치신 분이기 때문에 이 책의 많은 부분을 그분이 집필하셨다 해도 틀리지 않다. 그리고 이전의 책을 함께 집필했음에도 불구하고, 정말 안타깝게 젊은 나이에 꽃도 제대로 피우지 못하고 하늘나라에 간 우리의 영원한 후배이자 동료인 故 공정석에게 이 책을 바친다. 우리 정석이, 그곳에서도 행복하기를 바라…….

2021년 3월

사람이 중심이고 사람이 행복한 세상을 꿈꾸는

한국사회복지포럼 저자 일동

차례

제1장

과학과 사회조사방법

학습목표

1 과학적 지식과 과학적 지식을 획득하는 방법에 대해 이해한다.

2 사회복지에서 과학적 탐구의 유용성을 이해한다.

3 사회복지조사론의 토대가 되는 인식론을 이해한다.

4 사회조사 과정을 이해한다.

사회복지사가 활용하는 지식은 과학적 방법을 통해 축적되어 온 결과물이다. 사회복지조사는 사회복지의 주요 관심체계인 개인, 가족, 집단, 조직, 지역사회, 국가에 대한 지식을 과학적으로 획득하는 방법을 의미한다. 사회복지사는 클라이언트에게 최선의 서비스를 제공하기 위해서 기존 지식을 활용함과 동시에 새로운 지식을 창출하는 역할을 하게 된다. 따라서 과학적 방법으로 지식을 얻는 사회조사에 대한 이해는 사회복지사가 반드시 갖추어야 할 조건에 해당된다.

이 장에서는 과학적 방법의 정의와 특성, 사회복지에서 과학적 탐구의 유용성, 인식론과 사회조사, 사회조사의 유형과 절차 등에 대해 탐색적 수준에서 기술하고자 한다. 이는 사회복지조사방법론에 입문하는 예비사회복지사에게 지식을 과학적으로 얻는 방법과 과학적으로 축적된 지식을 활용하는 방법을 이해시키기 위해 의도되었다.

1. 과학 및 과학적 방법 이해

1) 과학의 정의와 특성

사회조사(social science)는 과학적 절차에 따라서 지식을 습득하는 것이다. 예를 들어, 장애아동의 자기효능감을 높일 수 있는 방법에 대한 질문을 과학적 절차에 따라 답을 구했을 경우에 그 답이 과학적 지식이 될 수 있다(황성동, 2006). 즉, 사회조사방법은 과학적 방식으로 지식을 얻는 절차와 방법을 구체화한 것이다. 사회조사는 과학적 연구를 의미하는 것으로 귀착되므로 사회조사에 대한 설명은 과학적 연구에서 시작해야 한다.

또한 일반적으로 사회복지학은 행정학, 정치학, 경제학, 사회학, 심리학, 신문방송학 등과 함께 사회과학의 한 분야이며, 사회과학은 대분류인 과학에 해당된다. 사회복지와 과학이 연결될 수 있는 이유는 사회복지 지식이 과학화가 가능하도록 사회조사가 가교 역할을 해 주기 때문이다. 따라서 사회조사방법에 대한 이해는 과학적 연구에 기초를 두기 때문에 과학의 정의 및 특성, 과학적 지식 획득 방법 및 지식획득 과정의 오류, 비과학적 지식획득 방법 등을 통해서 접근하고자 한다.

(1) 과학의 정의

과학(science)은 지식(knowledge)이라는 라틴어 'scientia'에서 유래된 것으로 보편적으로 우리를 둘러싼 세상을 설명해 주는 지식의 체계(system of knowledge)로 정의할 수 있다(신민철, 2008). 과학의 목적은 현상을 설명할 수 있는 지식 제공, 현상에 대한 규칙성의 일반화, 변수들 사이의 관계 기술과 설명, 이론을 바탕으로 현상 예측 등이다(김구, 2011). 예를 들어, 과학을 통해서 현재 이슈가 되고 있는 청소년 폭력 현상을 이해할 수 있는 지식을 제공할 뿐 아니라 청소년 폭력 현상이 유발된 원인과 이를 통해 파생적으로 발생할 수 있는 부정적 결과에 대해서도 예측하거나 인과관계의 설명이 가능하게 된다.

(2) 과학의 특성

과학의 특성은 검증 가능성, 측정 그리고 과학의 대상으로 설명할 수 있다. 먼저, 신화와 같이 다른 유형의 지식체계와의 차별성은 바로 과학적 지식이 검증 가능하다는 특성이다. 다음으로, 특정 현상이 정확하게 무엇인지를 규명하거나 현상 간의 관계를 검증하기 위해서는 현상을 부르는 용어나 개념을 경험적인 관찰이 가능하도록 연결하는 측정의 원리가 적용된다. 마지막으로, 과학은 당위(should)가 아니라 현실(be)에 대해 '무엇'과 '왜'를 알게 해 준다는 측면에서 연구대상이 있어야 한다. 즉, 과학의 대상은 이념, 도덕, 가치 등에 대한 논쟁의 해결에 적용하는 데 한계가 있다(신민철, 2008).

2) 과학적 지식과 과학적 방법

(1) 과학적 지식과 과학적 방법

과학적 지식(scientific knowledge)은 과학적 방법을 통해서 생성된 지식을 의미한다. 과학적 방법(scientific method)은 전통, 권위, 직관, 신비, 상식, 대중매체에 의존하는 것이 아니라 논리성, 체계성, 경험성, 객관성을 확보한 절차가 기본 전제다. 우리가 대학에서 단과대학 명칭에 과학이라는 단어를 사용하는 것은 과학적 지식을 토대로 형성된 학문임을 선언하는 것이다. 예를 들어, 사회복지학과는 사회과학대학에 소속된 경우가 많다. 이는 사회복지학이 사회과학의 하위 학문으로서 사회복지 지식을 사회과학 방법을 통해 생성하며 활용하고 있음을 의미한다.

과학적 방법을 통해 획득한 지식의 특성은 재생가능성(reproducibility), 경험가능성(empiricism), 객관성(objectivity) 등이다. 재생가능성은 동일한 방법을 사용하면 누구나 동일한 연구결과가 나타나는 가능성이다. 재생가능성은 절차로 재생가능성, 결과로 산출가능성으로 구분된다. 경험가능성은 인간의 감각기관을 통해서 연구결과를 지각하는 것이 가능해야 한다. 객관성은 상호 주관성으로 여러 명이 동일하게 인식할 수 있어야 한다(채구묵, 2017).

과학적 방법은 체계적인 논리와 관찰을 통해서 사회현상 및 자연현상에 대해 객관적 지식을 획득하는 것을 의미한다(최성재, 2005). 과학적 방법을 구성하는 두 가지 핵심적인 축은 논리와 관찰이며, 논리와 관찰을 통해서 얻은 지식만이 과학적 의미를 부여받게 된다. 특히 논리와 관찰을 통해 검증된 지식이 서로 일치성을 보일 때 과학적 지식으로 축적된다.

지식을 획득하는 과정이 논리적 추론이며, 이는 연역적 방법(deductive method)과 귀납적 방법(inductive method)으로 구성되어 있다. 연역적 방법과 귀납적 방법은 별개로 분리하여 이해되기보다는 상호 보완적으로 작용하는 과학적 접근 방법이라 할 수 있다. 과학적 연구과정에서 연역적 방법은 이론을 통해서 관찰할 사항을 결정하게 되며, 귀납적 방법은 관찰을 통해서 이론을 만들거나 수정하게 한다. [그림 1-1]에서 보듯이, 논리적 추론은 연역적 방법과 귀납적 방법이 끊임없이 순환하여 지식을 생성하거나 확인하게 된다. 그림의 왼쪽은 귀납적 방법으로 관찰을 통해서 일반화를 거쳐 이론에 도달하게 되고, 그림의 오른쪽은 연역적 방법으로 이론을 통해서 가설을 설정하여 관찰을 통해 확인하게 된다.

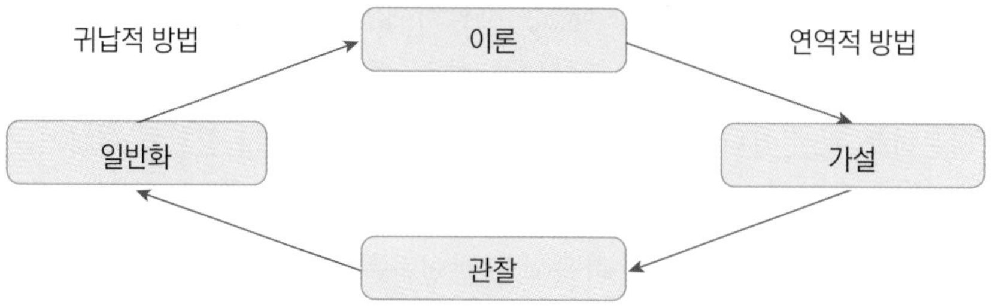

[그림 1-1] 논리적 추론: 연역적 방법과 귀납적 방법

연역적 방법은 일반적인 것으로부터 특수한 사례로 추론하는 방법이다. 전체에 적용되는 참은 부분에 대해서도 참이라고 말할 수 있다는 것이다(신민철, 2008). 구체적으로, '모든 사람은 죽는다. → 나도 사람이다. → 그러므로 나도 죽는다.'의 과학적 지식획득 방법이 연역적 추론 방법이다. 특히 연역적 추론방법은 '가설 → 조작화 → 관찰 → 검증'을 거치게 된다(채구묵, 2017). 일반적으로 가설은 이론에 기반하여 설정하게 된다. 예를 들어, '네트워크 이론'을 토대로 노인의 사회적 네트워크가 생활만족도를 높인다는 가설을 설정한 후, 사회적 네트워크와 생활만족도를 조작화하여 관찰을 통해서 가설을 검증하게 된다. 특히 연역적 방법은 계량적 방법으로 추출된 조사집단을 대상으로 가설이 맞는지를

확인하게 된다.

귀납적 방법은 연역적 방법과 반대로 특수한 사례에 대한 관찰을 토대로 일반적인(보편적인) 원리를 도출해 내는 것이다. '나는 잠을 잔다. → 다른 사람들도 잠을 잔다. → 모든 사람은 잠을 잔다.'의 논리적 추론 방법을 통해서 지식을 획득하게 된다. 예를 들어, 사회복지사가 정서불안을 보이는 아동(클라이언트)의 사정을 통해서 하루에 한 시간 이상 온라인 게임을 하는 것을 알게 되었다. 또 다른 정서불안을 보이는 아동에게서도 이런 사실이 관찰되었다. 이를 통해서 아동이 온라인 게임을 매일 했을 때, 정서불안을 가져올 수 있다는 결론에 도달할 수 있게 된다. 귀납적 방법은 관찰을 통해서 일반화를 시도하기 때문에 사례를 주로 연구하는 질적 연구방법이 선호된다.

(2) 과학적 방법의 지식획득 과정 오류

지식을 획득하는 과정은 논리적이고 경험적이어야 과학적 지식으로 인정받을 수 있다. 하지만 논리와 경험을 통해서 얻어진 지식이라고 해도 절차의 문제나 연구자의 실수로 인해서 오류를 범할 수 있다. 예를 들어, '보는 것을 믿는다.'는 말이 지식을 얻는 방법으로 설득력을 갖지만, 착각이나 망상을 통해서 잘못된 것을 사실로 판단할 수 있다(김구, 2011). 이로 인해 과학적으로 지식을 획득하는 과정에서 발생할 수 있는 오류를 피하기 위해서는 다음과 같은 몇 가지 유형에 대해서 알고 있어야 한다(Rubin & Babbie, 2008).

- **부정확한 관찰(inaccurate observation)**: 조사의 핵심은 관찰이다. 관찰이 부정확할 경우에는 과학적 지식이 될 수 없다. 관찰자가 잠이 오거나 의식하지 못한 순간에 눈 앞에서 일어나는 특정 사건을 보지 못하거나, 일어나지 않은 것을 일어났다고 잘못 판단할 수도 있다. 부정확한 관찰을 피하기 위해서 의식적으로 관찰이 수행되어야 하며, 단순하거나 복잡한 측정도구를 활용해야 한다.
- **과도한 일반화(over generalization)**: 우리가 주위를 통해서 관찰한 몇 가지 사건을 가지고 비슷한 사건이 발생할 때 차이가 없이 동일하게 인식하는 것을 말한다.

- **선별적 관찰**(selective observation): 특수한 사례나 상황만을 부각해서 관찰하는 것으로, 특히 잘못된 고정관념, 편견, 선입견 등을 가지고 관찰하는 경우에 발생하기 쉬운 오류다.
- **사례 종결 후 가설화**(ex post facto hypothesizing): 사례를 종결할 당시의 관찰을 결론으로 받아들이고 끝나는 것이다. 하지만 결론이 정확한지는 후속 관찰을 통해서 검증되어야 한다. 예를 들어, 가정폭력 피해자에 대한 개입을 종결한 시점에서 피해자의 정서상태가 최악이었다고 하더라도, 개입의 효과성이 없다고 결론 내리기는 어렵다. 이 클라이언트가 자신의 상황을 정확히 알게 된 것이 개입의 효과성이 될 수 있으며(개입 이전에는 자신에게 문제가 있음에도 그 심각성을 인식하지 못하는 경우), 사후에 점점 개선될 수 있기 때문이다.
- **비논리적 추론**(illogical reasoning): 도박사의 오류(행운이나 불행이 지속되다 보면 반대가 곧 올 것이라고 판단함), 허수아비 논박[특정한 입장을 공격하기 쉽도록 왜곡함(예: 의료보장개혁의 의료비 증가를 과대하게 주장)], 대인논증(이야기의 논증보다 이야기한 사람의 자질을 공격), 시류 편승(시대의 흐름에 따르기 위해 새로운 실천기법을 사용함) 등을 포함하여 비논리성을 갖는 추론을 통해 결론에 도달하는 것이다.
- **이해 과정의 자아 개입**(ego involvement in understanding): 관찰자가 가지고 있는 자아의 특성(가치, 선호, 종교, 경험 등)이 현상을 이해하는 데 영향을 미치는 것이다.
- **성급한 종결**(premature closure of inquiry): 과도한 일반화와 선별적 관찰은 성급한 종결을 가져올 수 있는 오류다. 성급한 종결은 현상에 대한 해답을 가지고 있기 때문에 더 이상 의문을 제기하거나 탐구하지 않고 관찰을 섣부르게 종결하는 것이다.
- **사이비과학**(pseudoscience): 검증되는 과정이 방법론적으로 엄격하지 못하거나 편향된 조사연구를 통해 얻어진 경우를 말한다. 예를 들어, '기적의 치료제' 따위와 같은 것이 주로 사이비과학에 해당된다.
- **인간은 실수를 저지른다**(to err is human): 과학이라고 하지만, 결국 인간에 의해서 수행되기 때문에 실수가 발생할 수 있다.

3) 비과학적 지식획득 방법

과학적 방법을 통해서만 지식을 얻는 것은 아니다. 비과학적 방법으로 지식을 얻기도 하는데, 일반적으로 전통, 권위, 직관, 신비, 상식, 대중매체 등이 이에 해당된다. 비과학적으로 획득한 지식을 전적으로 의존하기보다는 활용하기에 앞서 지식의 정확성에 대해 매우 신중하게 과학적 측면에서 검토해야 한다.

- **전통에 의한 방법**: 사람들이 전해 내려오는 지식에 대해서 검증해 보지도 않고 그냥 받아들이는 경우가 전통에 의한 지식획득 방법에 해당된다. 항상 그렇게 되어 왔다는 신념은 과거의 권위에 의존하여 사실이라고 믿게 되는 현상이다(김구, 2011). 예를 들어, '갈매기가 높이 날면 비가 올 징조다.' '세 살 버릇 여든 간다.'를 과거의 전통에 의한 지식으로 받아들이고 사용하는 사람이 많지만, 이러한 지식을 모두 검증해 보려고 노력하지는 않는다(신민철, 2008: 38). 특히 전통에 의한 방법으로 획득한 지식에 대해서 의문을 갖지 않으면 이는 과학적 탐구를 제약하는 결과를 초래하게 된다.
- **권위에 의한 방법**: 우리는 권위가 있다고 판단되는 사람(예: 학자, 전문가, 성직자, 상급자 등)이나 기관(예: 연구소, 언론사, 세계기구, 정부 등)을 통해서 지식을 획득하는 경우가 많다. 사회적으로 영향력이 있는 지위에 있는 사람이나 국가적 또는 국제적으로 인정을 받는 기관이 전달하는 내용에 대해서 사실이라고 믿게 된다. 특히 권위에 의존해서 지식을 획득하게 되면 매우 신속하고 적은 비용이 소요되기 때문에 효율적이라 판단하여 자주 활용하게 된다(김구, 2011). 하지만 권위에 의한 지식이 실제를 왜곡하는 사례가 많으므로 권위도 전통과 마찬가지로 사실 여부에 대해서 신중하게 접근해야 한다. 이는 전문가라도 제한된 분야 외의 다른 분야는 잘 모르는 경우가 많고, 동일 분야의 전문가 간에도 의견 차이가 발생하는 경우가 매우 많기 때문이다(최성재, 2005). 예를 들어, 기존의 정신분석 분야의 권위자와 가족치료 전문가는 아동의 정신분열 증상이 어머니의 잘못된 양육방법이 주요 원인이라고 주장했지만, 실제로 어머니의 양육방법을 개선하는 것은 문제 해결에 도움이 되지 않는다고 과학적으로 증명되고 있다(Rubin & Babbie, 2008).

- **직관에 의한 방법:** 직관은 이성적으로 추리하여 결론에 도달하는 것이 아니라 자신의 감각을 활용하여 곧바로 알 수 있는 능력을 말하기도 하며, 감각, 경험, 연상, 판단, 추리 따위의 사유 과정을 생략하고 직접적으로 대상이나 사실을 파악할 수 있는 능력을 의미한다(김구, 2011, p. 57). 예를 들어, 클라이언트와 첫 대면을 통해서 클라이언트의 특정 문제나 이를 해결하는 방안을 결론 내리는 것이 이에 해당된다.
- **신비에 의한 방법:** 예언자, 점술가, 종교 경전, 무당 등의 견해나 주장을 사실이나 진리로 받아들이는 것이 신비에 의한 지식획득 방법이다(최성재, 2005). 예를 들어, 일본의 지진이나 해일이 특정 종교를 믿지 않기 때문에 발생했다거나 지구의 종말을 예언하여 재산이나 일상적인 생활을 포기하고 종교의식에 몰입하는 것 등이 있다. 특히 정서적 · 인지적 측면에서 취약한 상황에 처해 있는 사람들이 이러한 신비에 의한 지식을 사실로 믿고 수용하는 경우가 많다.
- **상식에 의한 방법:** 상식은 누구나 공통적으로 알고 있는 것이기 때문에 이를 지식으로 받아들이는 것을 의미한다. 상식은 전통이나 권위에 의해서 만들어질 수 있으며, 사람들이 보편적으로 공유하는 믿음일 수도 있다. 하지만 문제는 상식이 틀릴 수 있는 개연성이 있다는 것이다. 예를 들어, 지구가 평평하다는 것, 노예제도는 당연한 것, 결혼은 남자와 여자 사이에서만 가능하다는 것 등은 과거에는 상식이었지만, 현재 이것이 상식이라고 생각하는 사람은 많지 않다(Rubin & Babbie, 2008).
- **대중매체에 의한 방법:** 현재 우리가 살고 있는 사회에서는 지식의 대부분을 인터넷, 신문, 텔레비전, 라디오 등의 대중매체에 의존하여 획득한다. 특히 인터넷을 접속할 수 있는 컴퓨터를 어디서든지 사용 가능하며, 스마트폰이 대중화되면서 일상생활에 궁금한 것은 포털사이트(예: 구글, 네이버, 다음, 야후 등)나 유튜브를 탐색하여 확인한다. 근래 들어서는 위키피디아(Wikipedia)와 네이버 지식인 등을 활용하여 지식을 탐색하는 사례가 많아지고 있다. 하지만 대중매체를 통해서 얻는 지식이 신뢰성이 있는가에 대해서는 논란이 많다. 언론사 및 포털사이트를 소유하고 있는 기업이나 정부의 성향에 따라서 보도 내용이 매우 상이해질 수 있기 때문이다.

2. 사회복지에서 과학적 탐구의 유용성

예비 사회복지사의 시각에서는 사회복지학 교육과정이 표적체계에 해당되는 개인, 가족, 집단, 조직, 지역사회 등에서 발생하는 문제나 욕구를 효과적으로 개입할 수 있는 전문지식이나 실천기술을 배우는 데 초점을 두고 있으리라 생각할 수 있다. 실제적으로 사회복지학의 주요 교과내용도 표적체계에 대한 특성, 주요 문제의 원인 및 부정적 결과와 함께 개입할 수 있는 실천 이론, 기술, 기법, 가치 등에 대한 체계화된 지식을 포함하고 있다. 하지만 활용할 수 있는 전문적 지식을 생성하거나 이미 활용되고 있는 지식이 신뢰성과 타당성을 갖는지를 판단할 수 있는 사회조사방법론도 필수 교과과정으로 규정하고 있다. 특히 현재 사회조사를 활용할 수 있는 능력은 사회복지사가 반드시 갖추어야 할 조건이 되었다.

사회복지연구자뿐만 아니라 일선 현장 실천가에게 사회조사방법이 얼마나 중요하고 필요한지는 다음과 같은 몇 가지 사례로 쉽게 이해할 수 있다. 예를 들어, '사회복지관에서 지역사회주민을 대상으로 프로그램을 개발하거나 서비스를 제공하고자 기획할 때, 지역사회주민의 욕구를 어떻게 파악할 수 있을까?' '사회적으로 고립되어 우울증상을 보이는 독거노인을 위해 사례관리 프로그램을 제공했던 사회복지사는 이 프로그램에 참여했던 클라이언트, 가족, 그리고 재원을 지원해 준 공동모금회에게 의도한 목표를 얼마나 성취했는지 어떻게 보여 줄 수 있을까?' '과잉행동장애아동을 개입하기 위해서 인지행동모델을 적용했다면, 이 개입기법을 왜 선택했는지의 근거는 무엇인가?' '사회복지 교육이나 문헌을 통해 알기 어려운 탈북자나 다문화 가정에 대한 특성(가치, 문화, 선호 등) 및 욕구는 어떻게 파악할 수 있는가?' 등은 사회복지 실천현장에서 일상적으로 접하게 되는 사례다.

앞의 사례는 사회복지 프로그램의 효과성 평가, 클라이언트 집단의 욕구파악, 클라이언트의 특정 문제 및 욕구에 대응하기 위해 가장 효과적인 실천기법에 대한 선택 등을 견고한 과학적 토대로 수행할 수 있는 사회복지사를 필요로 한다. 이는 사회복지사가 현장에서 직면하는 여러 과제에 체계적으로 대응하기 위해서 사회조사방법에 대한 이해와 함께 실제로 이를 현장에 적용할 수 있는 전문성을 갖추어야 함을 의미한다.

따라서 사회복지에서 사회조사의 유용성은 표적체계의 욕구나 문제를 해결할 수 있는 지식을 새롭게 창출하기도 하며, 기존의 지식을 사용하는 일련의 활동들이 과학적 토대로 수행되었음을 보여 줄 수 있다는 것이다. 이는 클라이언트에게 최상의 서비스를 전달해야 하는 전문가로서의 윤리적 책임성을 달성하게 해 준다. 특히 Rubin과 Babbie(2008)는 사회복지에서 과학적 탐구를 실행할 수 있는 사회조사방법의 유용성을 사회복지의 효과성, 연구(조사)의 질을 평가해야 하는 필요성, 클라이언트에 대한 열정과 전문가적 윤리 등으로 구분하여 설명하였다. 다음은 Rubin과 Babbie(2008)의 설명을 토대로 사회복지에서 과학적 탐구의 유용성을 구체적으로 제시하고자 한다.

1) 사회복지의 효과성

과거에는 사회복지 실천의 부재나 부족으로 인해서 사회복지 실천을 통해 클라이언트에게 개입하는 것만으로도 클라이언트가 혜택을 받는 것으로 인식하였다. 때문에 클라이언트가 높은 만족감을 표현하여 효과성에 대한 논의가 거의 되지 않았다. 하지만 사회복지사가 개입하는 문제의 영역이 확대되고, 점차 전문영역으로 자리매김해 나가는 과정에서 사회복지 관련 혜택을 받는 것 자체가 클라이언트의 만족감을 높이거나 효과성으로 연결되지 않고 있다(이민홍, 정병오, 2020). 특히 1970년대부터 미국에서 일부 연구자에 의해서 사회복지적 개입이 클라이언트의 문제 및 욕구를 해결하거나 완화시키지 못해 효과성이 없다는 주장이 제기되었다. 국내에서도 사회복지의 양적 팽창으로 예산이 증가함에 따라 사회복지의 목표를 달성하고 있는지에 대한 효과성 논의가 활발하게 진행되고 있으며, 이에 대한 결과로 사회복지기관을 대상으로 정기적 시설평가나 프로그램 평가가 일반화되고 있다.

결국 사회복지사는 클라이언트의 문제 및 욕구를 개입하기 위해 사용한 실천기법이 효과적이었음을 검증해야 한다. 사회복지 실천의 효과성을 증명하기 위해서는 효과성이 있다고 평가하는 일련의 과정이 과학적으로 적절한 방식에 의해서 수행되어야만 설득력을 얻을 수 있다. 특히 사회조사를 통해 검증되는 사회복지의 효과성은 결과적으로 클라이언트의 문제 및 욕구 해결을 위한 과학적 지식의 축적과 효과적인 실천기법의 개발을 가능하게 하여 사회복지의 과학화에 이르게 한다(황성동, 2006). 따라서 사회복지가 효과적인가에 대한 질문에 대한 응답은 과학적 탐구를 적용한 사회조사방법을 엄격히 준수해야 그 효과성을 인정받을 수 있다.

2) 연구(조사)의 질을 평가해야 하는 필요성

사회복지사가 클라이언트의 특정 문제나 욕구를 해결하기 위한 실천기법으로 연구자들에 의해 수행된 문헌을 검토하여 활용할 실천기법을 결정할 수 있다. 만약 연구자가 실천방법에 대한 효과성을 검증하면, 이를 사회복지 실천가가 활용하여 개입의 실천적 적용에서만 초점을 두고 수행하는 것이 과학적 지지의 획득이라고 쉽게 생각할 수 있다(Rubin & Babbie, 2008). 하지만 이 과정에서, 문헌에서 제시한 연구(조사)의 질을 엄격하게 비판적으로 검토해야 한다. 이는 사회복지학계에서 발표되고 있는 연구(조사)의 질적 수준이 매우 다양하게 나타나기 때문이다. 사회복지사가 특정 문제를 개입하기 위해서 사용한 실천기법이 사회조사 결과를 기초로 실행되었다고 하더라도, 활용된 결과를 도출한 조사의 질이 낮거나 과학적 원칙에 어긋난 것이라면 사회복지사의 선택은 과학적 지지를 받지 못하게 된다.

결론적으로 사회복지사는 실천기법을 선택하는 과정에서 검토하는 기존 문헌에서 제시된 연구(조사)의 질을 매우 엄격하게 점검해야 한다. 이러한 맥락에서 사회조사방법론을 예비 사회복지사에게 철저하게 교육시키는 이유가 바로 과학적으로 견고하게 수행된 질 높은 연구결과를 선별하여 활용할 수 있는 역량을 높이기 위해서 의도된 거라 할 수 있다. 즉, 사회복지사가 사회복지 관련 연구결과를 활용하고자 할 때에는 반드시 사회조사방법론을 충분히 이해하여 '적합한 사회조사방법과 신뢰할 만한 결과를 도출한 연구'와 '적합하지 않은 조사방법과 신뢰성이 미흡하게 수행된 연구'를 구분할 수 있어야 한다. 예를 들어, 독거노인의 역량강화 프로그램이 자아존중감 및 자기효능감을 높이는 효과를 가져왔다고 한다면, 그 효과성을 증명하는 과정이 내적 타당도, 측정지표, 통계분석방법, 외적 타당도 등의 측면에서 과학적으로 심각한 문제가 있는지를 살펴봐야 한다.

3) 클라이언트에 대한 열정과 전문가적 윤리

사회복지사는 전문가로서 클라이언트에게 가장 효과적인 서비스를 제공해야 할 윤리적 책임이 있다. 이와 관련하여 「한국사회복지사윤리강령」 제2조 제1항에서는 "사회복지사는 클라이언트에게 최상의 서비스를 제공하기 위해, 지식과 기술을 개발하는 데 최선을 다하며 이를 활용하고 전파할 책임이 있다."라고 규정하고 있다. 그렇다면 '과연 사회복지사는 클라이언트에게 가장 효과적인 서비스를 선택하여 제공하는 것이 어떻게 가능한가?'에 대한 논의가 필요하다.

이는 사회복지사가 단순하게 전통적으로 사용되는 개입방법을 무비판적으로 활용하기보다는 최근까지 그 문제를 해결하기 위해 개입된 방법들을 매우 철저하게 검토하여, 클라이언트 상황에 대입해서 가장 효과적일 거라 판단되는 방법을 선정해야 한다. 그러므로 사회복지사는 클라이언트에게 제공한 서비스가 최선의 선택이었음을 증명할 수 있는 과학적 근거를 제시할 수 있어야 함을 의미한다. 이는 결국 사회복지사가 사회조사방법에 대해 깊이 있게 이해해야 가능하다.

특히 사회복지사가 클라이언트의 문제해결을 돕고자 하는 열정이 사회조사를 활용하는 또 다른 이유이기도 하다(Rubin & Babbie, 2008). 사회복지사가 클라이언트를 개입하는 과정에서 제공하는 서비스에 대한 과학적 증거가 없다면, 마치 클라이언트에게 실험적으로 개입한 것으로 볼 수 있다. 사회복지사가 클라이언트의 문제 및 욕구를 해결하기 위해 기존에 활용된 방법에 대해서 객관적이고 과학적으로 효과성을 검토하여 개입했을 때, 클라이언트를 전문적으로 돕고자 한 열정이 설득력을 갖게 된다. 만약 사회복지사가 사회조사에 대한 지식 없이 클라이언트에게 개입을 지속한다면, 클라이언트의 문제나 욕구를 해결하는 데 도움이 되지 않을뿐더러 클라이언트에게 시간이나 금전을 낭비하게 해 피해를 초래할 수 있다.

3. 인식론과 과학적 지식

사회조사방법론은 연구를 통해서 사회현상이나 사회복지분야의 과학적 지식 또는 본질을 탐색하는 것이다. 그렇다면 그 바깥 세계의 어떤 상황이나 진리를 어떻게 알 수 있으며, 또 우리가 알고 있는 상황이나 진리가 정말 존재하는지 여부를 어떻게 알 수 있을까 의문을 갖게 된다. 만약 우리의 인식이 만들어 낸 허상을 우리가 존재하는 지식이라고 생각한다면, 조사는 아무 의미가 없다(이해영, 정홍상, 도수관, 사용진, 2019). 지식의 의미와 그 정당성을 갖게 하는 인식론에 대한 이해를 통해서 사회조사론을 통한 지식을 생성하는 과정에 대한 기본 전제가 성립하게 된다.

1) 인식론과 지식

앞서 사회조사는 과학적인 방법을 활용해서 지식을 생성한다고 하였다. 인식론(epistemology)은 우리가 과학적 지식을 생성하기 위해 필요한 것이 무엇이며, 생성한 과학적 지식의 의미를 다룬다. 즉, "지식과 우리가 어떻게 무엇을 아는지에 관한 이론(the theory of knowledge and how we things)"(Bod & Liz, 2010, p. 18)으로 정의된다. 인식론은 인간이 주변 세계를 어떻게 인식하며, 무엇이 진실이라고 주장할 수 있는지에 관련된다. 인간의 존재론적 가정하에 세계를 배우고 알게 되는 방식에 초점을 둔다(박기우 외 역, 2013).

인식론은 인간이 알고자 하는 지식의 의미와 그 지식의 정당성을 다룬다. 사회복지사는 자신의 실천과 연결된 앎과 지식의 본질을 이해해야 한다. 이를 통해서 바람직한 참된 지식이 무엇이며, 이를 어떠한 방법을 통해서 생성해 낼 수 있는지 성찰하게 된다(김기덕, 김용석, 이정희, 전종설, 정익중, 2016). 다시 말해, 지식의 의미와 정당성에 대한 기본적 이해가 전제되어야 사회복지실천을 위한 지식이 무엇이며, 그 지식을 어떻게 얻을 수 있는지 알 수 있다.

2) 지식의 종류와 근거

지식의 의미와 정당성을 다루는 인식론은 '지식이란 무엇인가?' '우리는 무엇을 알 수 있는가?' 그리고 '우리는 우리가 알고 있다는 것을 어떻게 알 수 있는가?'라는 세 가지 질문에 대한 답을 찾고자 한다. 이는 사회복지분야의 지식에 대한 존재론, 인식론, 방법론적 질문이다. 구체적으로, '지식이란 무엇인가?'는 지식의 본질을 '우리는 무엇을 알 수 있는가?'는 인식주관(인식 능력을 소유한 인간)과 인식대상(인간이 관찰하고 분석하는 대상)의 관계로 인식의 가능성을 묻는 것이다. 그리고 '우리는 우리가 알고 있다는 것을 어떻게 알 수 있는가?'는 우리가 알고 있는 지식이 타당성 여부로 사실과 허위 여부를 구분할 수 있는 기준에 관한 질문을 뜻한다(김기덕 외, 2016).

3) 조사

사회조사방법론은 과거 철학적 기초로 인식론이 담당해 왔던 지식의 탐구를 사회분야에서 지식을 얻기 위해서 그 과정이나 방법에 정당성이 부여되어, 하나의 학문 분야로 확대 · 성장하여 독립적으로 정립된 영역이라고 볼 수 있다(김기덕 외, 2016). 조사는 우리가 과거 인식하고 있던 상황과 실제 바깥의 상황이 얼마나 가까운지 비교를 통해서 확인이 가능하며, 이는 인식론적 이해에 기반하고 있다.

사회조사방법의 인식론적 접근방법은 사회과학이 과학의 하위 학문으로 사회조사의 인식론 접근방법을 적용해서 설명된다. 세 가지 인식론적 접근방법은 실증주의 사회과학, 해석적 사회과학, 비판적 사회과학이다. 실증주의와 해석적 접근방법이 사회과학에서 가장 오래되고 보편적으로 적용되고 있다. 실증주의는 가치중립적이며, 주관적 요소를 배제하는 연구특성을 가지며, 해석주의는 행동의 배경이 되는 가치를 중시한다. 비판주의는 가치중립 및 상대주의에 대해 비판적이며, 사회정치적 가치관을 중시한다(유영준, 2014). 실증주의는 양적 방법과 해석주의는 질적 방법과 유사하다. 세 가지 접근법에 대한 차이를 요약하면 〈표 1-1〉과 같다.

표 1-1 인식론적 연구방법 특성

구분	실증주의	해석주의	비판주의
연구 목적	자연적 법칙 발견: 인간의 사건 예측 및 통제	의미 있는 사회적 행위 기술 및 이해	신화를 무너뜨리고 사회적 변화 지향
실재 근원	기존의 존재하는 안정적 유형	사람들 간의 상호작용으로 만들어진 상황의 유동적 정의	기저에 깔려 드러나지 않은 구조에 의해 지배되는 다수의 층
인간 본성	외부적 힘의 영향을 받은 이기적 · 합리적 개인	의미를 만들어 내고 끊임없이 그들의 세계를 이해하는 사회적 존재	환상을 알아차리지 못하고, 환상에 묶인 창조적이고 적응할 수 있는 사람
인간 주체	강력한 외부의 사회적 압력이 형성한 인간의 행동: 자유의지는 환상	사람들은 중요한 자유의지를 가짐: 사람들은 의미를 발전시키며 자유롭게 선택	제한된 자유와 자유 선택은 구조적으로 한계가 있지만, 이 한계는 유동적임
상식의 역할	과학과는 명백히 구별되며 과학보다 덜 유효	보통 사람들이 매일 사용하는 강력한 이론	권력과 객관적인 상황을 숨기는 잘못된 믿음
이론	상호 관련된 정의, 공리, 법칙의 논리적 · 연역적 체계	집단의 의미체계가 어떻게 발생하고 지속되는지 기술	진짜 상황을 드러내고 사람들이 행동을 취하도록 하는 비판
옳은 설명	사실에 근거하고, 법칙과 논리적 연결	연구대상들이 맞다고 생각하며 반향을 불러일으킴	인간의 사회적 변화를 위해 필요한 도구 제공
옳은 증거	다른 사람들이 반복할 수 있는 정확한 관찰에 근거	유동적인 사회적 상호작용의 맥락에서 발생	표면적 수준을 관통하는 이론에 의해 제공된 것
지식 관련성	도구적 지향: 지식은 사람들이 사건을 완벽히 이해하고 통제하는 것	실용적 지향: 지식은 다른 사람들의 삶과 경험을 감정이입으로 공유하고 이해하는 것	변증법적 지향: 사람들이 지식을 통해 보다 깊은 구조를 바라보고 변화시키는 것
가치	과학은 가치중립적: 주제를 선택할 때를 제외하고는 영향 없음	가치는 사회적 삶의 통합적 부분: 어떤 집단의 가치도 잘못된 것이 아니며 다를 뿐임	모든 과학은 가치적 입장에서 시작: 일부 입장은 옳으며 다른 입장은 틀림

출처: 박기우 외 역(2013), p. 152.

4. 사회복지조사의 이해

사회복지 실천을 위한 과학적 탐구(사회조사)의 유용성, 과학적 탐구의 특성, 인식론과 조사에 대해 살펴보았다. 이는 과학적 탐구를 통해 지식을 획득하는 방법인 사회조사에 대한 중요성을 이해하기 위함이다. 다음으로는 사회조사의 유형, 한계점, 윤리성 그리고 절차에 대해 개괄적 수준에서 설명하고자 한다. 이는 앞으로 다루게 되는 사회조사방법의 구체적 내용이 무엇이며, 내용 간의 위계적 순서에 대해서도 미리 파악할 수 있는 기회가 될 것이다.

1) 사회복지조사의 유형

사회복지조사의 유형은 활용목적, 조사목적, 조사시점, 자료수집방법, 변수통제 가능성, 관찰대상의 범위 등에 따라서 구분할 수 있다(최성재, 2005).

(1) 활용목적

사회복지조사의 활용목적에 따라서 기초(순수)연구와 응용연구로 구분할 수 있다.

- **기초연구(basic or pure research)**: 사회복지조사를 통해서 사회현상을 발생케 하는 원인이 무엇이며, 사회적 관계가 형성되는 이유와 사회의 변화 양상 등을 설명하는 지식을 기반으로 이론을 새롭게 만들거나 기존 이론을 반증 및 확인하는 데 초점을 둔다(최성재, 2005). 기초연구는 문제해결에 직접적인 도움을 주지는 않지만, 새로운 아이디어나 기초적 지식을 제공해 주기 때문에 지식확장이나 응용연구의 토대로 작용할 수 있다(김구, 2008).
- **응용연구(applied research)**: 응용연구는 사회복지조사를 사회문제의 이해나 특별한 사회문제를 해결하기 위한 답을 얻기 위해 실행되며, 주된 형태로는 평가(evaluation) 조사, 사회행동(social action) 조사, 사회영향사정(social impact assessment) 조사가 있다(최성재, 2005). 평가 조사는 사회복지

서비스, 프로그램, 정책 등의 목표달성 여부를 측정하기 위해 실행된다. 사회행동 조사는 표면적 현실 속 깊이 감추어진 실제적인 사회적 현실과 사회적 관계를 밝혀내서 조사대상자에게 사회현실을 직시할 수 있어 사회적 환경을 개선하는 데 목적이 있다. 사회영향사정 조사는 정부기관 또는 공공기관이 특정 정책을 시행하기 앞서서 정책의 실행으로 어떠한 사회적 파급효과를 가져올 것인지를 평가하는 것을 말한다(최성재, 2005).

(2) 조사목적

사회복지조사를 수행하게 된 목적(연구목적)에 따라서 탐색적 연구, 기술적 연구, 설명적 연구, 평가 연구, 측정도구의 개발 연구, 다수의 연구목적을 포함하는 연구, 설명과 예측을 위한 연구 등으로 구분될 수 있다(Rubin & Babbie, 2008). 하지만 평가 연구, 측정도구의 개발 연구, 다수의 연구목적을 포함하는 연구, 설명과 예측을 위한 연구는 탐색 · 설명 · 기술 등의 세 가지 연구를 통해서 분류가 가능하기 때문에 이에 대한 사항은 생략하고자 한다.

- **탐색적 연구**(exploratory research): 사회조사를 수행하는 주된 목적이 특정 현상에 대해 처음으로 알기 위해서 시도된 것이다. 탐색적 조사는 연구하려는 주제가 거의 알려지지 않았을 경우, 연구가 추가적으로 필요한지를 결정하고자 하는 경우, 더 엄격한 연구를 위해 방법을 개선하고자 하는 경우 등에서 적용될 수 있다(Rubin & Babbie, 2008). 예를 들어, 농촌지역에 거주하는 다문화 가정을 위한 서비스를 개발하고자 할 경우, 농촌 다문화 가정에 대해 거의 알려진 게 없을 때 탐색적 조사를 실시하게 된다.
- **기술적 연구**(descriptive research): 기술적 조사는 특정 문제나 상황을 정확하게 묘사하기 위해서 사용되기 때문에 가장 중요하게 충족시켜야 하는 조건은 정확성(accuracy)이다(김구, 2008). 일반적으로 특정 개인, 집단, 지역 등의 상황에 대한 묘사나 어떤 사건의 발생 빈도나 비율을 파악하는 조사가 해당된다(강영걸, 박성복, 정영숙, 2004). 예를 들어, 부산 진구 지역 주민의 사회복지욕구 조사는 기술적 목적을 갖는다.
- **설명적 연구**(explanatory research): 설명적 조사는 현상을 설명하기 위한 목

적으로 수행된다. 이 조사를 통해서 특정 상황이 존재하는 이유나 특정 상황을 발생하게 되는 경로 및 파생적 결과 등을 밝혀낼 수 있게 된다. 설명적 조사는 기술적 조사결과물의 축적을 토대로 현상 간의 인과관계를 규명할 때 가장 빈번하게 사용되기 때문에 가설검증 조사(research of testing causal hypothesis)라고도 한다(채구묵, 2017). 예를 들어, 아동학대의 원인을 밝히는 연구가 이에 해당된다.

(3) 조사시점

조사시점에 따라서 횡단연구(cross-sectional study)와 종단연구(longitudinal study)로 구분한다.

- **횡단연구:** 어떤 현상을 특정 시점에서 단면을 자세하게 분석하는 것이다. 탐색, 기술, 설명 등의 목적을 달성하기 위해서 특정 시점에 연구대상자를 조사하는 것이다(Rubin & Babbie, 2008). 예를 들어, 부산 지역에 거주하는 독거노인의 사회복지서비스 욕구를 파악하기 위해서 1,000명을 무작위로 추출하여 설문 조사를 실시한 것이다.
- **종단연구:** 조사대상을 일정한 간격을 두고 최소 2회 이상의 조사를 실시하는 것이다(최성재, 2005). 예를 들어, 가정폭력피해여성을 위한 위기개입 프로그램의 효과성을 측정하기 위해서 프로그램을 시작하기 전, 프로그램 제공 중, 프로그램 제공이 끝난 후 등을 조사하는 것이 이에 해당된다. 특히 동일한 집단을 일정 기간을 두고 면접이나 관찰을 실시하여, 인구사회학 특성이나 신체적 · 정신적 · 사회적 · 경제적 · 문화적 상태 등의 변화를 파악할 수 있는 조사를 패널조사라고 한다. 국내에서는 대표적으로 한국노동패널과 한국사회복지패널이 있다.

(4) 자료수집방법

사회조사에서 수집하는 자료의 성격에 따라서 양적 조사(quantitative research)와 질적 조사(qualitative research)로 구분된다. 최근에는 이 두 가지 방법을 혼합하여 사용하는 사회조사가 선호되고 있다.

- **양적 조사:** 조사를 위해 수집되는 자료가 주로 계량화되고, 실험 조사와 같은 조사설계를 통해 객관적 자료가 연역적으로 분석되는 평가방법을 활용한다. 양적 연구는 표본집단을 대상으로 척도를 활용한 질문지나 계량화된 기준을 사용하여 측정하거나 수집된 수량적 결과에 대하여 통계적 이론을 기반으로 하여 결과를 기술하고 가설을 검증하여 모집단의 특성을 추정하는 연구방법을 프로그램 평가에 적용한다(이민홍, 정병오, 2020). 양적 조사로는 질문지 조사, 면접, 실험, 기존 통계자료 분석이 해당된다(채구묵, 2017).
- **질적 조사:** 질적 조사는 수량화하지 않은 자연스러운 상황에 대한 관찰이나 면접을 통해 귀납적으로 자료를 획득하고 분석하는 평가방법을 사용한다. 구체적으로 질적 연구는 연구목적에 적합한 개별화된 집단이나 개인에게서 나타나는 내·외적 인간행위와 상호작용 그리고 그 흐름과 총체적 증거에 대해 심도 있는 통찰을 활용하며, 객관적인 관찰 기록 또는 세부 묘사를 추구하는 연구방법을 활용하여 프로그램 평가를 수행한다(이민홍, 정병오, 2020). 질적 조사로 근거이론 방법, 문화기술지, 현상학적 연구, 사례연구, 실행연구, 내러티브 연구 등이 있으며, 주로 인터뷰, 관찰, 문서, 영상 등을 통해서 분석한다(유기웅, 정종원, 김영석, 김한별, 2018).

표 1-2 양적 방법, 질적 방법, 혼합 방법의 특성 비교

구분	양적 방법	질적 방법	혼합 방법
철학적 가정	• 논리실증주의	• 구성주의 • 옹호 • 참여형 지식 추구	• 실용주의
연구 전략	• 설문 조사 • 실험 조사	• 현상학 • 근거이론 • 민속학이론 • 사례 조사 • 내러티브 연구	• 순차적(sequential) 방법 • 동시적(concurrent) 방법 • 변화적(transformative) 설계
자료수집 방법	• 폐쇄형 질문지 • 숫자 데이터	• 개방형 질문지 • 문자 및 이미지 데이터	• 양적 및 질적 조사 방법 모두 활용

조사자 및 실천가 활용	• 이론 검증 • 연구가설 검증 • 신뢰도 · 타당도 연구 • 통계적 분석	• 참여자 의미 수집 • 단일 개념/현상 탐구 • 개인적 가치 적용 • 참여자 맥락 및 환경 • 참여자 협력	• 양적 및 질적 데이터 수집

출처: Creswell & Creswell (2017).

(5) 변수통제 가능성

조사를 실시하는 변수의 통제 가능성에 따라서 실험 조사(experimental research), 유사(quasi)실험 조사, 비(non)실험 조사 등으로 구분한다(최성재, 2005).

- **실험 조사:** "조사자가 독립변수의 조작이 가능하고(한 집단은 독립변수에 노출시키거나 적용하고, 다른 집단은 독립변수에 노출시키거나 노출하지 않음), 비교집단(독립변수를 적용하는 실험집단과 독립변수를 적용하지 않은 통제집단)을 사용하고, 난선화(실험집단과 통제집단에 해당되는 사람들을 무작위로 배치함) 방법으로 다른 변수를 통제할 수 있는 조사"(최성재, 2005, p. 72)를 의미한다.
- **유사실험 조사:** 독립변수의 조작과 비교집단의 설정이 가능하지만 비무작위 추출방법을 통해 대상자를 선정하여 조사하는 경우가 해당된다.
- **비실험 조사:** 실험 조사가 되기 위한 세 가지 조건(독립변수의 조작, 비교집단의 설정, 무작위)을 충족하지 못한 사회조사다.

(6) 관찰대상의 범위

관찰대상의 범위에 따라서 전수 조사(census), 서베이 조사(survey research), 단일사례 조사(single subject study)로 구분된다(최성재, 2005).

- **전수 조사:** 특정 범주로 구분할 때 이에 해당하는 모든 사람을 대상으로 실행된다. 예를 들어, 부산 지역 독거노인의 사회복지서비스 욕구를 파악하기 위해서 이 지역의 모든 독거노인을 대상으로 면접을 실시하는 것이 이

에 해당된다.

- **서베이 조사:** 전수 조사를 실시하는 것이 비용과 시간 측면에서 불가능하므로 대표성을 갖는 대상을 추출하여 사회조사를 실시하는 것을 서베이 조사라고 한다. 예를 들어, 부산 지역 독거노인의 사회복지서비스 욕구를 파악하기 위해서 성별, 연령, 소득수준 등을 고려하여 1,000명 정도의 표본을 추출하여 조사하는 것이다.
- **단일사례 조사:** 단일사례 조사는 1명의 연구참여자를 의미하지 않고, 개인 · 가족 · 집단 · 조직 등이 동일한 프로그램에 참여한다면 이들의 변화를 시계열적으로 측정하는 사회조사기법이다(이민홍, 정병오, 2020). 예를 들어, 다문화지원 프로그램에 참여하는 20명의 클라이언트 집단의 사회적 유대감을 프로그램을 시작하기 전, 프로그램시행 중, 프로그램 시행 후, 프로그램 사후 등으로 분리하여 측정하는 것이다.

2) 사회복지조사의 한계성

사회조사 지식을 통해 서비스의 효과성을 검증하거나, 클라이언트의 문제를 해결하기 위한 개입방법을 찾기 위한 과정에서 사회복지사는 사회조사가 갖는 한계성에 대해서도 분명하게 인식해야 한다. 사회조사를 통해서 모든 문제나 욕구가 무엇인지 밝혀내고 이를 해결하기 위한 방법의 선정 및 검증이 가능하다고 믿을 수 있다. 또는 사회조사는 사회복지사의 전문성을 저해하는 것으로 기대할 것이 없다고 판단할 수 있다. 전자는 사회조사에 대한 만능론이며, 후자는 사회조사에 대한 무용론이다(손병덕 외, 2010).

이와 같이 사회조사를 극단적인 방식으로 이해해서는 안 되며, 과학적으로 지식을 획득하는 방법이므로 절차상에 오류가 발생하지 않도록 경계해야 한다. 또한 사회조사 자체가 갖는 한계성이 내재하고 있음을 인식하여, 사회조사를 통해 발견한 지식을 상황에 따라서 제한적으로 활용해야 한다. 특히 사회조사의 한계성이 과학적으로 결론을 도출하는 과정에서 치명적인 오류가 될 수 있으므로 주의해야 한다. 지금까지 사회조사의 한계성으로 논의되어 온 것을 살펴보면 다음과 같다.

- **경험적 인식의 제한성:** 자연과학과 달리 사회과학은 일반적으로 조사에 참여하는 인간의 경험적 인식에 의존하여 사건이나 현상에 대한 지식을 생성한다. 하지만 동일한 사건이라도 개인에 따라 상이하게 인식하기 때문에 사회조사의 결과를 맹목적으로 신뢰하기가 어렵다(김기원, 2001).
- **통제 및 조작의 어려움:** 사회과학은 자연과학과 같은 통제와 조작을 연구대상에게 가할 수 없다. 사회조사를 통해 최대한 과학적 방법으로 실험을 실시하였다고 하더라도 결과의 타당성이 저해할 가능성이 많다(채구목, 2017).
- **재정적 · 시간적 · 지리적 측면의 제한성:** 사회조사는 일정한 비용, 일정한 기간, 일정한 지역 내에서 수행된다. 이는 사회조사를 통해 얻게 된 지식이 비용 · 시간 · 지리 등의 측면에서 제한성을 갖는다는 것을 의미하며, 결과적으로 지식의 활용 가능성에 있어서 제한성이 있음을 인식해야 한다.
- **사회 · 정치 · 문화의 영향:** 사회조사를 실시하는 시점에서 연구대상자를 둘러싸고 있는 사회 · 정치 · 문화 등의 상황으로부터 영향을 받는다. 특정 문제가 사회적으로 이슈화 된 것(예: 학교폭력, 노인자살), 정치적으로 보수성이 강한 정부가 등장(예: 사회복지정책의 변화)한 것, 문화적으로 특정 문제를 경시한 것(예: 가정폭력) 등은 사회조사에 참여하는 연구대상자 및 연구실행자에게 영향을 미칠 수 있다.

3) 사회조사의 윤리성

인간을 대상으로 하는 연구에서 윤리성이 중요하게 인식된 결정적인 계기는 제2차 세계대전 중 독일의 나치 정권하에서 전쟁 포로들에게 행해진 비인간적인 실험에 대한 반성으로 1946년 '뉘른베르크 강령'이 탄생하면서부터다(Corbie-Smith et al., 1999). 처음에는 의학적인 임상실험에서만 윤리성을 철저하게 검토하였다면, 현재는 의료, 정신보건, 심리, 사회복지 등까지 확대하여 연구 및 치료에 엄격하게 적용시키고 있다(이민홍, 2011). 특히 기관생명윤리위원회(IRB)에서 인간을 대상으로 실시하는 조사에 대해 윤리적 문제를 사전에 검토하여 연구수행을 승인한다. 구체적으로 사회조사의 윤리적 문제에 대해 살펴보고자 한다(채구목, 2017; 최성재, 2005).

(1) 사회조사에서의 윤리적 문제

사회조사에서의 윤리적 문제가 발생하는 상황은 조사문제, 조사 과정과 방법, 조사결과 등에 연관되어 있다.

- **조사문제:** 조사문제가 윤리적 기준에서 어긋나지 않도록 해야 한다. 예를 들어, '살인을 효과적으로 하는 방법', '마약과 상담의 효과성 비교' '안락사의 효율성' 등은 윤리적으로 문제가 크다.
- **조사 과정과 방법:** 조사를 위해 인간의 존엄성을 인정하지 않고, 실험을 위한 수단으로 활용하는 것이다. 이는 제2차 세계대전에서 나치나 일본 정부가 포로들을 대상으로 저질렀던 비인간적인 실험이 대표적이다. 또한 병원 및 교도소에 있는 사람들을 대상으로 고지된 동의 과정 없이 수행되는 연구들도 이에 해당된다.
- **조사결과:** 조사결과에 대한 익명성을 보장하지 않거나 자료원에 대한 비밀보장이 되지 않는 경우다. 또한 연구결과에 대한 사용 권한을 인정하지 않고 활용된 경우에는 표절의 문제가 발생한다.

(2) 사회조사 윤리의 주요 측면

① 고지된 동의

고지된 동의(informed consent)는 자기결정권의 가치를 기본으로 하는 윤리적 · 도덕적 원칙으로 연구대상자가 연구에 대한 정보를 충분히 인지하고 자발적으로 동의한 후에야 비로소 연구자가 조사를 진행할 수 있다(이민홍, 2009, p. 57 재인용). 구체적으로, 고지된 동의는 판단 능력(competence), 자발성(voluntarism), 충분한 정보제공(full information), 종합적 이해(comprehension)의 네 가지 구성요소를 기본 전제로 하고 있다(최성재, 2005).

연구참여 의사결정 능력은 조사자에게 제공받은 연구의 목적 및 성격을 이해하고, 자신의 상황에 대입해서 연구참여를 통해 오는 이익과 피해를 판단할 수 있고, 논리적으로 합리적인 추론 과정을 통해서 연구참여 여부를 결정할 수 있는 것이다. 또한 반드시 연구참여는 연구자에게 협박이나 서비스를 받을 수 없게 된다는 두려움 없이 자발적으로 결정되어야 한다. 특히 연구 조사자는 잠재적 연구대상자에게 연구에 대한 충분한 정보를 제공해야 한다. 기본적으로 제공해야 하는 정보는 연구의 목적, 기간, 과정, 내용, 연구참여로 인한 혜택과 피해, 연구참여의 자발적 선택권의 인정 등이다. 또한 연구참여자에게 조사 참여 도중이라도 원할 경우에 조사를 중단할 수 있음을 명확하게 인식시켜야 한다(이민홍, 2013). 특히 연구에 참여하는 사람이 연구자에 의해 제공되는 정보를 이해할 수 없다고 판단되는 경우에는 대리 동의 과정을 거쳐야 한다. 대리 동의는 일반적으로 보호자나 법정대리인이 수행한다.

② 사생활 권리보장: 익명성과 비밀유지

"사생활 권리는 자신을 위해 시간과 상황(공간)을 선택하고 자기의 태도, 신념, 행동, 의견을 어느 정도 타인과 같이 공유할 것인가를 결정하는 자유를 말한다."(최성재, 2005, p. 89)고 정의할 수 있다. 전산화로 인하여 정보에 대한 공유가 가능해지면서 사생활 권리보장에 대한 필요성이 증가하고 있다. 특히 사회조사는 개인의 인구사회학적 특성(성별, 연령, 학력, 종교, 결혼 상태, 경제 수준, 거주 지역 등)은 물론 신체적 · 심리적 · 사회적 상태에 대한 질문이 포함되어 있어 조사 참여자에게 매우 민감할 수 있다.

사생활 권리를 보장하는 방법으로 익명성과 비밀유지를 법적으로 명시하고 있다. 익명성은 사회조사의 참여자가 누구인지에 대한 정보를 알지 못하도록 한다. 즉, 조사대상자가 제공한 정보와 조사대상자를 연결시키지 못하도록 분리시키는 것이다(최성재, 2005). 비밀보장은 질문에서 연구참여자가 응답한 내용을 개인적으로 공개하지 않고 다른 목적으로도 사용하지 않는 것을 의미한다(Rubin & Babbie, 2008).

4) 사회조사의 절차

사회조사의 절차는 일반적으로 문제형성, 조사설계, 자료수집, 자료분석, 결과해석, 보고서 작성 순으로 진행된다. 여기서는 사회조사의 절차와 절차별로 주요 과업에 대해서 살펴본다. 전체적인 맥락을 이해할 수 있도록 단계별 사회조사의 절차와 주요 과업을 표로 정리하면 〈표 1-3〉과 같다.

표 1-3 사회조사의 절차와 주요 과업

사회조사의 절차	주요 과업
1단계: 문제형성	1) 연구문제 2) 가설설정 3) 선행연구 검토(이론적 배경)
2단계: 조사설계	1) 연구설계(실험, 횡단, 종단 등) 2) 연구대상 및 표본추출 3) 변수 설정 및 조작화 4) 기관생명윤리위원회(IRB) 승인
3단계: 자료수집	1) 1차 자료수집(직접 수집) 2) 2차 자료수집(기존 자료 이용)
4단계: 자료분석	1) 양적 분석 2) 질적 분석
5단계: 결과해석	1) 분석결과의 해석 2) 연구결과의 함의 및 한계점
6단계: 보고서 작성	1) 서론 2) 이론적 배경 3) 연구방법 4) 연구결과 5) 연구결과의 논의 6) 연구의 한계 및 후속연구의 제안

연습문제

01 사회복지에서 과학적 탐구(사회조사)의 유용성에 해당되지 않는 것은?

① 사회복지실천의 효과성을 검증할 수 있다.
② 기존에 수행된 사회복지조사의 질을 비판적으로 평가할 수 있다.
③ 클라이언트에게 전문가로서 윤리적 책임을 다하는 데 기여한다.
④ 클라이언트의 문제를 해결하는 데 필요한 지식을 축적할 수 있다.
⑤ 사회복지사의 직관적 능력을 향상시킬 수 있다.

02 과학적 사고방법의 특성으로 보기 어려운 것은?

① 검증 가능성 ② 측정 가능성 ③ 이유에 대한 탐색
④ 추상성 ⑤ 논리적 연결성

03 이론을 통해서 가설을 도출하여 특정 사례들을 통해 결론에 도달하는 방식을 무엇이라 하는가?

① 귀납적 추론 ② 연역적 추론 ③ 과학적 추론
④ 논리적 추론 ⑤ 변증법적 추론

04 '특정 문제를 지적한 사람의 자질을 공격하여 문제의 진위를 결정하는 오류'를 무엇이라고 하는가?

① 대인논증 ② 허수아비 논박 ③ 도박사의 오류
④ 사이비과학 ⑤ 과도한 일반화

05 비과학적 지식획득 방법을 모두 고르시오.

가. 전통에 의한 방법	나. 권위에 의한 방법
다. 직관에 의한 방법	마. 대중매체 의한 방법
라. 상식에 의한 방법	

① 가, 나, 다 ② 가, 나, 라 ③ 나, 다, 마
④ 가, 나, 라, 마 ⑤ 가, 나, 다, 라, 마

06 인식론적 연구방법 중 해석주의 특성이 아닌 것은?

① 사회복지조사의 목적은 법칙을 발견하는 것이다.
② 사람은 상호작용을 통해서 의미를 창조한다.
③ 가치는 상대적이다.
④ 귀납적 추론을 활용한다.
⑤ 사람은 자유의지를 가진다.

07 사회조사의 유형을 나누는 기준으로 부적절한 것은?

① 활용목적 ② 조사시점 ③ 자료수집방법
④ 변수 통제 가능성 ⑤ 조사대상자의 특성

08 '학교폭력을 발생하게 하는 요인은 무엇인가?'라는 연구문제는 조사목적 중에 어디에 해당되는가?

① 설명적 조사 ② 기술적 조사 ③ 탐색적 조자
④ 연역적 조사 ⑤ 귀납적 조사

09 다음 중 자료수집방법이 다른 것은 무엇인가?

① 근거이론방법 ② 문화기술지 ③ 현상학적 조사
④ 사례연구 ⑤ 상관관계분석

10 사회조사의 한계성과 관련이 없는 것은?

① 경험적 인식의 제한성 ② 통제 및 조작의 어려움 ③ 재정적 어려움
④ 정치 및 문화의 영향 ⑤ 개념화의 어려움

답

01 ⑤ 02 ④ 03 ② 04 ① 05 ⑤ 06 ① 07 ⑤
08 ① 09 ⑤ 10 ⑤

해설

01 사회복지에서 과학적 탐구 유용성은 효과성 검증, 사회복지조사 질 평가, 윤리적 책임, 문제해결 등에 필요한 지식을 제공한다. 직관적 능력은 과학적 탐구에서 지양해야 할 사항이다.

02 과학적 사고방법은 검증 가능성, 측정 가능성, 이유 탐색, 논리적 연결성 등이다. 추상성은 과학적 사고방법과 관련이 없다.

03 연역적 방법(deductive method)은 이론을 통해서 가설을 설정하여 관찰을 통해 확인하는 방법이고, 귀납적 방법(inductive method)을 관찰을 통해서 일반화를 거쳐 이론에 도달하는 방법이다.

04 대인논증은 이야기의 논증보다 이야기한 사람의 자질을 가지고 공격하는 것을 의미한다.

05 전통, 권위, 직관, 상식, 대중매체 등에 의존하여 판단하는 것은 비과학적 지식획득 방법이다.

06 사회조사의 목적이 법칙을 발견하는 것은 실증주의 연구방법론의 특성이다.

07 사회조사의 유형은 활용목적, 조사목적, 조사시점, 자료수집방법, 변수 통제 가능성, 관찰대상 범위 등으로 구분된다.

08 학교폭력의 원인을 밝히는 연구로 설명적 조사에 해당된다. 설명(explanation)은 특정 상황이 존재하는 이유나 특정 상황을 발생하게 되는 경로 및 파생적 결과를 밝히기 위해 수행되는 조사연구다.

09 근거이론방법, 문화기술지, 현상학적 조사, 사례연구 등은 질적 자료수집방법이며, 상관관계 분석은 양적 자료수집방법이다.

10 사회조사의 한계성은 경험적 인식 제한성, 통제 및 조작 어려움, 재정 · 시간 · 지리 제한성, 사회 · 문화 · 정치 영향 등이다. 개념화의 어려움은 사회조사와 관련이 없고, 개념화보다는 조작화 어려움이 해당된다.

용어정리

사회조사(social science) 과학적 절차와 방법을 통하여 지식을 획득하는 것

연역적 방법(deductive method) 이론을 통해서 가설을 설정하여 관찰을 통해 확인하는 방법

귀납적 방법(inductive method) 관찰을 통해서 일반화를 거쳐 이론에 도달하는 방법

인식론(epistemology) 우리가 과학적 지식을 생성하기 위해 필요한 것이 무엇이며, 생성한 과학적 지식의 의미를 다루는 학문

기초연구(basic research) 문제해결에 직접적으로 도움을 주지는 않지만, 새로운 아이디어나 기초적 지식을 얻기 위해 시도된 조사연구

응용연구(applied research) 사회조사를 사회문제의 이해나 특별한 사회문제를 해결하기 위한 답을 얻기 위해 실행하는 것

탐색적 연구(exploratory research) 사회조사를 수행하는 주된 목적이 특정 현상에 대해 처음으로 알기 위해서 시도된 것

기술적 연구(descriptive research) 특정 문제나 상황에 대해서 정확하게 묘사하기 위해서 사용되는 조사연구

설명적 연구(explanatory research) 특정 상황이 존재하는 이유나 특정 상황을 발생하게 되는 경로 및 파생적 결과를 밝히기 위해 수행되는 조사연구

양적 조사(quantitative research) 조사를 위해 수집되는 자료가 주로 계량화되고, 실험조사와 같은 조사설계를 통해 객관적 자료가 연역적으로 분석되는 평가방법

질적 조사(qualitative research) 수량화하지 않은 자연스러운 상황에 관한 관찰이나 면접을 통해 귀납적으로 자료를 획득하고 분석하는 평가방법

고지된 동의(informed consent) 자기결정권의 가치를 기본으로 하는 윤리적 · 도덕적 원칙으로 연구대상자가 연구에 대한 정보를 충분히 인지하고 자발적으로 동의한 후에야 비로소 연구자가 조사를 진행할 수 있다는 것

참고문헌

강영걸, 박성복, 정영숙(2004). 사회복지조사론. 경기: 학현사.

김구(2011). 사회과학 연구조사 방법론의 이해: 양적연구와 질적연구의 접근. 서울: 비앤엠북스.

김기덕, 김용석, 이정희, 전종설, 정익중 (2016). 사회조사론. 서울: 박영 story.

김기원(2001). 사회복지조사론. 서울: 나눔의 집.

박기우 외 역(2013). 사회연구조사방법론: 질적 연구와 양적 연구 방법(7판). 서울: 이앤비플러스.

손병덕, 신연희, 양혜원, 이상무, 장신재, 전미애, 최선경, 황혜원(2010). 사회복지조사방법론: 이해와 실천. 서울: 학지사.

신민철(2008). 사회연구방법의 기초. 서울: 창민사.

유기웅, 정종원, 김영석, 김한별(2018). 질적 연구방법의 이해(2판). 서울: 박영사.

유영준(2014). 사회복지조사론의 이해. 서울: 학지사.

이민홍(2009). 한국노인의 연구참여를 위한 동의능력평가척도의 타당성 연구. 한국사회복지학, 61(3), 55-76.

이민홍(2011). 잠재적 클라이언트의 프로그램참여 동의능력평가 지침서 개발 및 동의능력수준에 영향을 미치는 요인에 대한 탐색적 연구. 한국사회복지교육, 16, 1-23.

이민홍(2013). 노인의 연구 참여를 위한 고지된 동의와 동의능력에 관한 연구. 한국노년학연구, 22, 27-45.

이민홍, 정병오(2020). 사회복지 프로그램 개발과 평가(3판). 경기: 양서원.

이해영, 정홍상, 도수관, 사용진(2019), 연구조사방법론, 경기: 대영문화사.

채구목(2017). 사회복지조사방법론(4판). 경기: 양서원.

최성재(2005). 사회복지조사방법론. 경기: 나남출판.

황성동(2006). 알기 쉬운 사회복지조사방법론. 서울: 학지사.

Bob, M., & Ross, L. (2010). *Research Methods for Social Science.*

Corbie-Smith, G., Thomas, S. B., Williams, M. V., & Moody-Ayers, S. (1999). Attitudes and beliefs of African Americans toward participation in medical research. *Journal of General Internal Medicine*, *14*, 537-546.

Creswell, J. W., & Creswell, J. D. (2017). *Research design: Qualitative, quantitative, and mixed methods approaches*. Sage publications.

Rubin, A., & Babbie, E. R. (2008). *Research methods for social work* (6th ed.). Belmont, CA: Thomson Brooks/Cole.

제2장

증거기반 실천

학습목표

1. 증거기반 실천의 역사적 배경과 기본 전제를 이해한다.
2. 증거기반 실천의 정의와 단계를 이해하고 개입에 적용하여 실천할 수 있다.
3. 증거기반 실천에 관한 비판과 오해를 파악하고 객관적으로 논의할 수 있다.

사회복지 서비스의 효과성을 확보함과 동시에 이를 입증하기 위해 사회복지 전문가에게 과학적 탐구는 필연이 되었다. 특히 증거기반 실천(evidence-based practice)은 과학적 조사연구를 체계적으로 활용하여 클라이언트에게 가장 효과적인 개입을 제공할 수 있도록 돕는다는 점에서 매우 중요하게 대두되고 있다. 사회복지 영역에서의 증거기반 실천은 단순히 조사연구 결과들을 취합하여 활용하는 것이 아닌, 클라이언트를 둘러싼 다양한 환경까지 고려하여 조사연구 결과와 통합하는 실천방법이다.

이 장에서는 증거기반 실천의 역사적 배경과 기본 전제를 기술하고자 한다. 또한 예비사회복지사가 증거기반 실천의 정의와 단계를 학습하고 주요 쟁점들을 올바로 이해하도록 소개한다.

1. 역사적 배경과 정의

1) 역사적 배경

사회복지의 발전과정에서 다양한 실천모델들이 논의되고 개입에 활용되어 온 배경에는 과학적 증거보다는 이론적 개념이 주된 근거가 된 것이 사실이다. 20세기 전반에 걸쳐 사회복지 실천가들은 실천모델의 효과성에 대한 과학적 증거를 찾아 개입에 활용하지 않았으며(Zimbalist, 1977), 많은 경우 전통과 권위에 의존하였다(Gambrill, 1999; Kirk & Reid, 2002; Mullen & Bacon, 2004). 그러나 1970년대부터 사회복지 실천이 클라이언트의 문제 및 욕구 해결에 실효성이 없다는 주장이 제기되었고(Fischer, 1973; Mullen & Dumpson, 1972; Wood, 1978), 사회복지사들 스스로도 연구와 실천 사이의 간극을 인지하고 이러한 공백을 메우기 위한 노력이 시작되었다. 즉, 사회복지 영역에서 증거기반 실천이 장려되기 시작한 것이다(Rubin & Babbie, 2008).

증거기반 실천의 개념은 1980년대에 의학 분야에서 활발하게 사용되기 시작한 증거기반 의학(evidence-based medicine)에서 확장된 것으로, 본래 의료 전문가들이 최선의 과학적 근거를 바탕으로 환자에 대해 임상적 결정을 내리는 과정을 묘사하기 위해 만들어졌다(김유진, 2008; Rosenthal, 2006). Sackett, Richardson, Rosenberg와 Haynes(2000, p. 1)는 증거기반 의학을 최선의 연구증거(best research evidence)와 임상적 전문성(clinical expertise), 그리고 환자의 가치(patient values)의 통합이라고 정의하였다. 연구증거만을 기계적으로 적용하기보다는 임상적 전문성과 환자의 가치를 포괄적으로 고려하여 임상적 결정을 내려야 한다는 증거기반 의학의 관점은 절대불변의 지식은 없으며 기존의 과학적 증거들은 상황에 따라 임의적이며 반박이 가능하다는 것을 의미한다(Rubin & Babbie, 2008). 이러한 관점은 증거기반 의학의 개념이 오늘날 사회복지뿐만 아니라 교육, 보건, 간호, 임상심리 치료, 범죄 예방 등 다양한 분야에서 적용되어 증거기반 실천으로 발전하는 토대가 되었다.

우리나라에서 사회복지실천에 관한 연구가 본격적으로 시작된 것은 1990년대 이후로, 이전까지는 서구의 실천이론이나 실천모델을 소개하는 형태의 연구에 머물렀다(김미옥, 2015). 이혜경(1993)은 우리나라의 사회복지가 실천현장에서 동떨어져 대학 내의 학문으로 머물고 있음을 지적하였으며, 김연옥(1998)은 사회복지 실천에 관한 국내 연구가 부족하고 이론화 과정도 미비하다고 평가하였다. 이러한 비판과 자성 속에서 사회복지 실천의 효과성을 규명하고자 하는 노력이 점차 증가하였으며(양옥경, 2000; 이상균, 2000), 한국적 '사회복지이론'과 실천모델의 개발이 진행되었다. 특히 공계순과 서인해(2006)가『사회복지연구』를 통해「증거기반 사회복지 실천에 대한 이해와 한국에서의 적용 가능성에 관한 연구」를 발표한 이후, 증거기반 실천에 대한 논의가 활발하게 진행되고 있다(김미옥, 2015; 김유진, 2007; 박정임, 2012; 서인해, 공계순, 2014; 양정남, 최은정, 김화선, 2010).

2) 정의

사회복지 영역에서의 증거기반 실천은 사회복지사가 해당 클라이언트에게 가장 적합한 개입을 제공하기 위해 과학적 · 체계적으로 입증된 최선의 근거를 이용하여 의사결정을 하는 실천방법을 의미한다(Cournoyer, 2004). 증거기반 의학과 마찬가지로, 증거기반 실천은 세 가지 구성요소가 상호 연계된 상태에서 의사결정이 이루어지는 것이 특징이다. [그림 2-1]에서 제시된 것처럼, ① 클라이언트의 특성(고유한 특성, 특수한 상황, 선호하는 것), ② 최선의 근거(문제영역 및 문제해결과 관련하여 개입의 효과성 · 적절성 · 유익성 등을 판단할 수 있는 과학적 근거), ③ 실천의 상황(실천기관의 상황, 클라이언트에 대한 적합성, 실행 가능성) 등의 세 가지 구성요소를 고려하여 클라이언트에게 가장 효과적인 개입을 할 수 있는 사회복지사의 임상적 판단 능력으로 설명할 수 있다(김유진, 2007; 이민홍, 정병오, 2020; Rubin, 2008). 예를 들어, 종합사회복지관에 근무하는 사회복지사가 아동학대 피해아동을 대상으로 프로그램을 기획할 때에 클라이언트의 특성(성별, 연령, 학업 능력, 부모의 소득 수준, 종교, 성격, 과거 피해경험 등), 해당 복지관의 상황(프로그램을 제공할 수 있는 장비, 시설, 장소, 협력체계, 전문가 보유 등), 최선의 근거(아동학대피해자를 개입하는 효과적인 방법에 대한 연구결과 등)를 철저하게 검토하여 최선의 방법을 결정할 수 있는 임상적 전문성을 의미한다.

따라서 증거기반 실천은 단순히 기존의 조사연구 증거를 활용하는 접근이 아니라, 사회복지사가 자신의 전문성을 토대로 조사연구의 결과에 기초한 객관적인 증거, 클라이언트의 고유한 특성과 선호, 그리고 기관의 상황을 통합적으로 고려하는 역동적인 차원의 접근모델이라 할 수 있다(공계순, 서인해, 2006; 김영미, 박미진, 2007). Jenson(2007)은 클라이언트 스스로가 실천과정의 파트너로서 주체적으로 의사결정 과정에 참여한다는 점을 증거기반 실천의 주요한 특징으로 설명하고 있다.

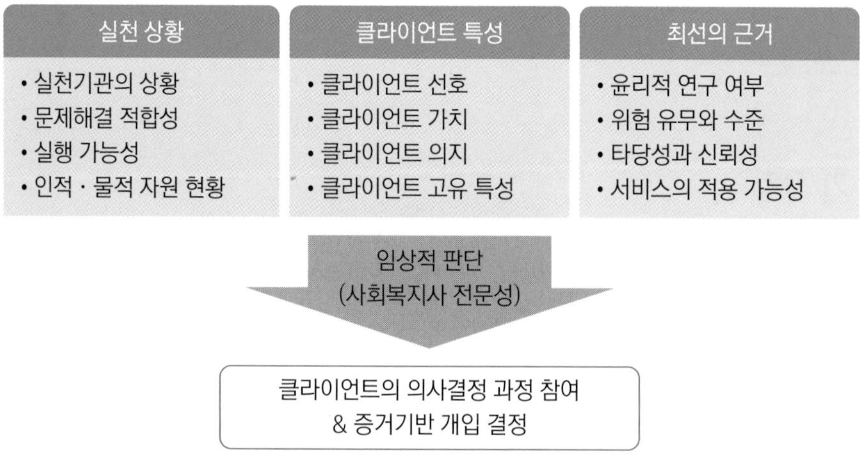

[그림 2-1] 증거기반 실천의 핵심 구성요소와 개입 절차

출처: 이민홍, 정병오(2020), p. 21을 재구성.

2. 기본 전제와 실천 단계

1) 기본 전제

제1장에서 논의했던 것처럼, 클라이언트를 위한 가장 적절한 개입을 찾고 사회복지 실천의 효과성을 입증하기 위해 사회복지사에게 과학적 탐구는 필수적이다. 연구자들에 의해 수행된 연구문헌을 검토하고 실천기법을 선택하는 과정

에서 증거기반 실천은 사회복지사에게 과학적 탐구에 관련된 노력을 체계적으로 실현할 수 있도록 한다(Roberts & Yeager, 2006; Rubin, 2008). 증거기반 실천을 통해 사회복지사는 '권위에 기반한 실천(authority-based practice)'과 달리 전통적으로 내려오는 실천모델을 맹목적으로 받아들이기보다 비판적 사고를 통해 의문을 제기한다(Gambrill, 1999; Rubin & Babbie, 2008). 즉, 일상에서 통용되고 있으나 객관적으로 입증되지 않은 관습과 권위에 대한 사회복지사의 비판적 · 논리적인 사고가 증거기반 실천의 가장 우선적인 전제라 할 수 있다.

사회복지사의 비판적 사고와 더불어 증거기반 실천을 위해 요구되는 전제는 적합한 증거를 발견하고 구분할 수 있는 능력이다. Rubin과 Babbie(2008)는 증거기반 실천을 사용함에 있어 실천가는 증거를 찾아내는 방법을 알아야 하며, 발견한 증거의 타당성 여부를 비판적으로 평가할 수 있어야 한다고 하였다. 따라서 사회복지사는 과학적인 증거를 찾아내고자 하는 의지와 증거의 타당성을 평가할 수 있는 능력을 모두 갖추어야 한다. 물론 어떠한 조치와 행동이 최선인지 곧바로 제시해 주는 증거를 항상 발견할 수는 없다. 그러나 증거기반 실천을 통해 해답을 찾기 위해 노력하는 과정 속에서 실천가는 예기치 못한 다양한 가능성을 접할 수 있으며, 또 다른 증거에 기반을 둔 새로운 대안을 마련할 수도 있다(Rubin & Babbie, 2008).

증거기반 실천은 클라이언트가 의사결정 과정에 참여하여 주체적인 역할을 수행한다는 점에서 클라이언트 중심의 실천 모델이라 일컬어진다(Gambrill, 2001; Jenson, 2007). 따라서 클라이언트의 문제와 욕구를 정확히 인지함과 동시에, 클라이언트의 상황 및 특성에 대한 포괄적이며 상세한 이해가 전제되어야 한다. 감정이입 및 공감이 가능할 만큼 사회복지사와 클라이언트의 관계가 공고히 형성된다면 개입의 효과성을 높이는 데에 매우 결정적인 역할을 할 것이다.

간혹 사회복지사가 발견한 증거와 클라이언트의 의견이 충돌할 수 있다. 예를 들어, 사회복지사에게 우울증과 불면증으로 고통받고 있는 클라이언트가 개입을 요청했다고 가정해 보자. 사회복지사는 우울증과 불면증에 관한 최근의 문헌과 연구들이 클라이언트에게 가장 효과적인 개입으로 약물치료를 권장하고 있음을 발견하였다. 그러나 클라이언트는 약물치료에 대해 거부감을 보이며 약물치료가 문제의 본질적인 해결책이 될 수 없다고 주장하고 있다. 이러한 경우에도 사회복지사는 과학적 증거가 지시하는 대로 약물치료를 제공하는 것이 옳을까? 결론적으로 말하면, 최선의 증거가 지시하는 행동과 개입이라 해도 클라이언트가 원하지 않는다면 강요해서는 안 된다(Rubin & Babbie, 2008). 우리나라의 「사회복지사 윤리강령」(2001. 12. 15. 개정)은 클라이언트의 권리를 보장하기 위해 자발적이고 고지된 동의(informed consent)를 얻어야 함을 명시하고 있다. 또한 사회복지사는 클라이언트의 주체성과 자기결정권을 보장하는 데에 최선을 다해야 함이 내용에 포함되어 있다. 따라서 사회복지사는 클라이언트의 욕구와 가치에 부합하는 개입(약물 치료 이외의 대안)을 모색하고, 그것에 관한 증거들을 클라이언트와 공유하여 최선의 의사결정을 달성하도록 해야 할 것이다.

2) 증거기반 실천 단계

증거기반 실천의 전제들이 모두 충족되었다면, 증거기반 실천을 수행하기 위한 절차와 방법을 이해하는 것이 필요하다. 증거기반 실천을 위한 방법을 학자별로 적게는 4단계부터 많게는 7단계로 설명하고 있다. Rubin과 Babbie(2008, p. 28)는 몇몇 학자들(Sackett et al., 1997; Cournoyer & Powers, 2002; Gambrill, 2001)의 설명을 종합하여 [그림 2-2]와 같이 증거기반 실천의 6단계를 제시하였다. Rubin과 Babbie(2008)의 증거기반 실천의 6단계를 참고하여 살펴보면 다음과 같다.

1단계: 실천 욕구에 답하는 질문 만들기
최선의 결정을 내리기 위해 필요한 정보를 질문으로 전환한다.

↓

2단계: 증거 찾기
질문에 대한 답이 되는 최선의 증거를 탐색한다.

↓

3단계: 발견한 증거를 비판적으로 검토하기
수집된 증거의 타당성 · 신뢰성 · 효과성에 대해서 비판적으로 평가한다.

↓

4단계: 가장 적절한 증거기반 개입을 결정하기
사회복지사의 임상적 전문성과 클라이언트의 동의하에 최종 결정을 내린다.

↓

5단계: 증거기반 실천을 적용하기
비판적 평가의 결과로 선택된 개입을 실천에 옮긴다.

↓

6단계: 평가 및 피드백
실행의 결과를 평가한다.

[그림 2-2] 증거기반 실천의 6단계

출처: Rubin & Babbie (2008).

(1) 1단계: 실천 욕구에 답하는 질문 만들기

첫 단계에서 사회복지사는 최선의 결정을 내리기 위해 추가적으로 필요한 정보는 무엇인지에 기초해 질문을 만들어야 한다. 사회복지적 개입이 증거기반 실천이 될 수 있도록 과학적 근거를 찾는 과정은 질문과 이에 대한 대답의 계속적 반복 작업이라 할 수 있다. Rubin과 Babbie(2008, p. 33)는 개입을 명확하게 하기 위한 질문을 만들 때 클라이언트의 특성(client characteristics), 고려되고 있는 개입(intervention being considered), 대안적 개입(alternative intervention) 및 결과(outcome)를 고려해야 하며, 각각의 앞 글자를 따서 'CIAO(이탈리아어로 '안녕'을 뜻함)'로 기억하는 방법을 추천한다.

또한 Rubin(2008 p. 43)은 과학적 근거를 찾기 위한 질문을 크게 네 가지로 범주화하였다.

첫째, '특정 문제를 해결하는 데 있어서 어떤 개입, 프로그램, 정책이 가장 효과적이었는가'다. 이러한 질문에 대한 근거를 찾기 위한 문헌검토는 주로 실험설계연구, 단일사례연구, 효과성에 대한 인과관계를 분석한 상관관계연구 등의 조사설계를 활용한 논문들이 적합하다. 예를 들어, 주의력결핍 과잉행동장애 아동을 위한 실천기법의 효과성을 분석하기 위해서는 실험연구설계를 활용하여 수행된 논문들을 검토하는 것이 적절할 것이다.

둘째, '어떤 요인이 바람직한 상황이나 바람직하지 못한 결과를 가장 잘 예측할 수 있는가'이다. 예측요인에 대한 질문은 인과관계를 분석한 상관관계연구(correlational study)와 질적 연구를 적용하여 답할 수 있다. 예를 들어, 아동학대의 원인이 되는 변수(variable)에 대한 상관관계 분석(correlational study)이나 질적 연구는 아동학대(바람직하지 않는 상태)를 효과적으로 개입할 수 있는 방법에 대한 근거를 제시하게 된다.

셋째, '클라이언트의 특성은 어떠한가'이다. 이 질문은 클라이언트의 문제나 욕구를 효과적으로 개입하기 위해서 사용하는 실천기법도 중요하지만, 사회복지사와 클라이언트의 관계의 질이 개입의 효과성에 매우 결정적인 요인이라는 점에 기인한 것이다. 클라이언트의 특성에 대한 이해를 위해서는 연구대상자에 대해 매우 상세한 정보를 제공할 수 있는 질적 연구를 참고하는 것이 가장 바람직하다.

넷째, '어떤 측정도구를 사용하는 것이 가장 적절한가'이다. 사회복지사는 클라이언트의 문제 및 욕구에 개입한 후에 변화정도를 측정하여 개입의 효과성을 평가하는 과정을 갖게 된다. 따라서 클라이언트의 변화를 판단할 수 있는 측정도구를 선정해야 한다. 측정도구는 신뢰도, 타당도, 현실적 적용 가능성을 갖추고 있어야 클라이언트의 변화를 정확하게 평가할 수 있기 때문에, 사회복지사는 자신의 실천 상황에 적용할 수 있는 최적의 척도를 찾을 수 있어야 한다. 이를 위해 신뢰도, 타당도 등 척도의 특성을 분석한 논문들을 활용하는 것이 적합하다. 예를 들어, 독거노인의 우울증 관련 프로그램을 실시한다면, 노인의 우울증을 측정하기 위해 개발된 척도 중에서 독거노인을 대상으로 적용하기에 적합하도록 신뢰도와 타당도가 검증된 척도를 선별해야 한다.

(2) 2단계: 증거 찾기

최선의 증거를 찾기 위한 질문을 만들었다면 다음 단계는 바로 그 질문에 해당하는 증거를 탐색하는 것이다. 그러나 현장의 사회복지사는 대체로 사회복지연구자에 비해 문헌연구를 수행할 시간과 자료가 부족한 것이 사실이다. 따라서 사회복지사에게는 컴퓨터를 이용한 도서관 검색과 도서관 사서를 통해 제공받을 수 있는 전문 문헌 데이터베이스 검색이 유용할 것이다(Rubin & Babbie, 2008). 만약 도서관 검색과 전문적인 문헌 데이터베이스 검색이 제한적일 때에는 '구글(Google)'과 같은 검색 엔진을 사용하는 것이 대안이 될 수 있다. Rubin과 Babbie(2008)는 'Google Scholar' 웹사이트를 소개하고 있다. 특정 주제와 관련된 연구 논문과 전문 서적에 관한 정보를 제공한다는 점에서 Google Scholar가 과학적 증거를 찾는 데에 강점을 가질 수 있다.

증거를 찾기 위한 검색의 전략은 크게 상향식 검색(top-down searches)과 하향식 검색(bottom-up searches)으로 구분된다(Mullen, 2006: Rubin & Babbie, 2008, p. 33 재인용). 상향식 검색이 질문에 관한 증거를 제공하는 모든 자료를 찾는 것이라면, 하향식 검색은 다른 사람들이 기존에 수행한 증거기반 조사연구(체계적 문헌 검토, 메타분석 등) 결과를 활용하여 자료를 수집하는 것이다(Rubin & Babbie, 2008). 상향식 검색 방법을 사용한다면 실천가는 발견한 모든 증거를 읽고 각각에 대해 비판적 평가를 진행한 뒤 최선의 증거를 선택해야 한다. 따라서 실천가가 감당하기 어려울 정도의 많은 시간이 소요될 수 있으며, 그로 인해 개입의 타이밍을 놓칠 수도 있다. 즉, 상향식 검색 방법은 실행 가능성이 낮다. 반면, 하향식 검색 방법은 상향식 검색에 비해 상대적으로 실행 가능성이 높다. 그러나 실천가가 참고한 기존 조사연구가 최선의 증거가 아닐 가능성(더욱 적합한 최신의 조사연구를 발견하지 못했을 경우)이 항상 존재하며, 근거로 삼은 조사연구가 편향되어 있을 가능성도 있다. 따라서 실행 가능성으로 인해 하향식 검색 방법을 취했다면 사회복지사는 반드시 비판적 사고자로서 작업을 수행해야 한다. 반대로 상향식 검색 방법을 선택했다면 시간과 접근성이 허락하는 범주에서 개별 연구들을 검토하되, 하향식 검색을 병행하여 종합적인 결론을 도출할 수 있을 것이다. 이 두 가지 검색 전략은 상호 배타적이지 않다.

(3) 3단계: 발견한 증거를 비판적으로 검토하기

상향식 또는 하향식 검색을 통해 발견한 자료들을 비판적으로 평가하기 위해서는 이 책의 나머지 부분을 통해 다루어질 다양한 조사방법론과 연구설계에 관한 지식이 요구된다. 여기서 모든 내용을 상세히 설명할 수는 없지만, Rubin과 Babbie(2008)가 제시한 두 가지 질문을 살펴봄으로써 증거기반 실천의 3단계 과정을 더 잘 이해할 수 있다.

첫 번째 질문은 '연구에 나타난 개입의 효과성 또는 결과가 신뢰할 수 있고 타당하며, 편향되지 않게 측정되었는가?'다. 즉, 연구 자체의 신뢰도와 타당도, 그리고 연구에 사용된 측정도구의 신뢰도와 타당도가 충분히 높은지를 확인하는 질문이다.

두 번째 질문은 '클라이언트에게 나타난 변화(결과의 편차)가 개입에 의한 것인지 보여 줄 수 있을 만큼 연구설계가 견고한가?'다. 클라이언트의 문제와 욕구에 영향을 미칠 수 있는 외부의 요인이나 상황을 통제하거나, 몇몇의 연구집단을 포함시켜 집단 간의 차이를 보여 줌으로써 개입의 효과를 검증하는 등 여러 가지 연구설계에 따라 증거의 질도 다양하게 서열화할 수 있다.

(4) 4단계: 가장 적절한 증거기반 개입을 결정하기

최선의 증거가 지지하는 개입이 모든 클라이언트와 모든 상황에 반드시 효과적인 것은 아니다. 통상적으로 그 개입이 다른 대안들보다 효과적일 가능성이 높다는 것을 의미한다. 다시 말해, 클라이언트 고유의 특성이나 선호하는 가치에 따라서, 또는 특정한 실천 상황으로 인해서 개입의 효과성은 얼마든지 다르게 나타날 수 있다. 따라서 증거기반 실천가는 그것이 최선의 증거일지라도 그 내용과 결과에 맹목적으로 동조해서는 안 된다.

비판적 검토를 통해 얻어진 증거가 지시하는 개입이 하나가 아닌 경우도 존재한다. 증거들마다 조금씩 다른 결과를 제시하거나, 증거에 나타난 클라이언트가 자신의 클라이언트와 비슷하긴 해도 다른 중요한 점에서는 그렇지 않을 수도 있다. 증거기반 실천가는 가장 적절한 개입을 결정함에 있어 임상적 전문성, 클라이언트에 대한 지식, 클라이언트의 의견과 피드백 등을 종합적으로 고려해야 한다.

어떤 개입을 선택할 것인지 최종 결정을 내렸다면, 그것을 적용하기 전에 클라이언트에게 기대 가능한 잠재적 효과성과 발생 가능한 부작용에 대해 고지하여 동의를 얻어야만 한다. Rubin과 Babbie(2008)는 이 과정이 자기결정권의 존중과 윤리적 측면을 넘어, 클라이언트가 개입에 대해 소유권과 책임성을 느낄 수 있게 하여 궁극적으로 성공적인 결과를 얻을 확률을 높인다고 하였다.

(5) 5단계: 증거기반 실천을 적용하기

클라이언트가 참여한 의사결정 과정을 통해 최종 결정이 진행되었다면, 증거기반 실천을 적용하는 단계에 도달했음을 뜻한다. 그러나 선택된 개입을 적용하기 전에 사회복지사는 다음과 같은 몇 가지 추가적인 단계를 거쳐야 한다(Rubin & Babbie, 2008). 먼저, 사회복지사가 선택된 개입을 제공하는 데에 충분한 역량을 갖추어야 한다. 특정 개입의 경우에는 실천가에게 일련의 교육과 훈련과정을 이수할 것을 요구하거나, 더 나아가 그것을 증명하는 자격증을 취득해야만 실천현장에서 사용이 가능하기도 하다. 다음으로, 사회복지사가 선택된 개입을 수행할 만큼의 역량과 자격이 갖춰졌다면, 관련된 문헌 자료를 확보하거나 동료나 다른 전문가들로부터 자문이나 슈퍼비전을 구하는 등 개입에 도움이 될 수 있는 자원을 확보해야 한다. 만약 충분한 여건이 마련되지 않았다면 다른 전문가에게 클라이언트를 의뢰하도록 해야 한다. 마지막으로, 사회복지사는 클라이언트와 협력하여 개입 과정에서 측정될 목표를 설정해야 한다. 설정된 목표의 달성 여부는 개입이 진정으로 클라이언트에게 도움이 되는지에 대한 평가를 가능하게 해 준다.

(6) 6단계: 평가 및 피드백

사회복지사와 클라이언트는 개입 과정 속에서 측정된 성과를 평가한다. 개입의 효과성이 높게 나타났다면 어떠한 부분이 좋게 작용하였는지, 더 나은 성과를 얻기 위한 방안은 없을지, 향후 영향을 미칠 수 있는 외부 요인이나 상황의 변화는 없는지 등을 논의해야 할 것이다. 반대로 개입이 유용하지 않은 것으로 평가된다면, 미처 고려되지 못한 클라이언트의 특성이나 상황은 없는지, 어떠한 부분에 있어서 보완이 필요한지 등에 대해 대화를 나누어야 한다. 세부적인 성과측정과 평가방법에 대해서는 이 책의 나머지 부분에서 다루고 있다.

사회복지사와 클라이언트 간의 논의와 의사결정에 따라, 때로는 개입계획 자체를 전면적으로 수정해야 할 수도 있을 것이다. 또한 일련의 계획된 개입과정이 모두 종료되었음에도 문제 상황이 여전히 존재하거나 새로운 욕구가 발생했을 가능성도 있다. 이러한 경우에는 변화된 상황과 욕구 등을 고려하여 사회복지사는 다시 1단계부터 증거기반 실천을 수행하면 된다.

3. 쟁점

증거기반 실천의 등장 이전의 실천모델 대부분은 과학적 증거보다는 이론적 개념에 근거를 두었다. 사회복지 실천가들에게 증거기반 실천은 많은 논쟁을 불러일으켰다. 그러나 증거기반 실천을 지지하는 전문가들은 이러한 비판들이 증거기반 실천을 온전히 파악하지 못한 오해에서 비롯된 것이라 규정한다. 이 절에서는 증거기반 실천에 관한 몇 가지 주요 쟁점들을 살펴보고, 이로부터 도출되는 시사점 및 과제에 대해 논의하고자 한다.

1) 주요 쟁점과 논의

(1) 현장 실천가의 경험과 전문성을 무시한다.

증거기반 실천에 대해 가장 먼저 제기된 우려는 과학적 증거에만 너무 의존하게 되어 현장 사회복지사의 전문성을 간과하고 경험적인 지지를 얻고 있는 개입을 무시할 수 있다는 것이다(Rubin & Babbie, 2008). 그러나 증거기반 실천은 사회복지사의 전문성을 훼손하기보다는 최선의 개입을 위해 여러 가지 실천 상황과 클라이언트의 상황, 그리고 과학적 근거까지 종합해야 한다는 점에서 오히려 높은 수준의 사회복지사의 임상적 전문성을 강조한다(Gambrill, 1999; 2001). 또한 증거기반 실천은 사회복지사의 경험적 지식을 일방적으로 무시하는 것이 아니라 경험적 지지를 받는 개입에 대한 과학적 증거를 마련함으로써 권위나 전통에 근거한 실천을 탈피할 수 있도록 돕는다(Gambrill, 1999).

⑵ 클라이언트의 가치와 선호가 무시되고, 개입에 대한 협조가 저해될 것이다.

첫 번째 쟁점과 유사하게, 증거기반 실천이 과학적 증거만을 맹목적으로 받아들이게 되어 클라이언트의 가치와 선호를 무시할 것에 대한 우려가 제기되었다. 또한 개입의 근거가 되는 조사연구 결과를 클라이언트가 온전히 이해하기 어렵기 때문에 개입에 대한 협조가 저해될 것이라고 비판되었다. 그러나 클라이언트의 가치와 선호, 고유한 특성에 대한 이해는 증거기반 실천의 가장 핵심적인 세 가지 요소 중에 하나다(김유진, 2007; 이민홍, 정병오, 2020; Rubin, 2008). 또한 증거기반 실천은 클라이언트가 의사결정 과정에 참여하여 주체적인 역할을 수행한다는 점에서 클라이언트와의 협력적인 관계가 기본 전제로 요구된다(Jenson, 2007).

⑶ 연구들을 서열화하게 되고, 특히 질적 연구의 가치를 제대로 인정하지 않는다.

앞서 증거기반 실천의 3단계 과정(발견한 증거를 비판적으로 검토하기)에서 실천 효과성을 판단하기 위해 개입의 결과는 믿을 만하고 타당한지, 편향되지 않은 방법으로 측정되었는지, 그리고 연구설계가 개입의 효과를 증명하기에 충분히 견고한지 등을 평가해야 함을 이해하였다. 이러한 평가결과에 따라 증거기반 실천은 수집된 증거들을 서열화하게 된다(Rubin & Babbie, 2008). 예를 들어, 순수실험설계(true experimental design)가 서열상 가장 높은 곳에 위치할 것이며, 상대적으로 유사실험설계(quasi experimental design)나 전실험설계(pre experimental design)는 낮은 가치를 가진 것으로 평가될 수 있다. 더 나아가, 질적 연구방법을 선호하는 연구자들은 이러한 위계로 인해 질적 연구의 가치가 평가절하된다고 느낄 수 있다(Rubin & Babbie, 2008). 이에 증거기반 실천이 질적 연구방법의 가치를 제대로 인정하지 않는다는 비판이 일견 타당해 보이기도 한다. 그러나 증거기반 실천은 보다 앞선 1단계와 2단계의 과정에서 클라이언트의 욕구에 답할 질문을 만들며, 다양한 방법을 통해 가장 적절한 증거들을 찾는다. 따라서 실험설계(experimental design)의 서열보다는 우선적으로 연구에 참여한 클라이언트와 실제 클라이언트의 유사 정도, 클라이언트의 가치와 선호도,

개입에 필요한 인적 · 물적 자원을 고려한 적용 가능성 등이 폭넓게 고려된다. 즉, 실험설계의 서열이 증거기반 실천에 있어 유일하며 절대적인 기준이 아니라는 점이다. 더 나아가, 질적 연구의 경우에도 클라이언트의 선정방법, 질적 자료의 해석과 분석의 과정, 삼각검증(triangulation)의 수행 여부 등 다양한 측면을 반영해서 신뢰도와 타당성 및 연구설계의 적절성을 얼마든지 평가할 수 있다. 결론적으로 증거기반 실천가들이 양적 연구와 질적 연구를 동일선상에서 단순 비교를 한다거나, 무조건적으로 질적 연구의 가치를 낮게 평가한다는 주장은 적절하지 않다.

(4) 무수히 많은 실천 현장의 사례들에 적용할 만큼 증거가 충분하지 않다.

사회복지 실천의 대상이 되는 클라이언트들은 취약계층에 속하거나, 소수인종이나 소수민족에 해당하는 사회적 약자인 경우가 많다. 이에 비하여 많은 연구에서는 사회복지사들이 마주하는 클라이언트와 다른 특성을 가진 클라이언트들이 실험에 참여한다. 사회복지 영역의 클라이언트들에게 필요한 특정 치료영역과 개입모델의 효과성을 분석한 연구를 찾는 것도 쉽지 않다. 다시 말해, 증거기반 실천에 필요한 우수한 연구가 부족하다는 것이다(Mullen & Strenier, 2004). 그러나 증거가 충분하지 않다는 것이 실천가들이 개입을 선택함에 있어 증거에 근거할 필요가 없다는 것을 의미하지는 않는다. 당연하게도 증거기반 실천을 수행함에 있어 언제나 늘 명확한 증거를 발견할 수는 없다. 중요한 것은 사회복지사가 최선의 개입을 결정하기 위해 다방면으로 증거를 찾아보고 검토하는 과정을 거쳐야 한다는 것이다.

(5) 현실세계에 존재하는 장애들로 인해 실제로 적용하기 어렵다.

증거기반 실천이 갖는 장점과 무관히 현실세계에 존재하는 장애들이 증거기반 실천의 적용을 어렵게 하곤 한다. 증거기반 실천을 위해 사회복지사가 증거를 수집하는 데에 필요한 시간(특히 상향식 검색 방법으로 증거를 수집하는 경우)이 대표적인 예다. 사회복지 영역의 클라이언트들이 갖고 있는 문제들은 시급한 개입을 요하는 경우가 많다. 따라서 현실적으로 사회복지사가 증거기반 실천을 수행하기에 충분한 시간을 확보하는 것은 쉽지 않다. 이와 더불어 증거기반 실천을 위해서는 과학적 연구에 접근할 수 있는 환경(전문 서적, 출판물, 인터넷 데이터베이스에 대한 접근성)이 뒷받침되어야 한다. 많은 사회복지 기관에게 이러한 환경을 구축하도록 별도의 투자를 하는 것은 매우 어려울 것이다. 마지막으로, 수집된 과학적 증거들을 검토하고 평가할 수 있는 역량을 위해 사회복지사에게 추가적인 훈련과 교육이 필요할 수 있다. 현실세계에 존재하는 장애들은 증거기반 실천을 지지하는 전문가들에게조차도 해결방안을 찾기 곤혹스럽게 여겨진다(Rubin & Babbie, 2008). 그러나 다시 한번 강조되는 부분은 이러한 현실세계의 장애들이 증거기반 실천이 갖는 바람직함 자체를 부정하는 근거가 될 수 없다는 것이다.

2) 시사점 및 과제

앞서 살펴본 증거기반 실천에 관한 비판과 논쟁들은 대부분 오해로 간주되는 것이 사실이다. 더 나아가, 몇 가지 비판들은 증거기반 실천이 가진 문제점이라기보다는 증거기반 실천을 현장에서 활용하기 어려운 이유에 가깝다. 그럼에도 불구하고 이와 같은 반대 의견과 주요 쟁점들을 점검하는 과정은 증거기반 실천가들에게 다음과 같은 유용한 시사점을 제공한다.

첫째, 증거기반 실천에 대한 오해를 줄이고 올바른 이해를 돕기 위한 노력이 필요하다. 우리나라에서 증거기반 실천이 본격적으로 논의되기 시작한 것은 2000년대 중반으로 오랜 시간이 지나지 않았다. 증거기반 실천이 상대적으로 사회복지현장의 실천가들에게 낯설고 어려운 개념으로 여겨진다면 증거기반 실천이 사회복지사의 전문성을 훼손시킨다거나 클라이언트의 가치를 무시한다는 오해가 계속 나타날 수 있다. 증거기반 실천에 관한 연구 및 문헌의 출판과 보급, 연구자들과 실천가들이 함께하는 학술대회나 워크숍을 통한 정보 공유, 사회복지 교육과정에서의 논의 확대 등 잘못된 오해를 줄이기 위한 여러 가지 방안이 마련되어야 할 것이다.

둘째, 과학적 증거를 통해 질적 연구의 가치를 적절히 평가할 수 있는 방안을 마련해야 한다. 수집된 증거들에 나타난 실천의 효과성을 판단하기 위해 비판적 검토를 하는 과정은 반드시 필요하다. 그러나 과학적 증거의 신뢰성과 타당성을 평가하는 과정에서 양적 연구와 문헌연구, 질적 연구 등을 동일한 잣대로 서열화시키는 것은 지양해야 한다. 특히 질적 연구의 가치가 상대적으로 낮게 평가되지 않도록 질적 연구의 신뢰성 및 타당성을 평가할 기준을 양적 연구와 다르게 마련해야 한다(예: 삼각검증의 사용 여부). 또한 양적 연구와 문헌연구, 질적 연구 등을 고루 활용하는 것이 가능하다면 증거기반 실천에 필요한 클라이언트의 이해를 돕고 최선의 결정을 내리는 데에 유용할 수 있다.

셋째, 증거기반 실천이 가능한 환경을 구축하기 위해 다양한 전문가들이 협력해야 한다. 사회복지사의 노력만으로는 현실의 여러 가지 장애들을 극복하고 증거기반 실천을 온전히 수행하기 어렵다. 사회복지사와 연구자, 교육자 등 여러 전문가들이 협력을 통해 앞서 제기된 현실적 어려움들을 해결할 수 있을 것이다. 예를 들어, 증거수집의 과정에서 사회복지사가 도서관 사서와 협력하여 필요한 정보를 모은다면 소요되는 시간을 크게 절감시킬 수 있다. 증거에 대한 비판적 평가를 하는 데에는 사회복지 연구자들의 자문을 받음으로써 전문적 지식을 확보하고 과학적 증거를 효과적으로 적용할 수 있을 것이다. 동시에 사회복지 연구자들은 실천가들과의 협력을 통해 증거기반 실천에 관한 연구 데이터를 모으거나 현장에서 연구 아이디어를 떠올리는 것이 가능하다.

연습문제

01 증거기반 실천의 역사적 배경과 정의에 관한 내용으로 가장 부적절한 것은?

① 증거기반 실천은 1980년대 의료 전문가들이 사용했던 증거기반 의학에서 확장된 것이다.

② 사회복지뿐만 아니라 교육, 보건, 간호 등 많은 분야에서 증거기반 실천을 적용하고 있다.

③ 증거기반 의학과 다르게 증거기반 실천에서는 사회복지사의 임상적 전문성을 최소화한다.

④ 증거기반 실천을 위해 사회복지사는 과학적인 근거를 수집하고 활용해야 한다.

⑤ 클라이언트가 의사결정 과정에 참여하는 것이 증거기반 실천의 특징이다.

02 증거기반 실천을 수행함에 있어 고려해야 할 구성요소에 해당하는 것을 모두 고르시오.

가. 클라이언트의 가치	라. 실천기관의 상황
나. 최선의 과학적 근거	마. 클라이언트의 선호
다. 전문가의 권위와 전통	

① 가, 나, 다 ② 가, 나, 라 ③ 나, 다, 마
④ 가, 나, 라, 마 ⑤ 가, 나, 다, 라, 마

03 증거기반 실천을 수행하기 위한 기본 전제에 관한 설명으로 가장 부적절한 것은?

① 권위에 기반한 실천과 증거기반 실천의 가장 큰 차이점은 사회복지사의 비판적 사고다.

② 사회복지사가 발견한 증거와 클라이언트 의견이 충돌한다면 언제나 증거를 우선해야 한다.

③ 사회복지사는 증거의 타당성을 평가할 수 있는 능력을 갖추어야 한다.

④ 클라이언트의 문제와 욕구를 정확히 인지하는 것이 증거기반 실천을 위해 필수적이다.

⑤ 클라이언트와 사회복지사의 협력적인 관계가 증거기반 실천의 효과성을 높일 수 있다.

04 증거기반 실천에서 과학적 근거를 찾기 위한 질문으로 적절하지 않은 것은?

① 과학적 근거를 찾기 위해 필요한 시간은 얼마큼인가?
② 어떠한 요인이 바람직한 상황이나 부정적인 결과를 가장 잘 예측할 수 있는가?
③ 클라이언트가 가진 고유한 특성은 무엇인가?
④ 개입의 효과를 측정하는 데에 가장 적절한 측정도구는 무엇인가?
⑤ 클라이언트가 가진 특정 문제를 해결하는 데에 어떤 개입이 가장 효과적이었는가?

05 증거기반 실천의 과학적 증거를 찾기 위해 다른 사람들이 이미 수행한 증거기반 조사 연구 결과를 활용하는 증거 탐색의 방법을 무엇이라 하는가?

① 하향식 검색
② 상향식 검색
③ 전문 문헌 데이터베이스 검색
④ 참고문헌 검색
⑤ 포괄적 검색

06 발견한 증거를 비판적으로 검토하는 증거기반 실천 단계에서 고려해야 할 요인으로 보기 어려운 것은?

① 연구의 신뢰성
② 연구의 타당성
③ 연구설계의 견고함
④ 편향되지 않은 측정도구
⑤ 연구자의 능력

07 과학적 증거에 근거하여 가장 적절한 개입을 결정하는 단계에서 사회복지사가 취해야 할 행동으로 가장 적절하지 않은 것은?

① 과학적 근거와 함께 임상적 전문성과 클라이언트의 의견 등을 종합적으로 고려해야 한다.
② 비판적 검토를 통해 얻어진 유일한 최선의 증거에 근거하여 개입을 결정한다.
③ 클라이언트를 의사결정에 참여시키는 것은 자기결정권을 존중한다는 점에서 바람직하다.
④ 클라이언트에게 개입의 잠재적 효과와 발생 가능한 부작용을 모두 고지해야 한다.
⑤ 자신의 클라이언트가 가진 특성에 따라 개입의 효과성이 달라질 수 있음을 고려해야 한다.

08 다음 중 증거기반 실천을 적용하는 단계에서 사회복지사에게 요구되는 과제로 가장 적절한 것은?

① 전문 문헌 데이터베이스 등 과학적 증거를 수집하기 위한 접근성을 확보한다.
② 클라이언트가 가진 욕구에 답하는 질문을 만들어야 한다.
③ 적절한 여건을 갖추지 못하다면, 다른 전문가에게 사례를 의뢰하는 것도 고려해야 한다.
④ 수집된 증거들을 연구설계에 따라 평가하여 서열화한다.
⑤ 도서관 사서와의 협력을 통해 시간과 노력을 효과적으로 절감할 수 있다.

09 증거기반 실천을 둘러싼 쟁점들 중에서 사실과 가장 거리가 먼 것은?

① 증거기반 실천이 사회복지사의 전문성과 경험을 무시한다는 것은 잘못된 오해다.
② 증거기반 실천을 뒷받침할 만한 최선의 증거를 발견하지 못할 수도 있다.
③ 과학적 증거에 나타난 실천의 효과성을 판단함에 있어 순수실험설계가 높게 평가된다.
④ 증거기반 실천은 과학적 증거를 중시하기 때문에 클라이언트의 가치가 적게 반영된다.
⑤ 시간과 자원의 부족 등 여러 가지 장애들이 증거기반 실천을 어렵게 한다.

10 다음은 증거기반 실천의 6단계다. 빈 칸에 들어갈 내용이 알맞게 연결된 것은?

실천 욕구에 답하는 질문 만들기
↓
(ㄱ)
↓
(ㄴ)
↓
가장 적절한 증거기반 개입을 결정하기
↓
(ㄷ)
↓
평가 및 피드백

① (ㄱ) – 증거기반 실천을 적용하기
② (ㄱ) – 클라이언트와 의논하기
③ (ㄴ) – 증거 찾기
④ (ㄴ) – 발견한 증거를 비판적으로 검토하기
⑤ (ㄷ) – 다른 전문가와 협력하기

답

01 ③	02 ④	03 ②	04 ①	05 ①	06 ⑤	07 ②
08 ③	09 ④	10 ④				

해설

01 증거기반 의학과 마찬가지로, 증거기반 실천은 클라이언트의 특성과 실천의 상황, 그리고 최선의 근거를 포괄적으로 고려할 수 있는 실천가의 임상적 전문성이 요구된다.

02 증거기반 실천을 위해서는 사회복지사가 권위와 전통을 맹목적으로 따르지 않고 비판적인 사고를 통해 의문을 제기하는 과정이 요구된다.

03 최선의 증거가 지시하는 행동과 개입이라 해도 클라이언트가 원하지 않는다면 강요할 수 없다. 증거기반 실천에서 사회복지사는 클라이언트의 욕구와 가치에 부합하는 최선의 의사결정을 위해 노력해야 한다.

04 실천 욕구에 답하는 질문을 만들기 위해 사회복지사가 가져야 할 질문은 크게 다음의 네 가지로 범주화된다. (1) 특정 문제를 해결하는 데 있어서 어떤 개입, 프로그램, 정책이 가장 효과적이었는가, (2) 어떤 요인이 바람직한 상황이나 바람직하지 못한 결과를 가장 잘 예측할 수 있는가, (3) 클라이언트의 특성은 어떠한가, (4) 어떤 측정도구를 사용하는 것이 가장 적절한가.

05 증거를 찾기 위한 검색의 전략은 크게 상향식 검색과 하향식 검색으로 구분된다. 상향식 검색이 질문에 관한 모든 증거를 제공하는 자료를 찾는 것이라면, 하향식 검색은 다른 사람들이 기존에 수행한 증거기반 조사연구를 활용해서 자료를 수집하는 것이다.

06 발견한 증거를 비판적으로 평가하는 과정에서 사회복지사는 연구의 신뢰성과 타당도, 그리고 연구에 사용된 측정도구가 편향되지는 않았는지를 확인해야 한다. 또한 개입의 효과성을 보여줄 수 있을 만큼 연구설계가 견고한지 검토해야 한다. 연구자의 능력은 고려의 대상이 아니다.

07 과학적 증거가 지시하는 개입이 하나가 아닌 경우도 존재한다. 따라서 과학적 증거와 함께 클라이언트의 특성, 가치와 선호, 실천가의 임상적 전문성 등을 종합적으로 고려해서 가장 적절한 개입을 결정해야 한다.

08 선택된 개입을 적용하기 위해서는 사회복지사는 훈련과정의 이수 또는 자격증의 취득 등을 통해 개입에 필요한 역량을 충분히 갖추어야 한다. 또한 사회복지사는 개입에 도움이 될 수 있는 자원을 확보해야 한다. 그러나 만약 충분한 여건이 마련되지 못하다면, 다른 전문가에게 클라이언트를 의뢰해야 한다.

09 클라이언트에 대한 이해는 증거기반 실천의 가장 핵심적인 세 가지 요소 중에 하나이며, 클라이언트가 의사결정 과정에 참여하여 주체적인 역할을 수행한다는 점에서, 증거기반 실천은 클라이언트의 가치를 잘 반영한다고 볼 수 있다.

10 증거기반 실천은 실천 욕구에 답하는 질문 만들기, 증거 찾기, 발견한 증거를 비판적으로 검토하기, 가장 적절한 증거기반 개입을 결정하기, 증거기반 실천을 적용하기, 평가 및 피드백 등 여섯 가지 단계의 순서로 진행된다.

용어정리

고지된 동의(informed consent) 자기결정권의 가치를 기본으로 하는 윤리 · 도덕적 원칙으로 연구대상자가 연구에 대한 정보를 충분히 인지하고 자발적으로 동의한 후에야 비로소 연구자가 조사를 진행할 수 있다는 것

변수(variable) 개념을 측정 가능한 면으로 본 것

삼각검증(triangulation) 질적 연구의 신뢰도 및 타당성을 높이기 위해서 다양한 출처, 다양한 자료, 다양한 연구자, 다양한 연구법을 사용하는 방법

상관관계 연구(correlational study) 변수 또는 변인들 간의 연관성이 있는지 확인하는 연구로서, 둘 이상의 변수들 간의 발생하는 관계를 측정하고 분석하기 위해 사용

상향식 검색(top-down searches) 실천 질문과 관련된 증거를 제공하는 모든 출처를 찾기 위해 문헌을 검색하는 방법

순수실험설계(true-experimental design) 실험대상의 무작위화와 독립변수 조작, 결과 비교 등의 실험설계요소를 모두 갖추고 있어 내적 타당도 저해 가능성을 통제한 설계방법

실험설계(experimental design) 연구자가 독립변인을 조작 · 통제하고 이에 대한 영향을 받는다고 생각하는 종속변인을 관찰 또는 측정할 수 있는 과학적 연구조사방법

욕구(needs) 일반적으로 개인이나 집단이 인간의 생존과 성장 · 발전을 위해 필요하여 구하는 것

전실험설계(pre-experimental design) 실험대상에 대한 무작위화가 이루어지지 않아서 독립변수 조작에 대한 결과인지를 명확히 밝혀내기 어려운 설계

전화 조사 조사원이 표본으로 선정된 대상자를 직접 만나는 대신 전화를 통해서 자료를 수집하는 방법으로 설문 조사와 면접조사 방법에서 많이 사용

증거기반 실천(evidence-based practice) 사회복지사가 해당 클라이언트에게 가장 적합한 개입을 위해서 체계적인 연구를 통해 입증된 활용 가능한 최선의 근거를 이용하여 의사결정을 하는 실천방법

하향식 검색(bottom-up searches) 기존에 수행되었던 증거기반 조사연구의 결과들을 이용하여 실천 질문과 관련된 증거를 찾는 방법

참고문헌

공계순, 서인해(2006). 증거기반 사회복지실천에 대한 이해와 한국에서의 적용가능성에 관한 연구. 사회복지연구, 31, 77-102.

김미옥(2015). 한국 사회복지실천연구 경향에 관한 반성적 고찰. 한국사회복지학, 67(4), 153-180.

김연옥(1998). 우리나라 사회복지학 연구경향에 관한 연구: 한국사회복지학에 실린 경험 분석연구를 중심으로. 한국사회복지학, 36, 1-20.

김영미, 박미진(2007). 증거기반 실천모델의 채택에 대한 사회복지사의 태도 연구. 사회과학연구, 23(2), 281-303.

김유진(2007). 근거 중심실천 소개: 근거중심 사회복지실천의 필요성과 유익성에 대한 고찰. 한국사회복지조사연구, 16, 24-47.

김유진(2008). 사회복지실천가의 근거중심실천의 적용에 대한 인식: 근거중심실천의 적용의 유용성과 한계성을 중심으로. 한국사회복지조사연구, 19, 275-296.

박정임(2012). 사회복지사를 위한 근거중심 사회복지실천교육 및 훈련프로그램의 개발 및 효과성에 관한 연구: 종합사회복지관 사회복지사를 중심으로. 보건사회연구, 32(3), 221-271.

서인해, 공계순(2014). 사회복지프로그램 차원의 증거기반 활동에 대한 이해. 사회복지연구, 45(4), 55-87.

양옥경(2000). 한국 임상사회복지실천의 효과성 연구경향에 관한 연구. 한국사회복지학, 42, 225-253.

양정남, 최은정, 김화선(2010). 사회복지사들의 근거중심실천 태도에 영향을 미치는 요인에 관한 연구. 한국사회복지교육, 13, 161-187.

이혜경(1993). 사회변동과 사회복지교과과정 개발의 방향. 한국사회사업(복지)대학협의회 연찬회 자료집. 45-58.

이민홍, 정병오(2020). 사회복지 프로그램 개발과 평가(3판). 경기: 양서원.

이상균(2000). 사회복지실천 프로그램에 대한 메타분석: 집단프로그램의 효과크기를 중심으로. 한국사회복지학, 40, 131-156.

Cournoyer, B. R. (2004). *The evidence-based social work skills book*. New York: Allyn & Bacon.

Fischer, J. (1973). Is Social Work Effective: A Review. *Social Work*, *18*(1), 5–20.

Gambrill, E. (1999). Evidence-Based Practice: An Alternative to Authority-Based

Practice. *Families in Society*, *80*, 341-350.

Gambrill, E. (2001). Educational Policy and Accreditation Standards: Do They Work for Clients?. *Journal of Social Work Education*, *37*, 226–239.

Jenson, J. M. (2007). Evidence-based practice and the reform of social work education: a response to Gambrill and Howard and Allen-Meares. *Research on Social Work Practice*, *17*(5), 569-573.

Kirk, S. A., & Reid, W. J. (2002). *Science and Social Work*. New York: Columbia University Press.

Mullen, E. J., & Bacon, W. B. (2004). Implementation of Practice Guidelines and Evidence-Based Treatment: A Survey of Psychiatrists, Psychologists, and Social Workers. in A. R. Roberts & K. Yeager (eds.), *Evidence-Based Practice Manual: Research and Outcome Measures in Health and Human Services*(pp. 210-218). New York: Oxford University Press.

Mullen, E. J. & Dumpson, J. R. (1972). *Evaluation of Social Intervention*. San Francisco: Jossey-Bass.

Mullen, E. J., & Streiner, D. L. (2004). The Evidence For and Against Evidence-Based Practice. *Brief Treatment and Crisis Intervention*, *4*, 111–121.

Roberts, A. R., & Yeager, K. R. (2006). *Foundations of evidence-based social work practice*. Oxford: Oxford University Press.

Rosenthal, R. N. (2006). Overview of Evidence-Based Practice. in A. R. Roberts & K. Yeager (eds.), *Foundations of Evidence-Based Social Work Practice*(pp. 67–80). New York: Oxford University Press.

Rubin, A. (2008). *Practitioner's Guide to Using Research for Evidence-Based Practice*. Hoboken, NJ: Wiley.

Rubin, A., & Babbie, E. R. (2008). *Research methods for social work* (6th ed.). Belmont, CA: Thomson Brooks/Cole.

Sackett, D. L., Richardson, W. S., Rosenberg, W., & Haynes, R. B. (2000). *Evidence-Based Medicine: How to Practice and Teach EBM* (2nd ed.). New York: Churchill Livingstone.

Wood, K. M. (1978). Casework Effectiveness: A New Look at the Research Evidence. *Social Work*, *23*(6), 437–458.

Zimbalist, S. E. (1977). *Historic Themes and Landmarks in Social Welfare Research*. New York: Harper & Row.

제3장

사회복지조사와 연구윤리

학습목표

1. 연구윤리의 발생 배경과 역사적 전개과정을 이해한다.
2. 연구윤리의 개념과 주요 원칙을 이해한다.
3. 연구윤리의 주요 쟁점과 해결방안에 대해 이해한다.

이 장에서는 사회복지조사 연구수행의 전제가 되는 윤리적 연구에 대한 살펴보고자 한다. 연구윤리가 왜 필요하며, 역사적 전개과정은 어떠했으며, 그리고 책임있는 연구의 수행을 위해서 연구자가 반드시 준수해야 하는 다양한 윤리적 쟁점과 그 해결방안에 대해 포괄적으로 이해하도록 소개한다. 즉, 진리탐구를 추구하는 연구자의 기본적 태도로서 연구자의 무한한 자유와 창의력을 필요로 하며, 이 과정에서 연구자의 진실성, 연구의 도덕성 및 연구자의 자기규제가 전제되어야 한다. 이러한 연구윤리의 준수가 연구자를 보호할 뿐만 아니라 연구의 가치를 높이는 역할을 수행하게 된다.

1. 연구윤리의 발생 배경과 역사적 발전과정

인간을 대상으로 수행된 연구 및 연구윤리에 대한 사회적 관심이 촉발된 역사적 사건은 제2차 세계대전이 대표적이다. 특히 전쟁 중에 대규모 인체실험이 조직적으로 자행되었으며, 전쟁이 종식된 이후 밝혀진 인간 대상 의학실험의 잔인성은 전 세계를 놀라게 하였다. 이러한 인간을 대상으로 자행된 조직적인 인체실험의 재발 방지를 위해 국제적으로 생명윤리에 대한 기준 마련을 위한 다양한 노력이 전개되었다. 이러한 노력의 대표적인 사례가 1946년 뉘른베르크 강령(Nurenderg code)과 1963년 헬싱키 선언(Helsinki declaration), 그리고 1979년 벨몬트 리포트(Belmont report) 등이다.

1) 뉘른베르크 강령

뉘른베르크 강령은 제2차 세계대전 직후인 1946년 23명의 나치(Nazi) 독일군 의사 및 과학자에 대한 전범재판의 재판부가 피험자의 동의 없이 수행된 인체실험과 그 과정에서 피험자에게 자행된 비윤리적 행위에 대해서 피고인들에게 유죄를 선고하면서 다시는 이러한 비윤리적이고 비극적인 인체실험(medical experiment)이 발생하지 않도록 하기 위해 제시된 강령이다.

뉘른베르크 전범재판은 전쟁 중에 자행된 다양한 인체실험으로 독가스 실험뿐만 아니라 말라리아, 발진티프스 등 유행성 전염병 실험, 그리고 고도실험과 동사실험 등 잔인한 생체실험에 깊이 관여하였다는 죄목으로 독일 의사들을 기소하였으나, 당시 이 의사들은 국제적으로 보편화된 인간대상 실험연구에 대한 연구 가이드라인이 없었다는 항변을 하였다. 이에 따라 당시 의료계에서 널리 인정되고 있는 비공식적인 생명윤리를 처벌의 근거로 제시할 필요가 있었으며, 특히 연구대상자를 연구과정에 참여시킬 때 지켜야 할 윤리적 원칙으로서 뉘른베르크 강령이 정립되었다.

그 강령의 첫째 항목은 '실험대상이 되는 사람의 자발적 동의는 절대 필수적이다.'라는 것이다. 독일 나치의 생체실험에 유대인이 포함된 강제수용자들을 강제적으로 동원하거나 자발적 동의 절차를 거치지 않은 비윤리성을 강조하였다. 둘째 항목은 유의미한 결과가 기대되지 않는 불필요한 연구는 해서는 안 되며 '사회의 선을 위하여 다른 방법이나 수단으로는 얻을 수 없는 가치 있는 결과를 낼 만한 것이어야 한다.'는 것이다. 따라서 인간대상 실험에 앞서 가능하면 동물실험을 먼저 시행하여야 하며, 질병의 자연적 경과나 연구 중인 여러 가지 문제에 대한 지식, 즉 기존의 연구를 충분히 검토한 후에 계획되어야 한다. 셋째 항목은 '연구자는 위험의 요소를 최소화하는 노력을 해야 한다.'는 것이다. 불필요한 모든 신체적 · 정신적 고통과 상해를 가능한 한 피하도록 하며, 손상과 장애, 사망 등 발생할 수 있는 모든 가능성에 대비하여 피험자를 보호하기 위한 적절한 준비와 안전을 위한 조치를 취해야 한다. 마지막으로, '위험과 혜택의 비교'라는 연구대상자 보호윤리 심의의 중요성을 강조하였다. 실험과정에서 노출될 수 있는 위험의 정도가 그 실험을 통해 예상되는 이득보다는 작아야 한다는 것이다. 즉, 불가피한 위험은 반드시 예상되는 이득에 의해 정당화될 수 있어야 한다.

2) 헬싱키 선언

1964년 헬싱키에서 개최된 세계의사협회(World Medical Association)는 뉘른베르크 강령을 재해석하는 국제적 가이드라인을 발표하였는데, 이것이 헬싱키 선언이다. 뉘른베르크 강령이 제2차 세계대전이라는 특수한 상황 속에서 발생한 생체실험으로부터 만들어졌기 때문에 세계 각 국가의 많은 의사나 연구자가 인간대상 연구 과정에서 뉘른베르크 강령의 생명윤리원칙에 대해서 주목하지 않았다. 이러한 상황에서 헬싱키 선언은 생명윤리 및 연구대상자 보호윤리를 본격적으로 공식화한 선언으로서의 의의를 지니며, 의학적 치료 및 인간대상 연구에서 의사가 지켜야 할 의료윤리 가이드라고 볼 수 있다. 그 내용을 요약하면 다음과 같다.

첫째, 의학적 연구에서 연구자인 의사가 환자를 대상으로 지켜야 할 윤리적 원칙을 천명하였다. 즉, 의사는 의학적 연구에서 피험자의 생명, 건강, 사생활, 존엄성을 보호하는 것이 요구된다. 둘째, 뉘른베르크 강령에서 명시된 충분히 숙지된 동의의 원칙을 보다 구체적으로 발전시켰다. 즉, '피험자는 반드시 자발적으로 실험에 참여해야 한다.'는 자발성과 '피험자에게 실험에 참여하고 있음을 알려야 한다'라는 충분히 숙지된 동의과정을 명시하고 있다. 셋째, 위험과 혜택의 비교 원칙을 제시하였다. 의학적 연구에서 '피험자의 복지에 대한 고려가 과학적 · 사회적인 측면의 이익보다 우선시되어야 한다.'라고 명시하였다. 따라서 잠재적 이익보다 위험이 더 크다고 판단되거나 긍정적이고 이익이 분명하다는 결정적인 증거가 없을 경우에는 그 실험을 계속 수행해서는 안 된다. 마지막으로, 의학적 연구에서 기관생명윤리위원회(Institutional Review Board: IRB)의 사전심의의 필요성과 그 절차를 제시하였다. '인체를 활용한 각 실험과정의 계획과 실행은 연구계획서에 분명히 문서화되어야 한다.'라는 점과 '임상실험 계획서는 독립적인 임상실험 심의위원회에 제출하여 사전심의를 받아야 한다.'라는 점을 강조하였다.

3) 벨몬트 보고서

1972년 미국 공중보건국(Public Health Service: PHS)에서 미국 남부의 앨라배마주 터스키기 지역의 가난한 흑인 남성을 대상으로 30년간 아무런 동의 없이 이루어졌었던 매독연구사례가 언론을 통해 보도가 되었다. 1932년, 당시 미국 공중보건국은 이 지역의 가난한 흑인 남성 중 만성매독질환자 400명과 대조군 200명을 대상으로 치료받지 않은 매독질환에 대한 연구사업을 계획하여 매독통제시범사업을 시행하였다. 하지만 참여자들에게 연구사업에 대해 어떠한 정보도 제공하기 않았으며, 또한 사전 동의과정도 없이 검사를 하거나 부검을 실시하였다. 이후 1943년 매독치료제인 페니실린이 발명된 이후에도 이들에게 치료 기회를 박탈하는 등 사망 시까지 관찰하는 비윤리적 연구를 지속하였다. 이러한 터스키기 매독연구(Tuskegee syphilis study)는 1972년 언론을 통해 발표되기까지 진행되었으며, 언론 발표 이후 저소득층 흑인 남성 등에 대한 인권이 사회적으로 활발히 논의되던 당시 사회적 상황에서 미국 사회에 커다란 충격을 주었다.

이 외에 행동과학 분야에서도 연구윤리 추문이 잇따라 발생하였는데, 1973년

스탠퍼드대학교의 감옥실험(stanford prison experiment)이 그 사례다. 당시 Philip Zimbardo와 그의 동료들은 감옥에서의 간수와 죄수의 역할수행이 연구참여자들에게 미치는 영향을 참여관찰하였다. 당시 스탠퍼드대학교 건물 지하실에 가짜 감옥을 만들어 연구에 참여한 남학생들에게 죄수와 간수의 역할을 흉내 내게 하였다. 그러나 연구참여자들이 가상의 상황에 과몰입한 나머지 자신이 맡은 역할과 실제 자신 간의 정체성에 혼란을 겪었다. 이 사례는 연구참여자들의 정신적 · 심리적 스트레스 상황에 방치하게 두고, 연구계획 시 이러한 상황을 사전에 충분히 예견하여 예상되는 피해 상황에 대한 준비를 적절히 하지 않았다는 비판을 받게 되었다.

다음으로, 1974년 심리학자 Stanley Milgram이 수행한 권위에의 복종연구(obedience study) 사례이다. 그는 연구참여자에게 교수자와 학습자의 역할을 수행하도록 하였는데, 학습자가 문제를 틀렸을 경우 교수자가 단계적으로 높은 전기충격을 가하도록 하였다. 실제로 전기충격을 가하는 것은 아니었지만, 이러한 사실을 교수자에게 속인 상태에서 실험이 진행되었기 때문에 이들에게는 매우 높은 스트레스를 주는 상황이 연출되었다. 즉, 전기충격을 가하라는 연구자의 지시에 복종하거나 실험을 지속하길 거부하는 심리적 갈등의 상황 속에서 상당한 스트레스를 받게 되는 것이다.

이러한 일련의 의학 및 행동과학 분야에서의 잇따른 추문은 연구대상자 보호윤리 확보와 감독 및 규제의 필요성을 제시하게 되었다. 이러한 요구에 따라 1979년 의학 · 생명 분야뿐만 아니라 행동과학 분야의 인간대상 연구에서 생명윤리 혹은 연구대상자 보호의 보편적인 윤리원칙을 정립하여 발표하게 되었다. 1979년, 미국 국가위원회는 『벨몬트 보고서(Belmont Report)』를 발간하였다. 『벨몬트 보고서』는 인간을 대상으로 하는 연구에 있어 세 가지의 기본 윤리원칙들을 제시하였는데, 여기에는 '인간존중(respect for person)' '선행(beneficience)' '정의(justice)'의 기본 원칙을 포함하고 있다. 이러한 보편적인 윤리원칙을 간략하게 설명하면 다음과 같다.

첫째, 포괄적인 의미에서 '인간존중'의 원칙이다. 인간은 누구나 독립적인 자율성을 지닌 존재로서 인정하고 이에 따라 대우해야 한다는 것이다. 따라서 연구대상자가 연구의 어떤 목적을 위한 수단으로 활용되어서는 안 된다. 연구참여자는 정보를 이해하고 처리할 수 있는 능력을 갖추어야 하며, 다른 사람으로부터 강요나 부당한 영향 없이 연구참여를 결정할 수 있는 자유를 보장해야 한다. 연구자는 참여자에게 연구에 관한 충분한 정보를 제공하고 이에 기초한 동의서를 요구하여야 하며, 이들로부터 수집한 개인정보나 사생활을 보호할 책임이 있다. 둘째, '선행'의 원칙이다. 이 원칙은 연구참여자의 위험은 최소화하고 이득은 최대화해야 한다는 것으로, 연구자는 위험 대비 이득의 비율이 적절하지 않는 연구는 원천적으로 금지해야 하며, 가능한 한 위험을 최소화하고 이득은 최대화하기 위해 최선의 연구계획을 수립해야 하며, 연구수행 과정에서 발생할 수 있는 잠재적 위험 역시 충분히 통제 · 관리할 수 있는지 확인해야 한다. 셋째, '정의'의 원칙이다. 연구수행 과정에서 발생할 수 있는 부담과 이득이 동등하게 분배될 수 있도록 연구를 설계하고, 사람들을 공정하게 대우해야 한다는 것이다. 즉, 연구참여자의 선정 과정에서 공정성 유지와 취약한 환경에 있는 대상자를 이용하기 쉬운 피험자군으로 선정하여 착취해서는 안 된다.

2. 연구윤리의 주요 내용

1) 연구윤리의 개념

연구윤리란 연구자가 연구를 수행하면서 지켜야 할 원칙이나 행동양식을 말한다. 즉, 연구자가 정직하고 정확하며 성실한 태도로 바람직하고 책임있는 연구를 수행(Responsible Conduct of Research: RCR)하기 위해 지켜야 할 윤리적 원칙 또는 행동양식이라고 말할 수 있다(이인재, 2008). 연구수행을 위한 계획과 수행 및 보고 등과 같은 연구의 전 과정에서 책임 있는 태도로 바람직한 연구를 추진하기 위해 지켜야 할 윤리적 원칙이라고 볼 수 있다(한국연구재단, 2011). 이러한 원칙을 준수함으로써 연구자는 절차적 투명성과 내용적 정직성을 확보하여 바람직한 연구수행을 유도하는 기능을 한다.

2) 연구윤리의 주요 원칙

'연구자는 어떻게 연구를 수행해야 하는가?' '연구자는 어떤 행동 규칙을 따라야 하는가?' 연구를 수행하는 데 있어 최선의 단일한 방법은 존재하지 않으며, 모든 과학적 탐구에 적용되는 보편적인 방법 역시 없다. 따라서 책임있는 연구 수행을 담보하기 위한 윤리적 원칙은 학문 분야에 따라 혹은 실험의 유형에 따라 다소 차이가 존재할 수 있다. 그러나 책임있는 연구수행을 위한 대다수의 연구자가 보편타당하게 지켜야 할 윤리적 가치는 분명하게 존재한다고 할 수 있다.

미국의 국립보건환경연구소(National Institute For Environmental Health Science)의 IRB 위원장인 David Resnik 교수는 과학윤리의 주요한 원칙을 〈표 3-1〉과 같이 12가지로 요약·정리하였다(한국원자력연구소 편, 2006).

표 3-1 Resnik의 과학윤리의 원칙

과학윤리 주요 원칙	내용
정직성(honesty)	과학자는 데이터나 연구결과를 조작·위조·왜곡하지 말아야 한다.
조심성(carefulness)	과학자는 연구에 있어 오류를 피해야 한다. 특히 결과 부분의 제시에 있어서 더욱 주의해야 한다.
개방성(openness)	과학자는 데이터, 방법, 아이디어, 기법, 도구 등을 공유해야 한다.
자유(freedom)	과학자는 어떤 문제나 가설에 대한 연구든 자유롭게 수행해야 한다.
공로(credit)	공로는 마땅히 그것이 주어져야 할 사람에게 주어져야 한다.
교육(education)	과학자는 예비 과학자들을 교육시키고 그들이 더 나은 과학을 수행할 방법을 확실히 배우도록 도와야 한다.
사회적 책임 (social responsibility)	과학자는 사회에 대해서 해를 끼치는 것을 피하고 사회적 이익을 창출하도록 노력해야 한다.
합법성(legality)	연구의 과정에서 과학자는 작업에 적용되는 법을 준수할 의무가 있다.
기회(opportunity)	어떤 과학자라도 자원을 사용하거나 과학적 직업에서 기회가 부당하게 거부되어서는 안 된다.
상호 존중(mutual respect)	과학자는 동료들을 존중해야 한다.
효율성(efficiency)	과학자는 자원을 효율적으로 사용해야 한다. 예를 들어, 논문 작성 시 연구결과를 여러 편의 논문으로 쪼개어 출간하거나 동일한 결과를 단지 미세한 수정을 통해 여러 편의 상이한 논문에 활용하는 일을 해서는 안 된다.

실험대상에 대한 존중 (respect for subject)	과학자는 인간을 실험대상으로 상용할 때 인권 또는 존엄성을 침해해서는 안 된다. 이는 동물을 실험으로 사용할 때도 조심스럽게 적절한 존중과 수행되어야 함을 의미한다.

출처: 한국원자력연구소편 (2006).

또한 모든 연구자들이 책임있는 연구수행을 위해 따라야 할 구속력 있는 공통의 가치로 다음과 같이 요약해서 제시하고 있다(교육인적자원부, 2006). 첫째, 정직성으로, 정보를 정직하게 전달하고 약속을 지켜야 한다. 둘째, 정확성으로, 연구결과를 정확하게 보고하고 오류를 최소화하기 위해 최선의 노력을 다해야 한다. 셋째, 객관성으로, 연구결과를 통해 도출된 사실을 있는 그대로 명확하게 밝히고, 연구자의 부당한 편견을 최대한 피해야 한다.

3. 연구윤리의 주요 논쟁

1) 고지된 동의

고지된 동의(informed consent)란 연구자가 잠재적 연구대상자에게 연구에 참여를 결정하는 데 영향을 미칠 수 있는 조사연구의 모든 측면을 상세히 설명하고 이에 대한 충분한 이해를 바탕으로 동의를 구하는 것을 말한다. 이에 대해 학계는 윤리적 절대론자와 상대론자로 나뉘고 있다. 즉, 윤리적 절대론자는 말 그대로 연구의 모든 것을 알려야 한다고 보는 반면, 상대론자는 경우에 따라서는 연구의 일부를 밝히지 않을 수 있다고 주장하고 있다. 여하튼 우리나라 「생명윤리 및 안전에 관한 법률」(이하 「생명윤리법」)에 따르면, 누구든지 충분한 설명을 들은 후 이에 관한 동의 여부를 결정할 권리를 가지며(제5조), 연구자는 인간대상 연구를 수행하기 이전에 연구대상자로부터 다음의 사항에 대한 동의를 얻어야 한다(제16조).

- 연구의 목적

- 연구대상자의 참여 기간, 절차 및 방법
- 연구대상자에게 예상되는 위험 및 이득
- 개인정보 보호에 관한 사항
- 연구참여에 따른 손실에 대한 보상
- 개인정보 제공에 관한 사항
- 동의의 철회에 관한 사항
- 그 밖의 기관윤리위원회가 필요하다고 인정하는 사항

2) 속임

순전히 연구를 목적으로 수행된다고 하더라도 연구대상자를 속이는 것은 윤리적 문제라고 볼 수 있다. 그러나 참여관찰 연구의 사례에서 볼 수 있는 것처럼, 연구대상자의 일상적인 행동을 관찰하기 위해서는 연구의 목적과 방법을 숨기거나 진짜 연구의 가설을 알리지 않아야 하는 경우가 있을 수 있다. 이렇듯 불가피하게 연구대상자를 속여야 한다면 연구가 종료한 후에 연구에 대해 충분히 설명하는 사후 설명 과정이 마련될 필요가 있다.

3) 연구대상자의 위해

연구의 참여를 자발적으로 결정하였다고 하더라도 연구대상자에게 어떠한 종류의 신체적 위해(harm or stress) 또는 심리적 스트레스 상황을 최소화하거나 만일의 상황에 대해 연구자는 충분한 통제능력이 있음을 증명해야 한다. 예를 들어, 연구참여자에게 강력한 심리적 자극에 노출시키는 상황 등에서도 가능한 한 참여자에게 그 스트레스를 최소화할 수 있는 방안이 마련되어야 하며, 이러한 강력한 자극의 노출이 불가피한 경우에는 이보다 큰 긍정적인 유익을 인센티브로 제공하거나 연구 종료 후 충분한 심리적 디브리핑(debriefing)을 통해 스트레스 완화를 위한 적절한 조치가 취해져야 한다.

4) 프라이버시 보호

프라이버시는 '특정한 시간과 조건하에 다른 사람이 연구참여자의 신념, 가치, 행동 등에 대해 접근하여 이들을 통제할 수 있는 능력'이라고 정의된다. 이러한 프라이버시 보호(privacy protection)는 다시 익명성과 비밀보장으로 구분하여 설명해 볼 수 있다. 익명성(anonymity)은 '연구자를 포함하여 어느 누구도 데이터와 특정 참여자를 연결할 수 없음'을 의미하며, 이에 비해 비밀보장(confidentiality)은 '참여자로부터 수집된 데이터가 그가 누구인지 추적될 수 있는 범위 내에서 일부 공개가 가능한 것'으로 각각 이해할 수 있다.

5) 연구 부정행위

교육부의 '연구윤리지침'에 따르면, 연구 부정행위(scientific misconduct or fraud)를 일반적으로 연구의 계획, 수정 혹은 심사, 그리고 연구의 결과보고 등에 있어서 위조(fabrication), 변조(falsification), 표절(plagiarism) 등으로 분류하여 설명하고 있다. 위조는 '존재하지 않는 데이터 또는 연구결과 등을 허위로 만들어 내는 행위'로 정의되며, 변조는 '연구재료, 장비, 과정 등을 인위적으로 조작하거나 데이터를 임의로 변형·삭제함으로써 연구의 내용 또는 결과를 왜곡하는 행위'라고 정의된다. 또한 표절은 '타인의 아이디어, 연구내용, 결과 등을 적절한 인용없이 사용하는 행위'로 정의된다.

4. 연구윤리의 해결방안

1) 연구윤리 지침의 마련과 적용

연구자는 연구에서의 진실성 확보를 위해 지켜야 할 높은 윤리적 기준이 무엇이며, 책임있는 연구수행을 촉진하기 위해 제시된 지침이나 연구윤리정책을 충분히 숙지한 후 이를 철저히 준수하는 태도를 학습해야 한다. 그리고 연구자는 편견, 자기 확증, 과장, 무지 등에 근거하여 연구의 기획, 수행, 결과 보고 등을 하지 않아야 하며, 이해충돌(conflict of interest)이 생길 경우에는 최대한 객관적이고 공정한 관점에서 접근하는 것을 습관화해야 한다.

2) 연구자의 사회적 책임의식 강조

연구자 모두는 잠재적으로 사회적 책임을 공통으로 지고 있다. 이러한 사회적 책임은 연구현장에서 연구대상, 연구절차, 연구결과 발표 등 직접적인 윤리적 책임이나 그 책임을 법제화한 법적 책임과는 달리 연구자 스스로 자신의 연구활동이 함께 성장하고 발전을 지향하는 연구공동체 전반에 미치는 파급효과 및 영향과 관련되어 있다고 볼 수 있다. 따라서 연구자는 항상 자신의 연구행위가 연구공동체나 우리 사회 전반에 미치는 다양한 영향을 충분히 고려하여 책임 있는 연구수행을 위한 자기 규제에 철저해야 한다.

3) 기관생명윤리위원회

기관생명윤리위원회(Institutional Review Board: IRB)는 의학, 자연과학, 사회과학 등 분야에서 인간을 대상으로 하는 연구에 대해 연구대상자의 권리와 복지를 보호하기 위해 공식적으로 구성된 위원회 조직이다. 대학, 병원, 연구 기관 등은 IRB와 같은 조직을 구성하여 관련 분야의 전문가들이 참여하여 다양한 의견을 토론한 후 합의를 통해 윤리적 기준을 설정하고 관련 문제를 심의 · 결정할 수 있다. 「생명윤리법」에 따르면 대학, 전문연구기관, 의료기관 등은 반드시 생명연구심의위원회를 설치토록 하고 있으며, 위원회 구성은 남성과 여성이 포함된 사회적 · 윤리적 타당성을 평가할 수 있는 경험과 지식을 갖춘 1명 이상과 그 기관에 종사하지 아니하는 사람 1명 이상이 포함된 5명 이상으로 이뤄지며, 다음의 각 사항에 대한 심의를 수행한다.

- 연구계획서의 윤리적 · 과학적 타당성
- 연구대상자 등으로부터 적법한 절차에 따라 동의를 받았는지 여부

- 연구대상자 등의 안전에 관한 사항
- 연구대상자 등의 개인정보 보호에 관한 사항
- 연구수행자의 연구비 출처 및 내역
- 연구대상자 모집 문건이나 설문지
- 연구수행자의 연구윤리 교육 · 훈련 실시 여부
- 그 밖의 생명윤리 및 안전에 관한 사항

생명윤리심의위원회의 심의과정에서 적용되는 기본적인 표준기준(criteria)은 다음과 같다.

- 대상자에 대한 위험이 최소가 되어야 한다.
- 대상자에 대한 위험은 예측되는 혜택과 비교해서 합리적이어야 한다.
- 대상자의 선정은 공평하게 이루어져야 한다.
- 고지된 동의가 반드시 있어야 한다.
- 자료의 수집이 대상자의 안전을 충분히 고려하고 있는지 점검하고 있어야 한다.
- 대상자의 프라이버시 보호와 비밀보장이 유지되어야 한다.

인간대상의 연구의 심의는 심의면제(exempt), 신속심의(expedition), 정규심의(full review) 등의 절차를 통해 심의과정이 진행되며, 그 결과는 승인, 시정승인, 보완(조건부 승인), 보완(재심의), 부결 등으로 구분해 볼 수 있다([그림 3-1] 참조).

이러한 IRB는 연구자에게 엄격한 심의절차를 준수하도록 하면서 당장은 번거로운 노력을 요하거나 연구를 위축시킬 수 있는 것으로 보일 수 있으나 연구자는 심의과정과 기관승인을 통해 자신의 연구수행에 대한 안전장치를 마련할 수 있는 기회가 되기도 한다. 따라서 IRB를 흔히 연구자의 윤리적 연구수행을 위한 파수꾼(gatekeeper)의 역할을 수행한다고 하고 있다.

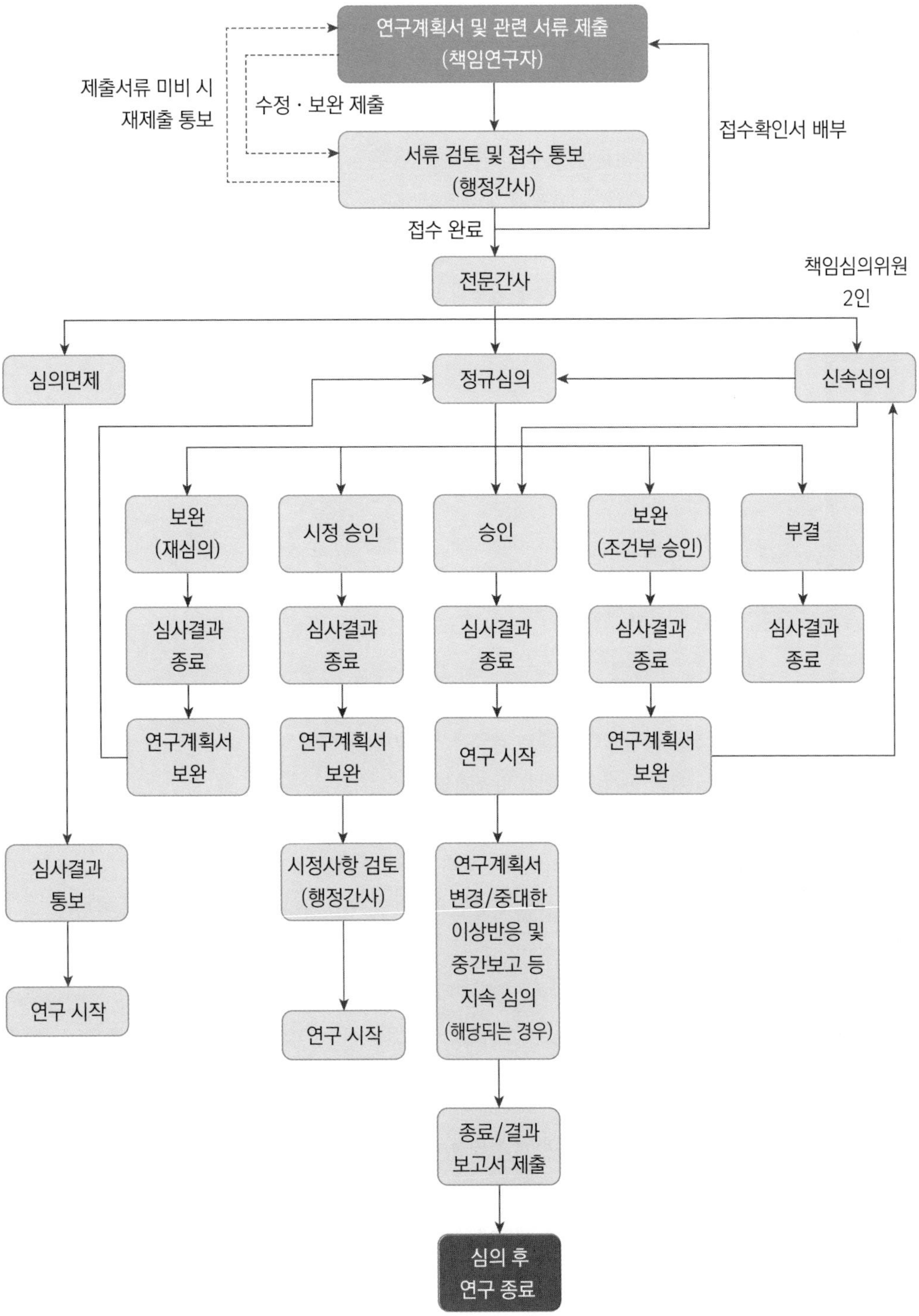

[그림3-1] IRB 심의절차 도식

연습문제

01 연구윤리 발생배경으로 적절하지 않은 것은?

① 헬싱키 선언은 의사들이 환자들 대상으로 한 실험에서 지켜야 할 윤리적 원칙을 천명하였다.
② 뉘른베르크 강령은 세계 최초의 연구윤리 강령이다.
③ 터스키기 매독연구는 미국 공중보건국(PHS)에 의해서 수행된 비윤리적 연구의 사례이다.
④ 벨몬트 보고서는 인간존중, 선행, 정의의 원칙을 체계적으로 제시하였다.
⑤ 뉘른베르크 강령은 공표 이후 전 세계적으로 인간대상의 연구에 보편적으로 적용되었다.

02 벨몬트 리포트와 관련된 내용으로 적절하지 않은 것은?

① 인간을 자발적인 존재로 적극적으로 인정하였다.
② 연구자의 사회적 책임을 강조하였다.
③ 고지된 동의에 의한 참여를 강조하였다.
④ 연구참여자의 프라이버시 보호를 강조하였다.
⑤ 연구참여자에 대한 위험은 최소화하고 혜택을 최대화하는 노력을 강조하였다.

03 연구자가 연구참여자에 대해 지켜야 할 연구윤리로 옳은 것은?

① 응답률을 가능한 한 낮게 설정한다.
② 연구의 목적에 대한 설명을 생략한다.
③ 개인정보 보호에 대해 제한적 적용을 한다.
④ 연구로부터 파생될 수 있는 부담과 이득을 동등하게 분배한다.
⑤ 연구참여자의 동의를 생략한다.

04 인간대상 연구에서 범하기 쉬운 연구윤리의 일반적 문제점에 관한 설명으로 옳지 않은 것은?

① 피험자를 위험에 노출시키거나 피험자의 권리를 침해함
② 피험자의 자발적 참여를 보장함
③ 취약한 집단을 이용하거나 취약한 집단을 착취함
④ 충분한 정보제공을 바탕으로 한 동의서 작성의 부재
⑤ 위험이 혜택을 초과함

05 기관생명윤리위원회(IRB)와 관련한 내용으로 적절하지 않은 것은?

① 윤리적 연구의 파수꾼 역할을 수행한다.
② 학계 전문가나 지역사회 구성원으로 구성될 수 있다.
③ 인간대상 연구의 심의결과는 승인, 시정승인, 보완(조건부 승인), 보완(재심의), 부결 등으로 구분된다.
④ 자료수집 과정에서 연구대상자의 안전은 연구에 목적에 따라 제한될 수 있다.
⑤ 심의절차는 심의면제(exempt), 신속심의(expedition), 정규심의(full review) 등으로 진행된다.

답

01 ⑤　　02 ②　　03 ④　　04 ②　　05 ④

해설

01 뉘른베르크 강령은 세계 최초의 연구윤리 강령으로서의 의의는 있으나 그 자체가 전 세계 의사들이 자신의 피험자에게 적용하는 연구윤리 가이드라인으로서 수용되지는 않았다.

02 연구윤리 원칙으로 연구자의 사회적 책임 강조는 Lesnik이 제시한 과학적 연구윤리의 원칙에서다.

03 벨몬트 리포트에서 제시한 정의의 원칙은 '연구로부터 파생될 수 있는 부담과 이득을 동등하게 분배한다.'는 부분을 강조하고 있다.

04 인간대상 연구에서 흔히 범하기 쉬운 연구윤리의 문제로서 피험자를 위험에 노출시키거나 그 권리를 침해하거나, 취약한 집단을 조사대상자로 활용하거나 착취하거나, 충분한 정보제공에 기반하여 고지된 동의서 작성이 없거나, 연구로부터 파생되는 혜택이 위험을 초과할 때 연구 참여를 하게 하는 것 등은 이에 해당하나, 피험자의 자발적 참여를 보장하는 것은 연구자의 올바른 윤리적 행동이라고 할 수 있다.

05 기관생명윤리위원회(IRB)의 구성 및 역할에 관한 질문이다. 보기로 제시된 문항 중 자료수집 과정에서 연구대상자의 안전의 문제는 어떠한 연구목적에 의해서도 제한될 성질의 것이 아니라고 볼 수 있다.

용어정리

연구윤리(research ethics) 연구수행을 위한 계획, 수행 및 보고 등과 같은 연구의 전 과정에서 책임 있는 태도로 바람직한 연구를 추진하기 위해 지켜야 할 윤리적 원칙

뉘른베르크 강령(Nurenderg code) 제2차 세계대전 직후인 1946년 23명의 독일 나치 의사 및 과학자에 대해 전범재판의 재판부가 유죄판결을 내리면서 인간을 대상으로 한 연구수행에서 지켜야 할 사항을 제시함

헬싱키 선언(Helsinki declaration) 1964년 헬싱키에서 개최된 세계의사협회(World Medical Association)는 뉘른베르크 강령을 재해석하는 국제적 가이드라인을 발표함

벨몬트 리포트(Belmont Report) 1979년 미국 국가위원회가 발간한 보고서로 인간을 대상으로 수행하는 연구에 적용되는 보편적 윤리원칙을 제시함

터스키기 매독연구(Tuskegee syphilis study) 1932년부터 1972년까지 미국 공중보건국에 의해서 앨라배마주 터스키기 지역의 빈곤한 흑인 남성을 대상으로 수행된 매독연구로서 과학이라는 이름으로 행해진 비윤리적 연구의 대표적인 사례

Milgram의 복종연구(obedience study) 1974년 심리학자 Stanley Milgram이 수행한 권위에의 복종연구 사례

위조(fabrication) 존재하지 않는 데이터 또는 연구결과 등을 허위로 만들어 내는 행위

변조(falsification) 연구재료, 장비, 과정 등을 인위적으로 조작하거나 데이터를 임의로 변형·삭제함으로써 연구내용 또는 결과를 왜곡하는 행위

표절(plagiarism) 타인의 아이디어, 연구내용, 결과 등을 적절한 인용 없이 사용하는 행위

기관생명윤리위원회(IRB) 의학, 자연과학, 사회과학 등 분야에서 인간을 대상으로 하는 연구에 대해 연구대상자의 권리와 복지를 보호하기 위해 공식적으로 구성된 위원회 조직

참고문헌

이인재(2008). 과학기술의 발전과 연구윤리. 한국윤리학회 편. 서울: 형설출판사.

한국연구재단(2011). 연구윤리의 이해와 실천. 대전: 한국연구재단.

교육인적자원부(2006). 연구윤리의 소개. 서울: 한국학술진흥재단.

한국원자력연구소 편(2006). 과학기술 연구윤리 현황 및 사례. 서울: 두양사.

제4장

사회복지조사의 개관과 연구문제의 형성

학습목표

1. 사회복지조사의 주요 단계들을 살피고, 전반적인 틀을 이해한다.
2. 사회복지조사에서 어떠한 방식으로 연구문제와 가설을 설정하는지 이해한다.
3. 문헌고찰의 목적과 방법을 이해하고, 다양한 자료원에 대해 살펴본다.

사회복지조사의 목표는 사회복지조사연구의 기본적인 틀을 이해하고, 이를 현장에 적용하고 활용할 수 있는 기본적 역량을 함양하는 데 있다. 이는 현재 당면한 사회문제를 면밀히 파악하고, 조사연구를 위한 핵심 과정을 이해하며, 사회과학적 접근방법을 통해 그 해결책을 마련하는 과정을 학습함으로써 달성할 수 있다.

이 장에서는 사회복지조사에 대한 전반적인 틀을 대략적으로 살펴보고, 사회복지조사의 주요 단계들이 어떻게 구성되는지를 이해하고자 한다. 또한 연구문제를 형성하고, 문헌을 고찰하는 구체적인 방법에 대해 이해하며, 학위논문 및 학술지 논문의 예시를 활용하여 실제로 이러한 개념들이 사회복지연구에서 어떻게 적용되고 있는지를 파악한다.

1. 사회복지조사의 개관

사회복지조사의 과정은 일반적으로 문제형성, 조사설계, 자료수집, 자료분석 및 결과해석, 보고서 작성 순으로 진행된다. 중요한 점은 각 단계들이 반드시 정해진 순서대로 진행되는 것은 아니며, 필요에 따라서 새로운 과정이 추가되거나 생략될 수 있다는 것이다. 또한 연구 흐름상 여러 단계를 통합하여 한 단계로 진행할 수도 있고, 반대로 세분화하여 여러 단계로 진행할 수도 있다. 이 장에서는 사회복지조사의 주요 단계를 다음의 5단계로 구분하여 주요 개념과 특징을 살피고자 한다.

1) 문제형성

문제형성 단계는 다양한 사회문제에 대한 연구자의 인식을 표면화하는 과정이다. 사회복지조사를 진행함에 있어 가장 기본이 되는 출발점이라고 할 수 있다. 개인 및 국가의 삶의 질은 이전에 비해 비약적으로 발전했지만, 여전히 인간은 사회적 결함과 모순 속에서 인구문제, 빈곤, 범죄 및 비행, 실업 등 각종 문제를 경험한다. 따라서 사회복지조사는 타 학문에서 활용되는 조사와는 다르게 사회문제에 대한 명확한 인식과 그 해결점을 찾으려는 부분이 강조된다. 일반적으로 문제형성 단계에서는 사회문제 인식을 토대로 연구문제를 선정하고, 검증 가능한 형태의 가설을 세우는 과정으로 이뤄진다. 여기서 연구문제와 가설은 공통적으로 두 개 이상의 변수 간의 관계를 예측하는 진술로, 연구가능성, 연구의 유용성 등을 염두에 두고 설정해야 한다. 이 과정에서의 중요한 과업은 양질의 문헌고찰을 통해 풍부한 정보와 아이디어를 얻는 것이라 할 수 있다(최성철, 2000).

2) 조사설계

조사설계 단계는 연구문제 해결을 위한 조사과정에 대해 전반적인 계획을 세우는 단계다. 연구자는 연구목적과 연구문제의 쟁점을 고려하여 어떠한 논리 전개와 방법을 선택할지를 결정해야 하는데, 구체적으로는 연구대상 및 표본추출, 변수설정 및 조작화, 자료수집 및 분석, 연구설계 유형 등에 대한 결정을 의미한다(Rubin & Babbie, 2011). 조사설계 시 중요하게 고려되어야 하는 점은 일련의 조사과정을 거쳐 도출된 연구결과가 얼마나 높은 신뢰성과 타당성을 갖췄는지다. 예를 들어, 사회복지서비스에 대한 욕구조사를 진행한다면, 조사대상자의 욕구의 수준과 종류를 정확히 파악할 수 있도록 대상자 선정부터 세심하게 고민해야 하며, 설문지법, 관찰법, 면담법 등 여러 가지 방법 중 어떤 조사방법을 활용할지, 그리고 자료분석 및 해석은 어떤 방법으로 할지 등을 다각도로 고려하여 설계해야 한다. 이 단계는 넓은 의미에서 '연구를 설계하는 모든 행위'를 하는 단계인 만큼 기관생명윤리위원회(IRB)의 연구승인을 통해 연구의 적법성과 윤리성을 획득하는 단계이기도 하다(Rubin & Babbie, 2011).

3) 자료수집

자료수집 단계는 조사설계를 실행으로 옮기는 단계로, 자료수집은 1차 자료수집과 2차 자료수집으로 구분할 수 있다(Rubin & Babbie, 2011). 1차 자료수집은 연구자가 문제해결을 위해 직접 자료를 수집하는 방법으로 설문지, 관찰, 면접 등을 통한 수집 등이 여기에 포함된다. 2차 자료수집은 조사자가 연구의 목적과 주제에 맞게 기존의 데이터를 활용하는 방법으로, 정부 및 유관기관의 통계자료, 선행연구 자료, 언론보도 자료 등이 대표적이다. 1차 자료수집은 시간과 비용이 상대적으로 많이 들지만 조사설계, 측정도구 등에 대한 철저한 검토가 가능한 반면, 2차 자료수집은 시간과 비용 부담은 적지만 측정도구, 연구방법 등에 대한 정확한 정보 파악이 어렵고, 해당 자료가 연구자의 연구목적에 잘 부합하는 자료인지 파악하기가 어렵다. 이렇듯 상호 장단점이 있는 만큼 각자의 연구환경에 맞는 효율적인 자료수집방법을 선택할 필요가 있다.

4) 자료분석 및 결과해석

자료분석은 수집된 자료를 요약 · 분류하거나 변수 간의 관계성을 검증하는 등 실질적인 연구결과를 도출하기 위한 과정이다. 자료분석은 양적 자료분석, 질적 자료분석으로 구분되며, 둘 중 하나를 선택하는 단일 분석방법 혹은 두 가지 방법을 혼합한 혼합 분석방법을 활용할 수 있다. 양적 자료분석의 경우 주로 설문 조사 등을 통해 수집된 자료를 데이터로 변환한 후 SPSS, AMOS, M-plus 등 통계 프로그램을 활용하여 분석한다. 빈도분석, 교차분석, t-검정, 분산분석, 회귀분석이 대표적이다. 질적 자료분석의 경우 관찰기록, 면접 녹취자료 등의 질적 자료를 수집한 후 분석을 실시하며, 분석 시 자료가 지닌 복합성과 맥락 등에 집중하여 사회적 실체와 현상이 어떻게 해석되고 이해되는지에 주목한다.

자료분석을 통한 결과도출 후에는 결과에 대한 깊이 있는 논의와 연구자적 해석이 요구된다. 분석결과를 바탕으로 일반화 가능성, 방법론상의 한계점, 분석결과의 의미, 정책과 실천 그리고 이론에 주는 함의 등에 대해 충분히 고민해야 하며(Rubin & Babbie, 2011), 이 과정은 연구의 가치와 발전에 있어서 매우 중요하다.

5) 보고서 작성

보고서 작성은 연구의 서론에서부터 결과 및 논의에 이르기까지 연구의 전 과정을 문서화하는 과정이다. 서론에서는 주로 연구의 필요성, 문제의식, 기존 연구의 한계점 등을 제시함으로써 본격적인 논의를 위한 실마리를 제공한다. 이론적 배경에서는 주요 개념과 용어에 대한 정의, 이론적 토대, 관련 선행연구의 결과 등을 제시하며, 연구자가 주장하는 연구모델을 정교화한다. 방법론 부분에서는 대상자 선정 및 표본추출, 자료수집방법, 분석방법 등을 구체적으로 포함하여 연구문제에 대한 구체적인 답을 찾아갈 수 방법을 제시한다. 결과 부분에서는 시각화할 수 있는 표, 그래프, 그림 등의 자료, 인터뷰 녹취문 등을 직접 활용하여 정확한 수치와 결과를 제시한다. 마지막 논의 부분에서는 앞서 연구결과에서 확인한 내용을 요약 · 정리하고 연구자적 해석을 첨가하며, 연구의 한계점, 후속연구에 대한 제언 등의 내용을 포함하여 학문적 가치를 높인다. 이러한 보고서 작성과정에서는 조사의 전반적인 내용을 구체적으로 담을 수 있도록 하며, 독자가 해당 연구에 대한 목적과 내용을 쉽고 명확하게 이해할 수 있도록 작성해야 한다.

2. 문제형성

문제형성 과정은 연구자의 경험이나 인지 및 사고 과정에 따라 차이를 보일 수 있으나, 일반적으로 문제형성은 사회문제에 대한 인식을 토대로 연구문제를 선정하고, 검증 가능한 형태의 가설을 세우는 과정으로 진행된다.

1) 사회문제 인식

시대의 변화에 따라 당면한 사회문제는 다양하다. 인간은 사회환경과 사회구조, 사회제도가 시시각각 변함에 따라 부적응과 적응을 경험하면서 살아가며, 사회적 결함과 모순 속에서 각종 문제를 경험한다. 인구문제부터 실업, 장애, 노령, 질병, 빈곤, 폭력, 학대, 범죄와 비행에 이르기까지 다양한 영역에서 문제가 발생하고 있으며, 대상에 있어서도 아동, 청소년, 가족, 성인, 노인, 장애인, 노숙인 등 다양한 대상 관련 이슈가 존재하고 있다. 연구초점에 따라서는 개인, 가족, 집단, 지역사회, 문화와 사회 등 각 체계에 관련된 문제가 있다(Rubin & Babbie, 2011). 이렇듯 무수한 사회문제 중 연구자는 개인적인 관심이나 사회적 요구, 문제의 심각성, 연구의 필요성 등을 바탕으로 사회문제를 인식하고 발전하게 된다. 처음에는 소득 불평등, 교육 빈곤, 아동학대, 인구변화와 같은 광범위한 사회문제를 생각하기 쉽지만, 다양한 질문을 통해 구체적인 연구 분야에 대해 초점을 맞추고, 문제를 유형화하는 것이 중요하다. 연구자의 문제의식을 시작으로 비로소 연구는 구체화되고 발전하게 되는데, 사회문제 인식을 위한 질문은 다음과 같다.

- 오늘날 당면한 사회적 위기와 사회문제는 무엇이며, 얼마나 심각한가?
- 해당 문제 중에서도 더 위험에 처한 대상이나 해결이 시급한 문제영역은 무엇인가?
- 사회문제 중 지적 호기심을 자극하는 영역은 무엇인가?
- 해당 문제에 관한 연구 수행 시 충분한 가치와 함의를 지니는가?
- 사회문제 중 그동안 연구가 미진했던 영역은 무엇인가?

2) 연구문제 형성

연구하고자 하는 연구주제나 사회문제를 인식한 이후에는 연구문제(research question)를 구체화해야 한다. 연구문제를 구체화하는 작업은 연구수행의 첫 단계다(우수영, 2008). 자칫 연구경험이 부족한 경우 연구주제가 연구문제와 동일하다고 오해할 수 있으나, 연구주제와 연구문제는 동일하지 않다. 예를 들어, 연구자가 '가출청소년의 정신건강'이라는 연구주제로 연구를 수행한다고 가정하면, 해당 연구주제 안에는 수많은 연구문제가 존재한다. 즉, 연구주제는 광범위하며, 연구문제는 비교적 좁고 구체적이다(Rubin & Babbie, 2011). 또한 연구문제는 연구하고자 하는 주제를 두 개 이상의 변수 간의 관계로 기술하며, 의문형의 형태로 표현한다. 따라서 연구문제는 해당 연구가 전개될 방향을 드러내고, 검증하고자 하는 것을 보다 구체적으로 보여 준다. 이에 많은 논문에서 연구문제를 연구의 서두에 연구문제를 구체적으로 제시한다(강종수, 2013).

연구문제의 예는 다음과 같다.

- 가출 장기화가 가출 청소년들의 정신건강에 영향을 미칠 것인가?
- 다문화 청소년들의 자아존중감은 성별에 따라 차이가 있을 것인가?
- 부모-자녀 관계 개선 프로그램 A는 정서학대 예방에 효과적인가?
- 또래 상담사 프로그램은 학급의 응집력과 협동심을 강화하는 데 효과적인가?

연구문제를 지나치게 좁히게 되면 연구의 가치를 잃기 쉽고, 연구문제를 지나치게 거창하게 잡게 되면 연구 방향성이 흔들리거나 실행 가능성이 낮아질 수 있다(Rubin & Babbie, 2011). 따라서 연구자는 다양한 조건을 고려하여 연구문제를 평가하고 선정해야 한다.

연구문제를 구체화하고 선정할 때는 다음과 같은 몇 가지 기준이 필요하다.

먼저, 연구의 실행 가능성(feasibility)을 염두에 두어야 한다(Rubin & Babbie, 2011). 연구가 실제로 가능한지를 다차원적으로 파악해야 하는데, 초보 연구자의 경우에 이 과정에서 많은 어려움을 겪을 수 있다. 연구의 실행 가능성 여부를 검토하기 위해서는 시간과 비용, 연구범위, 연구대상의 접근성, 자료수집의 용이성, 변수의 측정 가능성, 연구의 윤리성 등을 확인해야 한다(강종수, 2013; Rubin & Babbie, 2011). 연구에 소요되는 시간과 비용의 경우 일반적으로 연구범위가 넓을수록, 표본의 크기가 클수록, 연구대상에 대한 접근성이 어려울수록 커지게 된다. 따라서 연구자에게 할당된 시간과 비용을 고려하여 연구문제를 선정해야 한다. 또한 연구하고자 하는 대상에 대한 접근이 가능한지, 자료수집에 있어서 현실적인 장애요인은 없는지를 사전에 살펴봐야 한다. 방법론적으로는 연구문제에서 제시된 변수들이 측정 가능한 변수들인지, 현재 활용 가능한 측정도구가 존재하는지를 확인해야 한다. 한편, 연구자의 윤리의식에 대한 중요성이 점차 보편화됨에 따라 연구윤리도 실행 가능성에 중요한 영향을 미치고 있다. 대학, 기관 등에서는 기관생명윤리위원회(IRB)를 두고 연구의 윤리성에 대해 검토하고 있는데, 연구자는 연구실행 이전에 연구에 대한 사전승인을 받아야 한다. 따라서 연구의 적법성과 윤리성을 충분히 고려한 후 연구문제를 선정하여 연구실행에 문제가 발생하지 않도록 해야 한다.

다음으로, 연구의 의의를 고려해야 한다(강종수, 2013). 연구문제의 시의성, 연구결과의 유용성, 실천과의 연관성 등 연구의 의의는 연구문제를 선정하는 데 중요한 기준이 된다. 즉, 연구주제와 연구문제가 사회적 문제를 반영한 시의적절한 연구인지, 연구로서 가치가 있는지 확인해야 한다. 또한 연구문제에 대한 답이 사회복지 정책과 실천현장에 접목될 수 있는지, 얼마나 관련성 있게 적용될 수 있는지를 고려해야 한다(Rubin & Babbie, 2011). 이에 대한 판단이 어렵다면, 사회복지 실천가나 현장전문가로부터 자문을 받거나, 표적집단면접(Focus Group Interview: FGI)를 진행할 수 있으며, 서적, 논문, 기사 등 문헌고찰을 통해 검토할 수 있다(Rubin & Babbie, 2011).

다음의 질문을 연구자 스스로 해 봄으로써 연구문제를 선정할 수 있다.

- 연구자 및 관련 학자들의 관심과 지적 호기심을 충족하는가?
- 할당된 시간과 비용으로 연구문제를 해결할 수 있는가?
- 연구실행에 장애요인은 무엇이고, 대처방안이 준비되어 있는가?
- 연구주제, 연구대상, 연구방법 등에 있어서 윤리적으로 문제가 없는가?
- 연구문제가 관련 정책과 실천현장에 어떠한 영향을 줄 수 있는가?

3) 가설 설정

(1) 가설의 정의 및 형태

가설(hypothesis)이란 두 개 이상의 변수 간의 관계를 예측하는 진술로, 연구자가 검증 가능한 형태로 서술한 것이다. 따라서 가설은 연구문제에 대하여 연구자가 예측한 결과라고 할 수 있다. 연구자가 특정 문제에 대해 어떤 관계가 존재한다는 생각이 들면, 그 관계를 검증 가능한 형태의 가설로 진술하고, 이후 경험적으로 그 가설을 검증하게 된다. 일반적으로 가설은 변수 간의 관계를 조건문 형태의 복문으로 표현한다. 가설 형태는 [그림 4-1]과 같다. 보통 'A할수록 B하다.' 형태로 진술하는데, A처럼 무언가를 설명하는 변수를 '독립변수'라고 하고, B처럼 무언가에 의해 유발되고 설명되는 변수를 '종속변수'라고 할 수 있다(Rubin & Babbie, 2008). 즉, '독립변수가 ~할수록, 종속변수는 ~하다.'라는 비교 형식으로 가설을 표현하게 된다. 사례를 들어 가설의 형태를 살펴보면, '학업 스트레스가 높을수록 학생의 우울감이 높다.' '자존감이 낮을수록 또래애착 수준이 낮을 것이다.'와 같이 표현할 수 있다. 이러한 가설은 분석단위에 따라 진술하게 되는데, 분석단위는 개인, 집단, 지역, 사회조직, 프로그램, 기간, 사회구성물 등이 있으며, 이러한 분석단위는 연구자의 연구주제, 연구대상, 연구질문 등에 따라 달라질 수 있다(Babbie, 2005).

• 'A할수록 B하다.'	• 사례
독립변수가 ~할수록 종속변수는 ~하다.	학업 스트레스가 높을수록 학생의 우울감이 높다. 자존감이 낮을수록 또래애착 수준이 낮을 것이다.

[그림 4-1] 가설 형태

표 4-1 학위논문 작성 시 가설 설정의 예

이 연구의 가설 수립은 연구목적에 따라 연구모형의 인과관계를 파악하는 것을 내용으로 한다. 이러한 가설의 검증은 연구모형인 구조방정식 모형의 검증을 통해 각 요인별 경로계수 및 모형적합도 분석을 기초로 한다. 이 연구의 가설은 다음과 같다.

가설 1. 부모-자녀의 역기능적 의사소통 수준이 높을수록 청소년의 자살생각 수준은 높아질 것이다.
가설 2. 부모-자녀의 역기능적 의사소통 수준이 높을수록 청소년의 우울감 수준은 높아질 것이다.
가설 3. 학업 스트레스 수준이 높을수록 청소년의 자살생각 수준은 높아질 것이다.
가설 4. 학업 스트레스 수준이 높을수록 청소년의 우울감 수준은 높아질 것이다.
가설 5. 우울감 수준이 높을수록 청소년의 자살생각 수준은 높아질 것이다.
가설 6. 성별 차이에 따라 역기능적 의사소통과 학업 스트레스가 우울감을 매개하여 자살생각에 미치는 전체 경로에서 차이를 보일 것이다.

출처: 공정석(2011).

(2) 가설의 종류

일반적으로 연구문제를 경험적으로 검증 가능한 가설로 재진술한 가설을 대립가설(alternative hypothesis), 영가설(null hypothesis)이라고 한다.

연구가설은 대립가설이라고도 불리는데, 이는 연구자의 이론으로부터 도출되며 연구자의 주장이 담긴 가설이므로 검증될 때까지 조사문제에 대한 잠정적인 해답으로 간주된다. 효과나 차이가 있는 가설로, 'X와 Y는 관계가 있을 것이다.' 또는 'X가 Y에 영향을 미칠 것이다.'로 진술한다. 예를 들어, '부모의 양육태도는 자녀의 자아존중감에 영향을 미칠 것이다.' '멘토링 프로그램은 청소년의 진로정체감과 관계가 있을 것이다.'의 식으로 표현될 수 있다. 반면, 영가설은 귀무가설(歸無假說)이라고도 불리는데, 연구가설의 역(逆)으로 연구가설에서 명시된 것을 부정하거나 기각하기 위해 설정하는 가설이다. 즉, 연구자가 검증하고자 하는 가설과 반대되는 가설로, 효과나 차이가 없는 가설을 의미한다. 이는 주로 'X와 Y는 관계가 없다.' 또는 'X가 Y에 영향을 미치지 않는다.'고 진술한다(김기원, 2001). 예를 들어, '부모의 양육태도는 자녀의 자아존중감과 관계가 없을 것이다.' '멘토링 프로그램은 청소년의 진로정체감에 영향을 미치지 않는다.'와 같이 표현된다. 따라서 사회과학 분야에서는 영가설을 '기각'하는 것이 가설검정의 기본적인 목표가 되며, 영가설 기각 시 연구가설이 '채택'된 것으로 추론한다.

표 4-2 연구가설과 영가설 비교

연구가설	영가설
• 연구자의 주장이 담긴 가설로, 잠정적인 해답으로 간주	• 연구가설을 부정하거나 기각하기 위해 설정하는 가설
• 'X와 Y는 관계가 있다.' 'X는 Y에 영향을 미친다.'	• 'X와 Y는 관계가 없다.' 'X는 Y에 영향을 미치지 않는다.'
• 대립가설이라고도 부름	• 귀무가설이라고도 부름

* 가설검정의 기본 목표: 영가설 기각, 연구가설 채택

(3) 좋은 가설의 특징

가설은 명확하고 구체적으로 표현되어야 한다(우수영, 2008; Rubin & Babbie, 2008). 앞서 언급하였듯이, 가설의 목적은 변수 간의 관계에 대한 검증이므로, 최대한 명확하고 구체적이어야 한다. 예를 들어, '부모의 행동은 아동의 발달에 영향을 줄 수 있다.'와 같은 가설은 좋은 가설로 보기 어렵다. 해당 가설은 '부모의 행동' 중 어떤 행동을 의미하는지에 대해 명확하지 않으며, '아동의 발달' 역시 아동의 어느 부분까지를 발달로 포함하는지 모호하기 때문이다. 따라서 '부모의 방임행위는 아동의 우울감에 영향을 줄 수 있다.'와 같이 변수를 구체적이고 명확하게 표현해야 한다.

가설은 경험적으로 검증 가능하여야 한다. '검증 가능하다'는 말은 두 개 이상 변수 간의 관계가 경험적 수준에서 적절히 측정된다는 것을 의미한다. 측정이 어려운 가설은 검증 또한 어려울 수밖에 없으며, 가설의 옳고 그름을 판단하기도 쉽지 않게 된다(우수영, 2008). 예를 들어, '나눔은 행복이다.'라는 명제는 검

증이 불가능하다. '나눔'과 '행복'에 대한 의미가 다소 불명확하고 모호하기 때문이다. 그러나 '자발적 봉사경험이 많을수록 삶의 만족도가 높다.'로 검증 가능한 수준으로 명제를 수정한다면, 하나의 가설로 적합해진다. 그러므로 검증 가능한 가설이 되기 위해서는 가설에 포함되어 있는 변수들이 조작적으로 정의되어야 하며, 이러한 변수들이 직접적으로 관찰되거나 측정될 수 있어야 한다.

가설은 참과 거짓이 정해져 있지 않는 문장으로 구성된다(강이근 외, 2015). '방임은 학대유형이다.'와 같이 100% 참인 문장이나 '방임은 학대가 아니다.'와 같이 100% 거짓인 문장은 가설이 될 수 없다(강이근 외, 2015). 이는 더 이상 검증할 필요가 없으므로 연구 가치가 소멸하기 때문이다. 따라서 가설은 참과 거짓의 가능성이 동시에 있어야 하며(강이근 외, 2015), 경험적 검증과정을 통해 확인할 수 있어야 한다.

3. 문헌고찰

문헌고찰이란 특정 영역에 대한 논문, 서적 등의 관련 자료를 찾아서 분석하고 깊이 생각하는 과정이다(강종수, 2013). 문헌고찰은 연구 전 과정에 영향을 주기 때문에 연구 초기부터 실시하는 것이 바람직하다. 연구자는 문헌고찰을 통해 관심 연구영역에 대한 최근 동향, 연구의 실행 가능성, 기존 연구와의 차별성 등에 대한 검토를 통해 연구의 질을 높이는 기회를 얻을 수 있다(Rubin & Babbie, 2008; Rubin & Babbie, 2011). 이 과정에서 연구자는 문제해결을 위한 과정에서 발생할 수 있는 오류를 수정해 나감으로써 최적의 연구방법을 적용할 수 있으며, 시행착오를 줄여 많은 시간과 비용을 절약할 수 있다. 문헌고찰은 다음과 같은 구체적인 과정 안에서 진행될 수 있다.

1) 연구진행 과정별 문헌고찰

(1) 문제형성을 위한 문헌고찰

문헌고찰은 초기 연구문제 형성에 있어서 필수적인 작업이다. 연구자가 관심을 두고 있는 연구대상, 연구주제, 연구영역에 대해 풍부한 정보와 아이디어를 얻을 수 있기 때문이다. 연구자는 관심 분야에서 그동안 어떤 연구가 진행되었는지, 어떤 문제의식 속에서 연구가 발전되었는지, 기존 연구에서 불충분한 부분이 무엇인지를 확인할 수 있으며, 이 과정을 통해 연구문제를 정교화하고 연구의 가치를 향상시켜 나갈 수 있다. 오늘날 다수의 논문과 서적에서는 말미에 연구의 한계점 및 향후 요구되는 연구과제들에 대해 제시하고 있다. 이는 초기 연구의 아이디어나 방향성을 잡고, 연구적 가치가 높은 연구문제를 우선적으로 선정하는 데 좋은 참고자료로 활용될 수 있다. 따라서 초기 연구의 방향성을 잡기 어려운 연구자들이나 경험이 많지 않은 연구자들은 이 부분에 대한 충분한 고찰을 통해 도움을 얻을 수 있다. 한편, 문헌고찰에 대한 이해가 부족한 연구자들이 쉽게 범하는 문제 중 하나는 문헌고찰 없이 문제형성 후 연구를 진행해 나간다는 점이다. 이로 인해 연구자들은 연구 후반부가 지나서야 본인의 연구가 기존에 이미 연구된 주제라는 것을 알게 되거나, 연구에 사용한 특정 변수나 개념이 적절하지 않다는 것을 깨닫게 되기도 한다(Rubin & Babbie, 2011). 따라서 문헌고찰은 초기 문제형성 단계에서부터 필수적으로 요구되며, 면밀한 문헌고찰은 해당 연구의 학문적 가치를 높이는 데 중요한 역할을 한다.

초기 문제형성 단계에서 다음과 같은 질문은 유용하게 활용될 수 있다.

- 기존 연구들과 중복되지는 않는가?
- 기존 연구들의 한계점은 무엇인가?
- 기존 연구들과의 차별성은 무엇인가?
- 연구동향에 맞는 시의적절한 연구인가?

(2) 이론적 배경을 위한 문헌고찰

이론적 배경은 현재까지 진행된 국내외 이론 및 연구를 검토하여 특정 주제에 대한 배경지식을 넓히는 단계로, 주로 이론이나 논문을 인용하여 연구자의 주장에 대해 이론적 타당성을 제시한다. 따라서 이론적 배경을 위한 문헌고찰은 연구의 이론적 토대를 검토하고, 연구모델을 정교화하는 데 중요한 역할을 한다. 구체적으로는 개념과 용어에 대한 정의를 검토하고, 연구문제의 선후관계, 인과관계 등 관계성을 다각도로 파악할 수 있으며, 해당 연구에 다양한 이론들을 적용해 봄으로써 연구문제에 대한 전체적인 틀(frame)을 잡는 데 유용하다. 따라서 이 과정은 문헌고찰을 할 때 상대적으로 많은 시간과 노력을 할애하는 부분이다. 하지만 이론적 배경에 대한 충분한 문헌검토는 연구자의 지적 기반을 다져 논문의 발전에 중요하다.

이론적 배경을 위해 다음과 같은 질문은 유용하게 활용될 수 있다.

- 특정 개념과 용어에 대해 어떻게 정의하는가?
- 어떤 이론으로 설명이 가능한가?
- 그동안 어떤 선행연구가 수행되었는가?

(3) 연구방법을 위한 문헌고찰

그동안 사회과학 분야에서는 연구방법에 대한 질적 · 양적 발전이 지속적으로 이뤄져 왔으며, 그 과정에서 무수한 연구방법이 활용되어 왔다. 수많은 연구방법 중 해당 연구문제에 적합한 연구방법을 찾는 것은 연구자에게 많은 시간과 노력이 요구된다. 문헌고찰은 표본추출 방법, 자료수집의 용이성, 측정도구에 대한 정보를 사전에 검토해 보고, 측정오류나 방법론적 한계에 대해 미리 예상해 볼 수 있도록 한다(Rubin & Babbie, 2011). 따라서 연구자는 연구과정에서의 방법론적 오류를 줄여 연구문제에 대한 구체적인 답을 찾아갈 수 있고, 동일한 연구문제에 기존 방법보다 더 효과적인 연구방법을 적용시켜 볼 수도 있다(Rubin & Babbie, 2008).

정리하면, 연구방법을 위한 문헌고찰은 연구 가능성과 실행 가능성을 두루 검토하여 시행착오를 줄이고 효과적인 연구문제 해결을 돕는다.

연구방법 고찰단계에서 다음과 같은 질문은 유용하게 활용될 수 있다.

- 특정 연구대상에 대한 접근이 가능한가?
- 자료수집이 용이한가?
- 연구범위가 적절한가?
- 표본의 크기는 어느 정도가 적당한가?

- 활용 가능한 측정도구는 무엇인가?
- 기존 연구의 방법론적 한계는 무엇인가?
- 효과적인 조사방법은 무엇인가?
- 연구방법에서 예상되는 장점과 한계점은 무엇인가?
- 자료분석방법은 연구문제를 해결하는 데 효과적인가?

(4) 연구결과를 위한 문헌고찰

연구결과를 도출하고 정리하는 과정에서도 문헌고찰은 유용하게 활용될 수 있다. 연구자는 단순히 가설 검증 및 결과 도출만이 아닌 연구수행자로서 결과에 대한 심도 있는 해석이 요구된다. 이 과정에서의 문헌고찰은 도출된 연구결과와 기존의 연구결과의 비교를 가능하게 하는데, 연구결과가 서로 동일한 경우와 상충되는 경우가 있을 수 있다. 결과가 유사 · 동일한 경우에는 기존 연구와의 논리적 관련성을 파악하여 결과에 대해 확증하고, 확장할 수 있다. 반대로 결과가 상반 · 상충된 경우, 그 차이에 대한 추론을 통해 풍부한 해석을 할 수 있다. 또한 도출된 연구결과에 대한 개입방안을 제시할 때, 기존의 문헌들을 활용하여 풍부한 논의와 해결책을 제시할 수 있다. 이렇듯 문헌고찰 과정은 연구결과에 대한 종합적인 해석을 통해 특정 분야의 지식 축적에 기여할 수 있다.

연구결과 단계에서 다음과 같은 질문은 유용하게 활용될 수 있다.

- 결과로부터 어떠한 해석과 추론이 가능한가?
- 기존 연구결과와 상충되는 부분은 무엇인가?
- 기존 연구결과와 유사한 부분은 무엇인가?
- 연구결과를 보강할 수 있는 관련 문헌들은 무엇인가?

2) 문헌고찰을 위한 자료원

창의적인 연구진행과 건설적인 해결책 제시를 위해서는 다양한 자료원을 통해 유익한 정보를 얻어야 한다. 연구자는 온라인 및 오프라인상에서 여러 자료원에 대한 접근이 가능하며, 대표적인 자료원은 서적, 연구보고서 및 정기간행물, 전문 데이터베이스가 있다. 문헌검토 과정에서 새로운 지적 호기심이 생길 수 있으며, 이를 해결하기 위해 다양한 자료원에 대한 접근이 동시에 필요할 경우도 있다.

(1) 서적

출판사 혹은 자가출판(self-publishing)을 거쳐 출판된 국내외 서적 및 번역서로, 어느 한 분야에 대한 전문적인 정보와 자료를 모아 둔 자료원이다. 따라서 특정 분야에 대한 기초지식부터 깊이 있는 학술적 지식까지 얻을 수 있으므로 지식의 범위를 확장 할 수 있다는 장점이 있다. 도서관이나 서점에 가야지만 접근 가능했던 과거와 달리 오늘날에는 인터넷의 확산과 함께 전자책 시장의 규모가 점차 커지면서, 디지털 도서 형태로 정보에 대한 접근이 가능하다.

(2) 연구보고서 및 정기간행물

국책연구기관, 전문 연구기관, 대학 산하 연구소 등 연구기관에서 발행하는 연구보고서나 정기간행물은 연구자에게 유익한 참고문헌이 될 수 있다. 기관의 연구보고서나 정기간행물은 점차 책자 형태로 발행할 뿐 아니라 온라인상에서도 접근 가능한 전자문서 형태로도 게시하고 있는 추세이다. 공공기관, 국책연구기관의 정보자료의 경우, '정보공개제도'가 마련되어 있어서 모든 국민이 정보를 관리하고 있는 공공기관으로부터 열람 · 사본 등의 형태로 정보를 제공받을 수 있다.

(3) 신문 및 잡지 기사, 소식지 기사

신문, 잡지, 소식지의 기사는 지적 자극을 주는 좋은 자료원이다. 연구자는 신문, 잡지 등의 기사를 통해 최신 이슈, 특정 문제에 대한 현황 및 동향, 연구수행을 위한 창의적인 아이디어를 얻을 수 있다는 이점이 있다.

(4) 주요 전문 데이터베이스

전문 데이터베이스를 활용한 문헌고찰 방법은 연구자들이 가장 많이 활용하는 방법 중 하나다. 출간된 국내외 학술지와 학위논문 데이터가 집합된 전문 데이터베이스는 사용자가 실시간 접근이 가능하고, 공간의 제약 없이 유용한 정보를 즉시 처리할 수 있다는 점에서 효율적이다. 국회도서관, 국립중앙도서관, Google Scholar, 학술연구정보서비스(RISS) 등이 있으며, 대표적으로 Google Scholar, RISS에 대해 살펴보면 다음과 같다.

① Google Scholar

Google에서 제공하는 학술자료 검색 서비스로, 전 세계의 학위논문, 학술논문, 단행본, 학술대회 자료집 등이 포함되어 있다. 해외 학술자료 검색 시 유용하게 활용될 수 있다. [그림 4-2]와 같이 관심 주제에 대한 키워드를 직접 입력하여 검색하며, '고급검색' 기능을 활용하여 특정 단어 및 문구를 포함하거나 반대로 특정 단어를 제외하는 등 구체적으로 검색이 가능하다.

[그림 4-2] Google Scholar 학술검색 화면

출처: Google Scholar(https://scholar.google.com/).

② 학술연구정보서비스(RISS)

교육부 산하 공공기관인 한국교육학술정보원(KERIS)에서 제공하는 서비스로, 학위논문, 학술논문, 해외전자자료, 학술지, 단행본, 연구보고서 등이 포함되어 있다. [그림 4-3], [그림 4-4]와 같이 검색창에 원하는 자료의 서명, 저자 정보 등 검색어를 입력하여 검색하며, 더 정교한 검색을 원할 경우 '상세검색'이나 '결과 내 재검색' 기능을 활용하여 검색이 가능하다. 이런 방법은 검색 항목과 조건을 직접 지정하여 정교하게 검색하는 방법으로, 자료유형, 학위유형, 발행연도 등 원하는 조건을 선택하여 검색할 수 있다. 또한 학술연구정보서비스(RISS)에서는 해마다 검색된 키워드를 바탕으로 자체적으로 '연구주제 동향 분석결과'를 공개하고 있어 최근 경향이나 연구동향을 검토할 수 있다.

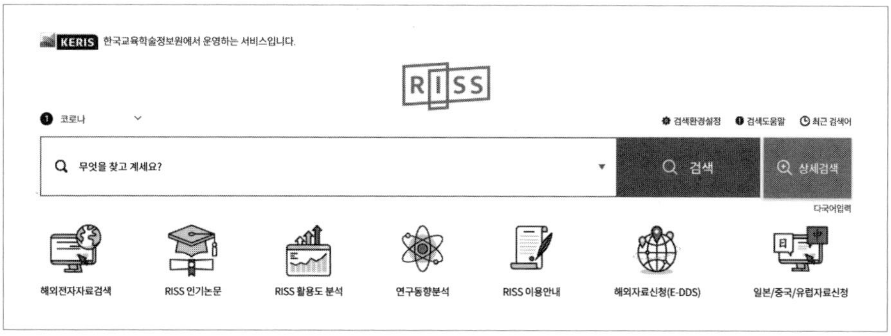

[그림 4-3] RISS 검색 화면

출처: 학술연구정보서비스(http://www.riss.or.kr/index.do).

[그림 4-4] RISS 상세검색 화면

출처: 학술연구정보서비스(http://www.riss.or.kr/index.do).

(5) 기타

각 지역 시 · 군 · 구에서 발행하는 통계연보나 통계청에서 제공하는 통계자료는 인구사회학적 정보 및 사회경제적 정보를 확인할 수 있는 자료로 지역사회 조사 실시 시 활용도가 높다(우수영, 2008). 또한 정부부처에서 매년 발간하는 백서나 통계연보도 유용한 자료원이 될 수 있다(우수영, 2008). 연구자는 매년 발간되는 정부부처의 백서를 통해 정부정책에 대한 이해를 돕고 정책현황을 확인할 수 있으며, 정부부처의 통계연보를 통해 해당 분야의 국내지표를 한눈에 파악할 수 있다. 대표적으로 보건복지부에서는 매년 『보건복지백서』와 『보건복지통계연보』를 제공하고 있다. 해당 자료는 정부부처 홈페이지에서 파일로 내려받아 사용할 수 있다.

3) 효율적인 문헌고찰 방법

다양한 자료원과 방대한 양의 문헌자료로 인해 읽어 볼 문헌을 선택하는 데 어려움을 겪게 될 때가 많다. 문헌검색 및 고찰과정에서 다음의 몇 가지 팁을 적절히 활용한다면, 원하는 정보수집에 도움이 될 수 있다.

키워드를 적절히 활용하여 문헌을 검색한다.

양질의 문헌을 선택하기 위해서는 키워드 선택이 중요하다. 관심 연구주제에 대한 대표적인 키워드를 뽑아 내고, 이를 활용할 수 있는 능력은 연구과정 속에서 자연스럽게 개발될 수 있지만, 연구자 스스로가 기존 연구들을 살펴보며 그 능력을 키워 나갈 수도 있다. 한편, 연구자가 검색을 위해 선택한 키워드는 종종 다른 용어로 표현되는 경우가 있기 때문에 유사 키워드를 적절하게 활용해야 한다. 예를 들어, 학대아동에 대해 관심이 있는 연구자의 경우, 대표 키워드로 '아동학대'를 선택할 수 있다. 하지만 문헌에서는 같은 의미를 뜻하더라도 저자의 관심사에 따라 '신체학대' '방임' '아동기 학대경험' '자녀학대' '부모에 의한 학대' '아동폭력' '아동인권' 등 다른 키워드로 표현될 수 있다. 따라서 적절한 문헌이 검색되지 않을 경우 다양한 유사 키워드로 검색을 시도하면, 좋은 문헌들을 발견할 가능성을 높일 수 있다. 이는 해외논문을 검색할 경우에도 적용된다.

대표문헌의 참고문헌 목록을 검토한다.

개념이 다소 어렵고 생소하거나, 특정 주제에 대한 연구가 미진하게 이뤄진 경우 문헌검색 과정에서 어려움을 겪을 수 있다. 키워드 중심으로 더 이상 문헌을 찾기 어려운 경우, 대표 문헌의 참고문헌 목록을 검토하는 방법을 활용할 수 있다. 대표 문헌은 연구자의 관심 주제에 가장 근접한 문헌 혹은 지적 호기심을 자극하는 문헌 등이 될 수 있다. 연구자는 대표 문헌의 참고문헌을 검토하는 과정에서 이전에 찾지 못했던 문헌들을 발견할 수도 있고, 문헌검색의 방향을 재조정할 수도 있다. 이러한 방법을 적절하게 활용한다면 문헌고찰에 쏟는 시간을 절약하고 시행착오를 줄일 수 있다.

문헌의 초록(혹은 연구요약)을 우선적으로 검토한다.

문헌의 초록이나 연구요약은 연구자가 요지만을 간결하게 정리한 것으로, 주로 문헌의 맨 앞부분이나 맨 뒷부분에 위치한다. 한정된 글자 수 안에서 연구의 목적부터 연구대상, 연구내용, 결과 및 결론까지 포함되는 경우가 대부분이므로, 짧은 시간 내 문헌의 내용을 종합적으로 파악하기 수월하다. 따라서 본문 전체를 읽기보다는 연구초록을 우선적으로 검토하여 해당 문헌이 자신의 연구 발전에 도움이 될지 여부를 파악하는 것이 효과적이다.

연습문제

01 사회복지조사의 과정에 대한 설명으로 옳지 않은 것은?

① 주로 문제형성 후 조사설계를 진행한다.
② 각 과정들이 반드시 정해진 순서대로 진행되는 것은 아니다.
③ 조사설계 후 자료수집을 본격적으로 진행한다.
④ 필요에 따라 일부 과정이 생략될 수 있다.
⑤ 새로운 과정이 추가될 수는 없다.

02 사회복지조사 과정의 일반적인 순서로 적절한 것은?

ㄱ. 문제형성	ㄴ. 보고서 작성
ㄷ. 자료분석 및 결과해석	ㄹ. 자료수집
ㅁ. 조사설계	

① ㄱ, ㄹ, ㅁ, ㄷ, ㄴ ② ㄱ, ㄷ, ㅁ, ㄹ, ㄴ ③ ㄱ, ㅁ, ㄹ, ㄷ, ㄴ
④ ㅁ, ㄱ, ㄹ, ㄷ, ㄴ ⑤ ㅁ, ㄱ, ㄷ, ㄹ, ㄴ

03 사회복지조사의 과정 중 조사과정에 대해 전반적인 계획을 세우는 단계는 어디에 해당되는가?

① 자료수집 ② 조사설계 ③ 문제형성
④ 가설설정 ⑤ 자료분석

04 연구문제에 대한 설명으로 옳지 않은 것은?

① 두 개 이상의 변수들 간의 관계를 기술한 것이다.
② 사회문제에 대한 인식을 토대로 선정된다.
③ 의문형으로 표현한다.
④ 실행 가능해야 한다.
⑤ 연구 후반부에 선정한다.

05 가설에 대한 설명으로 옳은 것은?

① 가설은 검증 가능해야 한다.
② 연구가설은 효과나 차이가 없는 가설을 뜻한다.
③ 가설은 참일 가능성이 100%다.
④ 귀무가설은 'X와 Y는 관계가 있다.'로 표현된다.
⑤ 가설은 의문형으로 작성한다.

06 영가설에 대한 설명으로 틀린 것은?

① 가설검정의 기본적 목표는 영가설 기각이다.
② 효과나 차이가 없는 가설을 의미한다.
③ 부정하기 위해 설정하는 가설이다.
④ 대립가설이라고도 부른다.
⑤ 검증하고자 하는 가설과 반대되는 가설이다.

07 연구문제 선정에 대한 설명으로 옳은 것은?

ㄱ. 연구에 소요될 시간과 비용을 고려해야 한다.
ㄴ. 변수의 측정 가능성을 고려해야 한다.
ㄷ. 연구결과의 유용성을 고려해야 한다.
ㄹ. 대상에 대한 접근 가능성을 고려해야 한다.

① ㄱ, ㄴ ② ㄱ, ㄹ ③ ㄴ, ㄹ
④ ㄴ, ㄷ, ㄹ ⑤ ㄱ, ㄴ, ㄷ, ㄹ

08 문헌고찰에 대한 설명이 틀린 것은?

① 연구의 중후반부에 시작해야 한다.
② 타당도 높은 측정도구를 미리 검토할 수 있다.
③ 연구의 전 과정에 영향을 미친다.
④ 시행착오를 줄일 수 있다.
⑤ 연구에 대한 새로운 아이디어를 얻을 수 있다.

09 문헌고찰 과정에서 다음 질문은 연구의 어느 부분에 대한 질문인가?

- 연구대상에 대한 접근이 가능한가?
- 자료수집이 용이한가?
- 연구범위가 적절한가?
- 활용 가능한 측정도구는 무엇인가?

① 문제형성 ② 가설설정 ③ 연구요약
④ 연구방법 ⑤ 연구결과

10 특정 영역에 대한 관련 자료를 찾아서 분석하고 생각하는 과정은 무슨 과정인가?

① 욕구 조사 ② 문헌고찰 ③ 표본추출
④ 연구설계 ⑤ 연구계획

답

01 ⑤ 02 ③ 03 ② 04 ⑤ 05 ① 06 ④ 07 ⑤
08 ① 09 ④ 10 ②

해설

01 사회복지조사의 과정은 필요에 따라서 새로운 과정이 추가되거나 생략될 수 있다.

02 일반적으로 사회복지조사 과정은 '문제형성, 조사설계, 자료수집, 자료분석 및 결과해석, 보고서 작성' 순으로 진행된다.

03 조사설계 단계에 대한 설명이다.

04 연구문제는 연구수행의 첫 단계로, 연구 초반에 선정한다.

05 가설은 참과 거짓의 가능성이 동시에 있어야 하며, 경험적 검증과정을 통해 확인할 수 있어야 한다. ②는 영가설에 대한 설명이며, ④는 연구가설에 대한 설명이며, ⑤는 연구문제에 대한 설명이다.

06 ④는 연구가설에 대한 설명이다.

07 연구문제 선정 시 소요시간과 비용, 변수의 측정 가능성, 연구결과의 유용성, 대상에 대한 접근성 등을 다각도로 고려해야 한다.

08 문헌고찰은 연구의 전 과정에 영향을 미치므로 연구 초반에 시작해야 한다.

09 연구대상 접근성, 자료수집, 연구범위, 측정도구에 대한 질문은 연구방법을 위한 문헌고철 과정에 대한 설명이다.

10 문헌고찰은 논문, 서적 등 특정 영역에 대한 관련 자료를 찾아서 분석하는 과정이다.

용어정리

기관생명윤리위원회(IRB) 「생명윤리 및 안전에 관한 법률」에 따른 '기관생명윤리위원회'는 생명윤리 및 안전을 확보하기 위해서 인간 또는 인체유래물 대상 연구를 수행하는 자가 소속된 기관에 설치된 자율적 · 독립적 윤리 기구를 말함. 연구계획서 심의, 연구과정 및 결과에 대한 조사, 감독 등을 진행

조건문(conditional statement) 'If A, then B' 형태로, 주어진 조건에 따른 결과를 진술한 문장

자가출판(self-publishing) 작가가 출판사를 거치지 않고 직접 출판에서 유통까지 담당하는 출판 형태

참고문헌

강이근, 김병, 이창희, 이용환, 장창균, 이덕희, 강명희(2015). 사회복지조사론. 서울: 창지사.

강종수(2013). 사회복지조사론. 경기: 양서원.

공정석(2011). 부모-자녀간 역기능적 의사소통과 학업스트레스가 청소년의 자살생각에 미치는 영향에 관한 연구: 우울감의 매개효과와 성별 차이를 중심으로. 연세대학교 대학원 석사학위 청구논문.

김기원(2001). 사회복지조사론. 서울: 나눔의 집.

우수영(2008). TP 사회복지조사. 서울: 인간과 복지.

최성철(2000). 사회복지조사방법론. 경기: 공동체.

Babbie, E. (2005). *The basics of social research* (3rd ed.). Belmont, CA: Thomson Wadsworth.

Rubin, A., & Babbie, E. (2008). 사회복지조사방법론. 김기덕, 김기덕, 김용석, 유태균, 이기영, 이선우, 정슬기 역. 서울: 센게이지러닝코리아(주).

Rubin, A., & Babbie, E. (2011). 에센스 사회복지조사방법론. 유태균 역. 서울: 박영사.

제5장

개념화와 측정

학습목표

1 개념화와 조작화에 대해 이해하고 적용해 본다.

2 측정의 개념에 대해 이해한다.

3 측정의 오류에 대해 이해한다.

4 측정의 신뢰도와 타당도의 개념 및 평가유형에 대해 이해한다.

이 장에서는 사회조사방법의 기본개념에 대해 이해하기 위해 개념화와 조작화에 대한 개념을 정의하고, 이러한 개념들이 실제 학위논문 및 학술논문에서 어떻게 적용되었는지를 이해한다. 그리고 개념화와 조작화 다음 단계로 이해해야 하는 측정에 대해 학습한다. 측정은 연구자가 개념을 개념화하고 그것을 조작적으로 정의하여 측정하는 것을 의미한다. 그러나 사회과학 및 사회복지 분야에서 측정하려는 것은 일반적으로 연구대상자의 태도, 행동, 일반적 특성 등에 관한 추상적인 개념이 많이 있다. 이러한 추상적인 개념을 개념화하는 과정에서도 오류가 발생하기 쉬우며, 하나의 측정도구를 사용하여 측정을 하는 과정에서도, 그리고 잘못 선택된 측정도구 자체에서도 오류가 발생할 수 있다. 따라서 측정의 오류에 대한 유형과 그 내용에 대해 학습하고, 측정오류를 사전에 예방하고 검토할 수 있는 측정의 신뢰도와 타당도에 대해 학습하고자 한다.

1. 개념화와 조작화

1) 개념화(개념적 정의)

개념(concept)이란 사물이나 사회현상의 공통적 속성을 묶어 사람들이 이해할 수 있는 추상적 언어로 표현해 이를 설명하는 것이다. 개념은 이론을 구성하는 요소로서 현상을 대변하는 이미지의 표현으로, 외관상으로 관찰된 기록과 경험에서 도출된 의사소통 용도의 용어라고 할 수 있다. 예를 들어, 교육을 통하여 얻은 지식이나 기술 따위의 능력을 추상적 언어로 표현한 것이 '학력'이라는 개념이다. 이러한 개념은 사회과학적 연구에서 그 의미가 정확해야 하고 타인에게 정보를 전달할 수 있어야 한다. 또한 이해 방법과 연구방향을 제시하며, 지식의 축적이나 확장을 가능하도록 해야 한다.

개념은 학문 분야나 연구자에 따라 다양하게 정의될 수 있기 때문에 어떤 사물이나 현상의 속성을 조사하기 위해서는 개념화를 거쳐야 한다. 개념화(conceptualization)란 이론적 개념을 차원(dimension)과 지표(indication) 등으로 세분화하는 과정으로, 연구자가 탐구하고자 하는 속성을 용어를 통해서 정확하

표 5-1 개념화 학술논문 적용 사례

청소년의 '문제해결 능력' 개념화
문제해결 능력은 개인이 삶 가운데 접하는 다양한 스트레스 대처와 관련하여 많은 연구에서 그 중요성이 제시되어 왔다(홍영수, 2004). 문제해결에 대한 개념을 살펴보면, Heppner와 Peterson(1982)은 내적 또는 외적인 요구와 도전에 대하여 적응하기 위한 인지적·정서적·행동적 과정의 복합적인 상호작용으로 정의하였다. 그리고 D'Zurilla와 Nezu(1990)는 개인이 일상생활의 문제 상황에 대처하기 위하여 행하는 자기 생성적인 인지적·정서적 및 행동적 과정으로 설명하고 있다. 이 연구에서는 문제해결능력을 문제해결 과정을 수행할 수 있는 능력으로 정의하고자 한다. 청소년은 자살과 관련된 다양한 스트레스 사건을 경험하게 되는데 이 스트레스 사건에 대한 청소년의 내적 영향력이 자신의 통제력을 넘어서게 되면 자살행동을 할 경향이 높다. 이는 청소년이 경험하는 환경적 스트레스 자체가 자살을 유발하는 것이 아니라, 이에 대한 청소년의 인지적 결핍이나 문제해결 능력의 결핍 때문에 나타나는 경우가 많다는 것이다(Clum & Lerner, 1990).

출처: 김재엽, 이근영(2010).

고 구체적으로 설명하는 과정이다. 예를 들어, 연구에서 자살생각을 개념으로 사용한다면, 자살생각이란 '자살행동에 대한 생각과 계획을 포함하는 자기보고적인 포괄적 개념'이라고 구체화하는 과정이 필요하다. 또 다른 예로, 학업 스트레스란 '학업으로 인해 유발되는 긴장상태로 개개인이 느끼는 갈등이나 불안'이라고 정의하는 개념화가 필요하다. 이러한 개념화를 통해 모호한 개념을 보다 구체화하여 연구자 상호 간에 혼동을 피할 수 있지만, 여전히 추상적이고 주관적인 성격을 가지고 있는 점을 배제해서는 안 된다.

2) 조작화(조작적 정의)

개념화의 추상적 · 주관적 성격을 보완하고 좀 더 경험적인 구체화를 하기 위해서 조작화(operationalization)를 거쳐야 한다. 조작화란 개념을 조사과정에서 관찰 가능한 지표로 변환시키는 과정을 말한다. 즉, 조사에 사용되는 변수를 관찰하고 측정할 수 있도록 횟수, 여부, 시간, 점수 등으로 계량화하는 것이다.

조작적 정의의 예를 살펴보자. 청소년의 자살생각에 대한 연구에서, '부모-자녀 간 역기능적 의사소통이 높을수록 청소년의 자살생각은 높을 것이다.'라는 가설을 설정했다고 하자. 이 경우 독립변수인 역기능적 의사소통과 종속변수인 자살생각은 추상적인 개념으로 이를 조사하기 위해서는 관찰 및 측정 가능한 개념으로 조작되어야 한다. 부모-자녀 간의 역기능적 의사소통을 측정하기 위해서는 부모가 화를 내거나 비난하는 횟수, 청소년이 부모와의 대화 단절 여부 등을 확인함으로써 부모-자녀 간의 역기능적 의사소통이 높은지를 측정할 수 있다. 또한 자살생각의 경우 자살에 대한 생각, 계획, 시도 등의 횟수, 여부 등으로 개념을 조작적으로 정의할 수 있다.

추상적 개념을 완전히 대변하면서 경험적 조사가 가능한 개념 또는 지표로 변환하는 것은 쉽지 않다. 특정 개념을 조작화하는 과정으로 이러한 대체개념이 원래의 추상적 개념을 완전히 대변할 수 있는지는 의문이다. 그러나 이러한 조작화의 한계점에도 불구하고 현재 사회과학연구에서는 개념을 측정하는 방법으로 조작화보다 더 좋은 방법은 없다(이익섭, 이윤로, 2004, p. 84 재인용). 따라서 변수를 조작화할 때는 매우 신중하고 타당성 있는 정의를 만들어 내어 연구를 진행하여야 한다.

2. 측정

관찰된 현상이나 이론적인 개념을 일정한 규칙에 따라 수치나 기호를 부여하거나 수량화하는 것을 측정이라 한다(어대훈, 2013, p. 338; 원석조, 2012, p. 59). 조사대상의 속성이나 특징에 따라 일정한 규칙을 가진 숫자나 기호를 부여하며, 질적인 개념을 양적인 개념으로 변환하는 과정이 측정이다(어대훈, 2013, p. 338; 원석조, 2012, p. 59).

측정은 조사과정에서 매우 중요한 역할을 하는 것으로 추상적이고 주관적인 개념을 경험적으로 관찰할 수 있는 수준으로 표준화하는 것이다. 즉, 측정은 조작적 정의를 통해 추상적인 개념의 수준을 경험적 수준으로 전환하는 과정이라고 할 수 있다(최성재, 2005, p. 322).

측정은 추상적 개념이나 변수에 일정한 규칙에 따라 수치를 부여함으로써 추상적인 개념을 경험적으로 관찰할 수 있게 한다. 여기서 수치라고 하는 것은 일반적으로 숫자(numerals)를 의미하는데, 이 숫자에 양적인 의미가 부여되면 수(numbers)가 된다. 숫자 자체에는 아무런 의미가 없으며, 연구자가 그것에 특정 의미를 부여하는 데 따라서 의미가 달라진다(김기원, 2001, p. 197).

측정에서 가장 중요한 것은 측정의 규칙을 세우는 것인데, 이 규칙은 측정하려는 것에 대하여 그것을 측정하기 위한 수치를 어떻게 배열하느냐 하는 것을 결정하는 것이라 할 수 있다. 예를 들어, 성별의 경우 보통 '남성, 여성'으로 구분하는데, 기호가 사용되면 '남, 여'의 문자기호를 사용하고, 숫자를 사용하면 '0, 1' '1, 2' 등의 값을 할당할 수 있다. 규칙에서 사용되는 기호나 숫자는 수적인 의미는 없고, 구분을 위한 기호라는 점을 유의해야 한다.

3. 측정오류

측정오류(error of measurement)는 변수를 측정하는 과정에서 발생하는 오류로, 측정하려는 개념을 정확하게 묘사하지 못하거나 데이터를 확보하는 과정에서 발생한다. 측정오류를 측정오차라고도 한다. 일반적으로 측정오류는 체계적 오류와 무작위 오류로 구분할 수 있다.

1) 체계적 오류

체계적 오류(systematic error)는 수집한 정보가 측정하려는 개념을 지속적으로 잘못 묘사할 때 발생하는데, 자료를 수집한 방법 때문에 발생하거나 자료를 제공하는 연구대상자, 즉 자료 제공자들의 상황에 의해 발생한다. 체계적 오류는 다음의 유형으로 구분하여 설명된다.

(1) 인구통계학적 · 사회경제적 특성으로 인한 오류

성별, 소득 수준, 교육 수준, 종교, 인종, 사회적 지위, 직업 등의 인구사회학적 또는 사회경제적 특성으로 인해 조사 대상자의 응답이 일정하게 나타나 측정의 오류가 나타나는 경향을 의미한다. 예를 들어, 응답자의 교육 수준이 상위계층일수록 정치적인 보수성에 응답하는 경향이 많다. 반대로 교육 수준이 낮을 경우 정치적 진보성에 응답하는 경향이 많다.

(2) 응답자의 개인적 성향에 의한 오류

응답자의 개인적 성향에 의한 오류로서 무조건 긍정적이거나 부정적 또는 중립적인 개인적 성향에 따라 나타나는 오류다. 예를 들어, 무조건 긍정적인 개인적 성향을 갖고 있는 응답자의 경우는 관용의 오류를 나타낼 경향이 많다.

(3) 측정 개념의 태도와 행동에 대한 오류

태도(attitude)를 측정하려는 것인지 행동(behavior)을 측정하려는 것인지 모호할 때 측정의 오류가 나타난다. 즉, 행동을 측정하면서 실제로는 태도를 예측하거나, 태도를 측정하면서 실제로는 행동을 예측하는 것은 체계적인 측정오류를 발생시킬 수 있다. 예를 들어, 질문지 조사에서 연구자가 자살행동에 대해 측정하려고 했는데, 자살태도에 대한 측정을 하여 자살행동을 예측하는 것은 오류를 발생시킬 수 있다.

(4) 편향에 의한 오류

편향(편견, bias)이 자료수집 과정에서 개입될 때 체계적 오류가 발생할 수 있다. 조사대상자에게 연구자가 원하는 응답을 하기 쉽도록 질문을 하거나 가설을 지지하는 응답을 얻을 때 호의적인 반응을 보이는 경우, 또는 조사대상자가 자신의 실제 행동이나 태도를 숨기고 다른 방식으로 응답하는 경우 편향에 의한 체계적인 오류가 발생할 수 있다. 편향에 의한 체계적인 오류는 순응적 반응양식에 의한 편향, 사회적 바람직성 편향, 문화적 차이에 의한 편향으로 구분할 수 있다.

① 순응적 반응양식에 의한 편향(고정반응에 의한 편향)

측정의 내용에 상관없이 문장의 대부분 혹은 전부에 동의하거나 동의하지 않는 것을 의미한다. 또한 질문지에서 일정한 유형의 문항이 계속해서 부과될 때 응답자가 고정된 반응을 보이는 것을 의미한다. 즉, 응답자는 문항의 내용을 하나하나 읽어 보지 않고 내용에 상관없이 질문에 전부 동의하거나 반대로 동의하지 않거나 하는 태도를 보인다.

② 사회적 바람직성 편향(사회적 적절성 편향)

조사대상자 자신이나 그들의 준거집단을 좋게 보이기 위해 말하거나 행동하려는 성향을 의미한다. 조사대상자가 연구자의 의도에 맞추어 응답하려는 경향이나 집단의 규정 또는 준거 기준에 맞추어 응답하려는 경우를 의미한다. 이러한 경우는 조사대상자의 개인적인 생각을 측정하기보다는 사회적으로 무엇이 바람직한가 하는 사회적 기대에 부응한 생각을 측정하는 결과가 나타날 수 있다.

③ 문화적 차이에 의한 편향

측정과정에서 문화적 차이가 나타나 측정의 체계적 오류를 일으키는 경우를 의미한다. 어떤 문화적 집단에서는 기본적으로 이해가 되는 단어 혹은 문항의 내용이지만, 다른 집단에서는 그 단어 혹은 문항의 내용이 다르게 이해되거나 이해를 못하는 문제가 발생할 수 있다. 예를 들어, 1세대 또는 1.5세대에 대한 조사를 할 때 언어적인 문제로 인해 질문지 질문을 다른 집단과 같은 의미로 이해하지 못한다면 집단 간 자료의 차이가 발생할 수 있다.

2) 무작위 오류(비체계적 오류)

체계적 오류와 달리 오류의 값이 일관적인 유형의 영향이 없다. 따라서 다양하게 분산되어 있어 무작위적으로 발생하는 오류(random error)다. 측정대상, 측정과정, 측정수단, 측정자 등에 일관성 없이 영향을 미침으로써 발생하는 오류다(나눔의 집, 2011).

- **측정자로 인한 오류:** 건강, 사명감, 기분, 관심사 등과 같은 신체적 · 정신적 요인
- **측정대상자로 인한 오류:** 긴장, 피로, 불안 등과 같은 신체적 · 정신적 요인
- **측정상황 요인으로 인한 오류:** 측정장소, 측정시간, 좌석배열, 소음, 조명, 부모참석 등
- **측정도구로 인한 오류:** 측정도구에 대한 사전교육이 충분하지 못했을 때

3) 무작위 오류를 줄이는 방법

무작위 오류는 신뢰성과 관계가 되므로 무작위 오류가 발생할 가능성을 최대한 줄여야 한다. 무작위 오류는 측정도구, 측정대상, 측정상황의 세 가지 측면에서 모두 발생하는데, 이를 감소시키기 위해서는 다음과 같은 방안을 고려해야 한다(채서일, 1998, pp. 251-252).

- 측정도구의 모호성을 제거하여 측정도구의 내용을 명확히 한다.
- 측정항목 수를 가능한 한 늘린다. 동일한 개념이나 속성을 측정하기 위해 문항 수를 늘리면 신뢰도가 높아져 무작위 오류를 줄일 수 있다.
- 측정자의 면접 방식과 태도에 일관성이 있어야 한다.
- 조사대상자가 잘 모르거나 전혀 관심이 없는 내용에 대한 측정은 하지 않는 것이 좋다.
- 동일한 질문이나 유사한 질문을 2회 이상 하는 방법이 있을 수 있다.
- 표준화된 측정도구를 사용하는 것이 좋다.
- 조사자 및 측정자에게 측정도구에 대한 사전교육을 실시하는 것이 좋다.

4) 측정오류의 확인

측정오류를 확인하기 위하여 측정의 결과가 어느 정도 정확하게 측정대상을 반영하고 있는지를 나타내는 것이 '타당도'와 '신뢰도'라는 개념이다. 타당도는 체계적 오류와 관계가 있고, 신뢰도는 무작위 오류와 관계가 있다(김영종, 2007, p. 181).

4. 신뢰도와 타당도의 개념과 주요 유형

1) 신뢰도

(1) 신뢰도의 개념

측정의 신뢰도(reliability of measurement)는 측정값의 일관성을 의미한다. 즉, 같은 대상에 반복적으로 적용된 특정 측정이 매번 같은 결과를 만들어 내는지에 대한 검증이다. 측정도구의 정확성을 나타낸다는 점에서 타당도와 일치하나 신뢰도는 타당도와 명백히 구분된다. 신뢰도는 측정의 무작위 오류와 관련되어 있다. 동일한 측정도구를 동일한 대상에게 반복해서 적용한 경우에 이상적으로 고정된 값이 일관적으로 나타나야 하는데 실제로는 측정값이 매번 달라져서 나타날 수 있다. 이러한 변화는 대부분 측정 환경이나 과정상의 미묘한 차이 등에서 발생하는 무작위 오류에서 기인하는 것이다.

측정의 안정성, 일관성, 예측 가능성 등으로 표현할 수 있다. 예를 들어, 사람들의 몸무게를 측정하는 저울이 있다. 이 저울을 측정도구로 해서 똑같은 사람이 연속해서 5회 몸무게를 측정했는데, 각각 70kg, 72kg, 69kg, 73kg, 71kg으로 나타났을 때 이 저울의 신뢰도는 없다고 할 수 있다. 그러나 각각 70.5kg, 70kg, 70.2kg 등으로 나타났다면 저울의 신뢰도는 있다고 볼 수 있다. 따라서 같은 측정도구로 같은 대상의 응답자를 조사했을 때 그 결과가 어느 정도 일관성 있게 나타나면 측정도구의 신뢰성이 있다고 할 수 있다.

(2) 신뢰도의 평가 유형

특정 연구에 가장 적절한 측정 신뢰도의 평가 유형은 연구목적과 연구설계에 따라 다르다. 예를 들어, 관찰법에 의한 연구목적은 관찰자 또는 평가자 간의 일치 또는 일관성의 정도를 평가할 수 있다. 또는 어떤 변수를 측정하고자 필답형 자기기입식 척도를 사용한다면 신뢰도 평가기법의 유형은 한두 가지 방법으로 측정된다. 일정 기간 동안 연구대상자의 변화를 측정하기 위해 자기기입식 척도를 사용한다면, 첫 번째의 측정과 그 뒤의 안정적인 측정을 제공하는 데 있어 척도의 안정성을 평가해야 한다. 반면에 일정 기간의 변화 없이 척도의 신뢰도를 평가하는 대안은 내적 일관성(internal consistency)을 측정하는 것이다. 보다 구체적인 측정도구의 신뢰도를 평가하는 기법의 유형을 살펴보면 다음과 같다 (Rubin & Babbie, 2010, p. 219).

① 상호 관찰자 기법

측정의 도구가 관찰인 경우에 신뢰도를 측정하기 위해 보편적으로 사용되는 방법이다. 이러한 방법을 상호 관찰자 기법(inter-observer) 또는 평가자 간 신뢰도(interrater reliability)라고 한다. 두 명 이상의 상호 관찰자들이 관찰 내용을 상호 간에 숙지하고 관찰하여 개별 관찰자 간에 얼마나 일관성이 있는지를 판단하거나 높은 상관관계가 있는지를 알아보는 신뢰도 검증방법이다. 이 방법은 주로 질적 연구의 관찰법에서 사용되는 방법이다.

② 검사-재검사법

표준화된 측정도구를 사용하여 서베이 방식으로 이루어지는 경우에 활용할 수 있는 신뢰도 검증방법이다. 이 방법은 신뢰도의 개념적 정의에 가장 적합한 기법이다. 동일한 측정대상자에게 동일한 측정도구를 사용하여 두 번의 측정을 실시하고, 두 번 실시한 결과의 점수 간 상호관계를 계산하여 어느 정도 일관되는지를 비교하는 방법이다. 이는 측정도구의 안정성을 평가하는 방법으로서 측정결과의 일관성 정도를 나타내는 것이다. 만일 두 번 측정의 점수 간 차이가 크게 나타나는 경우 이를 측정의 오류라고 할 수 있다.

검사-재검사법(재검사법, test-retest method)의 측정에 대한 신뢰도를 검증하는 데는 측정도구 자체를 직접 비교할 수 있고, 신뢰도 검증의 적용방법이 간편한 것이 장점으로 작용할 수 있다. 그러나 다음과 같은 한계를 갖는다.

첫째, 한 개인이 검사와 재검사 사이에 실제로 변한다면 어떻게 하는가? 인간은 고정적이지 않으며 계속적으로 변화하고 변동하는 상태에 있다. 검사와 재검사를 하는 동안 시간의 간격을 통해서 조사대상자들이 변화될 수 있다. 그렇기 때문에 만일 이 방법을 사용하여 측정의 신뢰도를 검증하기 위해서는 행동을 측정하는 도구보다는 태도를 측정하는 도구의 신뢰도를 검증하는 것이 인간의 변화나 변동의 부분에 대해 어느 정도 일관성을 가지고 검증할 수 있는 방법이 될 수 있다.

둘째, 첫 번째 검사에서 응답자가 측정도구의 문항을 잊지 않고 기억하고 있다면 두 번째 검사에서는 이를 기억하여 응답하는 결과가 나타날 수 있다. 그 결과 측정된 신뢰도는 실제의 신뢰도보다 훨씬 높게 추정될 가능성이 있다.

따라서 검사와 재검사 사이의 시간 경과는 첫 번째 검사에서 응답자 자신이 한 응답을 기억하지 못할 정도로 충분히 길어야 하지만 두 검사 사이에 응답자가 유의미하게 변화할 가능성을 최소화하기에 충분히 짧아야 한다. 대략 2주가 검사와 재검사 사이의 일반적인 간격이다.

③ 대안법

측정도구의 신뢰도를 검증하는 방법으로, 대안법(alternate-form method) 또는 복수양식법(multiple-form technique), 유사양식법(parallel-form method)이라고

도 한다. 대안법은 두 가지 유사한 측정도구를 사용하여 신뢰도를 검증하는 방법이다. 검사-재검사법의 시간적 간격의 문제와 인간의 특성상 변화하는 문제의 한계를 극복하는 데 유용한 검증방법이다. 대안법은 서로 다르지만 유사한 두 개의 측정도구를 동시에 한 집단에 측정한다. 두 가지 측정도구에 따른 측정결과의 상관관계를 통해 검증하는 방법이다. 대안법의 장점은 검사-재검사의 테스트 효과를 극복하는 데 어느 정도 유용하다는 점이다. 반면에 단점은 서로 다른 유사한 측정도구가 얼마만큼 유사한 것인지를 확인할 수 있는 방법이 없다는 점이다. 즉, 동일한 현상을 측정하는 데 사용될 두 개의 동등한 측정도구를 개발하는 것이 어렵기 때문이다.

④ 내적 일관성법

검사-재검사법은 두 번에 걸쳐 측정이 이루어지고, 대안법은 유사한 측정도구를 함께 적용하기 때문에 신뢰도를 평가하기에는 매우 번거로울 수 있다. 이와는 달리 하나의 측정도구를 한 번에 적용하여 측정한 후 그 안에서 신뢰도를 평가하는 방법을 내적 일관성법(internal consistency method)이라고 한다. 즉, 한 측정도구의 문항 내에서 일관성이 유지되는 정도를 통해 신뢰도의 크기를 결정하는 방법으로서 일정 기간에 걸쳐 측정의 변화를 평가하고자 계획하든 그렇지 않든 간에 측정을 구성하는 다양한 문항이 내적으로 일관성이 있는지를 평가하는 것이다. 구체적으로 측정도구 내에 여러 문항이 있고 각 문항에 점수를 부여하여 다른 문항 점수와 합해 총점을 낸다고 가정함으로써 각 항목 점수와 나머지 항목 점수 간에 상관관계를 평가하는 방법이다. 이 방법에는 반분법과 크론바흐의 알파계수(Cronbach Alpha Coefficient)가 포함되어 있다.

가. 반분법

반분법(이분절기법, split-halves method)은 측정도구의 내적 일관성을 확인하기 위한 방법을 토대로 측정도구의 전체 항목을 둘로 나누어 같은 시간에 각각 독립된 두 개의 척도로 사용함으로써 신뢰도를 추정하는 방법이다. 예를 들어, 홀수 번호 항목과 짝수 번호 항목을 연구자의 주관이 편향되지 않도록 구분해서 두 세트를 만든 다음 동일한 대상에게 두 세트의 측정도구를 적용하여 측정하고, 각각의 측정값이 서로 간에 어느 정도 상관관계가 있는가를 구한다. 이러한 방법은 동질성의 원리에 입각해 측정도구의 신뢰도를 구하는 방법이다.

반분법의 장점은 반분된 측정도구로 동시에 측정이 가능하기 때문에 검사-재검사 방법의 테스트 효과를 보완할 수 있고, 대안법의 서로 완전히 동일하지 않은 유사한 측정도구의 신뢰도 상관관계에 대한 단점을 보완할 수 있다.

반분법을 토대로 신뢰도를 측정하기 위해서는 전제조건이 필요하다. 먼저, 측정도구의 동질성이 확보되어 있어야 한다. 즉, 측정도구가 같은 개념을 측정한다는 것이 명백해야 한다. 예를 들어, 하나의 측정도구 내에 하위 개념이 있는 경우 정확히 반분하여 신뢰도를 구하기가 어려울 수 있기 때문이다. 다음으로, 양분된 측정도구의 문항 또는 항목 수는 그 자체가 완전한 척도를 이룰 수 있을 만큼 충분해야 한다. 예를 들어, 반분된 항목 수가 적어도 8~10개가 되어야 한다. 따라서 이러한 전제조건을 충족하지 못하는 측정도구의 경우에는 반분법으로 신뢰도를 검증하기에는 한계가 있다.

나. 크론바흐의 알파계수

크론바흐의 알파계수는 단일한 신뢰도 계수를 산출한다는 점에서 반분의 기준을 어떻게 설정하느냐에 따라 다양한 신뢰도 계수가 산출되는 반분법하고는 다르게 검증되는 방법이다. 알파계수를 계산하기 위해 측정도구의 모든 항목을 모든 가능한 반분(항목의 절반에 해당하는 하위 모음)으로 나누고, 각 응답자의 가능한 반분의 모음의 하위 총점을 계산하고 모든 가능한 반분 모음의 하위 총점들 쌍의 상관관계를 계산한다. 알파계수는 모든 상관관계의 평균치가 된다(Rubin & Babbie, 2010, p. 221). 크론바흐 알파계수의 신뢰도 값은 .60 이상이면 측정도구의 신뢰도가 있다고 판단될 수 있다.

크론바흐 알파계수의 신뢰도 검증방법은 단일한 신뢰도계수를 산출할 수가 있다. 신뢰도를 저해하는 문항을 찾아내어 이를 제외시킴으로써 측정도구의 신뢰도를 높일 수 있는 방법을 찾을 수 있다.

(3) 신뢰도를 높이는 방법

측정의 신뢰도는 비체계적인 오차와 관련된 것이므로 최대한으로 비체계적

오차가 발생할 가능성을 줄이는 것이 신뢰도를 높이는 방법이 될 수 있다. 신뢰도를 높이기 위한 방법은 다음과 같다(채서일, 1998).

첫째, 측정도구의 모호성을 제거한다. 측정문항의 모호한 문구 및 문장은 응답자마다 상이한 해석을 할 수 있다. 따라서 모든 응답자에게 동일한 의미로 해석될 수 있도록 내용을 명확히 해야 한다.

둘째, 측정항목 수를 늘린다. 일반적으로 동일한 개념이나 속성을 측정하기 위한 항목의 수를 늘릴수록 신뢰도를 높일 수 있다. 이는 표본 수를 늘리면 측정된 값들이 평균을 중심으로 정규분포를 이루게 되는 원리와 같은 것으로서 측정항목이 많아지면 측정값들의 평균치는 측정하고자 하는 속성의 실제 값에 가까워진다.

셋째, 측정자(면접자)의 측정 방식 및 태도에 일관성이 있어야 한다. 일관성 없는 측정 방식이나 태도는 동일한 질문에 대한 응답자의 반응에 차이를 가져올 수 있다.

넷째, 조사대상자가 잘 모르거나 전혀 관심이 없는 내용에 대한 측정은 하지 않는 것이 좋다. 모르거나 관심이 없는 경우에는 무성의한 대답을 하게 되므로 실제와는 전혀 다른 결과를 나타낼 가능성이 높다.

다섯째, 동일한 질문이나 유사한 질문을 2회 이상 하는 방법이 있을 수 있다. 두 가지의 동일한 질문에 대한 응답을 조사하여 응답의 신뢰도를 간단히 알아볼 수 있으며, 응답자로 하여금 일관성 있는 응답을 유도할 수 있다.

여섯째, 이전의 조사에서 이미 신뢰성이 있다고 인정된 표준화된 측정도구를 사용하는 것이 바람직하다.

2) 타당도

(1) 타당도의 개념

타당도는 실증적 척도가 연구대상인 개념의 실질적 의미를 적절하게 반영하는 정도를 의미한다. 즉, 측정하고자 하는 개념을 얼마나 정확히 측정하였는가를 말한다. 타당도는 측정도구가 개념의 실재 의미를 적절히 잘 측정하였는가라는 질문에 답을 주기 위해 검증을 하는 방법이다. 사회과학에서의 측정하고자 하는 대상은 특성상 간접적으로 측정하여야 하는 경우가 대부분이다. 이러한 사실 때문에 사회과학에서 타당성의 문제가 특히 중요시되는 것이다. 결과적으로 사회과학에서 타당한 측정도구는 측정하고자 하는 것을 정확하게 측정해야 한다.

예를 들어, 청소년의 지능을 검사하기 위해 수학 학습능력 평가지로 검사를 하였다고 하자. 이때 평가된 수학 학습능력 평가가 과연 청소년의 지능을 측정한 것이라고 할 수 있을까? 이 경우는 지능을 검사하기 위한 측정도구의 타당성이 없는 결과일 가능성이 높다. 이유는 수학 학습능력과 지능은 그 개념이 다르기 때문이다. 타당성은 측정도구 자체가 측정하고자 하는 개념이나 속성을 정확히 반영할 수 있어야 한다는 것이며, 이는 측정하려고 하는 개념을 어떻게 정의하였으며 이 개념적 정의를 어떻게 조작적 정의하였는가에 상당한 영향을 받는다(채서일, 1998). 결과적으로 타당도는 측정도구가 측정하려는 대상의 특성인 개념을 정확히 반영하여 측정하는가를 검증하는 방법이다. 타당도는 그 검증방법에 따라 내용타당도, 기준타당도, 구성타당도로 나누어 볼 수 있다. 내용타당도는 특정한 측정도구의 대표성에 관한 개념이며, 기준타당도는 특정변수간의 통계적인 관계를 규명하는 것이다. 그리고 구성타당도는 측정 자체의 정확성과 관련된 개념이다.

(2) 타당도의 평가기법

① 내용타당도

내용타당도(content validity)란 해당 개념을 측정하는 데 있어서 측정도구에 포함된 질문 문항이나 관찰 내용이 측정하려고 하는 속성이나 개념을 얼마나 대표성 있게 포함하고 있는가에 대해 연구자의 직관이나 사용하는 개념에 대한 전문가, 측정도구 개발에 대한 전문가 또는 예비 측정대상자를 통해 판단하는 것이다. 즉, 측정도구에 포함된 질문항목들이 측정하려는 대상의 개념을 적절히 나타내고 있는지를 주관적 혹은 상호 주관적 판단에 기초하여 결정하는 것이다. 내용타당도를 액면타당도(face validity)라고도 한다.

예를 들어, 가정폭력을 측정하기 위한 측정도구의 타당성을 검증할 때 내용타당도를 토대로 살펴본다면, 우선 측정도구의 문항에 있어서 가정폭력의 개념 및 특성을 포함하고 있는가에 대해 검증해야 한다. 특히 가정폭력에 대한 행동인지 또는 태도인지를 먼저 고려해야 하고, 이를 토대로 가정폭력의 특성인 언어폭력, 정서폭력, 신체적 폭력 등과 같은 개념이 포함되어 있는지를 판단하여 검증해야 한다.

내용타당도를 확인하는 과정은 측정구성의 기본적인 과정으로서 모든 측정도구의 개발에 반드시 포함시켜야 한다. 내용타당도를 확인하는 방법은 크게 다음의 두 가지 단계로 구분해 볼 수 있다.

첫째, 개념적 정의의 단계를 확인해야 한다. 먼저 측정하려는 개념이 포함된 의미의 범위를 결정한다. 이 단계를 보통 개념적 정의라고 하는데, 구성개념의 영역을 결정하는 것이다. 앞의 예에서 언급했듯이, 가정폭력의 구성개념은 다양하다. 가정폭력 행동, 가정폭력 태도, 언어적 가정폭력, 정서적 가정폭력, 신체적 가정폭력 등이 있으며, 가정폭력의 유형에 있어서도 아내폭력, 남편폭력, 아동학대, 부모폭력, 형제폭력, 노인학대 등의 유형이 구성개념으로 다양할 수 있다. 이러한 가정폭력의 구성개념 중에서 연구자는 개념적 정의를 통해 의미의 범위를 결정하게 된다. 연구자가 가정폭력 행동으로 정의하고, 유형 중 아내폭력, 그리고 언어폭력, 정서폭력, 신체적 폭력을 개념적으로 정의한다고 결정하면 측정도구의 문항 항목에는 개념적 정의가 되어 있는 내용이 모두 포함되어 있어야 한다. 만일 포함되어 있지 않다면 측정도구의 내용타당성은 문제가 있다고 볼 수 있다. 연구에서 구성개념의 영역을 설정하는 개념적 정의를 결정하는 과정에서는 문헌검토나 면접조사 혹은 초점집단을 활용하는 등의 다양한 방법이 사용될 수 있다(김영종, 2007).

둘째, 조작적 정의의 단계를 확인해야 한다. 구성개념의 조작적 정의 단계다. 조작화라고 하는데, 이 단계는 개념적 정의의 단계에서 구체화된 구성개념의 의미와 범위 등에 기반해서 수행되며, 구성개념에 포함된 개별 특질이 측정항목에서 빠짐없이 나타나는지와 적정한 정도로 그 분포를 대표하는지 등이 주요 고려사항이 된다(김영종, 2007). 예를 들어, 개념적 정의의 단계에서 가정폭력의 행동 중 아내폭력에 대해 측정하기 위해 구체적으로 언어폭력, 정서폭력, 신체적 폭력의 특성을 개념적 정의로 설정했다면 측정항목 문항의 분포에 있어서도 고르게 배열되어 있어야 한다. 만일 측정도구의 문항 수가 전체적으로 15문항이라면 언어폭력 5문항, 정서폭력 5문항, 신체적 폭력 5문항으로 고르게 분포되어 있어야 한다.

내용타당도는 앞의 두 단계를 거치면서 해당 개념의 전문가들이 판단하여 그 타당성을 검증하게 된다. 내용타당도는 측정의 타당성을 검증하기 위한 가장 근본적인 방법이지만, 연구자 또는 전문가의 주관적인 판단에 의존하므로 편견이나 오류의 가능성을 배제하기 어렵다. 따라서 측정도구의 평가를 내용타당도에 의존할 수밖에 없는 경우일지라도 다양한 전문가의 의견을 종합하여 타당성을 평가하는 것이 필요하다.

② 기준타당도

내용타당도가 전문가의 주관적 판단에 따라 측정도구의 타당도를 검증하는 것과 달리 기준타당도는 경험적으로 타당도를 검증하는 방법이다. 기준타당도(criterion validity)는 측정도구의 타당도에 대한 평가를 객관적인 경험적 기준에 의해 검증한다. 기준타당도가 활용하는 객관적인 경험적 기준은 대개 유사 개념의 측정에서 찾는다. 검증하려는 측정도구로 산출된 측정의 결과가 비교 기준이 되는 다른 개념의 측정 결과 값과 연관성을 갖고 있을 때, 기준타당도가 있다고 보는 것이다. 기준타당도는 검증에 사용되는 비교 기준의 시점에 따라 예측타당도와 동시타당도의 형태로 나뉜다.

가. 예측타당도

한 개념을 측정하여 그 결과가 그와 관련된 개념을 예측하는 데 정확성이 있다면 그 관련 개념이 예측 기준이 되어 측정도구에 타당성을 확인해 줄 수 있는 것이 예측타당도(예측적 기준타당도, predictive validity)다. 예를 들어, 고등학교 3학년 학생에게 시행되는 모의고사 시험의 결과를 통해 수학능력평가 성적을 예측할 수 있다고 했을 때 모의고사 시험을 통한 측정은 수학능력평가 점수를 예측할 수 있는 타당성을 확보할 수 있다.

나. 동시타당도

예측타당도를 확인하려면 예견된 사건이 일어나는지를 확인해야 하기 때문에 시간적으로 일정 정도의 기간을 기다려야 하는 문제가 있을 수 있다. 예측타당도와 달리 동시타당도(동시발생적 기준타당도, concurrent validity)는 측정도구의 측정값을 경험적 기준과 동시적인 시점에서 비교하여 타당도를 평가하는 방법이다. 즉, 타당도를 평가하고자 하는 측정도구로 측정한 값이 다른 측정도구의 측정값 또는 이미 존재하고 있는 측정도구의 값과 비교하여 그 결과가 얼마나 일치하는가를 따짐으로써 측정도구의 타당도를 평가하는 방법을 말한다.

예를 들어, 자아존중감을 측정한 측정도구의 타당도를 검증하기 위해 타당도가 이미 검증된 다른 자아존중감 측정도구를 측정대상자에게 동시에 적용한 뒤 두 측정도구의 값을 비교하여 두 측정도구의 상관관계성이 높으면 타당도가 있다고 볼 수 있다.

경험적인 기준을 사용하여 타당도를 확인한다는 것이 기준타당도의 장점이지만, 반면에 경험적 기준을 사용한다는 것은 조사연구의 추가적인 부담을 줄 뿐만 아니라 비교 기준으로 사용된 측정도구의 타당도와 신뢰도의 문제도 해결되어야 함을 의미한다. 그렇기 때문에 경험적인 비교 기준을 사용할 때는 이미 표준화된 측정도구를 사용하는 것이 좋다.

③ 구성타당도

구성타당도(construct validity)는 측정되는 개념이 전반적인 이론적 틀 속에서 다른 개념과 실제적 · 논리적으로 적절한 관련성을 갖고 있는 정도를 검증하는 방법이다. 예를 들어, 학교폭력에 대한 척도를 개발하여 이 척도의 타당성을 검증하려고 할 때 이론적으로 높은 공격성이 학교폭력을 증가시킨다면, 경험적으로 개발한 척도인 학교폭력에서 높은 점수를 받은 조사대상자의 공격성이 높게 나타나야 한다.

구성타당도는 내용타당도와 마찬가지로 개념의 내적 구조에서 측정의 적합성에 대한 근거를 찾는다. 구성타당도를 평가하는 과정은 먼저 척도가 이론적 기대에 맞는지를 검증하는 것으로서 이해타당도라고 한다. 다음으로, 척도가 집중타당도와 판별타당도를 갖는지를 포함하게 된다. 이해타당도는 측정도구가 특정 구성개념을 이론적 구성도에 따라 체계적 · 논리적 · 포괄적으로 이해하고 있는 정도를 의미하는데, 여러 개념을 체계적으로 이용한 이론이나 측정도구가 이해타당도가 높다. 집중(수렴)타당도는 A와 B라는 측정도구가 서로 동일한 개념을 측정하는 도구라면 동일한 대상을 측정했을 때 얻어진 측정값들의 상관관계가 높아야 함을 의미한다. 반면에 판별타당도는 A와 B라는 측정도구가 서로 다른 개념을 측정하는 도구라면 동일한 대상을 측정했을 때 얻어진 측정의 값들 간의 상관관계가 낮게 나타나야 함을 의미한다. 통계학적으로는 요인분석을 통해 구성타당도를 검증한다.

5. 신뢰도와 타당도의 관계

[그림 4-1]은 신뢰도와 타당도의 관계를 그림으로 묘사한 것이다. 만약 측정을 과녁의 중심점을 맞히는 것과 유사한 것으로 생각한다면, 신뢰도는 어느 곳이나 상관없이 촘촘한 경향처럼 보인다. 왜냐하면 신뢰도는 일관성의 작용이기 때문이다. 이에 비해 타당도는 과녁 중심에 모인 점들의 작용이다. [그림 4-1]에서 신뢰도의 실패는 무작위 오류로 여겨질 수 있는, 반면 타당도의 실패는 체계적 오류로 여겨질 수 있다.

측정의 타당도와 신뢰도의 관계는 신뢰도가 높다고 해서 타당도가 저절로 높아지지는 않으며, 타당도가 있다고 해서 신뢰도가 반드시 높은 것은 아니다. 그

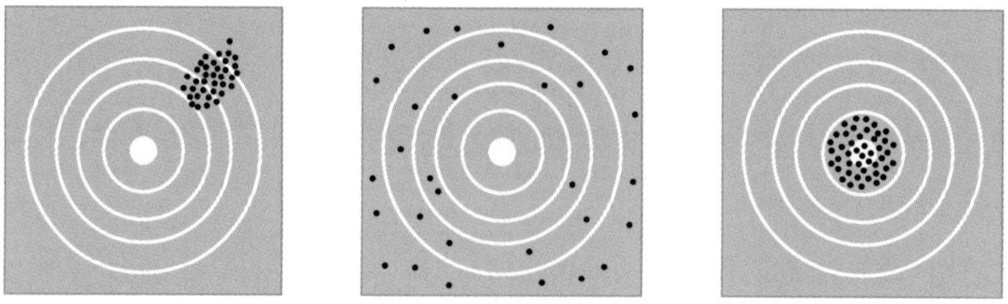

[그림 5-1] 타당도와 신뢰도에 대한 유추

러나 보편적으로 타당도가 높은 측정은 항상 신뢰도도 높다. 타당도가 낮다고 해서 반드시 신뢰도가 낮은 것은 아니다. 그리고 신뢰도가 높다고 해서 반드시 타당도가 높은 것은 아니다. 그리고 신뢰도가 낮은 측정은 항상 타당도가 낮다. 신뢰도가 낮고 타당도가 높은 측정은 없다.

연습문제

01 조작적 정의에 대한 예로 틀린 것은?

① 신앙심 - 종교의식 참여 빈도　② 빈곤 - 물질적 결핍 상태
③ 성별 - 남녀　④ 서비스 만족도 - 이용 횟수
⑤ 소득 - 월/원

02 측정에 대한 설명으로 옳은 것은?

가. 일정한 규칙에 따라 대상의 값을 부여
나. 자료수집과 조직화의 기본적인 단계
다. 추상적인 개념을 현실의 경험과 연결시켜 주는 수단
라. 측정은 물리적인 것에 국한됨

① 가, 나, 다　② 가, 다　③ 나, 라
④ 라　⑤ 가, 나, 다, 라

03 다음은 측정의 체계적 오류에 대한 설명이다. 측정의 체계적 오류에 대한 설명 중 옳지 않은 것은?

① 인구사회학적 특성이나 개인적 성향과 같이 응답자의 일정한 속성과 관련이 있는 오류다.
② 인구통계학적 특성으로 인해 일정한 방향으로 오류가 나타나는 경향을 말한다.
③ 무조건 긍정적이거나 무조건 부정적이거나 중립적인 개인적 성향에 따라 나타날 수 있는 오류다.
④ 측정대상의 한 가지 속성에 영향을 받아 나머지 대상의 평가에도 영향을 미치는 후광효과가 이 예다.
⑤ 청소년의 비행 측정 시 부모가 참석하여 예측하지 못한 차이를 불러일으키는 경우가 이에 해당한다.

04 무작위 오류를 줄이기 위한 방법으로 옳지 않은 것은?

① 측정도구의 모호성을 제거하여 측정도구의 내용을 명확히 한다.
② 측정항목 수를 가능한 한 늘린다.
③ 표준화된 측정도구를 사용한다.
④ 조사대상자가 잘 모르거나 관심이 없는 내용도 설득하여 응답하도록 한다.
⑤ 동일한 질문이나 유사한 질문을 2회 이상 하는 방법이 있을 수 있다.

05 측정의 신뢰도에 대한 설명으로 옳지 않은 것은?

① 측정값의 일관성을 의미한다.
② 측정의 체계적 오류와 관련이 있다.
③ 측정의 안정성과 관련이 있다.
④ 측정의 동등성을 의미한다.
⑤ 측정도구의 정확성을 의미한다.

06 우울검사를 위한 새로운 측정도구를 만든 경우, 새로운 측정도구를 통한 우울검사와 기존의 우울검사 도구를 통한 우울검사 사이의 상관관계를 통해 새로운 측정도구의 타당도를 측정하는 방법은?

① 내용타당도
② 기준타당도
③ 판별타당도
④ 구조적 타당도
⑤ 개념타당도

07 신뢰도 평가방법으로 외생변수, 반복검사로 인한 테스트 효과가 큰 방법은?

① 검사-재검사법
② 반분법
③ 상호관찰자기법
④ 크론바흐 알파계수
⑤ 대안법

08 측정에서 신뢰도와 타당도의 설명으로 옳은 것은?

① 신뢰도가 높으면 타당도도 높다.
② 신뢰도는 측정하고자 하는 것을 얼마나 정확히 측정하였는가를 말한다.
③ 검사-재검사는 타당도의 측정방법이다.
④ 신뢰도는 높지만 타당도가 낮은 측정도 있다.
⑤ 타당도는 반복했을 때 결과가 동일한 정도다.

09 크론바흐 알파계수에 대한 설명 중 옳은 것은?

① 타당성을 알아보는 방법 중 하나다.
② 항목들을 나누는 방식에 따라 신뢰도 계수의 추정치가 달라질 수 있다.
③ 대안법에 의한 모든 신뢰도 계수를 구한 다음 그 평균값을 신뢰도로 추정하는 방법이다.
④ 크론바흐 알파계수가 클수록 신뢰도는 낮다.
⑤ 신뢰도가 낮을 경우, 신뢰도를 낮추는 문항을 찾을 수 있다.

10 측정도구를 임의로 절반을 나누어 같은 시간에 각각 독립된 두 개의 척도로 사용함으로써 신뢰도를 검증하는 방법은?

① 검사-재검사법 ② 반분법 ③ 대안법
④ 복수양식기법 ⑤ 평행양식법

11 측정될 개념에 대한 연구와 측정도구가 그 개념을 적절히 측정하고 있는가에 대한 판단에 의해 평가되는 타당도의 유형은?

① 내용타당도 ② 동시발생타당도 ③ 예측타당도
④ 수렴적 타당도 ⑤ 구성타당도

답

01 ② 02 ① 03 ⑤ 04 ④ 05 ② 06 ② 07 ①
08 ④ 09 ⑤ 10 ② 11 ①

해설

01 조작적 정의는 개념을 조사과정에서 관찰 가능한 지표로 변환시키는 과정을 의미한다. 즉, 조사에서 사용되는 변수를 관찰하고 측정할 수 있도록 횟수, 여부, 시간, 점수 등으로 계량화하는 것을 의미한다. 따라서 빈곤의 경우는 빈곤에 대한 개념화를 정의한 것이다.

02 측정은 추상적인 개념을 경험적으로 관찰할 수 있게 한다. 그러므로 물리적인 것뿐만 아니라 추상적인 개념도 포함될 수 있다.

03 측정의 체계적 오류는 수집한 정보가 측정하려는 개념을 지속적으로 잘못 묘사할 때 발생하는데, 자료를 수집하는 방법 때문에 발생하거나 자료를 제공하는 연구대상자, 즉 자료 제공자의 상황에 의해 발생한다. 체계적 오류의 유형은 인구통계학적, 사회경제적, 응답자의 개인적 성향, 측정개념의 태도와 행동, 편향에 의한 오류로 발생한다. ⑤의 경우는 측정의 상황에 의한 오류이므로 무작위 오류에 해당된다.

04 조사대상자가 잘 모르거나 관심이 없는 내용에 대해 측정하지 않는 것이 좋다.

05 측정의 신뢰도는 일관성 있는 측정의 개념이므로 무작위 오류와 관계가 있다. 측정의 체계적 오류는 측정한 내용이 측정하려는 개념을 제대로 측정하고 있는가와 관계되기 때문에 측정의 타당도와 관련이 있다.

06 기준타당도는 측정도구의 타당도에 대한 평가를 객관적인 경험기준에 의해 검증한다. 따라서 검증하려는 측정도구로 산출된 측정의 결과가 비교 기준이 되는 다른 개념의 측정결과 값과 상관 및 연관성을 갖고 있을 때 기준타당도가 있다고 본다.

07 측정의 신뢰도 평가방법으로 검사-재검사 방법은 첫 번째 검사를 한 대상이 두 번째 검사를 할 때 측정도구의 문항을 잊지 않고 기억하고 있다면 두 번째 검사에서 이를 기억하여 실제의 신뢰도 값이 훨씬 높게 나타날 수 있는데, 이 효과를 테스트효과(test-effect)라 한다.

08 신뢰도가 높다고 해서 반드시 타당도가 높은 것은 아니다. 타당도는 측정하고자 하는 것을 얼마나 정확히 측정하였는가를 말한다. 검사-재검사는 신뢰도의 측정방법이다. 신뢰도는 반복했을 때 결과가 동일한 정도다.

09 크론바흐 알파계수는 신뢰도를 알아보는 평가방법이다. 항목들을 나누는 방법에 따라 신뢰도를 추정하는 방법은 반분법이다. 크론바흐 알파계수는 내적 일관성법에 해당된다. 따라서 대안법과는 상관이 없다. 알파계수가 높을수록 신뢰도가 높다.

10 측정도의 내적 일관성을 확인하기 위한 방법을 토대로 측정도구의 전체 항목을 둘로 나누어 같은 시간에 각각 독립된 두 개의 척도로 사용함으로써 신뢰도를 추정하는 방법이다.

11 내용타당도는 해당 개념을 측정하는 데 있어서 측정도구에 포함된 질문 문항이나 관찰 내용이 측정하려고 하는 속성이나 개념을 얼마나 대표성 있게 포함하고 있는가를 검증하는 것이다.

용어정리

개념(concept) 사물이나 사회현상의 공통적 속성을 묶어 사람들이 이해할 수 있는 추상적 언어로 표현해 이를 설명, 이론을 구성하는 요소로서 현상을 대변하는 이미지의 표현으로, 외관상으로 관찰된 기록과 경험에서 도출된 의사소통 용도의 용어

개념화(conceptualization) 이론적 개념을 차원(dimension)과 지표(indication) 등으로 세분화하는 과정

검사-재검사법(test-retest method) 동일한 측정대상자들에게 동일한 측정도구를 사용하여 두 번의 측정을 실시하고, 두 번 실시한 결과의 점수들 간 상호관계를 계산하여 어느 정도 일관되는지를 비교하는 방법

구성타당도(construct validity) 측정되는 개념이 전반적인 이론적 틀 속에서 다른 개념과 실제적 · 논리적으로 적절한 관련성을 갖고 있는 정도를 검증하는 방법

기준타당도(criterion validity) 측정도구의 타당도에 대한 평가를 객관적인 외부의 기준에 의거해 검증

내적 일관성법(internal consistency method) 하나의 측정도구를 한 번에 적용하여 측정한 후 그 안에서 신뢰도를 평가하는 방법

내용타당도(content validity) 해당 개념을 측정하는 데 있어서 측정도구에 포함된 설문 문항이나 관찰 내용이 측정하려고 하는 속성이나 개념을 얼마나 대표성 있게 포함하고 있는가에 대해 연구자의 직관이나 사용하는 개념에 대한 전문가, 측정도구 개발에 대한 전문가, 해당 분야 전문가의 견해를 통해 판단하는 것

대안법(alternate-form method) 두 가지 유사한 측정도구를 사용하여 신뢰도를 검증하는 방법

동시타당도(concurrent validity) 측정도구의 측정값을 외적인 기준과 동시적인 시점에서 비교하여 타당도를 평가하는 방법

무작위적 오류(random error) 오류 발생이 인위적이거나 편향된 것이 아니라 다양하게 분산되어 무작위적으로 발생하는 오류로서, 측정대상, 측정과정, 축정수단, 측정자 등에 일관성 없이 영향을 미침으로써 발생

반분법(split-halves method) 측정도구의 내적 일관성을 확인하기 위한 방법을 토대로 측정도구의 전체 항목을 둘로 나누어 같은 시간에 각각 독립된 두 개의 척도로 사용함으로써 신뢰도를 추정하는 방법

상호 관찰자 기법(inter-observer method) 두 명 이상의 상호 관찰자가 관찰의 내용을 상호 간에 숙지하고 관찰을 하여 개별 관찰자 간에 얼마나 일관성이 있는지를 판단하거나 높은 상관관계가 있는지를 알아보는 신뢰도 검증방법

측정의 신뢰도(reliability of measurement) 측정결과의 일관성을 의미, 즉 동일한 대상자에게 반복적으로 측정할 때 나타나는 측정의 값이 어느 정도 유사하게 산출되는지의 정도를 의미

예측타당도(predictive validity) 한 개념을 측정하여 그 결과가 그와 관련된 개념을 예측하는 데 정확성이 있다면 그 관련 개념이 예측 기준이 되어 측정도구에 타당성을 확인해 줄 수 있는 것

조작화(operationalization) 개념을 조사과정에서 관찰 가능한 지표로 변환시키는 과정

체계적 오류(systematic error) 측정대상에 대하여 어떠한 영향이 체계적으로 미침으로써 그 오차가 항상 일정한 방향으로 일어나 측정결과가 모두 높아지거나 또는 모두 낮아지는 경향을 보이는 것

측정(measurement) 추상적이고 주관적인 개념을 경험적으로 관찰할 수 있는 수준으로 표준화하는 것, 관찰된 현상이나 이론적인 개념을 일정한 규칙에 따라 수치나 기호를 부여하거나 수량화하는 것

측정오류(error of measurement) 측정오차라고도 부르며, 변수를 측정하는 과정에서 나타나는 오류

측정의 타당도(validity of measurement) 실증적 척도가 연구대상인 개념의 실질적 의미를 적절하게 반영하는 정도

크론바흐의 알파계수(Cronbach Alpha Coefficient) 단일한 신뢰도 계수를 산출한다는 점에서 반분의 기준을 어떻게 설정하느냐에 따라 다양한 신뢰도 계수가 산출되는 반분법하고는 다르게 검증되는 방법

참고문헌

김기원(2001). 사회복지조사론. 서울: 나눔의 집.

김동기, 전지영, 이순주(2008). 청소년의 여가제약과 사이버비행과의 관계에서 스트레스와 공격성의 매개효과 검증. 청소년학연구, 15(5), 157-179.

김영종(2007). 사회복지조사론: 이해와 활용. 서울: 학지사.

김재엽, 이근영(2010). 학교폭력 피해청소년의 자살생각에 대한 연구. 청소년학연구, 17(5), 121-149.

사회복지교육연구센터(2011). 사회복지조사론. 서울: 나눔의 집.

어대훈(2013). 어대훈의 휴먼 사회복지학. 경기: 공동체.

원석조(2012). 사회복지조사론. 경기: 공동체.
이익섭, 이윤로(2004). 사회복지 조사방법의 이해. 서울: 학지사.
채서일(1998). 사회과학조사방법론. 서울: 학현사.
최성재(2005). 사회복지조사방법론. 경기: 나남출판.
Rubin, A., & Babbie, E. R. (2010). 사회복지조사방법론. 김기덕, 김용석, 유태균, 이기영, 이선우, 정슬기 역. 서울: 박학사.

제6장
측정도구의 개발

학습목표

1. 측정, 척도, 지수 및 측정도구의 요건을 학습한다.
2. 측정수준에 대해 이해한다.
3. 측정수준별 척도유형에 대해 이해한다.
4. 측정수준에 따른 자료분석 방법을 살펴본다.

관찰된 현상이나 이론적인 개념을 일정한 규칙에 따라 수치나 기호를 부여하거나 수량화하는 것을 측정이라 한다(어대훈, 2013, p. 338; 원석조, 2012, p. 59). 즉, 조사대상의 속성이나 특징에 따라 일정한 규칙을 가진 숫자나 기호를 부여하며, 질적인 개념을 양적인 개념으로 변환하는 과정이 측정인 것이다(어대훈, 2013, p. 338; 원석조, 2012, p. 59). 이러한 측정(measurement)을 위한 도구를 척도(scale)라고 한다.

이 장에서는 측정과 척도, 측정수준, 측정수준별 척도유형 및 측정수준과 자료분석 방법에 대해 학습하고자 한다.

1. 측정과 척도

1) 측정의 의미

측정은 조사과정에서 매우 중요한 역할을 하는 것으로 추상적이고 주관적인 개념을 경험적으로 관찰 가능한 수준으로 표준화하는 것이다. 즉, 측정은 조작적 정의를 통해 추상적인 개념의 수준을 경험적 수준으로 전환하는 과정이라고 할 수 있다(최성재, 2005, p. 322).

측정은 추상적 개념이나 변수에 일정한 규칙에 따라 수치를 부여함으로써 추상적인 개념들이 경험적으로 관찰 가능하게 된다. 여기서 수치라고 하는 것은 일반적으로 숫자(numerals)를 의미하는데, 이 숫자에 양적인 의미가 부여되면 수(numbers)가 된다. 숫자 자체에는 아무런 의미가 없으며, 연구자가 그것에 특정 의미를 부여하는 데 따라서 의미가 달라진다(김기원, 2001, p. 197).

측정에서 가장 중요한 것은 측정의 규칙을 세우는 것인데, 이 규칙은 측정하려는 것에 대하여 그것을 측정하기 위한 수치를 어떻게 배열하느냐 하는 것을 결정하는 것이라 할 수 있다. 예를 들어, 성별의 경우 보통 '남성, 여성'으로 구분되는데 기호가 사용되면 '남, 여'들의 문자기호를 사용하고, 숫자를 사용하면 '0, 1' '1, 2' 등의 값을 할당할 수 있다. 규칙에서 사용되는 기호나 숫자는 수적인 의미는 없고, 구분을 위한 기호라는 점을 유의해야 한다.

2) 척도와 지수

측정도구를 의미하는 척도는 지수(index)와 구분없이 사용하기도 하고 구분하여 적용하기도 한다(초의수, 2019, p. 133; 최성재, 2005, p. 323). 다수의 지표를 하나로 묶어 단일 수치로 표현하는 것을 지수라고 하는데, 지수와 척도는 구분하는 기준이 명확하지 않아 혼용해서 사용되기도 한다. 척도는 보다 추상적 개념을 측정하는 다양한 지표로 구성되는 경향이 있고, 지수는 양적 속성이 있는 개념을 측정하는 다양한 지표로 구성되는 경향이 있다. 예를 들어, 소비자 물가지수, 생산성지수 등은 지수로 인식되고, 자아존중감 척도, 자살생각 척도 등은 척도라 인식되는 경우가 많다.

척도는 관찰된 연구대상에 대해 일정한 규칙에 따라 수치나 기호를 부여하기 위해 사용하는 도구를 말한다. 척도는 항상 연속성이 존재한다는 가정에 입각하여 구성되어 있기 때문에, 일반적으로 한 연속선상에서 일정한 규칙에 따라 수치를 배열하는 형식으로 구성되어 있다(김기원, 2001, p. 227). 척도는 사회과학에서 측정을 하기 위한 도구로 다수의 문항을 구성하고 있으며, 주관적인 지표들로 구성된다(조의수, 2019, p. 133). 예를 들면, 자아정체감, 자아존중감, 스마트폰 중독, 우울 척도, 젠더감수성, 외상 후 성장, 지각된 스트레스 척도 등이 있다.

사회과학에서는 직접적으로 실체가 측정되기 어려운 경우가 많기 때문에 개념을 직접 측정하기보다는 지표(indicator)를 이용한 간접 측정을 많이 활용한다. 지표는 개념 속에 내재된 속성들이 표출되어 나타난 결과를 의미하며, 전체 변수를 구성하는 하위 구성요소를 의미한다.

지수는 복합적인 특성으로 인해 개별 지표 하나로는 변수의 속성을 정확히 파악하기 어렵기 때문에 다수의 지표를 구성하여 단일한 측정치로 나타낸 것이다(조의수, 2019, p. 135). 예를 들면, 소비자물가지수, 경제고통지수, 유엔의 인간개발지수(Human Development Inex: HDI)[1], 생산성지수, 행복지수 등이 있다(조의수, 2019, p. 135, 황창순 외, 2016, p. 79).

3) 측정도구의 요건

측정도구는 개념을 측정하기 위한 수단(도구)으로 다음의 다섯 가지 요건을 구비하는 것이 필요하다(최성재, 2005, p. 331).

① 측정도구는 상호 배타성과 포괄성이 있어야 한다. 명목변수를 포함한 모든 변수는 한 범주에 속하면 다른 범주에는 속하지 않아야 하는 특성(상호 배타성)과 변수의 모든 값이 어느 범주 중 하나에 속할 수 있도록 범주의

1) 유엔의 인간개발지수(HDI)는 유엔개발계획(UNDP)에서 국가별 교육수준, 개인당 국민소득, 기대수명 등에 대한 통계를 의미한다.

수가 충분해야 한다(포괄성).

② 측정도구는 단일 차원성이 확보되어야 한다. 단일 차원성은 하나의 개념을 측정하는 모든 지표가 모두 높은 상관관계를 보여야 한다는 것을 의미한다.

③ 측정도구의 지표는 개념이나 변수의 다양한 측면을 고려하여 구성되어야 한다. 예를 들어, '노인들에 대한 태도'를 측정하는 도구를 개발하는 경우 신체적 · 심리적 · 사회적 측면뿐 아니라 매우 긍정적인 태도와 매우 부정적인 태도를 모두 포함하는 척도를 개발하여야 한다.

④ 측정도구는 타당도와 신뢰도가 확보되어야 한다. 측정도구의 가장 핵심적인 내용은 타당도와 신뢰도를 확보하는 것이다. 개념이나 변수가 측정하고자 하는 것을 정확하게 측정하는 타당도의 확보와 일관성이 있게 측정되어야 하는 신뢰도를 확보하여야 한다.

⑤ 척도는 복수의 지표로 구성되어야 한다. 모든 개념과 변수가 복수의 지표로 구성되는 것은 아니지만, 특히 추상적 개념은 1개의 지표로 그 의미를 측정하기 어렵기 때문에 다양한 복수 지표(5~20여 개)로 구성하는 것이 적합하다.

2. 측정수준

척도구성(scaling)은 척도(scale)를 만드는 방법에 관한 것으로, 연구자가 측정하고자 하는 특정 개념에 숫자나 기호를 부여하는 과정을 말한다. 척도구성의 기본 요건은 단일차원성의 원칙에 근거해서 만들어진다. 단일차원성의 원칙(principle of unidimensionality)이란 '척도의 구성 항목은 단일한 차원을 반영해야 한다.'는 것으로, 척도의 모든 항목들이 동일한 연속선상에 배열되어 있어야 함을 의미한다.

척도는 명목 척도(nominal scale)와 서열 척도로 구성되는 정성적(nonmetric), 질적(qualitative)인 것과 등간 척도와 서열 척도로 구성되는 정량적(metric), 양적(quantitative)으로 구분된다(김은정, 2010). 이와 같이 척도는 측정되는 변수의 성격에 따라 척도구성의 방법은 다르게 나타나는데, 척도는 일반적으로 명목 척도, 서열 척도, 등간 척도, 비율 척도로 구분된다.

1) 명목 척도

명목 척도(nominal scale)는 측정대상을 분류할 목적으로 숫자를 부여하며, 이때 숫자는 측정대상의 크기를 나타내거나 산술적인 계산이 가능한 것은 아니다(김은정, 2010, p. 294). 명목 척도는 대상을 명명하거나 지정하는 척도로 상호배타적인 특성을 가지므로 대상을 하나의 범주에 속하며 두 가지 범주에 동시에 해당될 수는 없다. 명목 척도의 예로는 성별, 인종, 종교, 소속 정당, 출생지, 전공, 계절, 혈액형, 결혼 여부, 장애유형, 직업, 출신지역, 거주지역, 복지국가 유형, 강의실 호수 등이 있다.

2) 서열 척도

서열 척도(ordinal scale)는 어떤 사물의 특성을 서로 다른 몇 개의 범주로 나눌 수 있고 범주 간에는 서열을 밝힐 수 있는 척도를 의미한다(황창순, 김형수, 노병일, 도종수, 유지영, 2010, pp. 36-37). 서열 변수는 상호배타적 특성과 순서의 의미를 지니며, 서열은 측정할 수는 있으나 각 서열 간의 차이를 측정할 수 없다. 서열 척도의 예로는 소득수준(상 · 중 · 하), 석차(1~30등), 학점, 장애 정도, 선호도(좋음 · 보통 · 나쁨), 생활수준, 학점, 학위, 복지국가의 탈상품화 정도, 만족도, 노인장기요양보험 등급 등을 들 수 있다.

3) 등간 척도

등간 척도(interval scale)는 측정대상의 속성을 분류하고 순위를 부여하며, 순위 간 간격이 동일한 척도를 의미한다. 등간 척도는 '더하기' '빼기'는 가능하지만 절대적인 영점을 가지지 않아서 '곱하기'와 '나누기'는 가능하지 않다. 자연과학적인 예로, 섭씨 30도와 섭씨 40도 사이의 간격은 섭씨 80도와 90도 사이의 간격이 같지만 섭씨 0도가 절대온도의 의미는 아니다. 사회과학적인 예로, 지능지수 90과 100을 분리하는 기준의 간격은 지능지수 100과 110을 분리시키는 기준과 같지만 이러한 기준은 다년간 참여한 사람들로부터 얻어진 관찰된 점수분포에 의한 것으로 지능검사에서 0의 점수를 받은 사람도 엄격히 말해서 지능이 없다고 볼 수는 없다(성숙진, 유태균, 이선우, 2000, p. 198). 등간 척도의 예로는 지능지수(IQ), 감성지수(EQ), 섭씨온도, 화씨온도, 물가지수, 학년 등이 있다.

4) 비율 척도

비율 척도(ratio scale)는 명목, 서열, 등간, 비율의 네 가지 척도 중 가장 세련된 측정수준으로 이해된다(김은정, 2010, p. 294). 비율 척도는 등간 척도가 가지는 특성을 모두 가지면서 절대영점을 가지고 있는 척도를 의미한다. 절대영점을 가지고 있음으로 인해 사칙연산이 모두 가능하다. 이 척도의 예로는 연령, 몸무게, 신장, 소득, 재산, 길이, 높이, 무게, 거주기간, 자녀 수, 서비스 회수, 입원한 날짜 숫자, 이혼율, 실업률, 노인학대 신고 건수 등을 들 수 있다.

지금까지 살펴본 측정수준별 변수의 속성을 비교하여 표로 제시하면 〈표 6-1〉과 같다.

표 6-1 측정수준별 변수의 속성비교

특징 \ 척도	명목 척도	서열 척도	등간 척도	비율 척도
범주	○	○	○	○
순위	×	○	○	○
등간격	×	×	○	○
절대영점	×	×	×	○
수학	=	=, >, <	=, >, <, ±	=, >, <, ±, ×, ÷
통계	최빈값	중앙값	산술평균	기하평균, 모든 통계
예	성별, 계절, 종교, 결혼 여부, 인종, 지역 등	장애등급, 석차, 사회계층, 학력 등	지능지수, EQ, 온도, 물가지수 등	시청률, 투표률, 가격, 무게 저축, 출생율, 빈곤률 등

3. 측정수준별 척도 유형

척도구성(scaling)은 척도를 구성하는 절차로 숫자나 기호를 연구자가 측정하고자 하는 특정 개념들의 다양한 수준에 부여하는 과정을 의미한다(김기원, 2008; 황창순, 2010, pp. 83-84). 주요한 척도구성의 유형으로는 리커트(Likert) 척도화, 거트먼(Guttman) 척도화, 서스톤(Thurstone) 척도화, 소시오메트리(sociometry), Bogardus의 사회적 거리(social distance) 척도, 의미분화(어의적 차이, semantic differential) 척도 등이 있다.

1) 명목 척도화

명목 척도는 한 변수에 포함되는 속성값을 단순히 구분하여 측정대상의 속성에 부호나 수치를 부여하는 것이다. 명목적 수준에서의 척도화(nominal scaling)는 상호배타적이면서 포괄적인 성격을 가진다.

다차원적 명목 척도화에서는 응답범주를 구성하는 것이 복잡하고 어렵기 때문에 단일차원적으로 명목 척도를 형성하는 것이 바람직하다.

명목 척도화의 예

1. 당신의 성별은 무엇입니까?
   ① 남성 ② 여성

2. 당신의 거주지는 어디입니까?
   ① 서울 ② 부산 ③ 인천 ④ 울산 ⑤ 대구 ⑥ 대전 ⑦ 기타

3. 당신의 직업은 무엇입니까?
   ① 회사원 ② 자영업 ③ 전문직 ④ 군인 ⑤ 학생 ⑥ 기타

4. 당신의 정치적 성향은 어디에 가깝다고 생각하십니까?
   ① 보수 ② 중도 ③ 진보

5. 귀하의 종교는?
   ① 기독교 ② 불교 ③ 천주교 ④ 원불교 ⑤ 기타

2) 서열 척도화

서열 척도화(ordinal scaling)는 측정된 값들이 구분 가능하고, 상대적 순서관계를 알 수 있도록 서열성을 갖추어 숫자나 기호를 부여하는 과정을 통해 만들어진 척도를 말한다. 서열 척도를 만들기 위한 도구로는 평정 척도, 총화평정 척도, 리커트 척도, 거트만 척도 등이 있다.

(1) 평정 척도

평정 척도(rating scales)는 평가자가 측정대상의 연속성을 전제로 하여, 일정한 기준에 따라 대상을 평가하고 그 속성을 구별하는 척도다. 설정한 각 단계에 임의의 수치를 부여하고, 얻어진 수치의 합계 또는 평균으로 결과를 산출한다. 평정 척도는 만들기가 용이하여 시간비용적인 면에서 경제적이나, 평가자에 따라 그 결과가 편향적이게 나타날 수도 있는 점을 주의해야 한다.

평정 척도의 예

1. 우리 동네 주민들은 ○○복지관의 지역사회조직화 사업에 매우 협조적이다.
   ① 매우 비동의 ② 비동의 ③ 보통 ④ 동의 ⑤ 매우 동의
2. 우리 동네 주민들은 ○○복지관의 지역사회조직화 사업에 매우 협조적이다.
   ① 매우 비동의 ( ) ② 비동의 ( ) ③ 보통 ( )
   ④ 동의 ( ) ⑤ 매우 동의 ( )

(2) 총화평정 척도

총화평정 척도(summated rating)는 응답자가 응답하는 질문 문항을 총합하여 계산하여 결과를 산출하는 방법이다. 총화는 전체를 합한다는 것을 의미하고, 평정은 평가한다는 의미로 각각의 문항의 점수를 합한다는 의미다(최성재, 2005: 354). 총화평정 척도에서는 전체의 점수가 높으면 그 개념의 속성이 더 많거나 큰 것을 의미한다. 다음 예시의 출산 의사를 묻는 문항에서 비동의에 0점, 동의에 1점을 부여하였다면, 개별 점수는 0~10점에 해당된다.

평정 척도의 예

• 다음의 의견에 대해 동의, 비동의에 ✓ 표시를 해 주십시오.

순번	질문	비동의	동의
1	결혼하는 주요 목적 중 하나는 자녀를 가지기 위한 것이다.	0	1
2	자녀가 한 명이면 형제가 없어 외롭기 때문에 한 명의 아이를 갖는 것은 잘못이다.	0	1
3	자녀를 출산하는 것은 여자로 가질 수 있는 가장 심오한 경험이다.	0	1
4	다른 성의 아이를 적어도 한 명 갖는 것이 좋다.	0	1
5	자녀를 갖지 않는 여자는 성취감을 가질 수 없다.	0	1
6	남자는 아버지가 되기 전까지는 진정한 남자가 아니다.	0	1
7	임신에 이르지 않는 성적 행위는 도덕적으로 잘못된 것이다.	0	1
8	결혼하지 않거나 자녀가 없는 부부는 아마 동성애자일 것이다.	0	1
9	여자의 첫째 역할은 모성이다.	0	1
10	자녀가 없는 부부는 가엾다.	0	1
	전체		

출처: 초의수(2019), p. 140. 수정.

(3) 리커트 척도

리커트 척도(Likert scaling)는 척도의 신뢰도와 타당도를 높이기 위해서 여러 개의 문항들을 하나의 척도를 사용하는 방법이다. 여러 개의 문항으로 응답자의 태도나 선호도를 측정하고 해당 항목에 대한 측정치를 합산하여 결과를 산출한다. 리커트 척도는 간단하게 변수를 정확히 측정할 수 있도록 구성되어 있어 일반적으로 가장 널리 사용되는 척도화 기법이다.

리커트 척도의 예 〈학업스트레스〉

척도문항(측정문항)	응답범주			
	전혀 그렇지 않다	별로 그렇지 않다	약간 그렇다	매우 그렇다
1. 학교 학업성적이 나빠서 스트레스를 받는다.	①	②	③	④
2. 학교 시험을 잘 봐야 한다는 생각에 스트레스를 받는다.	①	②	③	④
3. 학교 공부에서 노력해도 기대만큼 성적이 오르지 않아 스트레스를 받는다.	①	②	③	④
4. 학교 공부를 잘하고 싶은데 공부 방법을 잘 몰라서 스트레스를 받는다.	①	②	③	④
5. 학교에서 하기 싫은 공부를 억지로 해야 하기 때문에 스트레스를 받는다.	①	②	③	④

(4) 거트만 척도

거트만 척도(Guttman Scaling)는 척도를 구성하는 문항들이 내용의 강도에 따라 일관성 있게 서열을 이루고 있어서 단일 차원적이고 누적적인 성향을 가지고 있다. 즉, 누적 척도의 형태로 태도나 선호도에 대한 강도를 연속적 증가 형태로 측정하고자 하는 척도다.

거트만 척도의 예(납골당에 대한 허용 강도)

• 다음은 귀하의 납골당에 대한 허용 의식을 알고자 하는 것입니다.

질문 내용	찬성	반대
1. 납골당이 서울에 있는 것은 괜찮다.		
2. 납골당이 강북구에 있는 것은 괜찮다.		
3. 납골당이 아파트 내에 있는 것은 괜찮다.		
4. 납골당이 우리집 근처에 있는 것은 괜찮다.		

3) 등간-비율 척도화

등간-비율 척도화(interval-ratio scaling)는 개별 값들 간에 일정한 거리와 절대영의 기준점을 가지고 비율측정을 하는 것이다. 등간 척도화의 대표적인 방법으로는 서스톤 척도가 있다.

(1) 서스톤 척도

서스톤 척도(Thurstone scaling)는 어떤 현상이나 사실에 대해 가장 긍정적인 태도와 가장 부정적인 태도를 나타내는 양극단을 등간적으로 구분하고 수치를 부여함으로써 척도를 구성하는 방법이다.

서스톤 척도의 예(이타주의에 대한 평가)

문항	척도치	찬성
1. 사회 전체를 위한 개인의 행복을 희생시키는 것은 옳은 일이다.	4.5	
2. 아동복지시설이 우리 동네에 신축되는 것은 반가운 일이다.	5.4	○
3. 주말에 자원봉사하는 것은 그 시간에 돈 버는 것만큼 즐거운 일이다.	9.2	○
4. 소득이 많을수록 높은 비율의 소득세를 내는 것은 바람직한 일이다.	3.8	
5. 장애인의무고용제도는 사회를 발전시키는 데 기여한다.	6.7	
6. 건강보험 적자분을 세금으로 보전하는 것은 옳은 일이다.	4.2	○
7. 농어촌 출신 고등학생들의 대학 우선입학제도는 바람직한 일이다.	5.6	

4) 소시오메트리

소시오메트리(sociometry)는 집단 내의 의사소통, 상호작용, 선택의 패턴에 대해 자료를 수집하여 분석하는 방법이다. 소집단 내에서 두 사람 이상이 보여 주는 인간관계에서 상호 간에 배척을 받는지, 옹호를 받는지 등을 측정할 수 있도록 되어 있다. 집단 내의 구성원 간의 거리를 측정하는 면에서 집단 간의 거리를 측정하는 보가더스의 사회적 거리척도와 구분된다. 집단 내에 구성원을 분석하는 방법으로 조사대상자 수가 소수인 경우에만 적용할 수 있다는 제한점이 있다. 집단 내 개인 및 구성원 간의 관계를 측정하는 소시오메트리 분석방법은 소시오그램(sociogram), 소시오메트릭 행렬, 소시오메트릭 지수 등이 있다(어대훈, 2013, p. 344).

4. 측정수준과 자료분석방법

조사를 위해 설문을 작성할 때 앞에서 살펴본 명목 척도, 서열 척도(이상 비연속 척도), 등간 척도, 비율 척도(이상 연속 척도) 등의 네 가지 척도를 활용해서 만들게 된다. 그런데 여기서 중요한 것은 척도에 따라 적용할 수 있는 분석방법이 달라진다는 것이다. 따라서 연구를 설계하는 단계에서부터 조사된 자료를 어떤 통계분석 방법을 활용하여 할 것인지를 점검한 후 적용할 분석방법에 적합한 척도를 활용한 설문지를 작성하는 것이 필요하다.

척도에 따라 활용이 가능한 분석방법에 대해 간단히 정리해 보면 〈표 6-1〉과 같다.

표 6-1 측정수준과 자료분석방법

구분		독립변수	
		명목, 서열(비연속)	등간, 비율(연속)
종속변수	명목 서열	카이스퀘어 검증(교차분석) 스피어만 상관관계분석(서열인 경우만)	로지스틱 회귀분석
	등간 비율	t-검증(독립변수가 2집단인 경우) ANOVA(독립변수가 3집단 이상인 경우)	피어슨 상관관계분석 회귀분석

〈표 6-1〉에서 알 수 있듯이, 독립변수가 명목/서열 척도이면서 종속변수가 명목/서열 척도이면 카이스퀘어 검증(교차분석) 또는 스피어만 상관관계분석(서열 척도인 경우만)이 가능하다. 독립변수가 명목 척도이면서 종속변수가 등간/비

율 척도이면 t-검증이나 ANOVA이 가능하다. 독립변수가 서열 척도이면서 종속변수가 등간/비율 척도이면 ANOVA가 가능하다. 독립변수가 등간/비율 척도이면서 종속변수가 명목 척도이면 로지스틱 회귀분석을 한다. 독립변수가 등간/비율 척도이면서 종속변수가 등간/비율 척도이면 피어슨 상관관계분석과 회귀분석이 가능하다.

연습문제

01 측정과 척도에 대한 설명으로 <u>틀린</u> 것은?

① 측정은 조사과정에서 매우 중요한 역할을 하는 것으로 추상적이고 주관적인 개념을 경험적으로 관찰 가능한 수준으로 표준화하는 것이다.

② 측정은 개념적 정의를 통해 객관적인 개념의 수준을 경험적 수준으로 전환하는 과정이라고 할 수 있다.

③ 측정은 추상적 개념이나 변수에 일정한 규칙에 따라 수치를 부여함으로써 추상적인 개념들이 경험적으로 관찰 가능하게 된다.

④ 측정에서 가장 중요한 것은 측정의 규칙을 세우는 것인데, 이 규칙은 측정하려는 것에 대하여 그것을 측정하기 위한 수치를 어떻게 배열하느냐 하는 것을 결정하는 것이라 할 수 있다.

⑤ 예를 들어, 성별의 경우 보통 '남성, 여성'으로 구분되는데, 기호가 사용되면 '남, 여'의 문자기호를 사용하고, 숫자를 사용하면 '0, 1' '1, 2' 등의 값을 할당할 수 있다.

02 척도와 지수(index)에 대한 설명으로 <u>틀린</u> 것은?

① 측정도구를 의미하는 척도는 지수와 구분 없이 사용하기도 하고 구분하여 적용하기도 한다.

② 다수의 지표를 하나로 묶어 단일 수치로 표현하는 것을 지수라고 하는데, 지수와 척도는 구분하는 기준이 명확하지 않아 혼용해서 사용되기도 한다.

③ 척도는 관찰된 연구대상에 대해 일정한 규칙에 따라 수치나 기호를 부여하기 위해 사용하는 도구를 말한다.

④ 척도는 사회과학에서 측정을 하기 위한 도구로 다수의 문항을 구성하고 있으며, 주관적인 지표들로 구성된다.

⑤ 지수는 복합적인 특성으로 인해 개별 지표 하나로도 충분히 변수의 속성을 정확히 파악할 수 있기 때문에 단일한 지표로만 구성하여 측정한다.

03 측정도구의 요건에 대한 설명으로 틀린 것은?

① 척도는 복수의 지표로 구성되어야 한다.
② 측정도구는 타당도와 신뢰도가 확보되어야 한다.
③ 측정도구의 지표는 개념이나 변수의 다양한 측면을 고려하여 구성되어야 한다.
④ 측정도구는 복합적이므로 다차원성이 확보되어야 한다.
⑤ 측정도구는 상호배타성과 포괄성이 있어야 한다.

04 측정과 변수에 대한 설명으로 틀린 것은?

① 자연과학의 연구대상들은 사회과학에 비해 양적으로 수량화하여 측정하기가 곤란한 경우가 많다.
② 이론적 개념을 계량화(quantifying)하는 작업을 측정(measurement)이라고 한다.
③ 질적 개념을 양적 개념으로 전환하는 체계적 · 과학적 과정이 측정이다.
④ 명목변수(nominal variable)란 명목적 분류만 의미가 있는 변수를 말한다.
⑤ 서열변수(ordinal variable)는 서열만 의미가 있는 변수를 의미한다.

05 사회조사의 종류와 절차에 대한 설명으로 틀린 것은?

① 명목 변수(nominal variable)란 명목적 분류만 의미가 있는 변수를 말한다. 성, 인종, 종교, 국적, 출신지역 등이 여기에 해당한다.
② 서열변수(ordinal variable)는 서열만 의미가 있는 변수를 의미한다.
③ 비율변수(equal-interval variable)란 서열이 있을 뿐 아니라 서열 간의 거리가 일정한 변수를 말한다.
④ 질문지에서 가장 많이 사용되는 리커트 척도(Likert scale), 즉 응답 항을 절대 찬성, 찬성, 보통, 반대, 절대 반대로 구분하는 방법이 가장 대표적이다.
⑤ 비율변수(ratio variable)는 절댓값 자체가 의미 있는 변수다.

06 사회조사의 종류와 절차에 대한 설명으로 틀린 것은?

① 비율변수는 범주, 서열, 동간, 비율 측정 모두가 가능하다.
② 등간변수는 범주, 서열, 동간 측정이 가능하다.
③ 서열변수는 범주 및 서열 측정이 가능하다.
④ 명목변수는 범주 측정만이 가능하다.
⑤ 종속변수는 다른 변수에 영향을 미치는 변수이고, 독립변수는 종속변수의 값에 의해 영향을 받는 변수로서 의존변수라고도 한다.

07 변수의 구분과 실제 예를 연결한 것으로 잘못된 것은?

① 명목변수(nominal variable): 성, 인종
② 명목변수(nominal variable): IQ(지능지수), 종교
③ 서열변수(ordinal variable): 리커트 척도
④ 등간변수(equal-interval variable): 감성지수
⑤ 비율변수(ratio variable): 몸무게, 실업률

08 다음 내용에서 설명하고 있는 척도는?

• 다음은 귀하의 납골당에 대한 허용 의식을 알고자 하는 것입니다.

질문 내용	찬성	반대
1. 납골당이 서울에 있는 것은 괜찮다.		
2. 납골당이 강북구에 있는 것은 괜찮다.		
3. 납골당이 아파트 내에 있는 것은 괜찮다.		
4. 납골당이 우리집 근처에 있는 것은 괜찮다.		

① 리커트(Likert) 척도
② 거트만(Guttman) 척도
③ 서스톤(Thurstone) 척도
④ 사회적 거리(social distance) 척도
⑤ 의미분화(semantic differential) 척도

09 다음 내용에서 설명하고 있는 척도는?

문항	척도치	찬성
1. 사회 전체를 위한 개인의 행복을 희생시키는 것은 옳은 일이다.	4.5	
2. 아동복지시설이 우리 동네에 신축되는 것은 반가운 일이다.	5.4	○
3. 주말에 자원봉사하는 것은 그 시간에 돈 버는 것만큼 즐거운 일이다.	9.2	○
4. 소득이 많을수록 높은 비율의 소득세를 내는 것은 바람직한 일이다.	3.8	
5. 장애인의무고용제도는 사회를 발전시키는 데 기여한다.	6.7	
6. 건강보험 적자분을 세금으로 보전하는 것은 옳은 일이다.	4.2	○
7. 농어촌 출신 고등학생들의 대학 우선입학제도는 바람직한 일이다.	5.6	

① 리커트(Likert) 척도
② 거트만(Guttman) 척도
③ 서스톤(Thurstone) 척도
④ 사회적 거리(social distance) 척도
⑤ 의미분화(semantic differential) 척도

10 사회조사의 종류와 절차에 대한 설명으로 틀린 것은?

① 거트만 척도는 문항의 서열을 두어 척도를 구성한다.
② Borgadus의 사회적 거리척도(social distance scale)는 대표적인 리커트 척도다.
③ 사회적 거리(사람들 간의 친밀감 정도)를 측정하는 각 문항들은 그 중요성(사회적 거리를 나타내는 정도)에 따라 순서가 정해진다.
④ 거트만 척도는 각 문항별로 그 중요성에 따라 비중을 달리할 수 있는 장점이 있다.
⑤ 서스톤 척도(Thurston scale)는 연구자가 측정하고자 하는 것과 관련이 있는(관련이 있어 보이는) 질문(문항)들을 아주 많이(100여 개) 선별하고, 조사대상자들로 하여금 개별 질문이 전체 척도 중 어느 수준에 위치하는 것인지 판단하게 만든 다음 그 순서로 질문을 척도화하는 방법이다.

답

01 ②	02 ⑤	03 ④	04 ①	05 ③	06 ⑤	07 ②
08 ②	09 ③	10 ②				

해설

01 측정은 조작적 정의를 통해 추상적인 개념의 수준을 경험적 수준으로 전환하는 과정이라고 할 수 있다.

02 지수는 복합적인 특성으로 인해 개별 지표 하나로는 변수의 속성을 정확히 파악하기 어렵기 때문에 다수의 지표를 구성하여 단일한 측정치로 나타낸 것이다.

03 측정도구는 단일 차원성이 확보되어야 한다.

04 사회과학의 연구대상들은 자연과학에 비해 양적으로 수량화하여 측정하기가 곤란한 경우가 많다.

05 등간변수(equal-interval variable)란 서열이 있을 뿐 아니라 서열 간의 거리가 일정한 변수를 말한다.

06 독립변수는 다른 변수에 영향을 미치는 변수이고, 종속변수는 독립변수의 값에 의해 영향을 받는 변수로서 의존변수라고도 한다.

07 명목변수(nominal variable)란 명목적 분류만 의미가 있는 변수를 말한다. 성, 인종, 종교, 국적, 출신지역 등이 여기에 해당한다. IQ(지능지수)는 등간 척도로 분류된다.

08 거트만 척도(Guttman scaling)는 척도를 구성하는 문항들이 내용의 강도에 따라 일관성 있게 서열을 이루고 있어서 단일 차원적이고 누적적인 성향을 가지고 있다. 즉, 누적 척도의 형태로 태도나 선호도에 대한 강도를 연속적 증가 형태로 측정하고자 하는 척도다.

09 서스톤 척도(Thurstone scaling)는 어떤 현상이나 사실에 대해 가장 긍정적인 태도와 가장 부정적인 태도를 나타내는 양극단을 등간적으로 구분하고 수치를 부여함으로써 척도를 구성하는 방법이다.

10 Borgadus의 사회적 거리척도(social distance scale)는 대표적인 거트만 척도다.

용어정리

척도(scale) 관찰된 연구대상에 대해 일정한 규칙에 따라 수치나 기호를 부여하기 위해 사용하는 도구

지수(index) 복합적인 특성으로 인해 개별 지표 하나로는 변수의 속성을 정확히 파악하기 어렵기 때문에 다수의 지표를 구성하여 단일한 측정치로 나타낸 것

명목 척도(nominal scale) 한 변수에 포함되는 속성값을 단순히 구분하여 측정대상의 속성에 부호나 수치를 부여하여 명명한 척도

서열 척도(ordinal scale) 측정된 값들이 구분 가능하고, 상대적 순서관계를 알 수 있도록 서열성을 갖추어 숫자나 기호를 부여하는 과정을 통해 만들어진 척도

등간 척도(interval scale) 측정대상의 속성을 분류하고 순위를 부여하며, 순위 간 간격이 동일한 척도

비율 척도(ratio scale) 등간 척도가 가지는 특성을 모두 가지면서 절대영점을 가지고 있는 척도

평정 척도(rating scales) 평가자가 측정대상의 연속성을 전제로 하여 일정한 기준에 따라 대상을 평가하고 그 속성을 구별하는 척도

총화평정 척도(summated rating) 응답자가 응답하는 질문 문항을 총합하여 계산하여 결과를 산출하는 방법

리커트 척도(Likert scaling) 척도의 신뢰도와 타당도를 높이기 위해서 여러 개의 문항들을 하나의 척도를 사용하는 방법

거트만 척도(Guttman Scaling) 누적 척도의 형태로 태도나 선호도에 대한 강도를 연속적 증가 형태로 측정하고자 하는 척도

등간-비율 척도화(interval-ratio scaling) 개별 값들 간에 일정한 거리와 절대영의 기준점을 가지고 비율 측정을 하는 것

서스톤 척도(Thurstone scaling) 어떤 현상이나 사실에 대해 가장 긍정적인 태도와 가장 부정적인 태도를 나타내는 양극단을 등간적으로 구분하고 수치를 부여하는 척도

소시오메트리(sociometry) 집단 내의 의사소통, 상호작용, 선택의 패턴에 대해 자료를 수집하여 분석하는 방법으로 주로 소집단 내에서 두 사람 이상이 보여 주는 인간관계에서 상호 간에 배척을 받는지, 옹호를 받는지 등을 측정할 수 있도록 되어 있는 측정법

참고문헌

김경동, 이온죽, 김여진(2009). 사회조사연구방법: 사회연구의 논리와 기법. 서울: 박영사.
김기원(2001). 사회복지조사론. 서울: 나눔의 집.
김은정(2010). 사회조사분석사: 조사방법론. 서울: 삼성북스.
어대훈(2013). 어대훈의 휴먼 사회복지학. 경기: 공동체.
엄명용(2007). 사회복지사를 위한 실용 비모수통계. 경기: 집문당.
원석조(2012). 사회복지조사론. 경기: 공동체.
이윤로, 유시순(2009). 사회복지사를 위한 SPSS. 서울: 학지사.
조의수(2019). 사회복지조사론. 경기: 정민사.
최성재(2005). 사회복지조사방법론. 서울: 나남출판.
황창순, 김형수, 노병일, 도종수, 유지영(2016). 사회복지조사론. 경기: 양서원.

Rubbin, A., & Babbie, E. R.(1997). 사회복지조사방법론. 성숙진, 유태균, 이선우 역. 서울: 나남출판.

제7장

인과관계 추론과 연구설계

학습목표

1 연구설계의 개념에 대해 이해한다.
2 연구설계의 기초가 되는 인과적 추론의 기준과 내적 타당도를 이해한다.
3 내적 타당도의 위협요인에 대해 이해한다.
4 집단설계와 단일사례설계 개념에 대해 이해한다.
5 외적 타당도의 개념에 대해 이해한다.

최근 들어 사회복지 실천에 대한 책임성이 증대되면서 관심의 폭이 넓어진 조사방법이 바로 연구설계다. 즉, 사회복지 실천현장에서 이루어지는 다양한 프로그램이 당초 설정한 목표를 적절히 달성하고 있는지를 보여 주는 방법으로 연구설계가 활용되고 있다. 특히 사회복지 실천의 과정에서는 여러 외부 자원이 투입되는데, 이들에게 실천의 성과(outcome)를 과학적으로 제시하는 과정에서 연구설계가 매우 유용하다. 또한 증거기반 실천이 이루어지기 위해 효과성이 검증된 실천방법을 축적하는 과정에서 연구설계는 중요한 조사방법이라 할 수 있다. 따라서 사회복지연구자는 물론이거니와 현장의 실천가도 연구설계에 대한 기본적인 지식과 실제 활용방법을 익히는 것은 필요하다.

이 장에서는 사회복지영역에서 연구설계의 개괄적 내용과 연구설계의 기본적인 논리라 할 수 있는 인과관계과 내적 타당도, 외적 타당도, 그리고 연구설계의 다양한 유형에 대해 살펴보고자 한다.

1. 연구설계의 개념

1) 연구설계의 목적

연구설계는 사회 환경 안에서의 특정 현상이나 인간행동의 정확한 원인을 실험이라는 방식을 통해 밝히고자 하는 데 그 목적이 있다. 그동안 많은 조사방법은 원인과 결과 사이에 놓여 있는 많은 매개요인을 적절히 통제하지 못함으로써 특정 현상이나 인간행동이 과연 조사자가 가정하고 있는 원인에 의한 것인지를 확신하지 못하는 어려움이 있었다. 하지만 연구설계는 다양한 변수를 실험실에서의 실험과 같이 적절히 통제할 수 있어서 특정 현상과 인간행동이 어떤 요인에 의해 발생되었는지를 보다 정확히 알 수 있게 되었다. 따라서 연구설계는 연구를 수행하기 전에 어떤 조사를 해야 하는지 적절히 계획을 수립하여 연구의 타당성을 높이고 연구과정에서 나타나는 다양한 오류를 최소화함으로써 결국 통제된 연구(controlled inquiry)가 가능한 방법이라 할 수 있다.

빈곤층의 자립을 위해 최근 각광받고 있는 창업을 위한 소액신용대출(micro credit)의 효과성 검증에 이러한 연구설계의 개념을 활용하여 설명하면 보다 그 개념을 명확히 알 수 있다. 즉, 비슷한 사회경제적 수준의 빈곤층을 무작위로 두 집단으로 나누고, 한 집단은 소액신용대출 프로그램을 통해 창업 등의 기회를 제공하고, 한 집단은 어떠한 지원도 하지 않으면서 다른 개입이 없도록 두 집단을 적절히 통제한다. 일정 기간 이후 두 집단의 경제적 수준을 다시 확인할 때 두 집단에 대해 다른 어떠한 개입도 없었을 경우, 소액신용대출을 제공한 집단이 그렇지 않은 집단보다 소득이 높아졌다면 소액신용대출 프로그램은 저소득층의 경제적 상황에 긍정적 영향을 미쳤다고 말할 수 있다. 즉, 경제적으로 더 나아진 상황이라는 결과에 대하여 소액신용대출이라는 원인 이외에 다른 요인(예: 취업 서비스 지원이나 직업훈련 등)을 의도적으로 통제함으로써 소액신용대출이 그 결과의 직접적 원인이 되었다고 말할 수 있다. 결국 이러한 상황을 소액신용대출과 빈곤층의 소득수준 간에 인과관계가 있다고 설명할 수 있다.

2. 인과적 추론

인과적 추론에서 인과관계는 어떤 변수가 원인이 되어 다른 변수의 변화에 영향을 미치는 관계를 의미한다. 즉, 원인이 된 변수가 독립변수이고, 변화가 일어난 변수가 종속변수다. 사회과학에서는 대체로 이러한 인과관계가 결정론적이 아닌 확률적으로 표현된다. 왜냐하면 종속변수에 영향을 미치는 독립변수는 조사과정 내의 변수 이외에도 여러 변수가 있을 수 있으며, 완전한 실험실 연구가 아닌 이상 다른 변수를 적절히 통제하기도 어렵기 때문이다.

앞의 사례인 소액신용대출 효과성 연구에서도 소액신용대출 프로그램이 빈곤층의 소득을 향상시키는 것으로 분석되었다고 하더라도 소액신용대출만이 소득 증가의 원인이라고 단정하기는 쉽지 않다. 왜냐하면 소득을 향상시키는 다양한 요인이 있을 수 있기 때문이다.

이러한 이유로 인해 사회과학에서는 결정론적인 표현을 사용하기보다는 확률적인 표현을 쓰게 되고, 그나마 독립변수 이외에 종속변수에 영향을 미치는 다양한 변수를 통제할 수 있는 연구모형이 바로 연구설계가 되는 것이다. 따라서 이 절에서는 인과관계와 관련한 다양한 개념과 요건들을 살펴봄으로써 연구설계에 대한 이해의 폭을 넓히고자 한다.

1) 인과관계의 성립

인과적 추론의 기반이 되는 인과관계 성립을 위해서는 공변성과 시간적 선후관계, 통제성이라는 세 가지 요건이 충족되어야 한다(강종수, 2010).

(1) 공변성

공변성은 원인으로 추정되는 변수(독립변수)와 결과로 추정되는 변수(종속변수)가 상호 연관을 가지면서 변화되어야 한다는 것이다. 만약 이 두 변수 중 어떤 하나의 변수가 변화하지 않았다면 두 변수는 인과관계가 있다고 말할 수 없게 된다. 예를 들어, '학력이나 기술력 등 인적 자본 수준이 높을수록 소득이 높다.'라는 가설에서 만약 인적 자본 수준에 변화가 발생하면 반드시 소득에도 변화가 발생해야 한다. 물론 변화의 정도는 인과관계 성립의 조건은 아니지만 정도가 커질수록 인과관계의 가능성은 높아진다.

(2) 시간적 선후관계

시간적 선후관계란 원인이 결과보다 시간적으로 먼저 일어나야 한다는 것이다. 상관관계의 경우 두 변수가 변화하는 데 있어서 서로 상관이 있다는 것을 의미하므로 시간적 선후관계에 대한 조건 성립이 필요 없다. 하지만 인과관계에 있어서는 원인변수(독립변수)가 결과변수(종속변수)보다 반드시 시간적으로 우선해야 한다.

예를 들어, 학력이나 기술력 등 인적 자본 수준 향상이 소득 증가의 원인이라면 반드시 인적 자본 수준 향상이 소득 증가보다 시간적으로 먼저여야 한다. 물론 소득 증가가 일어난 후 인적 자본 수준 향상이 발생할 수도 있겠으나, 그러한 경우에는 인적 자본 수준과 소득 간에는 인과관계가 성립되지 않는 것이다.

(3) 통제성

외부의 다른 영향요인을 통제한 상황에서 원인변수(독립변수)와 결과변수(종속변수) 간에 공변성 및 시간적 선후관계 확인이 가능해야 한다. 즉, 두 변수 간의 인과관계에 영향을 미칠 수 있는 변수가 배제되어야 한다.

예를 들어, 인적 자본 수준 향상과 소득 간의 인과관계 검증 연구에 있어 조사대상 부모의 소득수준을 통제하지 않는다면 과연 인적 자본 수준이 소득 향상의 진정한 원인이었는지를 확인할 수 없게 되는 것이다. 따라서 부모의 소득수준이 비슷한 조사대상을 연구에 참여시킴으로써 부모 소득수준이라는 영향요인을 통제할 수 있다. 일반적인 통계분석 과정에서 통제변수를 설정하는 것도 이러한 맥락으로 이해하면 된다.

2) 인과관계의 입증 논리

일반적으로 인과관계를 입증하는 논리로는 일치법과 차이법, 공변법, 잉여법이 활용된다.

(1) 일치법

어떠한 현상과 관련하여 두 개 또는 그 이상의 사례에서 오직 한 개의 공통적 특성을 가지고 있다면 이것이 바로 그 현상의 원인으로 간주되는 방법이다. 예를 들어, A라는 사례는 c · d · e의 구성요소를 가지고 있고, B라는 사례는 e · f · g의 구성요소를 가지고 있다고 가정하자. 그리고 이 A와 B 사례는 H라는 현상을 발생시키는 것으로 조사되었다. 이러한 조건이라면 결국 A와 B가 공통적으로 가지고 있는 요소인 e가 H를 발생시키는 것으로 볼 수 있으며, e는 원인인 독립변수, H는 결과인 종속변수가 되는 것이다.

구체적인 사례를 살펴보면, '갑'과 '을'은 최근에 국민기초생활보장 수급자에서 탈피하였다. 갑은 대졸 학력을 가지고 있고 직장 경험이 많으며 소액신용대출 프로그램을 이용하였고, 을은 초졸 학력이면서 직장 경험이 전혀 없고 소액신용대출 프로그램을 이용하였다고 가정하자. 그렇다면 갑과 을 모두가 지니고 있는 공통적인 특성은 소액신용대출 프로그램을 이용하였다는 것이고, 이것이 복지수급 탈피라는 결과의 원인으로 볼 수 있다.

(2) 차이법

어떠한 현상과 관련하여 두 개 또는 그 이상의 사례에서 오직 한 개의 특성만 차이가 있고 다른 특성들은 공통적으로 가지고 있는데, 두 사례의 결과적 현상이 차이가 난다면 두 사례의 차이가 나는 한 가지의 특성 때문인 것으로 간주하는 방법이다. 예를 들어, A라는 사례는 c · d · e의 구성요소를 가지고 있고, B라는 사례는 d · e · f의 구성요소를 가지고 있다고 가정하자. 그런데 A는 G라는 현상이 발생하였으나 B는 G라는 현상이 발생하지 않았으면, 결국 A와 B가 지니고 있는 공통적인 구성요소 이외에 A의 c요소로 인해 G 현상이 발생되는 것으로 볼 수 있으며, c는 원인인 독립변수, G는 결과인 종속변수가 되는 것이다.

구체적인 사례를 살펴보면, '갑'과 '을'의 학력수준은 대졸로 같고, 직장 경험도 10년 이상 되지만, 갑은 소액신용대출 프로그램을 이용하였고, 을은 이용하지 않았다고 가정하자. 최근 갑은 국민기초생활보장수급자에서 탈피하였으나 을은 탈피하지 못했다면, 결국 갑과 을이 공통적으로 보유하고 있는 학력과 직장 경험 이외에 다른 구성요소의 특성을 복지수급 탈피의 원인으로 볼 수 있으며, 바로 이것이 '소액신용대출 프로그램 이용'이 되는 것이다.

(3) 공변법

어떠한 현상이 특정 방식으로 변화할 때마다 다른 현상도 동일한 방식으로 변화할 때 두 현상 간에는 인과관계가 존재한다고 간주하는 방법이다. 예를 들어, ABC라는 현상과 abc라는 현상 간에 A가 감소하면 a도 함께 감소하고, 반대로 A가 증가했을 때 a도 함께 증가하게 되면, 결국 A와 a 간에는 인과관계가 존재하고 있다고 추리한다.

하지만 A와 a의 관계에서 어느 것이 원인인 독립변수가 되고 결과인 종속변수가 되는가는 시간적 우선순위를 고려해야 한다. 즉, 먼저 발생하는 것이 원인이 되고 나중에 발생하는 것이 결과변수가 되는 것이다. 따라서 A와 a 간의 관계에서는 A가 a보다 먼저 발생되는 것으로 가정하였으므로 A가 독립변수, a가 종속변수가 된다.

(4) 잉여법

어떠한 현상의 일부분에 대해서 그 원인이 이미 널리 알려져 있다면, 그 현상의 나머지 부분이 나머지 현상의 원인이 될 수 있다고 보는 방법이다. 즉, ABC와 abc 간의 관계에서 B는 b의 원인이고 C는 c의 원인이라는 것이 이미 밝혀진 상황이라면, 나머지 A는 a의 원인이라고 생각할 수 있는 것이다.

3) 필요조건과 충분조건의 이해

인과적 추론의 경우에는 필요조건과 충분조건을 활용한 세 가지 종류의 인과관계를 살펴볼 필요가 있다(Bailey, 1982). 즉, 필요조건이지만 충분조건은 아닌 경우, 충분조건이지만 필요조건이 아닌 경우, 필요조건이면서 충분조건인 경우다.

(1) 필요조건이지만 충분조건이 아닌 경우

A의 변화가 B에 영향을 미치는 것이 필요조건이 되긴 하지만 충분조건이 되지는 않는 경우다. 이 경우는 A가 B보다 먼저 발생하기는 하지만 B가 발생되기 위해서는 A 이외에 다른 요인이 영향을 주기 때문이다.

예를 들어, '흡연을 하는 경우 폐암으로 이어진다.'고 가정할 때 흡연은 폐암의 원인이 된다. 하지만 폐암을 발병시키는 원인은 흡연 이외에도 비흡연자가 매연에 장기간 노출되거나 아예 유전적 요인일 수도 있다. 또한 흡연자라고 해서 반드시 폐암에 걸리는 것은 아니다. 결국 이러한 경우 흡연은 폐암 발병에 대해 필요조건은 되지만 충분조건은 되지 않는다. 즉, 필요조건은 폐암 발병을 설명하는 원인이 흡연 이외에 다른 조건이 필요하다는 것을 의미하게 된다. 만약 폐암 발병이 흡연과 매연 노출로 기인한다면 이 두 가지 원인은 폐암 발병을 설명하는 것과 관련하여 충분조건이 된다.

(2) 충분조건이지만 필요조건은 아닌 경우

A의 변화가 B에 영향을 미치는 것이 충분조건이지 필요조건은 아닌 경우다. 앞의 폐암 발병 사례에서 흡연이라는 요인만으로도 폐암이 발병할 수 있고 장기간 매연 노출로도 폐암이 발병하는 것을 가정한다면, 흡연과 매연 노출은 각각 하나의 충분조건이지 필요조건은 아니게 된다. 왜냐하면 폐암은 매연 노출이 되지 않아도 흡연만으로도 발생할 수 있고, 반대로 흡연을 하지 않더라도 매연 노출이 되면 폐암에 걸릴 수 있기 때문이다. 결국 이 사례에서는 폐암 발병이 되는 것은 흡연 또는 매연 노출 둘 중에 하나는 반드시 일어나야 하고, 흡연과 매연 노출은 폐암 발병에 있어 서로 대체성을 가지게 된다. 즉, 흡연과 매연 노출이 폐암 발병에 부분적으로 영향을 미치는 것이 아니라 두 원인이 각각 독자성을 가지고 폐암을 발병시키는 것을 의미하게 된다. 결국 충분조건이지만 필요조건이 아닌 경우 어떤 원인이 결과 발생에 충분한 조건이 되며, 결과 발생에 대해 그 원인이 영향을 미치기 위해서 다른 조건이 필요치 않은 것을 의미하게 된다.

(3) 필요조건이면서 충분조건인 경우

A가 B의 유일한 원인인 경우를 말하며, 이를 단일 인과관계로 설명할 수 있다. 이 관계에서는 A를 원인으로 해야지만 B가 발생하기 때문에 A 이외에는 다른 요인은 전혀 없는 것을 말한다. 만약 흡연이 폐암 발병의 필요조건이면서 충분조건인 경우 흡연가는 모두 폐암이 발병하게 되고, 비흡연가는 폐암 발병이 일어나지 않게 되는 것을 의미한다. 즉, 폐암 발병의 유일한 원인이 바로 흡연이다.

3. 내적 타당도

내적 타당도(internal validity)는 어떠한 연구에서 종속변수의 변화가 원인으로 지목한 독립변수에 의한 것인지 아닌지에 대해 확신할 수 있는 수준을 의미한다. 즉, 독립변수가 변화함에 따라 종속변수의 변화를 야기하는 정도가 유의할 만한 차이를 초래하였는지를 말하는 것이다. 이러한 내적 타당도는 연구설계 과정에서 매우 중요한 개념이므로 내적 타당도를 저해하는 요인들을 사전에 최대한 통제하는 것이 필요하다. 이 절에서는 내적 타당도의 조건과 내적 타당도를 위협하는 요인들에 대해 살펴본다.

1) 내적 타당도 조건

연구설계는 앞에서 대략적으로 설명한 바와 같이 원인으로 작용하는 실험변수를 조작하여 그 영향을 받은 결과변수를 측정함으로써 과연 실험변수가 결과의 진정한 원인이었는지를 파악하기 위한 방법이다. 따라서 연구설계에는 몇 가지 고려해야 할 중요한 조건이 있고, 그러한 조건을 충족함으로써 다양한 내적 타당도 위협 요인들을 사전에 제거한 진정한 연구설계가 가능하게 된다.

(1) 실험대상의 무작위화

실험대상의 무작위화(randomization)란 실험대상자를 실험집단과 통제집단으로 나누는 과정에서 무작위로 배분하는 것을 말한다. 대체로 실험집단에서는 실험변수(독립변수)의 조작이 연구자의 의도대로 발생되도록 하고, 통제집단은 실험변수(독립변수)의 조작이 발생되지 않도록 통제하게 된다. 예를 들어, 앞에서 언급한 사례에서는 실험집단의 경우 소액신용대출을 받은 경우를 말하고, 통제집단은 소액신용대출을 받지 않은 경우가 된다.

이러한 무작위화는 결국 실험집단과 통제집단의 특성을 확률적 접근을 통해 비슷하게 만듦으로써 독립변수 이외 다른 요인의 영향을 최소화할 수 있게 된다. 만약 소액신용대출 효과성 연구에서 실험집단과 통제집단의 다양한 특성이 동질화되지 않는다면 소액신용대출 때문에 실험집단의 소득이 증가했는지를 확신할 수 없게 된다. 즉, '실험집단이 원래 통제집단보다 소득수준이 높다면' '학력수준이 높다면' '직장 경험이 많다면' 등과 같은 원인 때문에 소득이 증가하게 되었는지 아니면 소액신용대출에 의해서인지를 밝히기가 어렵게 된다.

그렇다면 무작위화를 어떻게 할 것인지가 중요한 쟁점인데, 대체로 연구대상의 크기가 충분히 클 경우 실험집단과 통제집단에 배정되는 기회를 확률적으로 동일하게 하면 두 집단의 속성이 비슷해질 가능성이 크다. 하지만 연구대상이 크지 않다면 짝짓기(matching)의 방법을 활용할 수도 있다. 짝짓기의 방법은 실험집단과 통제집단을 구성함에 있어 연구자가 설정한 가설과 관련된 변수를 중심으로 유사한 특성을 지닌 연구대상 둘을 짝지은 다음 한 대상은 실험집단으로, 다른 대상은 통제집단에 배정하는 것이다.

무작위를 한 것이 통계적으로 유의한지를 살펴보기 위해서는 나누어진 두 집단의 다양한 속성을 비연속변수인 경우 카이제곱 검증을, 연속변수인 경우 평균차이검증(t-test)을 활용하게 된다. 즉, 앞에서 언급한 사례인 소액신용대출 지원에 대해 소액신용대출 지원을 받은 빈곤층과 그렇지 않은 빈곤층의 소득 향상을 분석하는 연구에서는 무작위화가 잘 되었다면 소액신용대출 지원 여부와 관련 없이 두 집단의 성별이나 학력, 부채 정도 등의 인구사회학적 특성이 비슷해야 한다.

보호처분을 받은 비행청소년에 대한 해결 중심 집단 프로그램의 효과성 연구(송성자, 정문자, 2002)에서도 무작위화의 통계적 유의성을 살펴보기 위해 종속변수 변화 정도 확인 전 연구대상자의 연령이나 학력, 죄명, 범죄 횟수, 부모 동거 여부 등의 인구사회학적 변수에 대해 카이제곱 검증을 실시하여 통계적으로 유의하지 않은 것을 보고하고 있다.

(2) 독립변수 조작

독립변수 조작(manipulation)은 연구의 주된 현상에 대한 원인을 연구자가 의도적으로 변화시키는 것을 의미한다. 구체적인 실험설계 과정에서 연구자는 실험집단에 대해서 원인변수를 발생시키고, 통제집단에 대해서는 발생되지 않게 조작한 후 그 결과를 비교하게 된다. 여기서 조작이 가능한 변수가 바로 실험변수 또는 독립변수이고 이 변수는 실험을 하고자 하는 변수, 즉 실험대상변수와 상호 관련성이 있어야 한다.

예를 들어, 앞에서 언급한 소액신용대출 효과성 연구에서 실험집단에는 소액신용대출을 제공하고 통제집단에 대해서는 제공하지 않게 하여 일정 기간 이후 두 집단의 소득수준을 살펴본다. 또한 보호처분을 받은 비행청소년의 해결 중심 집단 프로그램의 효과성 연구에서는 해결 중심 집단 프로그램을 시행한 것이 바로 독립변수의 조작이다. 결국 사회복지실천 현장에서 독립변수의 조작은 다른 특성들을 통제한 상황에서 특정 프로그램의 개입으로 볼 수 있다.

(3) 결과비교

결과비교(comparison)는 실험집단과 통제집단으로 나뉜 경우 이 두 집단의 종속변수를 비교하는 것이다. 즉, 무작위화가 이루어진 경우 실험집단과 통제집단의 종속변수 수준은 비슷할 것이고, 독립변수의 조작이 이루어진 후 종속변수의 수준이 어떻게 변화되었는지를 살펴본다. 만약 독립변수의 조작이 효과가 있었다면 통제집단의 종속변수는 변화가 없겠지만 실험집단의 종속변수 수준은 의미 있는 변화가 발생하게 된다.

예를 들어, 소액신용대출 효과성 연구에서 실험집단과 통제집단의 소득수준을 비교하게 된다. 만약 소액신용대출이 적절한 효과가 있었다면 실험집단의 소득만 증가할 것이고, 통제집단은 별다른 변화가 없을 것이다. 비행청소년의 해결 중심 집단 프로그램의 효과성 연구에서도 이 연구에서 설정한 종속변수인 자아존중감과 가정생활, 대인관계, 감정 조절에 대해 평균차이검증을 실시하였다. 만약 해결 중심 집단 프로그램이 비행청소년의 자아존중감 등의 향상에 효과가 있다고 가정해 보자. 통제집단의 경우 종속변수에 대한 사전검사결과와 사후검사결과 평균차이검증은 통계적으로 유의하지 않게 나올 것이고, 이에 비해 실험집단의 경우 통계적 유의성이 나타날 것이다.

2) 내적 타당도 저해 요인

내적 타당도를 높이기 위해서는 앞에서 제시한 인과관계 추론 조건들을 최대한 고려해야 한다. 하지만 연구과정에서는 항상 외부 조건이 존재하기 때문에 이러한 외부 조건들을 얼마나 통제하는지에 따라서 연구설계의 내적 타당도 수준을 좌우하게 된다. 내적 타당도를 저해하는 몇 가지 요인들을 살펴보면 다음과 같다(Campbell & Stanley, 1963; Cook & Campbell, 1979).

(1) 우연한 사건

연구과정에서 연구와는 무관한 사건이 연구에 영향을 미친 경우다. 앞서 소액신용대출 프로그램의 국민기초생활보장수급 탈피 영향력을 검증하는 연구에서 만약 연구대상이 구매한 복권이 고액 당첨된 경우가 바로 우연한 사건에 해당한다. 즉, 우연한 사건(history)은 독립변수 이외에 다른 외부의 우연한 사건이 사전검사와 사후검사 사이에 나타나서 종속변수에 영향을 주는 것을 의미하게 된다.

따라서 우연한 사건을 적절하게 통제하지 않게 되면, 사전검사에 비해 사후검사에서 측정하고자 하는 종속변수 수준이 향상 또는 감소하더라도 이 결과가 독립변수의 효과인지 아닌지 구분하기가 쉽지 않게 된다. 결국 우연한 사건이 내적 타당도에 미치는 영향을 줄이기 위해서 실험집단 외에 통제집단을 구성하여 실험집단의 연구결과와 비교하게 되면 독립변수만의 영향력을 분석할 수 있게 된다.

(2) 성숙요인

성숙(maturation)요인은 독립변수가 조작되는 과정 중에 연구대상자들이 성장하거나 노화하는 등의 변화가 종속변수에 영향을 미치는 것을 의미한다. 사람은 대체로 시간이 지남에 따라 성장 · 변화하게 되며, 심각한 영향력도 시간이 경과하면서 그 영향이 줄어들게 된다.

최근 배우자와 사별한 경우를 지원하고자 1년여 동안의 집단상담을 실시하고 그 효과성을 평가하였다고 가정하자. 우울감이 사전검사에 비해 사후검사에서 낮았다고 해도 과연 이러한 결과가 집단상담 고유의 효과인지 단정짓기는 어렵다. 왜냐하면 사별로 인한 우울감은 시간이 경과함에 따라 감소하는 것이 보편적이기 때문이다. 또한 아동에 대한 성장 촉진 프로그램을 실시한다고 가정할 때 일정 기간이 경과한 후 성장 결과를 비교했을 때 과연 이것이 프로그램에 의한 것인지 아니면 자연스러운 성장의 결과인지 판단하기 어렵다.

결국 발달이나 노화가 빨리 진행되는 대상을 상대로 한 개입의 경우에는 앞에서 언급한 우연한 사건처럼 통제집단을 통해 개입 고유의 효과를 분석하는 것이 적절한 방법이다.

(3) 검사요인

검사(testing)요인은 대체로 개입의 효과를 측정하기 위해 측정도구를 사용하는 연구설계에서 나타날 수 있다. 동일한 측정도구를 사전검사와 사후검사에서 실시하게 되면 개입의 의도와는 다르게 사후검사에서 더 좋은 측정치가 나타날 가능성이 높게 된다. 왜냐하면 연구에 참여한 대상자들이 사전검사에서 접한 내용들을 기억하고 사후검사에서 의식적 · 무의식적으로 더 나은 응답을 할 수 있기 때문이다. 특히 사회적으로 바람직한 점을 측정하는 경우 사전검사 과정에서 그 내용을 알게 되고, 사후검사에는 개입과는 무관하게 긍정적 변화가 나타날 수도 있다.

(4) 도구요인

도구(instrumentation)요인은 독립변수의 효과성을 측정하기 위해 사전검사와 사후검사를 실시할 때 서로 다른 측정도구를 사용하거나 측정자의 측정기준이 다름으로 인해 나타나는 문제다. 이러한 도구요인은 종속변수에서 나타난 변화가 결국 독립변수에 기인한 것이 아니라 측정도구 또는 측정자의 차이로 인한 가능성이 있는 것이다.

특히 도구요인은 면접이나 관찰과 같이 측정자가 누군지에 따라 결과치가 달라질 수 있는 경우에서 문제가 된다. 즉, 사전검사의 측정자에 비해 사후검사에서 특정 답을 유도하는 질문을 많이 하거나 측정자의 편견이 담긴 관찰결과가 나타나게 되면 이러한 차이는 종속변수에 영향을 줄 수 있다.

결국 도구요인을 최소화하기 위해서는 사전-사후 검사과정에서 동일한 측정도구를 사용하거나 동일한 측정자가 검사를 하도록 하며, 측정자에 대한 측정 관련 교육을 통해 최대한 객관적인 측정이 이루어질 수 있도록 한다.

(5) 통계적 회귀

사전검사 값이 정상치보다 크게 낮거나 높은 경우 사후검사 값은 독립변수와는 상관없이 정상치에 가까운 점수가 될 가능성이 있는데, 이를 통계적 회귀(statistical regression)라고 한다. 대체로 이러한 상황은 사전검사 값이 정상치보다 지나치게 낮은 사람들을 대상으로 프로그램을 하는 경우 사후검사 값이 프로그램과 참여와는 관계없이 상승할 수 있다.

따라서 정상치로부터 크게 벗어난 측정치를 가지는 대상의 경우 가급적 통계적 회귀에 의한 영향을 고려하여 연구설계를 하는 것이 적절하고, 사전-사후 검사 간의 차이를 해석하는 과정에 있어서도 유의할 필요가 있다.

(6) 중도탈락

중도탈락(experimental mortality)은 프로그램 진행과정 중에 대상자가 참여를 중단하는 것에서 비롯된다. 이러한 중도탈락은 참여자의 동기 저하나 흥미 상실, 질병이나 사망, 타 지역으로 이사 등 다양한 이유가 있는데, 매우 빈번히 발생하는 일이다. 하지만 이러한 중도탈락의 문제는 프로그램을 끝까지 참여하는 사람과 탈락하는 사람 간의 특성이 다른 경우로 인해 효과성 검증과정에 커다란 영향을 미치게 된다.

비행청소년을 대상으로 하는 사회복지 프로그램의 경우 프로그램 참여자의 1/2 정도가 프로그램을 그만두고, 결국 나머지 1/2 정도의 청소년만이 프로그램에 끝까지 참여하였다고 가정하자. 결국 마지막까지 남은 청소년만 사후검사를 실시하게 되고, 사전검사와 사후검사 간의 통계적 유의성을 파악하게 되었을 때, 비행 성향을 나타내는 사후검사 값이 크게 감소되었더라도 이를 프로그램의 효과성이라고 설명하기는 쉽지 않다. 왜냐하면 끝까지 프로그램을 참여한 청소년이 중도에 그만둔 청소년과는 다른 특성을 가진 것으로 볼 수 있으므로, 탈락한 청소년이 포함되지 않은 상황에서는 사후검사 점수의 변화가 독립변수의 영향이라고 보기는 어렵기 때문이다. 따라서 프로그램 참여자의 중도탈락에 의한 내적 타당도 위협 요인을 최소화하기 위해서는 결국 중도탈락을 막는 방법이 적극 고려되어야 한다.

(7) 선정편견

선정편견(selection bias)은 실험집단과 통제집단을 비교하는 연구설계에서 자주 발생하는 것으로서 특히 무작위로 실험집단과 통제집단을 구성하지 않은 경우 두 집단의 특성이 달라서 연구결과가 왜곡되는 경우를 말하며, 이 두 집단을 비교하는 것은 의미가 없게 된다.

사회복지 프로그램에 있어서 보다 적극적으로 프로그램에 참여하려는 대상과 참여동기가 없는 대상을 실험집단과 통제집단으로 구분하게 되면, 결국 프로그램 참여 후 사후검사 값의 변화를 프로그램 효과로 설명하기에 근거가 부족하게 된다. 따라서 집단 간 비교연구의 설계과정에는 이러한 선정편견에 따른 효과를 얼마나 통제할 수 있는지가 내적 타당도에 크게 영향을 미친다.

(8) 인과관계 방향의 모호성

인과관계 방향의 모호성(ambiguity about the direction of casual influence)은 독립변수와 종속변수의 관계에서 어떤 것이 원인인지를 결정하기가 곤란한 경우를 의미한다. 만약 비행청소년 비행성향 감소 프로그램을 마친 청소년이 중도에 탈락한 청소년보다 비행성향이 감소한 것을 발견하였다고 한다면, 프로그램을 완수해서 비행성향이 줄었는지 아니면 비행성향이 줄어서 프로그램에 끝까지 참여했는지 방향이 모호할 수 있다. 이때 이러한 상황을 인과관계 방향의 모호성이라고 하고, 이렇듯 인과관계의 입증이 어려우면 내적 타당도는 낮아질 수밖에 없다.

(9) 개입의 확산 또는 모방

개입의 확산 또는 모방(diffusion or imitation of treatment) 효과는 프로그램에 참여하는 대상자들 간에 상호작용이나 모방을 통해 의도했던 집단 간 차이가 불분명해지는 경우를 말하며, 집단 비교연구에서 자주 나타나는 문제다. 실험집단에만 개입이 이루어지고 통제집단에는 개입되어서는 안 되지만 실험집단과 통제집단 간에 관계가 이루어짐으로써 실험집단에 대한 개입 내용이 통제집단으로 확산·모방하게 되면 개입효과는 결국 검증하기 어려워진다.

4. 집단설계와 단일사례설계 유형

앞에서 언급한 연구설계의 요소인 실험대상의 무작위화, 독립변수의 조작, 결과비교의 조건을 모두 갖출수록 이상적인 연구설계가 가능하다. 하지만 현실적으로 모든 조건을 갖추기가 쉽지 않기 때문에 적절한 연구설계의 유형을 선택하여 실행하는 것이 필요하다. 따라서 이 절에서는 다양한 연구설계 유형에 대해 설명하고자 한다. 일반적으로 연구설계의 요소가 어느 정도 갖추어졌는지에 따라 전 실험설계, 유사 실험설계, 순수 실험설계로 구분할 수 있다.

1) 전 실험설계

전 실험설계는 실험대상에 대한 무작위화가 이루어지지 않았기 때문에 독립변수 조작에 대한 결과인지를 명확히 밝혀내기 어려운 설계다. 따라서 전 실험설계는 순수 실험설계를 수행하기 전 단계의 탐색적 접근이나 실천현장에서 실험대상을 무작위화하기 어려운 경우 사용하게 된다.

(1) 단일집단 사후실험설계

단일집단 사후실험설계는 개입 전의 상황을 조사하지 못한 채 어떠한 단일집단에 대해 개입하고 난 후 종속변수의 특성만을 조사하는 방식으로 일회성 사례연구라고도 한다. 예를 들어, 청소년을 대상으로 한 진로지도 프로그램 시행

후 학교생활 만족도를 파악하고자 하지만 진로지도 프로그램에 참여하지 않은 청소년과의 비교를 못한다는 어려움이 있다. 따라서 학교생활 만족도의 원인이 과연 진로지도 프로그램인지에 대해 확신하지 못하게 된다.

이러한 단일집단 사후실험설계는 주로 새로운 프로그램에 대한 만족도조사나 실험참여자에 대해 어떠한 개입이 목표로 하고 있는 최소한의 결과가 나타났는지 등 단순한 사회복지 실험설계로 활용 가능하다. 즉, 청소년 대상 하계 캠프를 수행하고 캠프 자체에 대한 만족도를 조사하거나 스트레스 감소 프로그램을 실시한 후 현재의 스트레스 정도가 어느 정도로 낮아졌는지 등을 보는 데 유용한 방법이다.

사전측정 하지 않음	X 청소년 캠프 실시	➡	O_1 캠프 만족도조사

(X는 개입을, O는 종속변수에 대한 측정치를 의미함)

(2) 단일집단 사전사후 실험설계

비교할 수 있는 통제집단이 없긴 하지만 개입 전과 후를 조사함으로써 당초 예상한 방향으로 조사대상에 변화가 발생하였는지를 확인할 수 있다. 따라서 단일집단 사후실험설계보다는 우수하다고 할 수 있다. 하지만 개입 전후의 결과가 차이가 났다고 하더라도 반드시 실험에서 사용한 개입 때문이라고 할 수는 없다. 구체적인 사례를 살펴보면, 청소년 대상 캠프가 공동체 의식을 함양하는 것을 목표로 했을 때 캠프 실시 전과 후의 공동체 의식을 측정하여 비교함으로써 캠프의 공동체 의식에 대한 효과성을 추정하게 된다.

O_1 공동체 의식 사전조사	➡	X 청소년 캠프 실시	➡	O_2 공동체 의식 사후조사

(3) 정태적 집단비교설계

이 설계방법은 단일집단 사후실험설계를 보완하기 위해 임의로 실험집단 외에 통제집단을 선정하고, 실험집단만 개입하고 난 후 두 집단 모두에 대해 사후 검사를 실시한 형태다. 하지만 실험대상에 대한 무작위화가 이루어지지 않음으로써 종속변수의 변화가 개입에 의한 것인지, 아니면 처음부터 집단 특성의 차이에 기인한 것인지 확신하기 어렵다.

사회복지 실천에 이 모형을 적용하면, 중학교 재학생을 대상으로 성교육 실시 후 그 효과를 입증하는 과정에서 두 반을 정하고 한 반은 실험집단으로 다른 반은 통제집단으로 구분하여 실험집단에만 성교육을 실시하고, 성에 대한 지식과 관련한 조사는 두 반 모두 실시하여 그 점수 차이를 살펴볼 수 있다. 하지만 앞에서도 언급하였듯이, 성에 대한 지식점수 평균값이 성교육을 실시한 반이 높다고 하더라도 성교육에 의한 결과인지, 아니면 원래 점수 차이가 나는 것인지를 확신하기 어렵다.

실험집단	X	O_1
통제집단		O_2

2) 유사 실험설계

유사 실험설계는 일반적으로 준실험설계라고도 부른다. 이 설계는 실험설계의 기본 요소라 할 수 있는 무작위할당, 독립변수 조작, 결과비교 중 한두 가지의 요소가 충족되지 않은 설계다. 하지만 사회복지 실천영역에서 완전한 실험설계를 수행하기가 현실적으로 어렵기 때문에 유사 실험설계가 오히려 유용할 수 있다.

(1) 2집단 사전사후 실험설계(비동일 통제집단설계)

2집단 사전사후 실험설계는 실험집단과 통제집단을 나눈 후 사전검사와 사후검사를 실시하고 실험집단에 대해서만 독립변수를 조작했지만 유사실험설계로 분류된다. 왜냐하면 실험집단과 통제집단으로 구분하는 과정에서 무작위화가 아닌 임의적 방법으로 두 집단을 선정하였기 때문이다. 따라서 실험집단과 통제집단의 초기 상태가 동일하지 않을 가능성이 높아서 비동일 통제집단설계라고도 부른다. 하지만 실제 사회복지 실천영역에서는 실험대상자를 무작위로 선정하거나 다양한 외생변수를 통제하는 것이 쉽지 않으므로 순수 실험설계보다 유용성이 높다.

실험집단	O_1	X	O_2
통제집단	O_3		O_4

(2) 단순 시계열설계

독립변수 조작을 하기 전에 일정 기간을 두고 여러 차례에 걸쳐 종속변수를 측정하는 형태의 설계방법이다. 조사대상을 실험집단과 통제집단으로 적절히 나눌 수 없는 상황에 사용하는 방법으로, 결국 개입 전과 후의 변화를 시간차를 두고 종속변수의 차이 확인을 통해 그 효과를 입증하는 형태다. 예를 들어, 비행청소년 집단의 비행성향 감소 프로그램을 진행하고 그 효과성을 분석하는 경우, 프로그램에 참여할 대상자를 상대로 여러 차례에 걸쳐 비행성향을 측정하고, 프로그램에 개입한 이후 또 여러 차례에 걸쳐 비행성향을 측정한 후 점수 차이를 확인한다. 구체적인 분석방법은 사전검사 측정치의 합 또는 평균과 사후검사 측정치의 합 또는 평균을 비교하면 된다. 비교적 개입결과를 쉽게 확인할 수 있으나 통제집단을 활용하고 있지 못하기 때문에 우연한 사건과 같은 내적 타당도 문제를 보유하고 있다.

$$O_1 \quad O_2 \quad O_3 \quad O_4 \quad O_5 \quad X \quad O_6 \quad O_7 \quad O_8 \quad O_9 \quad O_{10}$$

(3) 복수 시계열설계

단순 시계열설계의 내적 타당도 문제 보완을 위해 복수 시계열설계는 실험집단 외에 통제집단을 활용하고 있다. 유사한 두 집단을 선택한 후 실험집단은 개입 전 여러 차례 종속변수에 대한 측정을 시도하고, 통제집단 또한 동일한 시기에 측정하게 된다. 그리고 실험집단에 대해서만 개입을 하고 두 집단 모두 종속변수를 여러 번 측정한다.

결국 복수 시계열설계는 단순 시계열설계보다는 내적 타당도를 보완할 수 있지만, 실험집단과 통제집단으로의 구분과정에서 무작위화가 이루어지지 않으므로 개입 전 두 집단의 특성이 유사하다는 확신은 하지 못하게 된다.

O_1	O_2	O_3	O_4	O_5	X	O_6	O_7	O_8	O_9	O_{10}
O_{11}	O_{12}	O_{13}	O_{14}	O_{15}		O_{16}	O_{17}	O_{18}	O_{19}	O_{20}

3) 순수 실험설계

순수 실험설계는 실험대상의 무작위화와 독립변수의 조작, 결과비교 등의 실험설계 요소를 모두 갖추고 있기 때문에 내적 타당도 저해 가능성을 통제한 설계방법이다. 즉, 무작위화에 의한 실험집단과 통제집단을 나누고 실험집단에만 개입을 한 후 두 집단의 종속변수 변화를 비교하게 된다.

(1) 통제집단 사전사후 실험설계

실험설계의 가장 전형적인 방법으로서 실험집단과 통제집단으로 무작위화한 다음 개입 전 두 집단 모두에 대해 사전검사를 실시하게 된다. 이후 실험집단에만 개입을 하고 두 집단 모두 사후검사를 실시하여 종속변수의 변화를 살펴보게 된다. 만약 개입이 효과가 있었다면 통제집단의 사전-사후 검사 결과비교는 차이가 없겠으나, 실험집단의 경우 사전-사후 검사 결과 간에 차이가 발생할 것이다.

구체적인 분석방법으로는 평균차이검증(t-test) 중 대응표본 t-검증을 실시할 수 있다. 즉, 만약 개입이 효과가 있었다면 통제집단의 경우 사전검사와 사후검사 간에는 통계적으로 유의한 차이가 있어서는 안 되고 실험집단에서만 사전-사후 검사 간에 통계적으로 유의한 차이가 있어야 한다.

실험집단	R	O_1	X	O_2
통제집단	R	O_3		O_4

(2) 통제집단 사후설계

통제집단 사후설계는 통제집단 사전-사후설계에서 사전검사만 실시하지 않는 방법이다. 이 설계방법은 무작위화를 통해 이미 실험집단과 통제집단이 동일한 특성을 가지고 있을 것이라는 가정하에 실험집단에 대한 개입 이후 사후검사만을 실시하여 그 차이를 확인하게 된다. 사전검사를 실시하지 않는 가장 큰 이유는 시험효과(검사효과)나 상호작용시험효과를 유발하지 않기 위해서다.

시험효과란 사전검사 과정 이후 하게 될 사후검사에 영향을 미치는 것을 의미하고, 상호작용시험효과는 사전검사 과정에서 조사대상자가 일종의 학습을 하게 되어 개입의 효과인지 사전검사에 의한 학습효과인지를 구분하기 어려운 것을 말한다. 예를 들어, 청소년 대상 성교육 프로그램의 효과를 검증하는 연구에서 실험집단의 경우 성교육 이전에 사전검사를 실시하지만 성교육 프로그램 동안 검사 문항에 대한 실험참여자의 기억이 지워지지 않아 사후검사 결과값이 사전검사에 비해 매우 높게 나타나는 것을 시험효과라고 한다. 그리고 가정폭력 관련 집단 프로그램 효과성 검증 연구에서는 프로그램 전 가정폭력 성향을 묻는 질문에서 자신의 폭력성향이 심각하다는 것을 인지하게 되면서 보다 적극적으로 프로그램에 참여할 것이며, 그 결과 가정폭력 성향이 낮아질 가능성이 높아진다. 따라서 이러한 결과는 프로그램의 효과인지 사전검사의 영향인지를 구분하기 어렵게 되는데 이를 상호작용시험효과라고 한다.

통제집단 사후설계에서는 결국 실험집단과 통제집단의 사후검사 결과값이 통계적으로 유의한 차이가 나타나면 개입의 효과가 있다고 볼 수 있으므로 평균차이검증(t-test) 중 독립표본 t-검증을 실시하면 된다.

실험집단	R	X	O_1
통제집단	R		O_2

(3) 솔로몬 4집단설계

솔로몬 4집단설계는 앞에서 언급한 다른 순수 실험설계방법에 비해 내적 타당성을 위협하는 대부분의 요소를 막아 줄 수 있는 설계로서 실험설계 중 가장 바람직한 것으로 볼 수 있다(Campbell & Stanley, 1963; Helmstadter, 1970). 하지만 이러한 강점에도 불구하고 실제 연구에서 적절히 활용되고 있지 못한 것은 통계 분석방법에 대한 탐색이 부족하기 때문이다(Braver & Braver, 1988).

솔로몬 4집단설계는 4단계의 절차를 가진다. 첫째, 실험에 참여할 대상자를 4개의 집단에 무작위로 할당한다. 둘째, 사전검사는 두 집단에 대해서만 실시한다. 셋째, 사전검사를 실시한 집단 하나와 사전검사를 실시하지 않은 집단 하나에 개입한다. 마지막으로, 사후검사는 네 집단 모두 실시한다.

실험집단	R	O_1	X	O_2
통제집단	R	O_3		O_4
실험집단	R		X	O_5
통제집단	R			O_6

솔로몬 4집단설계는 실험과정에서 발생하는 시험효과를 포함한 외생변수들을 통제하는 것이 목적이므로 개입효과 이외의 다른 효과들을 분리시키고자 한다. 구체적인 외생변수효과 분리과정을 살펴보면 우선 앞 그림에서 실험집단 사후검사치 O_2로부터 사전검사치인 O_1을 뺀다. 이 수치에는 개입효과 이외에 시험효과, 상호작용시험효과, 기타외생변수효과가 뒤섞여 있게 된다.

$$O_2 - O_1 = \text{개입효과} + \text{시험효과} + \text{상호작용시험효과} + \text{기타외생변수효과}$$

그 다음 통제집단 사후검사치인 O_4에서 O_3를 빼면 이 수치에는 개입을 하지 않았기 때문에 $O_2 - O_1$과는 달리 개입효과와 개입 이후 발생하는 상호작용시험효과는 발생하지 않고, 단지 사전검사에 따른 시험효과와 기타외생변수효과만 나타나게 된다.

$$O_4 - O_3 = \text{시험효과} + \text{기타외생변수효과}$$

이와 함께 사전측정은 첫 번째 실험집단과 통제집단에만 행해졌으므로 결국 최종적인 사전측정치는 이 두 집단의 사전측정치의 평균값으로 볼 수 있다. 즉, O_1과 O_3 값을 2로 나눈 값이 최종적인 사전측정치 평균값이 되고, 이 값이 시험효과의 값이 된다. 따라서 두 번째 실험집단의 사후검사치에서 사전측정치 평균값을 빼면 결국 개입효과와 기타외생변수효과만 남게 된다.

$$O_5-1/2(O_1+O_3)=\text{개입효과}+\text{기타외생변수효과}$$

마지막으로 두 번째 통제집단의 사후측정치에서 사전측정치의 평균값을 빼면, 개입을 하지 않았으므로 기타외생변수효과만 남는다.

$$O_6-1/2(O_1+O_3)=\text{기타외생변수효과}$$

이러한 과정을 거쳐 궁극적으로 시험효과와 상호작용시험효과는 $\{(O_2-O_1)-[O_5-1/2(O_1+O_3)]\}$가 되고, 개입효과는 $\{[O_5-1/2(O_1+O_3)]-[O_6-1/2(O_1+O_3)]\}$가 된다. 즉, 원래 O_2-O_1은 '개입효과+시험효과+상호작용시험효과+기타외생변수효과'인데, 여기에 '개입효과+기타외생변수효과'인 $[O_5-1/2(O_1+O_3)]$를 빼면 결국 시험효과와 상호작용시험효과만 남게 된다. 이와 같은 방식으로, $[O_5-1/2(O_1+O_3)]$는 개입효과와 기타외생변수효과인데, 기타외생변수효과만의 값을 나타내는 $[O_6-1/2(O_1+O_3)]$를 빼면 결국 개입효과만 남게 된다. 궁극적으로 각각 두 개씩의 실험집단과 통제집단의 사전-사후 검사치로 순수한 개입효과만을 구할 수 있게 되고, 이것을 통해 개입한 프로그램이 효과적이었는지를 판단하게 된다.

4) 단일사례설계

단일사례설계는 사회복지 실천현장에서 개인이나 가족단위로 개입하는 경우 매우 유용하게 활용할 수 있는 연구설계 방법이다. 특히 앞서 언급한 집단설계 방식은 개입 전 실험집단과 통제집단으로 나누고 이에 대한 사전검사, 개입, 사후검사 과정을 거치는 것이 보편적이지만, 단일사례설계는 개입과 동시에 평가할 수 있는 방법이다. 여기서 단일사례는 개인이나 가족, 소집단, 지역사회, 국가 등의 단위가 될 수 있다.

(1) 단일사례설계의 특징

단일사례설계는 다음과 같은 특징이 있다(Polster & Lynch, 1981).

① 단일사례

집단설계가 효과성 평가를 위해 비교집단을 설정하여 외부요인을 통제해야 하는 것에 비해, 단일사례설계는 하나의 사례만을 가지고 개입효과를 평가할 수 있다. 특히 한 사례에 대한 반복적 관찰을 통해서 실험집단과 통제집단을 설정한 효과를 보여 줄 수 있다. 즉, 개입 전-후 반복측정을 실시하여 개입 전 측정값이 개입 후 측정값과 다르다면 이를 개입에 의한 변화로 볼 수 있는 것이다. 결국 개입 전 측정값이 통제집단의 역할을 개입 후 반복 측정값들이 실험집단의 역할을 하게 된다.

② 조사대상이 개인과 집단

단일사례설계는 조사대상이 되는 사례가 개인, 집단 모두 해당될 수 있다. 단, 집단은 집단 구성원 개별 정보가 평균이나 빈도 등으로 묶어 하나의 사례로 설정한다. 가족, 소집단, 지역사회, 국가 등 무엇이든 하나의 단위가 되면 단일사례설계로 분석할 수 있는 것이다. 따라서 표본의 크기와 분석단위는 모두 1이 된다.

③ 반복측정

단일사례설계는 통제집단을 따로 두지 않고 비교 대상을 사례 안에 둠으로써 한 사례를 반복적으로 측정하여 나타나는 종속변숫값의 변화를 개입효과로 본다. 따라서 반복측정은 연구과정에서 통제집단을 구성하는 것에 대한 어려움을 보완할 수 있다는 장점이 있는 반면, 반복측정으로 인해 조사대상자의 반응성 문제를 불러일으킬 수도 있다. 즉, 조사대상 스스로가 연구에 참여하고 있다는 사실을 의식하여 행동 등에 영향을 받을 수 있다.

④ 즉각적인 피드백

반복적으로 종속변숫값을 측정하기 때문에 개입에 따른 조사대상 변화를 수시로 파악할 수 있고, 개입 진행과정에 나타나는 정보는 피드백과 수정과정을 거쳐 새로운 개입방법을 수립하거나 수정하여 개입 효과를 높일 수 있다. 따라서 단일사례설계를 활용하는 실천가나 연구자들이 현재 상황에 발빠르게 대처할 수 있는 반응성과 유연성을 가지게 된다.

(2) 단일사례설계의 과정

단일사례설계는 일정한 과정을 거치게 되는데, 수행과정 및 과정 관련 개념, 유의사항 등을 설명하면 다음과 같다(Bloom, Fisher, & Orme, 1995).

① 표적문제 선정

표적문제는 개입을 통해 변화시키고자 하는 대상이 되는 문제를 의미한다. 비록 개입하고자 하는 다양한 문제가 있겠지만, 그러한 부분을 모두 포함시키기는 현실적으로 어려우므로 개입변화의 핵심이 되는 소수의 문제만을 선정해서 측정하게 된다.

표적문제는 조사연구에서 종속변수가 되며, 개입의 목표와 밀접한 관련성을 가진다. 구체적으로 살펴보면, 개입의 목표가 비행청소년의 비행성향 감소라는 사례에서 표적문제는 비행성향이 된다. 따라서 구체적인 개입이 이루어지기 위해서 표적문제는 명확하고 측정 가능해야 한다.

단일사례설계에서는 개입목표를 구체적이고 측정 가능한 수준으로 규정하고, 이와 관련한 표적문제를 선정하여 조작적 정의를 하게 된다. 표적문제는 대체로 측정 가능한 행동이 주로 선정되지만, 행동 이외에도 감정이나 태도, 인식 등 다양한 영역이 표적문제화될 수 있다.

② 측정방법 선택

단일사례설계에서 측정은 주로 연구자의 관찰이나 연구대상자의 자기보고식 척도를 활용하게 된다. 보다 구체적으로 살펴보면, 표적문제가 외부로 나타나는 행동의 경우에는 직접적인 관찰로 표적문제를 측정할 수 있다. 표적문제가 발생한 횟수, 표적문제의 지속기간, 표적문제의 강도 등이 측정의 대상이다.

만약 표적문제가 연구대상의 생각이나 감정, 태도 등 겉으로 잘 나타나지 않는 것이라면 관찰보다는 연구대상의 자기보고식으로 측정하게 되는데, 이때 다양한 척도가 활용된다. 이러한 척도는 기존에 표준화된 척도를 활용할 수도 있고, 문항이 너무 많은 경우 간단한 개별 평가척도를 활용할 수도 있다.

③ 기초선단계

개입 제공 전 표적문제를 여러 번 반복측정하여 그 경향을 파악하는 것을 기초선이라고 하며, 이는 집단설계에서의 통제집단 기능을 하게 된다. 반복측정 횟수는 정해진 것은 아니고 대체로 표적문제가 얼마나 안정적 경향을 보이는가를 볼 수 있을 정도면 적절하다. 즉, 기초선 단계에서 표적문제가 안정적이어야 개입 이후 변화가 개입에 의한 것인지 아니면 다른 외부요인에 의한 것인지를 판단할 수 있기 때문이다. 물론 측정횟수가 많을수록 표적문제 경향을 파악하기 용이하지만, 너무 많은 측정을 하게 되면 개입 지연을 통한 윤리적 문제가 발생할 수 있으므로 적정선을 찾을 필요가 있다.

④ 개입단계

기초선 단계에서 표적문제에 대한 반복측정을 통해 어느 정도 안정성이 확보되면 기초선 단계 다음으로 개입제공을 시작한다. 여기서 개입이란 연구대상의 문제해결과 관련한 프로그램이나 다양한 기술 등을 의미하며, 개입단계에서도 표적문제에 대한 측정을 반복적으로 시행한다.

개입은 실제 연구과정에서 독립변수가 되기 때문에 개입이 명확히 규정되는 것은 매우 중요하다. 독립변수가 명확하지 않으면 결과해석이나 연구재현 등이 어렵기 때문이다.

⑤ 결과분석

개입 진행 이후 개입단계와 기초선단계의 자료를 비교하면서 개입의 효과성을 분석하게 된다. 여기에서는 대체로 시각적 분석과 통계적 분석방법을 활용한다. 우선, 시각적 분석은 기초선단계와 개입단계의 경향성을 시각적인 그래프로 분석하여 개입의 효과를 평가한다. 안정적인 경향을 가졌었던 기초선단계의 표적문제가 개입단계 이후 수준과 경향이 확실히 변화하였다면, 개입의 효과가 있었다고 판단한다. 이렇게 기초선단계와 개입단계의 시각적 분석결과가 명확하다면 통계적 분석과정이 필요없지만, 그 결과가 모호하다면 통계적 분석이나 질적 방법 등을 통해 보완해야 한다.

다음으로, 통계적 분석은 계량적 방법을 통해 개입의 효과를 평가하게 되는 것으로 평균비교와 경향성 분석이 주로 사용된다. 우선, 평균비교는 기초선 단계에 나타난 표적문제의 평균값과 개입단계의 평균값을 비교해서 두 평균값에 통계적으로 유의한 차이가 있는지를 통해 개입효과를 판단하게 된다. 일반적으로 개입단계의 평균값이 기초선단계의 평균값에 비해 ±2 표준편차를 벗어나게 되면 개입단계의 양상이 기초선단계와는 다른 것으로 보고 이를 개입효과의 중요한 근거로 삼게 된다. 만약 비행청소년의 비행성향 관련 기초선단계 점숫값이 5점이고 표준편차가 1점이라면 개입선단계의 평균값은 기초선단계 점숫값보다 2점 적은 3점 이하로 떨어질 때 개입의 효과가 있다고 볼 수 있게 되는 것이다.

경향성분석은 기초선단계에 나타난 측정값의 경향선을 통해 개입 전-후의 차이를 평가하게 되는 것으로 기초선단계의 측정값이 불안정한 경우 주로 활용한다. 여기에서는 개입단계 동안 관찰된 자료가 기초선단계 측정값을 연장하고 개입을 하지 않아도 나타나게 될 것으로 생각되는 경향과 어떻게 다를 것인지를 통계적으로 분석한다.

(3) 단일사례설계의 유형

단일사례설계는 기초선단계를 나타내는 A와 개입단계를 나타내는 B의 조합에 따라 다르게 나타난다. 따라서 AB, ABA, ABAB, BAB, ABCD 등의 유형으로 구분된다. 여기서는 AB설계와 ABAB설계, 그리고 ABCD설계, 복수기초선설계의 내용을 살펴본다.

① AB설계

기초선단계(A)와 개입단계(B)가 각각 하나로 구성된 가장 단순한 단일사례설계 유형이다. 이 유형은 사회복지 실천현장에 널리 활용되고, 개입에 대한 평가가 즉시 이루어짐으로써 신속하게 개입의 효과를 검증할 수 있는 강점이 있다. 하지만 AB설계 유형은 우연히 발생될 수 있는 외부효과를 제대로 통제하지 못하는 단점이 있다. 기초선단계에서 개입단계로 전환되는 순간이 한 번뿐이고 이 시점에 다양한 외부적 사건들의 표적문제에 대한 영향을 고려하기 어렵기 때문이다. 하지만 다양한 사례에서 동일한 결과가 나타난다면 이는 외부적 사건이라기보다는 개입의 고유효과로 볼 수 있다.

② ABAB설계

ABAB설계는 앞에서 언급한 AB설계의 과정이 두 번 이루어진 것으로 하나의 기초선단계(A) 및 개입단계(B)가 이루어진 후 다시 하나의 기초선단계(A)와 개입단계(B)를 추가하게 된다. 이 설계는 기초선단계에서 발견한 표적문제가 첫 번째 개입단계에서 긍정적인 변화가 나타나고, 2차 기초선단계에서 개입이 멈추게 되면 표적문제가 1차 기초선단계 수준으로 돌아가게 되고 2차 개입이 이루어지면 표적문제의 긍정적인 변화가 다시 일어날 것을 예상하는 것이다.

ABAB설계는 AB설계에 비해서 우연한 사건의 영향을 적절히 통제할 수 있다는 것이 가장 커다란 장점이다. 하지만 1차 개입 이후 2차 기초선단계 과정에서 의도적으로 개입을 중단한다는 윤리적인 문제와 1차 개입의 효과가 2차 기초선단계에도 여전히 남아 있는 이월효과(비반전효과)로 인해 개입효과를 정확히 찾는 데 다소 어려움이 있다. 따라서 이러한 문제를 완화시키기 위해 가급적 1차 개입단계를 짧게 가지고, 2차 기초선단계에 반전이 나타나면 곧바로 개입을 시작하여 중단된 변화 경향을 이어 가도록 시도할 수 있다.

③ ABCD설계

ABCD설계는 하나의 기초선 단계에 여러 개입방법을 연속적으로 추가하여 변화 추이를 살펴보는 설계 유형으로 다중요소설계라고도 불린다. 기초선단계 이후 첫 번째 개입에서 일정 경향이 나타나면 다른 방법을 도입하고, 또다시 일정한 경향성이 나타나면 다시 다른 방법을 도입한다. 비행청소년의 비행성향 감소를 위한 서로 다른 세 가지 개입방법을 연속적으로 제공하면서 비행성향 변화를 측정한다면 바로 ABCD설계가 되는 것이다.

이 설계는 다양한 개입방법에 대해 기초선단계를 하나만 가짐으로써 매우 효율적일 뿐만 아니라 의도적으로 개입을 하지 않는다는 윤리적 문제를 고려하지 않아도 된다는 장점이 있다. 하지만 ABCD설계는 개입이 중단되어도 그 효과가 남아 있게 되는 이월효과나 다양한 개입이 연속적으로 이루어짐으로써 도입 순서에 따라 서로 다른 영향을 미칠 수 있는 순서효과가 나타날 수 있는 제한점이 있다.

④ 복수기초선설계

복수기초선설계는 하나의 동일한 개입방법(AB설계)을 다양한 대상이나 상황, 장소에 적용하여 같은 효과를 거둠으로써 개입효과를 추정하는 데 신빙성을 높이려는 방법이다. 기초선단계는 동시에 시작하지만 개입은 시기를 달리하여 표적문제의 변화가 외부의 영향이 아니라 개입효과인지를 확인할 수 있다. 즉, 설계에 포함된 대상이나 상황, 장소 중 표적문제의 변화가 개입시점과 다른 시점에 발생하게 된다면 이는 개입효과가 아니라 외부 환경의 영향으로 볼 수 있게 된다. 단, 개입시점을 달리하였어도 개입 이후 표적문제가 일관적으로 나타난다면 그것은 개입의 효과가 증명되는 것이다.

5. 외적 타당도

외적 타당도(external validity)는 연구에서 확인된 인과관계가 그 연구조건 외에도 일반화될 수 있는 정도로서 연구결과를 보다 많은 상황에 적용할 수 있는 것을 의미한다. 즉, 실험실 환경에서는 인과관계가 잘 확인되는데 실험실 외부에서는 인과관계가 입증되지 못한다면, 그 실험설계는 내적 타당도는 있지만 외적 타당도를 갖추고 있지는 못한 것으로 볼 수 있다.

내적 타당도가 높다고 해도 외적 타당도가 확보되는 것은 아니므로 외적 타당도 저해 요인을 고려하여 연구설계를 진행하는 것이 중요하다. 여기에서는 몇 가지 외적 타당도 저해 요인을 살펴본다(Campbell & Stanley, 1963).

(1) 표본의 대표성

어떠한 연구도 개입을 적용하기 위한 모든 대상을 포함할 수는 없기 때문에 전체 대상자 중 표본을 선정하여 연구를 진행하게 된다. 따라서 이 표본은 모집단을 대표할 수 있어야 하고 표본 외에도 연구환경이나 연구절차 등도 모집단의 상황과 유사해야 연구결과를 일반적인 상황에 적용할 수 있다.

지역사회 거주 장애인을 대상으로 하는 직업재활 프로그램의 효과가 검증되었다고 할 때, 시설생활 장애인에게도 프로그램의 효과가 나타날 것이라고 기대할 수는 없다는 것이 바로 표본의 대표성과 관련한 사례다.

(2) 사전검사와 독립변수 간의 상호작용

사전검사가 이루어지는 연구설계는 독립변수(개입)만의 영향 외에도 사전검사와 독립변수 간의 상호작용이 종속변수에 영향을 줄 수 있기 때문에 사전검사가 이루어지지 않는 상황으로 일반화하기는 어렵다. 사전검사가 독립변수와의 상호작용이 일어나는 경우는 주로 사전검사가 연구참여자들의 태도나 인식 등에 영향을 미치고 이것이 결국 종속변수까지 영향을 미치는 것이다.

비행청소년의 비행성향 감소 프로그램의 경우 사전검사에서 비행 성향을 측정한 후 비행성향 감소 관련 개입을 실시하여 효과성을 평가한다고 가정하자. 비록 사후검사에서 비행성향이 감소하였어도 개입 이외에 사전검사에서 비행성향에 대한 청소년들의 관심이 높게 되어 개입 프로그램에 보다 적극적으로 참여한 결과일 수도 있다.

(3) 연구참여에 대한 반응성

연구과정이 일반적인 상황과 달라서 연구참여자 자신이 연구에 참여하고 있다는 것을 인식함으로써 종속변수에 영향을 미쳤다면 이는 연구과정이 아닌 일반적 상황에는 적용할 수 없게 되는데, 이를 연구참여에 대한 반응성이라 한다. 이러한 반응성의 문제는 측정자가 연구대상자를 관찰하는 경우 더욱 크게 나타난다. 누군가가 지켜보고 있다고 생각하면 평소와는 다르게 행동하므로 이는 외적 타당성에 심각한 영향을 주게 된다.

반응성을 최소화하기 위해서는 연구과정에서 연구자가 자신의 의도나 기대를 연구참여자들이 인식하지 않도록 해야 하고, 연구조건을 최대한 일반적인 상황으로 설정함으로써 연구에 대해 덜 민감하게 해야 한다.

연습문제

01 다음은 어떠한 실험설계방법을 사용한 연구라고 볼 수 있는가?

> 50명의 청소년을 대상으로 자아존중감 향상 프로그램에 먼저 신청한 25명에 대해서 프로그램을 실시하였고, 25명은 프로그램을 실시하지 않았으며, 두 집단 모두에 대해 사전-사후 조사를 통해 비교하였다.

① 통제집단 사전-사후 실험설계
② 단일집단 사전-사후 실험설계
③ 비동일 통제집단설계
④ 단순 시계열설계
⑤ 복수 시계열설계

02 실험설계 방식에서 종속변수에 영향을 주는 독립변수의 효과를 무엇으로 지칭하는가?

① 시험효과
② 상호작용시험효과
③ 개입효과
④ 기타외생변수효과
⑤ 상호작용효과

03 다음은 실험설계 중 어떤 방법을 사용한 것인가?

> $O_1 \quad O_2 \quad O_3 \quad O_4 \quad O_5 \quad X \quad O_6 \quad O_7 \quad O_8 \quad O_9 \quad O_{10}$

① 단일집단 사전-사후 실험설계
② 통제집단 사전-사후 실험설계
③ 단순 시계열설계
④ 솔로몬 4집단설계
⑤ 복수 시계열설계

04 다음이 설명하는 실험설계는 무엇인가?

> 일반적으로 실험설계에는 개입효과 외에 시험효과와 상호작용시험효과, 기타외생변수효과가 뒤섞여 있다. 하지만 이 실험설계 방식은 현실적으로 어려움이 있긴 하지만 시험효과나 외생변수효과 등을 완전히 분리하여 순수개입효과만을 살펴볼 수 있다는 장점이 있다.

① 순수 실험설계
② 준 실험설계
③ 단일집단 사전-사후 실험설계
④ 통제집단 사전-사후 실험설계
⑤ 솔로몬 4집단설계

05 다음은 인과관계를 추리하는 방법 중 무엇을 설명한 것인가?

> A, B, C라는 요인에 의해 F라는 결과가 나타나고, A, B 요인에 의해서는 F라는 결과가 나타나지 않는다면, 요인 C는 결국 F라는 현상의 원인이다.

① 잔여법
② 공변법
③ 차이법
④ 일치법
⑤ 잉여법

06 다음은 인과관계를 추리하는 방법 중 무엇에 대한 설명인가?

> ABC와 abc 간의 관계에서 B는 b의 원인이고, C는 c의 원인이라는 게 이미 밝혀진 상황이라면 나머지 A는 a의 원인이라고 생각할 수 있다.

① 등치법
② 공변법
③ 차이법
④ 일치법
⑤ 잉여법

07 중학생 50명을 대상으로 청소년 캠프 프로그램을 실시하고 이후 캠프 만족도조사를 수행하여 캠프 프로그램의 만족도를 측정하였다. 이는 어떠한 실험설계 방식인가?

① 단일집단 사전-사후 실험설계
② 통제집단 사전-사후 실험설계
③ 단일집단 사후 실험설계
④ 통제집단 사후 실험설계
⑤ 솔로몬 4집단설계

08 다음 사례에 드러난 내적 타당도 저해 요인은 무엇인가?

> 학업성적이 매우 낮은 청소년을 대상으로 학습동기 유발 프로그램을 6개월 실시한 결과, 이 청소년의 학업성적이 전 과목에서 상승하였다.

① 우연한 사건 ② 성숙요인 ③ 검사요인
④ 도구요인 ⑤ 통계적 회귀

09 다음 중 외적 타당도 저해요인에 해당하는 것은 무엇인가?

① 우연한 사건 ② 검사요인 ③ 통계적회귀
④ 표본의 대표성 ⑤ 성숙요인

10 다음 중 단일사례설계에서 다루기가 적합하지 않는 내용은?

① 아동의 공격적 행동
② 청소년의 반사회적 행동
③ 알코올 중독자의 음주 행위
④ 노인의 취업 상태
⑤ 청소년의 학교 무단결석 행동

11 AB설계를 여러 상황 또는 여러 사람에게 적용하여 같은 효과를 얻음으로써 개입효과의 확신을 높이고자 하는 단일사례설계 유형은 무엇인가?

① AB설계 ② ABAB설계 ③ ABA설계
④ BAB설계 ⑤ 복수기초선설계

답

01 ③ 02 ③ 03 ③ 04 ⑤ 05 ③ 06 ⑤ 07 ③
08 ① 09 ④ 10 ④ 11 ⑤

해설

01 통제집단은 설정되어 있으나, 무작위할당이 이루어지지 않아서 동일한 집단이라고는 가정할 수가 없다. 따라서 비동일 통제집단이라고 볼 수 있다.

02 일반적으로 실험설계 과정에서 독립변수는 개입 또는 조작 행위로 볼 수 있기 때문에 독립변수의 효과는 개입효과로 지칭하게 된다.

03 독립변수 조작을 하기 전 일정 기간 동안 종속변수를 측정하고 있으며, 통제집단이 없으므로 단순시계열설계다.

04 순수실험설계방법에 비해 내적 타당도를 위협하는 대부분의 요소를 막아 주는 설계는 솔로몬 4집단설계이다.

05 어떤 현상에서 두 개 또는 그 이상의 사례에서 오직 한 개의 특성만 차이가 있고 다른 특성은 공통으로 가지고 있다면, 두 사례의 차이가 나는 한 가지 특성 때문으로 간주하는 방법은 차이법이다.

06 어떤 현상의 일부분에 대해 그 원인이 이미 널리 알려져 있다면, 그 현상의 나머지 부분이 나머지 조건의 원인이 될 수 있다고 보는 방법이다.

07 사전검사를 실시하지 않았고 통제집단이 없는 단일집단만을 대상으로 실험한 경우는 단일집단 사후 실험설계다.

08 종속변수의 값이 가장 높거나 낮은 극단적 대상을 실험집단으로 선택한 경우 독립변수의 효과가 없더라도 높은 집단은 낮아지고 낮은 집단은 높아지는 현상이 일어날 수 있는 것은 통계적 회귀다.

09 외적 타당도 저해 요인으로는 표본의 대표성과 사전검사 독립변수 간 상호작용, 연구참여에 대한 반응성이 있다.

10 단일사례설계에서는 조사대상이 가지고 있는 규명될 수 있는 문제를 해결하는 개입과 관련한 연구이므로 문제가 명확히 확인될 수 있어야 한다.

11 여러 상황이나 사람 또는 시점과 관련한 단일사례설계 유형은 복수기초선설계다.

용어정리

내적 타당도(internal validity) 어떠한 연구에서 종속변수의 변화가 원인으로 지목한 독립변수에 의한 것인지 아닌지에 대해 확신할 수 있는 수준을 의미

단일사례설계(single case design) 개인이나 가족, 소집단, 지역사회, 국가 등의 단일 단위를 대상으로 개입과 동시에 평가할 수 있는 방법

무작위화(randomization) 실험설계 과정 중 실험대상자를 실험집단과 통제집단으로 나누는 과정에서 확률적 방법을 통해 무작위로 배분하는 것

순수실험설계(true experimental design) 실험대상의 무작위화와 독립변수 조작, 결과비교 등의 실험설계 요소를 모두 갖추고 있어 내적 타당도 저해 가능성을 통제한 설계방법

실험설계(experimental design) 연구자가 독립변인을 조작·통제하고 이에 대한 영향을 받는다고 생각하는 종속변인을 관찰 또는 측정할 수 있는 과학적 연구조사방법

외적 타당도(external validity) 연구에서 확인된 인과관계가 그 연구조건 외에도 일반화될 수 있는 정도로서 연구결과를 보다 많은 상황에 적용할 수 있는 것

인과관계(causal relation) 어떤 변수가 원인이 되어 다른 변수의 변화에 영향을 미치는 관계

전 실험설계(pre experimental design) 실험대상에 대한 무작위화가 이루어지지 않아서 독립변수 조작에 대한 결과인지를 명확히 밝혀내기 어려운 설계

조작(manipulation) 연구의 주된 현상에 대한 원인을 연구자가 의도적으로 변화시키는 것

준실험설계(quasi experimental design) 일반적으로 유사실험설계라고도 부르며, 무작위할당, 독립변수 조작, 결과비교 중 한두 가지의 요소가 충족되지 않은 설계

참고문헌

강종수(2010). 사회복지조사방법론. 경기: 양서원.

송성자, 정문자(2002). 보호처분을 받은 비행청소년에 대한 해결 중심 집단프로그램의 효과성 연구. 한국사회복지학, 48, 302-332.

Bailey, K. D. (1982). *Method of Social Research* (2nd ed.). New York: The Free Press.

Bloom, J., Fisher, M., & Orme, J. G.(1995). *Evaluation practice: Guidelines for the accountable professional* (2nd ed.). Boston: Allyn and Bacon.

Braver, M. C., & Braver, S. L. (1988). Statistical Treatment of the Solomon Four-Group Design: Meta-Analytic Approach. *Psychological Bulletin*, *104*(1), 150-154.

Campbell, D., & Stanley, J. (1963). *Experimental and quasi-experimental designs for research*. Chicago: Rand McNally.

Cook, T. D., & Campbell, D. (1979). *Quasi-experimentation: Design and analysis issues for field settings*. Chicago: Rand McNally.

Helmstadter, G. C. (1970). *Research concepts in human behavior: Education, psychology, sociology*. New York: Appleton, Centyry, Crofts.

Polster, R., & Lynch, M. (1981). Single subject design. In R. Grinnell(Ed.), *Social Work Research and Evaluation*. Itasca, IL: Peacock.

제8장

욕구 조사와 평가 조사

학습목표

1 욕구의 개념과 의의에 대해서 학습한다.
2 욕구 조사의 필요성과 유형에 대해서 이해한다.
3 욕구 조사에 포함되는 내용을 학습하고, 실제 욕구 조사에서 사용되는 기술을 습득할 수 있도록 한다.
4 평가 조사의 의의와 사회복지조사에서의 평가 조사의 필요성을 이해한다.
5 다양한 평가 조사의 방법에 대해 학습한다.
6 평가 조사의 절차에 대한 이해를 바탕으로 실제 조사에서 사용되는 기술을 습득할 수 있도록 한다.

1. 욕구 조사

욕구 조사는 지역사회주민 또는 사회복지대상자의 욕구를 정확하게 파악하여 보다 나은 서비스를 제공하기 위해 이루어진다. 특히 욕구 조사는 조사대상자가 가지고 있는 정보를 파악하는 데 목적이 있는 일반적인 조사와 달리, 적합한 사회복지 프로그램을 개발하거나 기존 프로그램을 개선하는 등의 의사결정을 하는 데 필요한 정보를 수집한다는 점에서 특징이 있다. 따라서 정확하게 욕구를 파악하고 우선순위를 정하기 위한 조사방법에 대해서 숙지하는 것이 중요하다. 이에 이 절에서는 욕구 및 욕구 조사의 개요와 다양한 방법론에 대해 살펴본다.

1) 욕구의 개념

사회복지란 인간의 충족되지 않은 욕구를 충족시켜 줌으로써 이상적인 사회를 구현하려는 노력이다. 따라서 사회복지서비스를 제공하는 주체는 사회구성원의 충족되지 않은 욕구를 정확하게 파악해야 하며, 이를 토대로 프로그램이나 제도를 마련해야 한다. 즉, 욕구 조사(need assessment)는 클라이언트의 욕구를 정확하게 파악하여 효과적인 프로그램을 시행하기 위해 이루어진다고 볼 수 있다. 특히 현대 지역사회복지기관의 사회복지사로서 그 지역이나 서비스의 대상이 되는 표적 집단의 욕구를 파악하고 욕구의 우선순위를 분석하는 것은 매우 중요한 일이다. 욕구 조사는 보다 효과적인 서비스 제공을 위해 지역사회의 정보를 수집하는 작업이며, 욕구를 평가하고 우선순위를 정하는 것이다. 따라서 욕구 조사의 목적은 대상 집단의 욕구를 충족시키고, 사회문제를 해결하기 위한 프로그램이나 제도를 개발하고, 기관 운영의 기초가 되는 자료를 구축하는 데 있다(손병덕 외, 2012; 이익섭, 이윤로, 2005). 욕구 조사의 구체적인 기법을 살펴보기에 앞서, 욕구의 개념에 대해서 알아볼 필요가 있다.

욕구에 대한 정의는 다양하다. 일반적으로 욕구는 개인이나 집단이 인간의 생존과 성장 · 발전을 위해 필요하여 구하는 것을 말한다. Khan은 '욕구란 주어진 한 시점에서 개인이나 집단이 역할을 제대로 수행하고, 사회적 요구에 적절히 대응하며, 사회의 전반적 진행과정에 적절히 참여하고, 적절한 수준의 활동력 및 생산력을 유지하기 위해 필요하여 구하는 것'이라고 정의한다. 예를 들어, 음식, 주택, 의료서비스, 소득, 직업, 사회참여 등을 들 수 있다. 이러한 대상은 그 자체로는 욕구가 되지 않고, 개인이나 집단이 필요해서 이것들을 원할 때 비로소 욕구라 할 수 있다(김기원, 2001; 김성이, 채구묵, 1997; 남세진, 최성재, 1998; 성규탁, 1993).

Rubin과 Babbie(1993)는 욕구를 규범적(normative) 조건에서 규정되는지 혹은 요구적(demand) 조건에서 규정되는지에 관해 논하고 있다. 규범적으로 욕구가 정의되는 경우는 적절하고 바람직한 기준에 의해 욕구측정의 초점이 맞춰지는 것이라 할 수 있다. 즉, 서비스 제공자가 관심을 가지고 있는 클라이언트의 상황을 일반대상자와 비교하여 그들의 상황이 적절하고 바람직한지에 대해서 욕구

조사의 초점이 맞추어지는 것이다. 예를 들어, 빈곤지역주민은 그들의 건강관리에 대해 아무런 필요와 불만이 없더라도 이들을 위한 건강관리 프로그램이 개발되어야 한다고 생각할 수 있다.

한편, 요구적 조건으로 욕구를 규정한다면 스스로 욕구를 느끼거나 인식하고 있는 사람들만 개입 프로그램의 대상이 될 것이다. 앞에서 예로 들었던 빈곤지역주민은 정기적인 건강관리에 부정적인 사람들로서, 프로그램의 대상이 되지 않음을 보여 준다. 사람들은 프로그램에 참여하면서 받는 낙인에 대한 두려움 때문에 거부하거나, 자신들이 어떤 도움을 받을 수 있는지 이해하지 못하거나 혹은 다른 여러 가지 이유 때문에 프로그램을 거부할 수 있다. 빈곤지역주민의 건강관리 프로그램의 욕구를 측정할 때, 많은 사람이 질병이 발견되었을 때 추후 발생될 치료비에 대한 부담이나 생계유지를 위해 근로환경 및 시간이 열악한 곳에서의 근로활동으로 인한 지속적이고 규칙적인 관리에 대한 회의감 등을 표현하는 것을 볼 수 있다. 이 때문에 욕구를 요구적인 조건으로 규정하는 것은 어려운 문제라 할 수 있다(Rubin & Babbie, 1993).

2) 욕구의 유형

사회복지에서 욕구에 대해 가장 널리 알려진 것은 Maslow의 욕구단계이론(Hierarchy of Needs Theory)이다. 욕구에 대한 고전적인 분류인 Maslow(1954)의 5단계 구분을 살펴보면, 인간의 욕구는 생리적 욕구(physiological needs), 안전의 욕구(safety needs), 소속 및 사랑의 욕구(belongingness and love needs), 자아존중의 욕구(esteem needs), 자아실현의 욕구(self-actualization needs) 등 5단계로 구성되어 있다고 설명한다. 이러한 5단계의 욕구는 위계적 관계로서 전 단계의 욕구가 충족되어야 다음 단계의 욕구가 발생한다.

각 단계의 욕구에 대해 좀 더 자세히 살펴보면, 먼저 생리적 욕구는 의식주를 비롯한 생활의 기본적인 욕구를 말한다. 안전 욕구는 생리적 욕구가 충족되었을 때 나타나며, 사고로부터의 안전·보호로 설명할 수 있다. 소속 및 사랑의 욕구는 동료 간의 친밀감이나 정서적 만족을 추구하는 욕구를 말한다. 자아존중의 욕구는 타인이 자신을 무시하지 않기를 바라며 자신을 존중하고 싶은 욕구를 뜻한다. 자아실현의 욕구는 자신의 잠재력을 발휘하고 이상을 실현하려는 욕구를 말한다. 자아실현의 욕구는 성장의 욕구라 하며, Maslow는 이후에 성장의 욕구를 인식적 욕구(cognitive needs), 심미적 욕구(aesthetic needs), 자아실현욕구(self-actualization needs), 초월욕구(transcendence needs)로 다시 구분하였다. Maslow의 욕구단계별 내용은 [그림 8-1]과 같다.

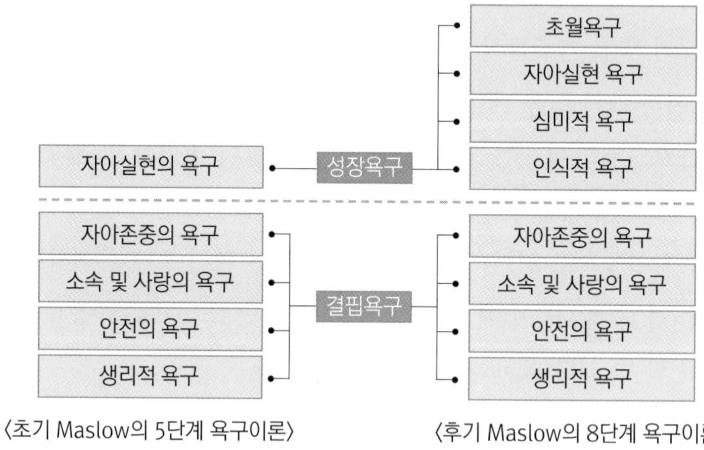

[그림 8-1] Maslow의 욕구단계이론

Bradshaw는 욕구인식의 기준에 따라 네 가지 유형으로 나누어서 규범적 욕구, 체감적 욕구, 표현적 욕구, 비교적 욕구로 구분한다.

(1) 규범적 욕구

규범적 욕구(nominative need)는 전문가들이 그들의 경험과 지식을 토대로 어떤 수준이 충족되어야 한다는 규범을 정하고, 이 규범과 현재 상태의 차이에 의해 파악된 욕구다. 전문가, 행정가 또는 사회과학자 등이 규정하는 표준적 · 전문적 기준에 의해서 욕구를 규정한다. 예를 들어, 암을 유발하는 흡연량의 기준을 전문가가 의학적으로 정하고, 이를 초과하여 흡연을 하는 인구가 많다면 그 지역에 금연 및 암 예방 프로그램이 필요하다고 판단하는 것이다. 규범적 욕구는 실제로 기준을 정하는 자에 따라 달라질 수 있으며, 사회나 사람 혹은 시간의 변화에 따라 달라질 수 있다.

(2) 체감적 욕구

체감적 욕구(felt need)란 사람들이 스스로 자신에게 무엇이 필요한지 느끼는 것이다. 즉, 당사자의 느낌에 의해 인식되는 욕구다. 이는 표적 집단의 구성원이 누구보다 자신의 욕구를 가장 잘 파악하고 있다는 전제에서 출발한다. 체감적 욕구는 주로 공개토론회나 사회조사 등을 통해 조사되는데, 욕구의 종류와 상태에 관해 직접 질문하여 파악한다. 체감적 욕구는 개인의 인식 정도에 따라 차이가 나기 때문에 객관성이 떨어진다는 단점이 있으나 개인에 따른 욕구의 차이를 살펴보거나 욕구의 개인적 의미를 탐색하는 데 도움이 된다.

(3) 표현적 욕구

표현적 욕구(expressed need)는 체감적 욕구가 행동으로 전환되어 나타난 것을 말한다. 표현적 욕구의 측면에서는 사람들이 요구(demand)하는 것이 욕구이며, 욕구의 정도는 얼마나 많은 사람이 서비스를 요청하는지에 따라 결정된다고 본다. 예를 들어, 특정 서비스에 대한 대기자 명단(waiting list)에 많은 사람이 있다면, 그 서비스에 대한 욕구가 많다고 판단할 수 있다.

(4) 비교적 욕구

비교적 욕구(comparative need)는 동일한 특징을 가진 사람들 간의 서비스의 수준 차이를 비교하여 파악된 욕구다. 어떤 집단에 제공되고 있는 서비스 수준이 다른 비교집단보다 떨어지는 것으로 파악될 경우, 그 집단에 서비스 제공의 변화가 필요하다고 판단하는 것이다. 비교적 욕구는 욕구사정의 기준이 외부에 있다는 점이 특징이라 할 수 있다(김영종, 2007; 최성재, 2005).

3) 욕구 조사의 의의

욕구 조사(needs assessment)는 지역사회주민이나 특정 집단을 위한 새로운 프로그램이나 정책을 개발하기 위해 이루어지거나 기존에 시행되던 프로그램이나 정책을 보완하기 위해 욕구의 수준과 종류를 파악하는 조사다. 욕구는 양적으로 측정하는 것이 일반적인 방식이나 질적으로 측정을 할 수 있으며, 양적 측정과 질적 측정을 혼합할 수도 있다.

욕구 조사는 여러 가지의 목적을 달성하기 위하여 이루어진다. 욕구 조사는 우선 주민이 필요로 하는 각종 서비스 또는 프로그램을 식별하여 우선순위를 정하기 위하여 실행되며, 프로그램 계획 단계에서 운영에 필요한 예산 기준을 마련하기 위해 이루어진다. 또한 현재 진행 중인 사업의 평가에 필요한 자료를 마련하기 위해 이루어지며, 프로그램을 수행하는 지역사회 내 기관들 간의 상호의존 및 협동 상황을 파악하기 위하여 욕구 조사가 이루어진다(Gates, 1980).

4) 욕구 조사의 필요성

욕구 조사는 대상 집단이 가지고 있는 욕구를 계량적으로 파악하기 위한 사회조사다. 조사대상자와 조사목적 등에 따라 욕구 조사의 필요성은 다르지만, 사회복지에서는 사회복지 프로그램에 대한 의사결정을 할 때 필요한 정보를 수집하는 데 목적이 있다. 욕구 조사의 일반적인 필요성을 정리하면 다음과 같다(김기원, 2001).

첫째, 기관 프로그램의 운영이 수혜대상자의 욕구를 바탕으로 수혜자 친화적인 방향으로 운영되기 위해 욕구 조사를 수행할 필요가 있다.

둘째, 기관운영을 체계적 · 전문적으로 수행하기 위해 필요하다. 프로그램이나 정책을 실행하기 전에 대상 집단의 욕구를 파악하여 이를 반영하고, 실제 프로그램이나 정책 실행 후 대상 집단의 욕구를 얼마나 충족시켰는지 결과를 평가함으로써 기관운영의 전문성을 확보할 수 있다.

셋째, 기관자원을 효율적으로 활용하고, 체계적으로 조직화하기 위해 욕구 조사가 필요하다. 욕구 조사를 실시하여 대상 집단의 욕구의 종류와 정도, 우선순위를 파악하고 이를 통해 프로그램의 상대적 우선순위를 정한다. 이에 따라 기관의 가용자원을 배정함으로써 기관자원을 효율적으로 사용할 수 있다.

넷째, 빠르게 변화하는 환경변화에 대응하기 위해 욕구 조사가 필요하다. 사회가 변화함에 따라 대상 집단이 가지는 욕구도 변화한다. 이를 파악하기 위해 욕구 조사를 실시하여 변화된 욕구를 파악하고, 이를 프로그램이나 정책에 반영하여 융통성 있고 시의적절하게 이루어질 수 있도록 한다.

다섯째, 기관의 정체성을 확립하고 조직의 정당성을 마련할 수 있다. 욕구 조사결과를 바탕으로 기관에서 중점을 두어야 할 사업이 무엇인지 인식함으로써 기관의 정체성과 조직의 정당성을 확보할 수 있다.

여섯째, 욕구 조사를 통해 기관의 활동과 사업을 대상 집단이나 지역사회에 홍보할 수 있다.

5) 욕구 조사에 포함될 내용

일반적으로 욕구 조사에 포함되는 내용은 다음과 같다(김기원, 2001).

(1) 기초자료

기초자료는 지역사회나 집단의 일반적인 특징에 관한 정보를 제공한다. 예를 들어, 연령, 성별, 종교, 소득수준, 국민기초생활보호대상자 등이다. 이들은 통계 자료분석 시 통제변수(control variable) 등으로 활용된다.

(2) 욕구파악을 위한 자료

욕구파악을 위한 자료는 새로운 서비스를 개발하거나 기존의 서비스를 평가하기 위해 필요한 자료다.

① 현재의 삶의 상태를 파악하는 자료

사회, 경제, 교육, 건강, 고용, 개인적 상태를 파악하는 자료가 포함된다. 대상 집단의 다양한 생활영역에서의 상태를 파악하고, 가정한 바람직한 상태와의 비교를 통해서 욕구 수준을 측정한다. 현재 대상 집단의 수준은 프로그램이나 정책이 시행된 후 대상 집단의 삶의 수준과 비교하여 이들 프로그램이나 정책의 효과성을 평가하는 데 활용한다. 예를 들어, 국민기초생활보호대상자의 월평균 소득액, 건강상태 정도, 고용 여부 등에 관한 자료라 할 수 있다.

② 기존의 프로그램이나 정책대안을 평가하기 위한 자료

기존에 시행되고 있는 프로그램이나 정책을 평가하기 위해 이에 대한 이용도, 인지도, 경제적 부담 정도 등을 파악하기 위한 정보를 제공한다. 이러한 정보 등을 통해 프로그램이나 정책 등의 부족한 점을 보완하고 문제점을 개선하고자 한다. 또한 새로운 프로그램을 개발하거나 서비스 개선을 위한 방안을 강구하는 데 활용될 수 있다. 예를 들어, 프로그램이나 정책에 대해 들어본 적이 있는지, 내용에 대해 알고 있는지, 프로그램을 이용하면서 장애요소는 없었는지 등에 관한 자료다.

③ 신규 프로그램이나 정책대안을 개발하기 위한 자료

대상 집단이 가지고 있는 욕구가 무엇인지를 파악하고, 이들 욕구의 우선순위를 파악한 후, 새로운 프로그램이나 정책대안을 수립하기 위해 얻는 자료다. 예를 들어, 빈곤층이 밀집한 지역사회를 대상으로 어떤 심각한 문제가 있는지, 장기적 · 단기적으로 어떤 서비스를 필요로 하는지, 소득수준별 계층에 따라 가지고 있는 욕구가 무엇인지 등에 관해 파악하여 신규 프로그램이나 정책대안을 개발하는 데 활용하는 자료다.

(3) 사회자원을 활용하기 위한 자료

프로그램이나 정책대안을 개발하고, 개발 이후 보다 효율성과 실현 가능성을 높이는 데 기여할 수 있는 자료다.

① 의사소통망에 관한 정보

프로그램이나 정책대안의 내용을 전달할 수 있는 공식적 · 비공식적 의사소통망을 파악해야 한다. 예를 들어, 지역사회의 통장 · 반장 회의, 읍 · 면 · 동사무소, 지역사회 방송사 및 신문사, 사회복지관, 교육기관, 종교기관, 시민단체 등에 관한 자료다.

② 지역사회 자원에 관한 정보

프로그램이나 정책대안의 실행을 위해서 활용할 수 있는 지역사회 자원을 파악해야 한다. 집단 또는 지역사회의 욕구뿐만 아니라 욕구를 충족시키기 위한 자원도 프로그램이나 정책대안의 실행을 위한 중요한 요소이며, 이에 대한 파악이 이루어져야 한다. 예를 들어, 경제적인 후원을 할 수 있는 기관과 개인이 있는지, 지역사회의 공적 재원은 충분한지, 서비스를 제공할 수 있는 전문인력은 있는지, 프로그램을 실시할 시설이 있는지 등에 관한 자료다.

6) 욕구 조사의 종류

욕구 조사는 이를 행하는 사회복지기관 및 프로그램의 형태에 따라 클라이언트 중심 욕구 조사, 서비스 중심 욕구 조사, 지역사회 중심 욕구 조사로 나눌 수 있다(김기원, 2001).

(1) 클라이언트 중심 욕구 조사

클라이언트 중심(client oriented) 욕구 조사는 특정 집단을 대상으로 프로그램이나 정책대안을 제공하기 위하여 실시되는 조사다. 예를 들어, 여성, 노인, 기초생활수급자, 장애인 등과 같은 특정 대상을 위한 프로그램이나 정책대안을 제공하기 위해 실시하는 조사다. 클라이언트 중심 욕구 조사는 우선 대상 집단을 정하고, 집단 구성원들이 현재 충족하고 있지 못하는 것들이 무엇인지, 어떤 문제가 있는지를 확인한다. 이 조사를 통해 구체적인 프로그램이나 정책대안의 계획을 세우고, 서비스 제공의 수준을 결정한다.

(2) 서비스 중심 욕구 조사

서비스 중심(service oriented) 욕구 조사는 자활사업, 보건의료서비스 등과 같은 특정 서비스를 제공하고 있는 기관에 의해 실시되는 조사다. 서비스 중심 욕구 조사는 특정 집단을 대상으로 문제를 해결할 수 있는 시설과 인력을 갖추고 있을 때, 특정 집단의 욕구와 문제 유형, 심각성 정도를 파악하기 위해 조사를 실시한다. 이 조사의 결과를 토대로 서비스의 수준을 결정한다. 예를 들어, 청소년복지관에서 청소년을 대상으로 학업 스트레스 및 따돌림의 상담 프로그램에 대한 욕구를 조사하고, 결과를 토대로 청소년 상담 프로그램을 계획 및 수정하는 것이다.

(3) 지역사회 중심 욕구 조사

지역사회 중심 욕구 조사는 클라이언트 중심 조사와 서비스 중심 조사를 통합한 것으로 지역사회주민의 욕구를 파악하고, 욕구의 우선순위를 확인한 후, 구체적인 서비스를 어느 수준으로 제공할 것인가를 결정하는 것이다. 지역사회 주민의 욕구에 대한 포괄적인 정보를 얻을 수 있지만, 지역사회의 대상이 광범위할 경우 조사를 실시하는 데 어려움이 있다.

7) 욕구 조사의 자료수집방법

욕구 조사의 자료수집방법은 여러 가지가 있다. 욕구 조사를 위한 자료수집방법에는 지역사회공개토론회, 주요 정보제공자 조사, 서비스 이용자 조사, 사회지표 조사, 델파이 기법, 초점집단 등이 있다. 조학래(2020)는 욕구 조사의 자료수집방법을 크게 직접적인 자료수집방법과 간접적인 자료수집방법으로 구분한다.

(1) 직접적인 자료수집방법

① 일반인구 조사방법

일반인구 조사방법(general population survey)이란 조사대상 지역의 지역주민 중에서 대표할 수 있는 표본을 선정하여 면접이나 설문 조사를 시행하여 욕구를 측정하는 방법이다(조학래, 2020). 지역 내 일반적인 특성을 묻는 기초자료와 기존 서비스의 평가 및 새로운 서비스의 개발을 위한 자료가 될 질문, 지역사회의 가용자원에 관한 문항을 포함해야 한다. 일반욕구 조사방법을 통해 얻을 수 있는 정보는 다음과 같다.

- 주민 개인이 인지하고 있는 문제
- 다수의 개인이 느끼는 욕구, 즉 사회문제
- 문제를 가진 개인들의 특성
- 개인이 이용할 수 있는 서비스

- 서비스를 이용할 의사나 장애가 되는 요인
- 지역사회에서 원조를 하고 있는 기관(개인)의 정보

② 표적인구 조사방법

표적인구 조사방법(target population survey)은 프로그램 제공을 통해 문제해결의 대상으로 삼는 표적 집단에 설문 조사를 실시하여 욕구와 서비스 이용 상태를 파악하는 기법이다. 이러한 표적집단을 통해 얻을 수 있는 정보는 다음과 같다.

- 표적집단이 갖는 문제나 욕구
- 표적집단이 이용할 수 있는 서비스의 파악 등이다.

③ 초점집단 조사방법

초점집단(focus group) 조사방법은 욕구 조사를 위한 의견 수렴을 하기 위해 10명 이내의 관련자를 대상으로 집단을 만든 다음 자유로운 토론을 통하여 필요한 정보를 얻는 방법이다. 초점집단의 대상자는 목적에 따라 클라이언트 또는 사회복지사 등으로 구성될 수 있다. 이 기법은 소규모 집단을 대상으로 자료를 수집한다는 점에서 델파이 기법과 유사하지만, 조사자가 참가자와 직접 대면하여 정보를 수집한다는 점과 의견의 일치가 아닌 다양한 욕구를 파악한다는 데 차이점이 있다.

초점집단은 비용이 적게 들고 단시간에 비교적 타당도가 높은 자료를 수집할 수 있다는 장점이 있는 반면, 참가자 집단을 구성해 회합을 갖도록 조정하는 것이 쉽지 않고, 그룹 참가자에 대한 통제와 참가자의 주체적인 의견 개진을 유도하는 것이 어렵다는 단점이 있다. 초점집단의 진행은 다음과 같이 진행된다(원석조, 2012).

첫째, 목표의 설정 및 질문의 작성 단계다. 초점집단을 통해 해결하고자 하는 분명한 목표를 설정하고, 토의에 필요한 질문을 만든다. 질문은 논의되어야 할 이슈에 대한 개방형 질문으로 구성한다.

둘째, 참가자의 선발이다. 조사 이슈와 관련한 클라이언트나 사회복지사 등과 같이 이슈에 관해 적절한 의견을 제시해 줄 수 있는 사람들을 참가자로 선발한다. 또한 토론에 주체적이고 활발하게 참여할 수 있는 사람을 고려한다.

셋째, 토론을 진행한다. 토론이 진행되는 장소는 외부의 방해가 없는 곳으로 선택해야 하며, 조정자(조사자)는 참가자들이 자유롭게 의견을 개진하도록 진행하여야 한다. 토론의 내용은 녹음기, 캠코더 등을 통해 기록해 두어야 한다.

넷째, 자료의 분석 및 해석이다. 집단 토론을 통해 수집된 자료는 질적 자료 분석의 과정을 거쳐 해석된다.

다섯째, 보고서 작성이다. 분석 및 해석된 자료를 바탕으로 보고서를 작성한다.

④ 델파이 기법

델파이 기법(Delphi technique)이란 지역사회의 어떤 문제에 대해 전문가들의 합의점을 찾는 방법이다. 지역사회 리더와 전문가로 구성된 패널을 대상으로 지역사회 현안에 대한 설문 조사를 실시하되 패널들의 의견이 일치될 때까지 의견을 수렴하는 기법이다(원석조, 2012). 델파이 기법은 무기명으로 1차 설문에 대한 응답을 정리하고, 2차 설문에서 1차 응답 내용을 확인하는 방식으로 진행된다. 델파이 기법은 광범위하고 장기적인 정책이나 프로그램을 계획하는 데 사용되며, 응답을 통해 다양한 욕구를 파악할 수 있는 장점이 있다.

델파이 기법에 대한 구체적인 방법은 다음과 같다. 첫째, 전문가를 선정하여 패널을 구성한다. 둘째, 델파이 설문지를 작성한다. 셋째, 델파이 설문지를 발송하고 수거한다. 넷째, 회수된 설문지를 정리하고 분석한다. 설문지를 통해 합의된 부분과 합의되지 않은 부분으로 나눠서 정리하고 분석한다. 다섯째, 2차 설문지를 작성해 발송하고 회수한다. 설문지에는 1차 설문지에 담긴 다른 전문가의 아이디어 목록을 작성해서 발송하며, 1차 분석의 결과를 참조하여 의견을 묻는다. 여섯째, 회수된 응답을 재분석한다. 일곱째, 패널들이 일정 정도의 합의점을 도출할 때까지 이러한 절차를 반복한다. 델파이 기법의 구체적인 절차는 [그림 8-2]와 같다.

델파이 기법은 익명으로 이루어진다는 점에서 특정인의 영향을 줄일 수 있고, 응답자의 시간을 효율적으로 이용할 수 있다는 장점이 있다. 단점은 패널들

구분	내용
델파이 조사팀 구성	- 조사팀은 델파이 전 과정에서 과정을 조정, 패널과의 의사소통, 패널에서 정보 요청, 자료 수집의 역할 담당 - 조사팀은 평가의 조정자 역할
패널의 구성	- 지역사회 혹은 관련 문제에 대해 이해관계에 있는 사람으로 구성 - 조사팀은 패널에게 조사의 목적과 절차, 결과 활용에 대해 설명해야 함
델파이 설문지 작성	- 패널의 의견을 이끌어 낼 수 있는 설문지 작성 - 설문지는 되도록 간결하게 작성해야 함
델파이 설문지의 발송 · 수거	- 패널에게 설문지 발송 - 설문지 회수
회수된 설문지의 정리 · 분석	- 회수된 설문지를 정리하고 분석 - 설문지의 내용을 요약 · 정리 - 분석 시 조사자의 주관적인 의견이 반영되면 안 되며, 패널의 의견 그대로를 정리하고 분석해야 함
2차 설문지의 작성 · 발송 · 회수	- 2차 설문지를 패널에게 발송 - 1차 설문지의 패널 의견을 정리한 것을 같이 발송하고, 이에 대해 패널이 의견을 제시할 수 있도록 함
조사의 종료 및 보고서 작성	- 이러한작업을 거쳐 패널들이 완전히 합의한 아이디어가 도출되었다면 조사를 종료 - 조사를 통해 얻어진 자료를 바탕으로 보고서를 작성 - 패널이 의견이 합의되지 않았을 경우 3차 설문지 작성 · 배포 · 수거 · 분석의 과정을 거침 - 완전한 합의된 아이디어를 도출할 때까지 반복

[그림 9-2] 델파이 기법에 의한 자료수집 과정

이 일정 정도의 합의점을 도출할 때까지 반복한다는 점에서 시간이 많이 걸릴 수 있으며, 극단적인 의견은 합의된 의견 도출을 위해 제외되는 경향이 있다(김기원, 2001; 원석조, 2012).

⑤ 지역사회공개토론회

지역사회공개토론회(community forum)는 지역사회의 다양한 구성원에게서 정보를 얻는 방법으로 자유롭게 견해를 표현할 수 있는 모임을 계획하고, 그 비용을 부담하게 된다. 수집될 정보의 내용이 사전에 공개되지 않고 진행되기 때문에 자유로운 분위기에서 다양한 지역사회의 의견이 도출될 수 있다는 장점이 있다. 또한 이 조사방법은 다른 방법에 비해 적은 비용으로 지역사회에 대한 정보를 얻을 수 있다는 장점이 있다. 한편, 지역사회공개토론회는 토론회에 참여하는 사람들이 지역을 대표하지 못할 가능성이 있으며, 토론회에서의 토론 과정을 적절히 통제하지 않을 경우 개인이 자유롭게 의견을 개진하지 못하거나 도출되는 의견이 방만하거나 지엽적으로 될 단점이 있다.

⑥ 주요 정보제공자 조사

주요 정보제공자 조사(key informant method)는 지역사회에서 오랫동안 거주 또는 활동하여 지역사회의 사정에 대해 잘 알고 있는 사람들이나 대상 집단의 문제해결을 위해 지역사회에서 장기간 활동하였던 사람들을 대상으로 지역사회의 욕구를 조사하는 방법이다.

이 방법의 장점은 비용이 적게 들며 빠르고 쉽게 표본을 얻을 수 있다. 또한 조사를 진행하면서 문제와 관련된 지역사회 자원과 연계성을 구축할 수 있으며, 전반적 시각을 얻을 수 있다(이윤로, 2003). 하지만 단점은 정보제공자를 선정하는 과정에서 표집자 편의현상이 나타날 수 있고, 이들의 전문성이 부족한 경우도 있다. 또한 전문가가 지적하는 문제가 일반적인 지역사회의 욕구가 아닌 특정집단의 욕구인 경우도 있다.

⑦ 서비스 이용자 조사

서비스 이용자 조사는 과거 혹은 현재의 서비스 이용자를 대상으로 조사하는 방법이다. 즉, 지역사회의 잠재적 서비스 욕구를 추정하기 위해 이미 서비스를 받고 있는 클라이언트의 규모나 성향에 기반을 두고 조사하는 것이다.

서비스 이용자 조사는 성별, 연령, 거주지역 등과 같이 이용자의 개별 기록을 이용하여 지역사회의 욕구를 파악할 수 있다. 이러한 이용자의 일반적인 특성 외에도 이용자의 문제, 제공된 서비스, 개입 빈도 및 기간 등에 대해 분석함으로써 지역사회의 욕구를 파악할 수 있다.

반면, 조사의 대상이 서비스를 이용한 사람이나 이용하고 있는 사람들을 대상으로 이루어지기 때문에 지역사회의 전체적인 욕구를 반영하지 못할 가능성이 있다. 또한 서비스 이용자에 대한 정보는 비밀보장의 원칙 때문에 외부에서 자료에 접근하는 것이 쉽지 않다(김영종, 2007; 김태성 외, 2012).

⑧ 명목집단 기법

명목집단 기법(nominal group technique)은 소수의 집단이 공동의 문제나 질문에 대해 우선 각자 나름대로 제안이나 해결책을 제시하고 나중에 그들의 제안을 공유하는 기법이다(〈표 8-1〉 참조). 이러한 명목집단 기법은 해결해야 하는 욕구나 문제에 대한 공유된 이해를 형성 또는 조장하기 위해 사용된다. 명목집단 기법에서는 참가한 자가 누구인지 서로 알 수 있으며, 서로 의견 전달을 직접 할 수 있다. 참가자가 누구인지 모르며 물리적으로 떨어진 상황에서 진행되는 델파이 기법과는 차이가 있다.

표 8-1 명목집단 기법의 제시된 문제와 참여자의 순위

제기된 문제	재휘의 순위	강휘의 순위	서휘의 순위	시원이의 순위	주하의 순위	평균 점수	최종 순위
쓰레기 불법투기	4	1	3	5	3	3.2	3
빈곤가구의 증가	1	3	2	2	1	1.8	1
미세먼지의 증가	3	2	1	4	5	3.0	2
주택부족 문제	2	4	4	3	4	3.6	5
노숙자의 증가	5	5	5	1	2	3.4	4

(2) 간접적인 자료수집 방법

① 사회지표 조사

사회지표 조사는 사회적 지표를 이용하는 것으로 이차 자료(secondary data)인 기존의 통계자료를 분석하여 정보를 얻는 방법이다. 이 조사는 인구조사자료나 국민건강영양조사와 같이 일정한 지역이나 대상 집단의 생활 및 건강 상태나 문제에 대한 공공기록을 바탕으로 욕구를 측정한다. 사회지표는 지리적 범위에 따라 전국지표, 시지표 등으로 나누어질 수 있으며, 대상별로는 장애인, 청소년, 노인 등으로 나누어질 수 있다. 사회지표 조사는 객관적이고 신속하며 비용이 저렴하다는 장점이 있다. 그러나 분석 자료의 신뢰성이 확보되지 않을 경우 문제가 된다.

② 행정자료 조사(2차적 자료분석)

지역사회의 사회복지기관이나 협회, 연구소 등 사회단체에서 행정 및 관리를 위해 수집한 자료를 분석하여 욕구를 파악하는 방법이다. 사회복지기관에서 제공된 서비스 이용 현황 등 서비스 통계를 이용하여 욕구를 파악하는 방법도 행정자료 조사에 속한다.

2. 평가 조사

평가 조사는 욕구 조사와 더불어 최근 사회복지 연구자에게 관심을 받고 있으며, 기본적으로 서비스의 전달에 초점을 두고 이를 개선하려는 목적에서 수행된다. 평가 조사는 사회복지 실천이 효과적임을 보장하는 도구가 되며, 사회복지 실천이 투명하게 이루어지고 있음을 사회 조사의 과정을 활용하여 보여준다. 평가를 통해 사회복지사는 보다 효과적 · 효율적인 프로그램 수행이 가능하기 때문에 이를 위한 조사방법에 대해 숙지하는 것이 중요하다. 따라서 이 절에서는 평가 조사의 개념 및 의의, 다양한 방법론 그리고 수행과정에 대해 살펴본다.

1) 평가 조사의 개념 및 의의

평가 조사(evaluation research)는 개입기술과 프로그램이 본래의 목적에 맞게 수행되었는지 그 효과성을 측정하는 응용 조사다. 평가 조사는 특정 개입기술이나 프로그램을 향후에도 계속 실시할 것인지를 결정하기 위해 개입기술이나 프로그램이 목표하는 것을 어느 정도 달성하였는지를 측정하는 조사방법이다.

평가 조사의 평가대상에는 개인, 집단 프로그램, 기관 및 조직체 등이 포함될 수 있으나, 개인 또는 집단에 대한 개입의 효과성을 평가하는 조사를 단일사례연구(single subject study) 조사라 부르는 것이 일반적이다. 또한 프로그램이나 기관 및 조직체의 효과를 평가하는 조사를 사업평가(program evaluation) 조사라고 한다(김치영, 2007).

평가 조사는 기본 조사와 방법론상에 있어서 다음과 같은 공통점이 있다. 첫째, 평가 조사와 기본 조사 모두 조사연구의 목적과 관련하여 가장 적합한 자료수집방법을 사용할 수 있다. 즉, 면접법, 질문지법 등 조사목적에 맞게 다양한 형태의 자료수집방법을 이용할 수 있다. 둘째, 평가 조사와 기본 조사 모두 변수 간의 인과관계를 규명하는 데 목적이 있다. 즉, 평가 조사는 평가하고자 하는 프로그램과 관련되는 변수들의 인과관계에 초점이 있으며, 기본 조사는 연구자가 선택한 변수 간의 인과관계에 관심이 있다. 따라서 두 조사 모두 변수 간의 인과관계에 초점을 두고 있는 것은 공통점이다.

이러한 공통점이 있는 반면에 평가 조사는 방법론상에 있어서 몇 가지 차이점을 가지고 있다. 첫째, 기본 조사는 주로 이론 형성이 주된 목적인 순수 조사인 반면, 평가 조사는 조사결과를 사회에 응용하는 것을 목적으로 하는 응용 조사다. 둘째, 기본 조사는 조사자의 관심에 의해 조사문제를 설정하지만, 평가 조사는 사회복지사나 클라이언트가 프로그램의 의도하는 목표를 달성했는지를 알아보기 위해 조사문제를 설정한다. 셋째, 기본 조사는 사실의 발견에 관심을 가지는 반면, 평가 조사는 기준과 사실을 비교하는 데 관심을 가진다. 넷째, 기본 조사에서는 조사자가 조사절차나 프로그램을 통제할 수 있는 반면, 평가 조사는 조사자가 평가목적을 위해 통제하기가 어렵다. 다섯째, 일반적인 경우 기본 조사의 결과는 공개하는 반면, 평가 조사의 결과는 공개하지 않는다(김치영,

2007; 이창희 외, 2010).

2) 평가 조사의 목적

평가 조사는 단일사례 조사와 사업평가 조사를 모두 포함하는데, 여기에서는 사업평가 조사를 중심으로 평가 조사의 목적을 다루고자 한다.

(1) 정보제공의 목적

평가 조사는 정보제공의 목적이 있다. 평가는 프로그램의 유지, 중단, 축소, 확대 여부를 결정하는 데 필요한 정보를 제공하며, 또한 프로그램의 보다 효율적인 운영을 위해 필요한 정보를 제공한다.

(2) 책임성 이행의 근거를 찾는 목적

평가 조사는 기관운영의 책임성 이행의 목적이 있다. 예산을 포함한 인적·물적 자원을 목적에 맞게 사용하였는지, 기관의 목적을 얼마나 달성하였는지 등에 대한 효율성과 효과성을 평가하여 이를 기반으로 책임성 이행의 근거를 마련한다.

(3) 이론 형성의 목적

평가 조사는 이론 형성에 기여한다. 프로그램의 실시 전-후 차이를 비교하여 프로그램이 어떤 영향을 미쳤는지 평가함으로써 인과관계를 검증하여 이론화할 수 있다.

(4) 프로그램 진행과정과 전달체계 개선

평가 조사는 진행과정을 평가하는 형성평가를 통해 프로그램의 저해요인을 개선하는 근거를 제공한다. 또한 전달체계를 평가하여 서비스가 지체되거나 클라이언트의 접근성이 어렵거나 목적과 다르게 진행될 때 서비스 전달이 원활하게 이루어지도록 개선하는 데 기여할 수 있다.

(5) 합리적인 자원배분

평가 조사는 자원의 합리적 배분을 위해 실시한다. 그리고 평가결과를 토대로 효과적인 프로그램과 그렇지 않은 프로그램을 선별하여 자원을 차등적으로 할당하는 근거로 사용된다.

3) 평가 조사의 기준

평가 조사의 기준은 프로그램 평가를 위한 준거 내지 척도를 의미한다. 프로그램의 성공과 실패 여부를 판단하기 위해 프로그램의 어느 부분을 평가의 대상으로 정해야 할지에 대한 기준이다. 이러한 기준에 대해 Tripodi(1983)와 Patti(1983)는 노력성, 효과성, 효율성을 제시하였다. Bennett와 Weisinger(1977)는 노력성, 효과성, 효율성, 서비스의 질 등 네 가지를 제시하였고, York(1982)는 노력성, 효과성, 효율성, 서비스의 질, 과정, 영향, 형평성 등 일곱 가지를 기준으로 제시하였다. 자세한 평가 기준을 프로그램 평가의 대상이 되는 요소를 중심으로 살펴보면 〈표 8-2〉와 같다(양성관 외, 2014)

표 8-2 평가 조사의 기준과 정의, 요소

기준	정의	평가 요소
노력성	프로그램 활동의 양	• 프로그램의 투입요소와 이의 전환 과정 - 당위활동의 수 - 이용자 수 - 전문지식과 기술의 소유와 활용 정도 - 프로그램 예산 및 자원 - 프로그램 기간 및 하위활동 단위기간 - 프로그램 활동 전문인력 투입시간
효과성	프로그램 목표의 달성 정도	• 목표달성과 프로그램 노력과의 인과관계 - 이용자의 인지적 · 감정적 변화 - 이용자의 행동 변화 - 이용자의 사회적 변화
효율성	산출 대비 비용 정도	• 서비스 단위 산출당 소요비용 - 프로그램 노력에 대한 비용 - 프로그램 결과에 대한 비용

영향	사회문제나 이용자 변화에 미친 영향	• 프로그램 노력과 사회적 지표변화의 관계 - 위기집단과 표적집단 내에서의 변화 정도 - 사회지표상 변화에 대한 실증적 기대 정도
서비스의 질	프로그램의 전문성	• 프로그램 제공자의 전문성 - 세부목표들의 달성 정도와 연계성 - 세부목표와 프로그램 결과 사이의 영향 정도 차이
과정	프로그램 결과의 경로	• 프로그램 운영상의 매개체 - 세부목표들의 달성 정도와 연계성 - 세부목표와 프로그램 결과 사이의 영향 정도 차이
형평성	프로그램 배분의 공정성	• 프로그램의 접근성 - 대상 집단에게 동일한 접근 기회가 주어지는 여부와 그 정도 - 프로그램 활동이 지역 내에 균등하게 배분되는 정도

출처: 양성관 외(2014).

4) 평가 조사의 종류

평가 조사는 그 목적에 따라 그 종류가 다양하다. 평가를 실시하는 목적 및 방법, 평가하는 주체, 평가규범, 평가대상, 평가시점 등을 중심으로 구분할 수 있다. 평가목적에 따라 성과평가, 형성평가, 효율성평가, 과정평가, 투입자원평가로 분류된다. 평가방법에 따라서 양적 평가 및 질적 평가로 분류되며, 평가주체에 따라 자체평가, 내부평가, 외부평가로 분류된다. 또한 평가시점에 따라 사전평가와 사후평가로 분류할 수 있다(손병덕 외, 2012; 이익섭, 이윤로, 2005).

(1) 평가목적에 따른 분류

① 성과평가

성과평가(outcome evaluation)는 시행된 프로그램이 의도한 목표를 결과적으로 만족시켰는지, 프로그램으로 인해 뜻하지 않은 역효과는 없었는지를 평가하는 것이다. '목표달성 평가모델(objective oriented evaluation model)'이라고도 부른다. 이 평가는 설정된 프로그램의 목표와 실제 성취된 결과를 비교하여 프로그램의 성공 여부를 판단하게 된다(원석조, 2012). 목표달성 평가모델은 일반적으로 내적 타당도가 큰 실험모델을 사용하고 정밀하고 객관적인 양적인 측정방법을 사용한다. 프로그램 이용자를 실험집단과 통제집단으로 하여 결과의 변이 여부를 판단한다. 이와 같은 집단비교 외에 시계열설계, 단일사례설계, 유사실험설계를 사용하여 결과를 측정할 수 있다(Rubin & Babbie, 2008: 이익섭, 이윤로, 2005 재인용).

성과평가는 프로그램 목표의 성공 여부를 진단하는 것이기 때문에 프로그램의 목적과 직접적으로 연관된 실제적 변화가 무엇인지, 변화를 가져오기 위해 실제적으로 필요한 것이 무엇인지를 파악하는 것이 중요하다. 또한 프로그램의 목표는 단기 · 중기 · 장기로 구분될 것이므로 프로그램 시행으로 인해 즉각적으로 생기는 변화, 중반에 생기는 변화, 궁극적으로 프로그램에 의해 생기는 변화에 대한 측정이 이루어져야 한다(손병덕 외, 2012). 그러나 목표달성을 평가하는 방법론에 대한 다음과 같은 비판적인 시각도 존재한다.

첫째, 프로그램의 목표와 목표달성 지표를 결정하는 것이 잘못될 수 있다. 때로는 프로그램의 목표는 정치적인 이유나 프로그램 자금 등의 이유로 과장되게 설정되기도 한다. 이런 경우에는 목표달성에 대한 평가가 부정적으로 나온다는 주장이다. 과장되게 서술된 목표에 대한 평가는 필연적으로 부정적인 평가의 결과로 이어지기 때문에 목표달성을 평가하는 방법은 때로는 적절하지 않을 수 있다.

둘째, 목표달성을 측정을 위한 지표를 설정하는 데 있어 평가자들 간의 일치점을 찾기 어렵다. 프로그램이 추구하는 구체적인 목표는 설정되어 있으나 이에 대한 결과를 측정하기 위한 지표는 다양할 수 있기 때문에 이에 대한 평가자의 합의를 이끌어 내는 것은 어렵다. 예를 들어, 빈곤 청소년 지원 프로그램의 경우, 프로그램의 목표는 청소년의 빈곤을 예방하여 좀 더 많은 미래의 기회를 제공하기 위함이지만, 실제로 이에 대한 측정을 위한 지표는 다양하다. 자아정체감, 자아존중감, 학업성취도, 주관적 건강, 영양 정도, 비행행동 정도, 정서적 발달과 같은 지표 중 결과 측정에 있어 어느 것을 선택할 것인가에 대한 평가자들의 의견이 다를 수 있다. 따라서 목표달성을 평가하는 데 있어 지표 선정에 신중해야 한다(Rubin & Babbie, 2008). 이에 목표달성 평가지표 선정 시 고려해야 할 사항은 다음과 같다(Weiss, 1972: 이익섭, 이윤로, 2005 재인용).

- 누가 결과를 활용하는지 고려한다.
- 프로그램의 단기 · 중기 · 장기 목적이 반영되어야 한다.
- 단일한 지표의 선택보다는 다양한 지표를 활용해야 한다.

② 형성평가

형성평가(formative evaluation)는 평가과정 초기에 실행되는 방법으로 프로그램의 성패를 가르는 것과 관련이 없으나 프로그램 개혁과 완성에 도움을 주는 정보를 얻는 데 초점을 둔다(이익섭, 이윤로, 2005). 형성평가는 주로 프로그램의 형성 초기에 실행되는 방법으로 클라이언트를 위해 시작한 개입 프로그램이 개선될 부분이 있는지, 추가적으로 필요한 부분이 있는지 등을 결정하기 위하여 소수의 프로그램 참여자에게 질문하는 방법으로 진행된다.

형성평가는 일반적으로 자유로운 피드백을 포함하는 조사를 통해 실시되는데, 개별 내용은 프로그램 평가자에 의해 검증하는 절차를 거쳐 프로그램 개선안으로 만들어진다. 이 때문에 형성평가를 통해 초기에 프로그램의 개선을 시도하여 프로그램의 효과성을 높이는 효과를 얻을 수 있다. 그러나 형성평가를 통해 프로그램의 모든 문제를 해결 할 수 있는 것은 아니다. 특히 프로그램 초기에 시행하기 때문에 전체적인 목표의 달성 및 효과성을 측정하는 데 무리가 있고, 프로그램 개발 시에 형성평가를 위한 예산을 따로 설정하지 않는 경우가 많기 때문에 예산상의 문제가 있다는 단점이 있다(손병덕 외, 2012).

예를 들어, 의료사회사업가가 소아암 치료 환아 부모를 위해 경제적 · 정서적 자원을 효과적으로 사용할 수 있도록 의료사회사업과 홈페이지상에 '지원 자원 찾기' 메뉴를 신설했을 경우, 다음과 같은 사항을 고려할 수 있다.

- 얼마나 많은 부모가 홈페이지를 이용하는지 관찰할 수 있다.
- 부모가 홈페이지에서 어떤 자원에 대해 관심이 있는지 관찰할 수 있다(경제적 지원인지 혹은 정서적 지원인지).
- '지원 자원 찾기' 메뉴를 신설했을 초기에 이용자를 대상으로 메뉴 구성은 적절한지, 문제점은 무엇인지, 얼마나 자주 이용하는지, 쉽게 찾을 수 있는지 등을 질문할 수 있다.

- 이용자 중 일부를 대상으로 회의를 열어 신설한 메뉴에 대해 다양한 의견을 나눌 수 있도록 하여 문제점을 개선할 수 있는 방안을 찾는다.

③ 효율성평가

효율성평가(efficiency evaluation)는 투입에 대한 산출의 비율로서 프로그램에 투입된 자원이 얼마나 경제적으로 활용되었는가를 판단하는 것이다. 프로그램을 평가하는 데 있어 지출된 비용을 평가하는 것은 필수적일 것이며, 효율성 평가는 정책 또는 프로그램이 효율적으로 집행되었는가를 수량화하는, 즉 경제성을 따지는 작업이라 할 수 있다.

효율성평가는 비용효과분석과 비용편익분석으로 구분할 수 있다. 비용효과분석(cost-effectiveness analysis)은 목적을 성취하는 여러 가지 방안 중 가장 비용이 덜 드는 방법을 찾기 위해 평가하는 방법이다. 즉, 프로그램 자체에 드는 비용에 초점을 둔다. 예를 들어, 동일한 목적을 달성하기 위한 A 프로그램과 B 프로그램이 있을 때, A 프로그램이 B 프로그램보다 비용이 덜 들었다면 A 프로그램을 더 효율적으로 평가하는 것이다. 비용편익분석(cost-benefit analysis)은 실제로 널리 사용되는 평가방법으로 프로그램의 결과로 발생한 편익이 비용을 넘어서는지를 평가하는 것이다. 즉, 프로그램에 드는 비용과 더불어 프로그램 성과로 인한 재정적 이익의 산출에도 초점을 둔다(손병덕 외, 2012; 이익섭, 이윤로, 2005). 예를 들어, 국가에서 급증하는 자살률에 대한 문제의식을 갖고 자살예방 프로그램을 실시하고자 할 때 프로그램에 드는 비용이 국민 자살로 인해 발생하는 사회적 비용보다 적은가를 판단하기 위해 비용편익분석을 실시한다. 프로그램에 드는 비용이 더 적다면 자살예방 프로그램을 실시하는 것이 사회적으로 효율적이다.

④ 과정평가

과정평가(process evaluation)는 프로그램이 성공적이었는지를 평가하는 것과 더불어 프로그램이 의도대로 전달되었는가, 성공과 실패의 원인은 무엇인가, 누구에게 효과적이었는가, 어떤 상황에서 효과적인가 등을 평가하는 방법이다. 이를 위해 프로그램의 전 과정에 대해 다양한 양상을 추적한다. 과정평가는 프로그램의 전달체계, 질적 측면, 행정적 측면 등에 대해 평가한다(이익섭, 이윤로, 2005).

프로그램의 수행과정에 대한 평가는 프로그램이 계획대로 진행되는지, 최적의 전달체계와 관리방법은 무엇인지를 찾고자 하며, 이와 관련된 많은 사항을 고려해야 한다. 몇 가지 고려해야 할 주요 질문은 다음과 같다(Rubin & Babbie, 2008: 손병덕 외, 2012 재인용).

- 프로그램의 일반적 수행절차는 무엇인가?
- 어떤 프로그램 요소가 결과에 가장 기여했는가?
- 프로그램 클라이언트는 왜 해당 프로그램을 선택하는가?
- 프로그램 클라이언트는 어떻게 해당 프로그램을 알게 되었는가?
- 클라이언트가 생각하는 프로그램의 장점은 무엇인가?
- 어떤 유형의 개인들이 서비스를 받지 못하는가?
- 클라이언트는 서비스에 만족하는가? 왜 만족했는가? 왜 불만족했는가?
- 프로그램을 위해 운영자는 어떤 자격을 갖춰야 하는가?
- 어떤 유형의 임상가가 프로그램의 대상자에게 가장 적합한가?

과정평가를 위해 어떤 방법을 사용할지는 연구문제의 성격에 따라 조사자가 선택을 해야 한다. 과정평가의 방법으로는 다음과 같은 방법이 있을 것이다.

- 사례연구 방법
- 프로그램 진행에 대한 기록물 검토
- 프로그램 관련 회의나 워커(사회복지사)의 활동을 직접 관찰
- 클라이언트들을 대상으로 초점집단을 구성하여 과정평가
- 우편 혹은 전화 조사 시행
- 프로그램 혹은 조직의 내부 관계자와의 면접 조사

⑤ 투입자원평가

투입자원평가(input evaluation)는 프로그램을 구성하는 다양한 요소를 평가하

는 데 초점을 둔다. 프로그램을 구성하는 인력, 시설, 서비스, 자원 등이 프로그램의 목적을 달성하기 위해서 적절한지를 평가하는 방법이다. 이러한 투입자원은 단위비용, 지역사회의 욕구, 기관의 목적 등을 고려하여 적절성을 평가한다. 투입요소평가에서는 다음과 같은 질문을 고려한다(이익섭, 이윤로, 2005).

- 프로그램을 진행하는 직원의 수는 적절하며, 직원 프로그램을 운영할 수 있는 적합한 자격을 갖추고 있는가?
- 프로그램이 진행되는 기관의 지리적인 위치는 클라이언트가 쉽고 안전하게 접근할 수 있는가?
- 프로그램은 기관의 목적과 부합하는가?
- 프로그램 대상자인 클라이언트 성격이 기관의 성격에 부합하는가?

(2) 평가방법에 따른 분류

① 양적 평가

프로그램의 평가 시 어떤 방법을 사용할 것인가는 대단히 중요한 문제다. 양적 평가(quantitative evaluation)는 경험적이고 심층적인 탐구의 전통을 따라 평가 대상을 다양한 형태로 수량화하고, 이렇게 수량화된 자료를 가지고 적절한 통계적 방법을 이용하여 기술하고 분석하는 평가전략이다. 양적 평가를 하게 되면 객관성이나 신뢰성을 상당한 정도로 보장할 수 있고, 그 사용이 간편하고 용이하다는 장점이 있다. 그러나 특정 준거에 대하여 구체적이고 측정 가능하며 수량화할 수 있는 경우에만 사용할 수 있다는 제한점도 있다.

② 질적 평가

질적 평가(qualitative evaluation)는 참여자의 다양한 의견을 수집하여 계량화가 힘든 부분에 대한 의미를 발견하는 데 초점을 두는 평가방법이다. 질적평가는 사회복지프로그램은 서비스 제공자뿐만 아니라 수혜자에 대한 평가가 이루어져야 한다는 개념에 의해 이루어지며, 서비스 제공자를 평가하는 경제적 효율성, 양적인 접근과는 달리 수혜자에 대한 평가는 다양한 견해 · 의미 · 해석을 발견하는 방법을 중요시한다. 이에 질적 평가방법으로는 주로 관찰, 심층면접, 사례연구, 집단면접 등의 방식이 사용된다(손병덕 외, 2012). 질적 평가와 양적 평가의 차이를 살펴보면 〈표 8-3〉과 같다.

표 8-3 질적 평가와 양적 평가의 차이

구분		질적 평가	양적 평가
획득 수준	정보획득	- 질적 정보, 프로그램의 목적과 목표, 가치, 변화 등을 관찰 중심으로 파악	- 계량적 정보, 설문지와 표준화된 척도, 2차 자료를 이용한 평가
	정보 객관성	- 객관성 확보가 비교적 어려움	- 객관성 확보가 비교적 용이함
	정보 체감성	- 실제 사례로 체감성이 높음	- 수량적으로 체감성이 낮음
	정보가치	- 수량화할 수 없는 내면적 · 변화적 영역을 표현하는 데 강점 - 폭넓은 정보제공이 용이하므로 학습 및 이전이 용이	- 광범위하고 수량화할 수 있는 영역을 표현하는 데 강점 - 상대적인 비교평가 및 지표화가 용이하게 되므로 발전의 토대가 됨
평가 한계		- 일반화된 평가가 어려움 - 수량화하기 힘듦	- 표준화된 척도개발이 어려움 - 통계적 능력에 따라 달라짐
평가 인력		- 소수 전문인력의 지속적 투입	- 소수 전문인력의 단기적 투입

출처: 서울특별시사회복지협의회(2001).

(3) 기타 평가

평가 조사는 평가대상에 따라 기관평가와 개인평가로 분류할 수 있다. 기관평가는 프로그램과 기관의 서비스 전달 상황을 평가하는 조사이며, 개인평가는 프로그램을 운영하는 개인에 대한 평가로서 자기평가, 동료평가, 행정가에 의한 평가 등이 있다.

또한 평가 조사는 평가시점에 따라 사전평가와 사후평가로 분류할 수 있다. 사전평가는 프로그램이 종료되기 전에 실시하는 평가로서 적극적 평가라고 할 수 있으며, 사후평가는 프로그램이 종료된 후에 실시하는 평가로서 소극적 평가라고 할 수 있다(이창희 외, 2010).

5) 평가 조사의 절차

평가 조사는 사회복지 프로그램을 특정한 목적을 가지고 평가하는 것이기 때문에 일반 조사 절차와 달리 역동적이고 상호 연관된 과업과 결정 상황이 많이 있다. 평가 조사의 절차는 다음과 같은 10단계를 거쳐서 이루어진다(김치영, 2007).

- **1단계:** 평가의 목적 및 대상의 결정
- **2단계:** 프로그램 책임자 및 담당자의 이해와 협조 요청
- **3단계:** 프로그램 목표 확인
- **4단계:** 조사대상의 변수 선정
- **5단계:** 이용 가능한 자료 및 측정도구의 결정
- **6단계:** 새로운 측정도구의 개발
- **7단계:** 적절한 조사설계 형태의 선정
- **8단계:** 조사의 수행
- **9단계:** 결과의 분석 및 해석
- **10단계:** 결과의 보고 및 실제적 이용

평가 조사 절차를 단계별로 구체적으로 살펴보면 다음과 같다.

(1) 평가의 목적 및 대상의 결정

평가 조사의 첫 번째 단계에서는 어떤 목적을 가지고 어떤 프로그램을 평가할 것인지를 결정해야 하며, 어떤 내용을 위주로 평가할 것인지 등을 고려해야 한다. 또한 이러한 평가의 목적 및 대상을 결정할 시에는 평가를 위한 비용, 인력, 시간, 평가결과의 실제 이용자 등을 고려해야 한다.

(2) 프로그램 책임자 및 담당자의 이해와 협조 요청

프로그램의 평가는 실제로 프로그램의 운영을 책임지고 있는 책임자와 실제적으로 수행하는 담당자가 평가의 목적 및 방법 등에 대해 이해하고 협조해야

수행이 가능하다. 프로그램 담당자는 평가의 결과가 부정적이거나 예상하지 못하게 나올 수 있기에 불안감과 두려움이 있을 수 있다. 이러한 이유로 평가 조사 전에 평가 조사의 목적 및 내용 등에 대한 충분한 협의와 토의가 이루어져야 하고, 프로그램 관련자와 평가자 사이에 긴밀한 협조가 이루어질 수 있도록 해야 한다. 특히 평가의 주체가 외부인일 경우에는 이러한 점에 더욱 유의해야 한다.

(3) 프로그램 목표 확인

평가 조사는 프로그램의 목표에 대한 실제적인 달성 정도를 측정하는 것이므로 프로그램의 목표를 명확히 해야 한다. 프로그램의 목표는 구체적이고 명확히 측정 가능하도록 설정되어야 한다. 이를 위해서는 프로그램이 누구에 의해서 제공되는지, 누구를 위해 제공되는지, 무엇을 제공하는지, 기대하는 변화는 무엇인지 등이 서술되어야 한다. 이에 대한 구체적인 내용은 다음과 같다.

첫째, '누구에 의해서 제공되는지'는 클라이언트에게 서비스를 제공하는 사람이 몇 명인지, 자격은 어떻게 되는지 등 개인적인 특성을 의미한다. 둘째, '누구를 위해 제공되는지'는 대상 집단, 표적인구 등 클라이언트의 특성을 의미한다. 셋째, '무엇을 제공하는지'는 서비스의 내용, 빈도, 장소 등을 의미한다. 넷째, '기대하는 변화'는 변화의 정도, 내용, 지속 시간 등을 의미한다(김치영, 2007).

(4) 조사대상 변수 선정

클라이언트의 변화에 대한 가설을 세우고 이를 검증하기 위한 경험적 조사를 실시하는 것은 평가 조사의 주요 목적이다. 조사대상의 변수(variable)선정은 독립변수, 매개변수 및 종속변수를 확인하고, 평가 조사의 목적 및 내용과 관련하여 변수를 결정하는 것이다. 종속변수는 개입의 결과이므로 당연히 선정되어야 할 것이지만, 독립변수와 매개변수에 있어서는 적절한 것을 고려해야 한다.

(5) 이용 가능한 자료 및 측정도구의 결정

선정된 변수에 따라 그것들을 실제로 측정하기 위한 자료와 측정 도구가 있는지를 검토한다. 기존에 사용했던 측정도구가 있다면 이를 사용할 수 있는지 등을 검토한다.

(6) 새로운 측정도구의 개발

선정된 변수를 측정하기 위해서 기존의 측정도구를 사용할 수 없다면 새로운 측정도구를 개발해야 한다. 측정도구의 개발은 기존에 있던 측정도구를 수정하거나 새로운 측정도구를 만드는 과정으로 이루어진다. 새로운 측정도구는 신뢰도와 타당도가 높은 측정도구가 될 수 있도록 개발해야 한다.

(7) 적절한 조사설계 형태의 선정

표본추출 등을 포함한 적절한 조사설계 형태를 결정한다. 조사설계는 다양한 조사설계 중 어떤 특정한 설계 형태를 택할 것인지를 결정해야 한다.

(8) 조사의 수행

실제로 자료를 수집하는 활동을 수행한다. 평가 조사는 조사수행 과정에서 프로그램 관련자와의 관계 등에 갈등이 있을 수 있으므로 프로그램 관련자와의 관계에 유의하여 조사를 수행해야 한다.

(9) 결과의 분석 및 해석

조사활동을 통해 수집된 자료를 통계절차를 이용하여 분석하고, 그 결과가 무엇을 의미하는지를 명확히 해석해야 한다. 통계적 지식을 갖추었을 경우에는 보다 융통성 있게 자료를 분석하고, 결과의 의미를 조사의 목적에 맞게 해석할 수 있는 장점이 있다.

(10) 결과의 보고 및 실제적 활용

평가 조사는 통계적 지식이 없는 사람도 이해할 수 있을 정도로 보고되어야 한다. 보고서에는 프로그램 평가와 관련한 건의사항 등이 반드시 포함되어야 한다. 보고서의 실제적인 활용은 조사의 목적과 관련되어 평가 조사 의뢰자의 의도에 따라 사용되어야 한다.

연습문제

01 욕구에 대한 설명 중 틀린 것은?

① 일반적으로 개인이나 집단이 인간의 생존과 성장 · 발전을 위해 필요하여 요구하는 것이다.
② 요구적 조건의 욕구는 적절하고 바람직한 기준에 의해 욕구측정의 초점이 맞춰진다.
③ 욕구에 대한 정의는 관점에 따라 다양하다.
④ 욕구의 대상으로 옷, 음식, 의료서비스, 직업, 사회참여 등을 들 수 있다.
⑤ 욕구를 평가하고 우선순위를 정하는 것은 보다 효과적인 서비스를 제공하기 위해 매우 중요한 일이다.

02 Maslow의 욕구단계이론 중 타인이 자신을 무시하지 않기를 바라며 자신을 존중하고 싶은 욕구를 무엇이라 하는가?

① 생리적 욕구 ② 안전의 욕구 ③ 소속 및 사랑의 욕구
④ 자아존중의 욕구 ⑤ 자아실현의 욕구

03 Bradshaw의 욕구인식 기준 중 동일한 특징을 가진 사람들 간의 서비스 수혜 여부를 비교하여 파악된 욕구를 무엇이라 하는가?

① 체감적 욕구 ② 표현적 욕구 ③ 규범적 욕구
④ 심미적 욕구 ⑤ 비교적 욕구

04 Bradshaw의 욕구인식 기준 중 전문가들의 경험과 지식을 토대로 어떤 규범을 정하고, 이 규범과 현재 상태의 차이에 의해 파악된 욕구를 무엇이라 하는가?

① 체감적 욕구 ② 표현적 욕구 ③ 규범적 욕구
④ 심미적 욕구 ⑤ 비교적 욕구

05 욕구 조사에 대한 목적 중 틀린 것은?

① 예산 기준을 마련
② 진행 중인 사업평가 자료 마련
③ 양적 측정만 가능
④ 지역사회 내 기관 간의 상호 의존 및 협동 상황 파악
⑤ 서비스 또는 프로그램을 식별하여 우선순위 정하기

06 욕구 조사의 필요성에 대한 설명 중 틀린 것은?

① 기관 프로그램을 서비스 제공자 친화적인 방향으로 운영하기 위해서
② 기관의 자원을 효율적으로 활용하고, 체계적으로 조직화하기 위해서
③ 기관운영을 체계적 · 전문적으로 수행하기 위해서
④ 기관의 정체성을 확립하고, 조직의 정당성을 마련하기 위해서
⑤ 빠르게 변화하는 환경변화에 대응하기 위해서

07 다음은 욕구 조사에 포함되는 내용에 대한 설명이다. 알맞은 것을 고르시오.

> 프로그램이나 정책대안의 내용을 전달할 수 있는 공식적 의사소통망을 파악해야 한다. 예를 들어, 지역사회의 통장 · 반장 회의, 읍 · 면사무소, 지역사회 방송사 및 신문사, 사회복지관, 종교기관, 시민단체 등에 관한 자료다.

① 지역사회자원에 관한 정보
② 기초 자료
③ 현재의 삶을 파악하는 자료
④ 의사소통망에 관한 정보
⑤ 기존 프로그램 및 정책대안을 평가하는 자료

08 특정 집단을 대상으로 실시되는 욕구 조사는 무엇인가?

① 클라이언트 중심 욕구 조사
② 지역사회 중심 욕구 조사
③ 서비스 중심 욕구 조사
④ 지역사회공개토론회
⑤ 사회지표 조사

09 욕구 조사의 자료수집방법 중 지역사회의 어떤 문제에 대해 전문가들의 합의점을 찾는 방법은 무엇이라 하는가?

① 사회지표 조사 ② 델파이 기법 ③ 주요 정보제공자 조사
④ 서비스 이용자 조사 ⑤ 지역사회공개토론회

10 욕구 조사의 자료수집방법 중 지역사회의 다양한 구성원에게서 정보를 얻는 방법으로 자유롭게 견해를 표현할 수 있는 모임을 계획하고 욕구를 수집하는 방법은 무엇이라 하는가?

① 사회지표 조사 ② 델파이 기법 ③ 주요 정보제공자 조사
④ 서비스 이용자 조사 ⑤ 지역사회공개토론회

11 사회복지서비스가 계획된 대로 수행되는지, 사람들의 욕구나 문제를 해결하는 데 효과적이었는지를 평가하기 위해 수행되는 조사를 무엇이라 하는가?

① 욕구 조사 ② 면접 조사 ③ 평가 조사
④ 설문 조사 ⑤ 실험 조사

12 다음의 평가 조사에 대한 특징으로 옳은 것은?

가. 조사결과를 공개적으로 발표한다.
나. 조사결과를 공개적으로 발표하지 않아도 된다.
다. 이론 형성에 기여한다.
라. 이론을 수정하는 데 기여한다.

① 가, 나 ② 가, 나, 다 ③ 나, 라
④ 나, 다, 라 ⑤ 가, 나, 다, 라

13 평가 조사와 기본 조사의 차이점에 대한 설명 중 틀린 것은?

① 기본 조사는 대개 이론 형성이 주된 목적인 순수 조사인 반면, 평가 조사는 응용 조사다.

② 기본 조사는 기준과 사실을 비교하는 데 관심을 가지지만, 평가 조사는 사실의 발견에 관심을 가진다.

③ 기본 조사에서는 조사자가 조사절차를 통제하지만, 평가 조사는 조사자가 평가목적을 위해 조사절차나 프로그램을 통제하기 어렵다.

④ 대개의 경우 기본 조사의 결과는 공개하지만, 평가 조사의 결과는 공개하지 않는다.

⑤ 기본 조사는 조사자의 관심에 의해 조사문제를 설정하지만, 평가 조사는 사회복지사나 클라이언트가 프로그램의 의도하는 목표를 달성했는지를 알아보기 위해 조사문제를 설정한다.

14 다음은 평가 조사의 목적에 대한 설명이다. 알맞은 것은?

서비스가 전달되는 과정을 평가하여 클라이언트에게 서비스가 본래 목적대로 진행되지 않거나 접근성이 어려워 제대로 전달되지 않은 경우 이를 시정하여 원활하게 이루어지도록 한다.

① 기관운영의 책임성 이해　② 서비스 전달체계 개선
③ 이론 형성 기여　④ 진행과정의 개선
⑤ 정보제공

15 평가 조사의 종류 중 다음 설명에 해당하는 것은?

평가과정 초기에 실행되는 방법으로 프로그램의 성패를 가르는 것과 관련이 없으나 프로그램 개혁과 완성에 도움을 주는 정보를 얻는 데에 초점을 둔다.

① 형성평가　② 총괄평가　③ 단일평가
④ 질적 평가　⑤ 효율성평가

16 평가 조사의 종류 중 다음 설명에 해당하는 것은?

> 프로그램이 성공적이었는지를 평가하는 것과 더불어 프로그램이 의도대로 전달되었는가, 왜 성공적이었고 그렇지 않았는가, 누구에게 효과적이었는가, 어떤 상황에서 효과적인가를 평가하는 방법

① 형성평가 ② 성과평가 ③ 질적 평가
④ 과정평가 ⑤ 효율성평가

17 평가 조사의 절차에 포함되지 않는 것은?

① 프로그램 목표 확인 ② 조사대상의 변수 선정
③ 새로운 측정도구의 개발 ④ 지역사회공청회
⑤ 적절한 조사설계 형태의 선정

18 평가 조사의 절차를 순서대로 나열한 것을 고르시오.

① 목적 및 대상의 결정 → 자료 및 측정도구의 결정 → 프로그램 목표 확인 → 조사설계 형태의 선정 → 결과의 분석 및 해석
② 목적 및 대상의 결정 → 프로그램 목표 확인 → 자료 및 측정도구의 결정 → 조사설계 형태의 선정 → 결과의 분석 및 해석
③ 프로그램 목표 확인 → 목적 및 대상의 결정 → 자료 및 측정도구의 결정 → 조사설계 형태의 선정 → 결과의 분석 및 해석
④ 목적 및 대상의 결정 → 프로그램 목표 확인 → 자료 및 측정도구의 결정 → 결과의 분석 및 해석 → 조사설계 형태의 선정
⑤ 목적 및 대상의 결정 → 프로그램 목표 확인 → 조사설계 형태의 선정 → 자료 및 측정도구의 결정 → 결과의 분석 및 해석

19 무슨 목적으로 어떤 프로그램을 평가할 것인지를 결정해야 하며, 어떤 내용을 위주로 평가할 것인지 등을 고려하는 것을 무엇이라 하는가?

① 조사대상의 변수 선정 ② 조사설계 형태의 선정
③ 평가의 목적 및 대상의 결정 ④ 프로그램 목표 확인
⑤ 새로운 측정도구의 개발

20 조사활동을 통해 수집된 자료를 통계절차를 이용하여 분석하고 결과가 무엇을 의미하는지 명확히 해석하는 과정을 무엇이라 하는가?

① 조사대상의 변수 선정
② 결과의 분석 및 해석
③ 평가의 목적 및 대상의 결정
④ 프로그램 목표 확인
⑤ 새로운 측정도구의 개발

답

01 ②	02 ④	03 ⑤	04 ③	05 ③	06 ①	07 ④
08 ①	09 ②	10 ⑤	11 ③	12 ④	13 ③	14 ②
15 ①	16 ④	17 ④	18 ②	19 ③	20 ②	

해설

01 규범적 조건의 욕구에 대한 설명이다. 요구적 조건의 욕구에서는 스스로 욕구를 느끼거나 인식하고 있는 사람들의 욕구에 초점이 맞춰진다.

02 자아존중의 욕구에 대한 설명이다. Maslow의 5단계 욕구 중에서 네 번째에 해당하는 욕구로서 다른 사람으로부터 존중받고 싶어 하는 욕구다. 충족되면 자신감이 생기지만, 결핍되면 열등감이 생기다.

03 비교적 욕구에 대한 설명으로서 상대적 욕구라고도 한다. 이 욕구는 특정한 기준에 의해 발생하는 것이 아니라 한 지역의 욕구와 유사한 다른 지역에서 존재하는 서비스와의 차이에서 측정되는 비교욕구로서, 비슷한 다른 지역에서 서비스가 제공되지만 해당 지역에서는 제공받지 못했을 때 욕구를 파악하는 데 도움이 된다. 비교적 욕구는 지역의 특성을 고려한 상태에서 두 집단의 욕구를 비교하는 것이 바람직하다.

04 규범적 욕구에 대한 설명이다. 이 욕구는 관습이나 권위, 일반적 여론의 일치로 확립된 표준을 의미하는 것으로서 기존의 자료나 유사한 지역사회 조사, 전문가들의 판단에 의해 제안된 욕구다. 장점은 이 욕구의 목표가 기존의 서비스 수준과 비교 가능한 비율로 표시되는 데 있으며, 실제 비율의 특정 기준에 미치지 못하면 욕구가 존재한다고 본다. 따라서 계량화가 쉽고 구체적인 변화의 표적을 만들어 낼 수 있다는 것이며, 단점은 여러 욕구 단계가 지식, 기술, 가치변화에 따라 변화하기 쉽다는 것이다.

05 질적 조사를 통한 욕구 측정도 가능하다. 질적 조사는 사회적 관계의 숨겨진 의미와 유형을 드러내는 것을 목적으로 비수치적인 관찰 조사와 해석, 현장 조사의 분석방법이다. 이러한 질적 연구에서 대표적인 관찰방법으로 FGI(Focus Group Interview, 초점집단 인터뷰)와 심층면접 등이 있다.

06 욕구 조사는 궁극적인 목적은 이용자의 욕구를 파악하여 이용자 중심의 프로그램을 개발하는 것이다. 다양한 프로그램이나 서비스를 제공하는 기관, 즉 서비스 제공자 친화적인 방향을 위해서 실시하는 것은 잘못된 것이다.

07 의사소통망에 관한 정보를 통해 프로그램이나 정책대안의 존재 여부와 내용을 클라이언트에게 알려 줄 수 있는 공식적 · 비공식적 의사소통망과 매체를 파악해야 한다.

08 수혜자 중심적 욕구 조사라고도 한다. 아동, 청소년, 노인, 장애인, 여성 등 특정 인구집단을 대상으로 서비스를 제공하거나 프로그램을 운영하는 기관에 의해 실시되는 조사를 말한다.

09 전문가들에게 우편으로 의견이나 정보를 수집하여 분석한 결과를 다시 응답자들에게 보내 의견을 묻는 식으로 만족스러운 결과를 얻을 때까지 계속하는 방법이다. 어떤 불확실한 사항에 대한 전문가들의 합의를 얻으려고 할 때 적용될 수 있다.

10 포럼(fourm)이라고도 한다. 지역사회의 사람들이 함께 모여 자신들의 욕구에 대해 자유롭게 의견을 교환하고 상호작용을 할 수 있는 토론회를 통해 욕구를 조사하는 방법이다.

11 성과평가에 대한 설명이다. 성과평가는 평가 조사의 한 유형으로서 당초 계획한 대로 프로그램이나 서비스가 제대로 수행됐는지, 실제로 사람들의 문제나 욕구를 해결하였는지를 평가하는 것이다.

12 평가 조사의 목적 중에 하나는 이론 형성이다. 프로그램 실시 후 전후의 차이를 측정하여 프로그램의 실시가 어떤 영향을 미쳤는지 평가함으로써 인과관계를 검증하여 이론화할 수 있으며, 잘못된 이론을 수정할 수 있다. 이러한 평가 조사의 결과는 공개를 통해 대중에게 공개함으로써 프로그램의 효과를 알리고 확산시킬 수 있으나, 반드시 공개되어야 하는 것은 아니다.

13 반대로 설명했다. 기본 조사는 사실의 발견에 관심을 가지며, 평가 조사는 기준과 사실을 비교하는 데 관심을 가진다.

14 서비스 전달체계 개선에 대한 설명이다. 평가 조사는 서비스가 전달되는 과정을 평가하여 서비스가 지체되거나, 클라이언트의 접근성이 어렵거나, 본래 목적과 다르게 진행될 경우, 시정하여 서비스 전달이 원활하게 이루어지도록 한다.

15 형성평가에 대한 설명이다. 형성평가는 프로그램 운영 초기와 같이 운영 도중에 프로그램의 개선과 발전을 위해 이뤄지는 평가다.

16 과정평가에 대한 설명이다. 과정평가는 프로그램의 전달체계, 질적 측면, 행정적 측면 등에 대해 평가하는 것으로 주로 프로그램이 성공적이었는지를 평가하는 것과 더불어 프로그램이 의도대로 전달되었는가, 성공과 실패의 원인은 무엇인가 등을 평가한다.

17 지역사회공청회는 욕구 조사에서 자료를 수집하는 방법의 한 유형이다.

18 평가 조사의 절차는 평가의 목적 및 대상을 결정하고, 프로그램의 목표를 확인하는 것이다. 다음으로 이를 측정할 수 있는 자료 및 측정도구를 무엇으로 할지 결정한다. 그런 다음 직접적인 조사의 대상인 표본추출을 포함하여 어떻게 자료를 수집할 것인지에 대한 조사설계를 하고, 자료를 수집하게 된다. 수집된 자료는 분석 및 해석 과정을 거쳐 보고서로 완성된다.

19 평가 조사의 첫 번째 단계에서는 어떤 목적을 가지고 어떤 프로그램을 평가할 것인지를 결정해야 하며, 어떤 내용을 위주로 평가할 것인지 등을 고려해야 한다. 또한 이러한 평가의 목적 및 대상을 결정할 시에는 평가를 위한 비용, 인력, 시간, 평가결과의 실제 이용자 등을 고려해야 한다.

20 결과의 분석 및 해석은 조사활동을 통해 수집된 자료를 통계절차를 이용하여 분석하고 결과가 무엇을 의미하는지 명확히 해석하는 것이다.

용어정리

과정평가(process evaluation) 프로그램이 성공적이었는지를 평가하는 것과 더불어 프로그램이 의도대로 전달되었는가, 누구에게 효과적이었는가, 어떤 상황에서 효과적인가를 평가하는 방법

규범적 욕구(nominative need) 전문가가 그들의 경험과 지식을 토대로 어떤 수준이 충족되어야 한다는 규범을 정하고, 이 규범과 현재 상태의 차이에 의해 파악된 욕구

델파이 기법(Delphi technique) 지역사회의 어떤 문제에 대해 전문가들의 합의점을 찾는 방법

비교적 욕구(comparative need) 동일한 특징을 가진 사람들 간의 서비스의 수준 차이를 비교하여 파악된 욕구

사업평가 조사(program evaluation) 프로그램이나 기관 및 조직체의 효과를 평가하는 조사

성과평가(outcome evaluation) 시행된 프로그램이 의도한 목표를 결과적으로 만족시켰는지, 프로그램으로 인해 뜻하지 않은 역효과는 없었는지를 평가하는 방법

욕구 조사(needs assessment) 지역사회주민이나 특정 집단을 위한 새로운 프로그램이나 정책을 개발하기 위해 이루어지거나 기존에 시행되던 프로그램이나 정책을 보완하기 위해 욕구의 수준과 종류를 파악하는 조사

2차 자료 기존에 수집된 활용 가능한 통계자료

주요 정보제공자 조사(key informant method) 지역사회에서 오랫동안 거주 또는 활동하여 지역사회의 사정에 대해 잘 알고 있는 사람들이나 대상 집단의 문제해결을 위해 지역사회에서 장기간 활동하였던 사람들을 대상으로 지역사회의 욕구를 조사하는 방법

지역사회공개토론회(community forum) 지역사회의 다양한 구성원으로부터 정보를 얻는 방법으로 자유롭게 견해를 표현할 수 있는 모임을 계획하는 방법

질적 평가(qualitative evaluation) 참여자의 다양한 의견을 수집하여 계량화가 힘든 부분에 대한 의미를 발견하는 데 초점을 두는 평가방법

체감적 욕구(felt need) 사람들이 스스로 자신에게 무엇이 필요한지 느끼는 것, 즉 당사자의 느낌에 의해 인식되는 욕구

초점집단(focus group) 욕구 조사를 위한 의견 수렴을 하기 위해 10명 이내의 관련자를 대상으로 집단을 만든 다음 자유로운 토론을 통하여 필요한 정보를 얻는 방법

표현적 욕구(expressed need) 특정한 욕구를 지닌 사람이 그 욕구를 충족하기 위해 실제적으로 어떤 행동을 취하였는가로 나타나는 욕구

형성평가(formative evaluation) 프로그램의 형성 초기에 실행되는 방법으로 클라이언트를 위해 시작한 개입 프로그램이 개선될 부분이 있는지, 추가적으로 필요한 부분이 있

는지 등을 결정하기 위하여 소수의 프로그램 참여자에게 질문하는 방법으로 진행되는 평가방법

효율성평가(efficiency evaluation) 투입에 대한 산출의 비율로서 프로그램에 투입된 자원이 얼마나 경제적으로 활용되었는가를 판단하는 평가방법

참고문헌

김구(2011). 사회과학 연구조사 방법론의 이해: 양적연구와 질적연구의 접근. 서울: 비앤엠북스.

김기원(2001). 사회복지조사론. 서울: 나눔의 집.

김성이, 채구묵(1997). 욕구조사론. 서울: 아시아미디어리서치.

김영종(2007). 사회복지조사방법론. 서울: 학지사.

김정우, 양심영(2006). 사회복지조사론. 경기: 양서원.

김치영(2007). 사회복지조사론. 경기: 교문사.

김태성, 김기덕, 이채원, 홍백의(2012). 사회복지조사론. 서울: 청목출판사.

남세진, 최성재(1998). 사회복지조사방법론. 서울: 서울대학교출판부.

서울특별시사회복지협의회(2001). 사회복지 프로그램 평가 실무교육: 만족도조사를 중심으로.

성규탁(1993). 사회복지행정론. 경기: 법문사.

손병덕, 신연희, 양혜원, 이상무, 장신재, 전미애, 최선경, 혜원(2012). 사회복지조사방법론: 이해와 실천. 서울: 학지사.

양성관 외(2014). 사회복지조사론. 서울: 정민사.

원석조(2012). 사회복지조사론. 경기: 공동체.

이익섭, 이윤로(2005). 사회복지 조사방법의 이해. 서울: 학지사.

이윤로(2003). 사회복지조사방법론. 경기: 학서당.

이종환(2011). 맥락으로 이해하는 사회과학 조사방법론. 경기: 공동체.

이창희, 김병, 이승명, 이용환, 이창안, 장창균(2010). 사회복지조사론. 서울: 창지사.

조학래(2020). 사회복지조사의 이해. 서울: 신정

채구묵(2006). 사회복지조사방법론. 경기: 양서원.

최성재(2005). 사회복지조사방법론. 경기: 나남출판.

황성동(2006). 알기 쉬운 사회복지조사방법론. 서울: 학지사.

Bradshow, J. (1997). The Concept of Social Need. in N. Gilbert & H. Spect (Eds.).

Planning for Social Welfare. Englewood Cliffs, NJ: Prentice-Hall.

Gates, B. L. (1980). *Program administration: the implementation of social policy*. Englewood Cliffs, NJ: Prentice-Hall.

Maslow, A. (1954). *Motivation and personality*. New York: Free Press.

Monette, D. R., Sullivan, T. J., & Dejong, C. R. (2002). *Applied Social Research: tools for the Human Services* (5th ed). Forth Worth: Harcourt College Publishers.

Rubin, A. (2008). *Practitioner's Guide to Using Research for Evidence-Based Practice*. Hoboken, NJ: Wiley.

Rubin, A., & Babbie, E. R. (1993). *Research Methods for Social Work Pacific Grove*. CA: Books/Cole.

Rubin, A., & Babbie, E. R. (2000). 사회복지조사방법론. 성숙진, 유태균, 이선우 역. 경기: 나남출판.

Rubin, A., & Babbie, E. R. (2011). 에센스 사회복지조사방법론. 유태균 역. 서울: 박영사.

제9장

표본추출

학습목표

1. 표본 조사의 의의 및 장단점을 이해한다.
2. 확률표집과 비확률표집 방법의 특징과 유형을 비교하여 이해한다.
3. 실제 조사연구에 적합한 표집방법을 선택할 수 있는 능력을 증진한다.
4. 표본크기를 결정하는 요인이 무엇인지 확인한다.

사회과학은 원칙적으로 조사대상 전체를 조사하는 것이 이상적이지만, 조사대상의 방대함은 시간 및 경제적 비용 등의 현실적인 어려움을 초래하게 한다. 따라서 상대적으로 적은 시간과 비용으로 연구대상을 정확히 측정하기 위한 방법으로 표본 조사를 실시한다. 표본 조사는 연구대상 전체 집단을 대표할 수 있는 사람이나 집단을 선별하여 연구대상 전체의 특성을 예측하게 된다. 즉, 선별된 사람들의 분석결과를 바탕으로 궁극적으로 조사하고자 하는 대상 집단인 모집단의 특성을 추론하는 것이다. 이 과정에서 모집단을 가장 잘 설명하기 위한 표본추출 방법은 무엇이며, 어느 정도의 표본을 사용하는 것이 가장 효율적이면서도 효과적인지 고민하게 될 것이다.

이 장에서는 표본 조사의 기초적인 개념, 표본 추출방법 및 장단점을 살펴보고, 표본 크기는 어떠한 방식으로 정해지는지 살펴보고자 한다.

1. 표본 조사의 의의

1) 전수 조사와 표본 조사

사회조사는 크게 전수 조사(complete enumeration)와 표본 조사(sample survey)로 구분된다. 전수 조사는 모집단 전체를 대상으로 조사하는 것으로 정확한 결론에 도달할 수 있다는 장점이 있다. 또한 표본에서 얻은 자료로 올바른 모수 추정에 어려움이 있거나, 모집단이 소규모로 조사가 용이할 경우에는 전수 조사를 실시하는 것이 바람직하다(박성복 외, 2002). 그러나 사회과학의 대부분의 연구는 표본 조사를 행하고 있다. 표본 조사는 조사대상의 일부만을 가지고 모집단을 설명하는 것이다. 즉, 표본자료를 통해 얻게 된 통계결과를 근거로 모집단의 값(모수치)을 추정하는 것이다.

모집단 일부분의 특성으로 모집단을 추정하기 위해서는 모집단의 특성을 가장 잘 설명할 수 있는 표본을 선정하는 것이 매우 중요한 과업이다. 이 과업을 성공적으로 수행하기 위해 표본의 대표성(representativeness)과 적절성(adequacy)을 확보해야 하며, 이것은 표본추출의 핵심이 된다. 동일한 모집단이라 하더라도 다양한 방법으로 표본이 추출될 수 있기 때문에 표본의 대표성이 확보되지 않는다면 당연히 실제와는 다른 예측을 하게 될 위험을 갖게 된다. 그러나 모집단 분포에 관한 정보를 확보하기 어려운 경우가 대부분이기에 표본의 대표성을 확인하는 일은 쉽지 않다. 따라서 표본의 대표성을 확보하기 위한 방법은 다음과 같다. 첫째, 충분한 크기의 표본을 확보하는 것이 필요하다. 둘째, 모집단의 특성을 고려한 표본추출 방법을 선택하는 것이 중요하다. 이 과정에서 어느 정도의 크기의 표본을 선정하는 것이 적은 비용으로 일정한 정확성을 가질 수 있는가 하는 적절성의 문제를 중요하게 고려해야 한다. 모집단의 대표성을 갖는 표본이 적정한 수준에서 표집될 때에 표본 조사의 의미가 극대화될 수 있기 때문이다. 그러나 모집단의 크기가 작은 경우라면 전수 조사가 가능하므로 표본추출의 의미는 크지 않을 것이다.

표본 조사의 논리를 설명하면, 연구대상이 되는 모집단을 정한 후, 모집단을 구성하고 있는 각 사람 중에서 일부를 뽑기 위한 표집틀을 만들게 된다. 표집틀에 기초하여 표본추출(sampling)을 하게 되며, 이러한 과정을 거쳐 만들어진 집단을 표본(sample)이라 한다. 연구자는 표본에서 얻게 된 자료를 바탕으로 다양한 통계결과를 만들어 내고, 이러한 결과를 바탕으로 모집단이 가지고 있을 것이라 추정하는 모수치(parameter)를 예측하는 것이다. 결과적으로는 표본의 통계치가 모집단의 값일 것이라는 일반화(generalization)를 하게 된다. 이를 도식화하면 [그림 9-1]과 같다.

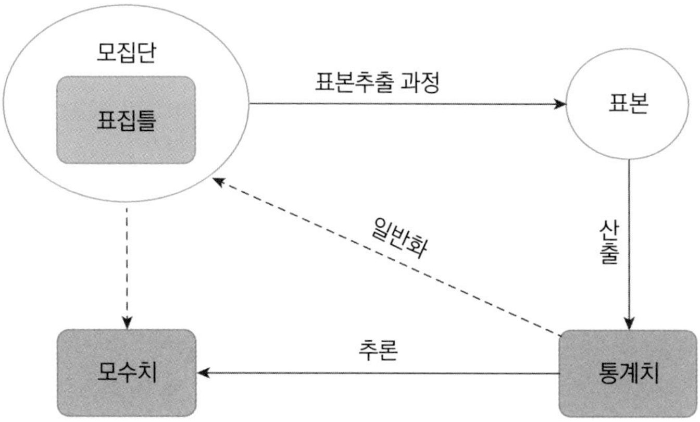

[그림 9-1] 표본 조사의 논리

2) 표본 조사의 주요 개념

(1) 모집단과 모수

모집단(population)은 연구자가 관심을 갖는 연구대상이 되는 집단 전체이며, 모수(parameter)는 모집단의 특성이 수치로 표현된 것을 의미한다. 연구자는 모집단 가운데 표본이 실제로 추출되는 모집단을 구체화시키는데, 이를 조사 모집단(survey population)이라고 한다. 개념적으로 볼 때, 모집단은 조사 모집단보다 넓은 개념으로 이해되나, 실제 연구에서 모집단과 조사 모집단이 동일한 경우도 많다. 예를 들어, A 지역의 고등학생의 학교폭력실태를 조사한다면, A 지역의 고등학생은 모집단이 될 것이다. 또한 A 지역 고등학생의 실제적인 학교폭력 수준은 모수가 된다. 다만 연구자는 A 지역 고등학생 중 일부를 표본으로 선별하여 모수를 예측하는 것이다. 따라서 모집단은 표본 조사를 통한 연구결과를 일반화시킬 수 있는 범위가 되므로 명확하고 구체적으로 규정해야 한다.

(2) 요소

요소(element)는 모집단을 구성하는 개별 단위로 개인, 가족, 집단, 조직 등이 될 수 있다. 즉, 요소들의 총집합을 모집단이라 한다. 일반적으로 자료가 수집·분석되는 단위와 요소는 일치하는 경우가 많다. 예를 들어, A 지역 고등학생은 요소이면서 자료의 수집 및 분석단위가 된다.

(3) 표집틀

표집틀(sampling frame)은 표본을 추출하기 위한 모집단의 목록으로 모집단의 요소를 모두 포함하여야 하며, 최근의 자료를 확보함으로써 중요한 요소가 빠지지 않도록 해야 한다. 예를 들어, A 지역 고등학생의 학교폭력을 조사할 경우, A 지역 고등학생의 모든 명단이 표집틀이 된다. 다른 예로, 지역주민의 욕구를 전화 조사로 파악할 경우에는 전화번호부가 표집틀이 될 수 있다.

(4) 표집단위

표집단위(sampling unit)는 표집을 할 때 적용되는 단위로서 대개 분석단위 혹은 요소와 일치하지만 반드시 일치하지 않을 수도 있다. 예를 들어, A 지역 고등학생을 대상으로 학교폭력을 조사할 때 학생은 연구의 분석단위이며, 요소가 되는 동시에 표집단위가 된다. 그러나 A 지역에 위치한 전체 고등학교 중 일부를 표본추출한 후 그 학교에서 학생을 조사하였다면, 최초의 표본추출 단위는 학교가 되며 두 번째 표집단위는 학생이 된다. 즉, 표집방식에 따라 표집단위와 분석단위가 다를 수 있다.

(5) 표집간격

표집간격(sampling interval)은 모집단으로부터 표본을 추출할 때 추출되는 간격을 의미한다. 예를 들어, 모집단 100명 중에서 10명을 표본으로 선정한다면 표집간격은 10이 된다.

(6) 관찰단위

관찰단위(observational unit)는 관찰하는 대상으로 실제 자료가 얻어지는 단위를 말한다. 인문사회과학 분야에서는 보통 피실험자 또는 응답자가 관찰단위가 되는 경우가 많지만, 가족, 학교, 지역 등도 관찰단위가 되기도 한다.

(7) 표집오차

표집오차(sampling error)는 모수와 통계치의 차이를 말하며, 표본의 통계치로 모수를 추정할 때 발생하는 오차다. 표집오차는 표본을 선정하는 과정에서 발생하는 오차이기에 표집오차를 줄이기 위한 방법은 두 가지로 압축된다. 첫째, 표본의 수를 늘리는 것이다. 표본의 수가 증가할수록 일부 표본으로 인해 발생하는 오차는 줄어들게 되며, 표집오차가 작을수록 표본은 모집단의 특성을 정확히 반영하게 된다. 그러나 표본 크기의 증가는 일반적으로 비용의 증가를 의미하므로 적정 표본 수를 결정하는 것은 중요하다. 또한 표본 수가 동일하다면 모집단의 요소들이 동질적일 때보다 이질적일 때 표집오차는 증가할 수 있음도 고려하여 표본을 추출하여야 표집오차를 줄일 수 있다. 둘째, 확률표집을 하는 것이다. 확률표집은 편향된 표본추출을 하지 않는 것을 의미한다. 예를 들어, 서울시민을 대상으로 한 생활실태조사에서 표집이 수월하다고 판단된 일부 지역만을 조사한다면 왜곡된 결과를 초래하게 될 것이며, 표집오차는 커지게 된다.

(8) 비표집오차

비표집오차(non-sampling error)는 조사과정에서 발생하는 오차다. 예를 들어, 조사자가 누군지에 따라, 응답자의 개인적인 특성에 따라, 조사 시의 주변 환경에 따라, 측정도구에 따라 수집된 자료를 편집하고 부호화(coding)하는 과정 중에 오차가 발생하며, 이를 비표집오차라 한다. 비표집오차는 전수 조사와 표본 조사 모두에서 발생하지만 모집단 규모가 큰 전수 조사가 상대적으로 비표집오차가 발생할 여지가 높다. 예를 들어, 표본 수가 매우 크면 질문 조사원 관리가 힘들어지고, 질문 조사원의 면접 기술, 성별, 나이 등으로 인해 오차가 발생할 위험성도 커지게 된다. 따라서 비표집오차를 줄이기 위해서는 '조사방법에 대한 충분한 검토 및 사전 조사(pre-test)'와 '질문 조사원에 대한 충분한 훈련'을 실시할 필요가 있다.

비표집오차는 체계적오차(systematic error)와 무작위오차(random error)로 구분할 수 있다(김렬, 2009). 체계적오차는 측정과정에서 규칙적으로 발생하는 오차로 측정도구가 잘못 선정되어 측정대상 모두에게 동일하게 나타나는 오차를 말한다. 무작위오차는 우연적이거나 일시적인 상황에 의해 불규칙적으로 발생하는 오차다. 예를 들어, 응답자의 감정, 날씨 등은 조사 응답에 영향을 주어 오차를 발생시킬 수 있다. 즉, 무작위오차는 사전에 예측하기가 어려워 오차를 통제하기가 쉽지 않은 특징이 있다.

3) 표본 조사의 장단점

사회과학에서 전수 조사에 비해 표본 조사가 선호되는 이유는 무엇이며, 표본 조사가 갖는 단점은 무엇인지 살펴보고자 한다(김렬, 2009; 김은정, 2011; 김재광, 2008; 박성복 외, 2003; 채구묵, 2006).

(1) 장점

첫째, 표본 조사는 전수 조사에 비해 소표본이기 때문에 훨씬 적은 비용으로 신뢰할 만한 정보를 얻어 낼 수 있다. 전수 조사로부터 수집된 자료는 표본 조사보다 상대적으로 정확한 결론을 도출할 수 있으나, 모집단이 방대하면 많은 시간과 비용을 투입해야 하는 한계를 가지고 있기 때문에 표본 조사는 경제적이라 할 수 있다.

둘째, 표본 조사는 자료의 수집 및 분석을 신속히 처리할 수 있어 신속성과 시의성(timeliness)있는 결과를 얻어 낼 수 있다. 다시 말해, 단기간에 걸쳐 수행할 수 있으므로 관련 현상에 대한 변화가 일어나기 전에 조사를 마칠 수 있다.

셋째, 표본 조사는 전수 조사보다 자료의 수집 및 분석과정을 통제하기가 수월하여 비표집오차를 줄일 수 있어 정확도를 높일 수 있다. 비표집오차가 발생하기 쉬운 전수 조사보다 표본 조사에서 오히려 더 정확한 결과를 얻어 내는 경우가 종종 발생한다.

넷째, 표본 조사는 정확한 모집단을 알 수 없거나 모집단이 무한히 많은 경우 등과 같이 전수 조사가 불가능한 경우에 활용할 수 있어 조사의 실현 가능성이 높다.

이러한 표본 조사의 장점은 제대로 된 표본설계 계획과 진행이 전제되어야 가능하다. 주어진 제약 조건하에서 최적의 표본추출 방법과 적정 표본 수를 결정하는 작업인 표본설계(sample design)는 표본 조사의 장점을 극대화시킬 것이다.

(2) 단점

첫째, 표본 조사는 모집단을 완벽하게 설명할 수 있는 대표성 있는 표본을 선정하는 것이 쉽지 않다. 표본의 대표성이 낮아진다면 일반화의 가능성도 낮아지게 되어 모집단을 정확히 설명할 수 없게 된다. 잘못된 표본추출은 그 자체로 편향된 결과를 만들어 낸다.

둘째, 표본 조사는 복잡하고 치밀한 표본설계를 필요로 하는 경우에는 오히려 시간과 비용이 더 많이 소요될 수 있으며 오차를 발생시킬 수 있다.

셋째, 표본 조사는 조사자의 편향된 표집으로 오류를 발생시킬 수 있다. 조사교육을 잘 받은 조사원이라도 거리에 나가 여론조사를 할 경우 조사대상자의 외모나 호감도에 따라 표본을 구하는 오류를 범할 수 있다.

이러한 단점은 모집단을 대표할 수 있는 표본추출 방법을 활용하거나 표본의 크기를 어느 정도만 확보한다면 극복할 수 있고 오차를 최소화할 수 있다.

2. 표집과정

조사자가 표본추출을 실시하고자 한다면, [그림 9-2]와 같은 표집과정을 거치게 된다.

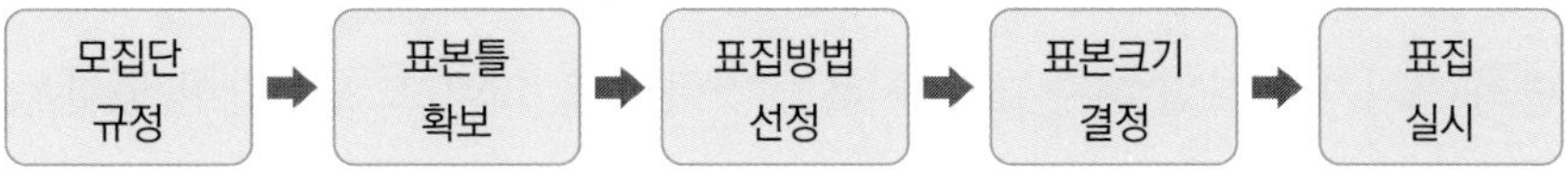

[그림 9-2] 표집과정

1) 모집단 규정

자신의 연구결과를 일반화하기 위해서는 모집단을 명확하고 구체적으로 규정하여야 한다. 모집단의 정의가 분명하지 않으면 조사에 편견의 결과를 유도할 수 있게 된다. 예들 들어, 학교폭력을 조사함에 있어 전체 고등학교 학생을 모집단으로 할 것인지 특성화 고등학교를 모집단으로 할 것인지를 정해야 한다. 특성화 고등학교 학생을 모집단으로 설정하여 조사한 결과를 전체 고등학교 학생의 특성으로 확대 해석하여 일반화하는 오류를 범하지 않기 위해 정확한 모집단 규정이 필요하다.

2) 표본틀 확보

모집단이 결정되면 모집단 내에 포함된 조사대상자의 명단이 수록된 목록을 확보해야 한다. 좋은 표본틀은 모집단의 구성요소를 모두 포함한 정확한 정보를 가지고 있어야 하며, 그 정보나 자료는 가장 최근의 것이어야 한다.

3) 표집방법 선정

모집단과 표집틀이 결정되면 표본추출 방법을 결정해야 한다. 표본추출은 표집(sampling)이라 표현되기도 한다. 표집방법은 크게 확률표집과 비확률표집 방법으로 구분되며, 연구목적과 조사도구 그리고 표본단위의 특성과 모집단의 대표성 확보 등을 고려하여 선정하게 된다.

4) 표본크기 결정

표본의 크기는 모집단의 크기와 특성, 연구목적, 동질성 여부에 좌우된다. 모집단의 크기가 작다면 전수 조사를 하는 것이 좋을 것이고, 모집단이 동질성이 강한 요소들로 구성되어 있으면 이질성이 강한 모집단에 비해 적은 표본으로도 모집단의 대표성을 유지할 수 있게 된다. 즉, 모집단의 대표성을 확보할 수 있는 표본의 적절성을 정해야 한다.

5) 표집 실시

표본의 크기가 확정되면 표본을 체계적으로 선정하는 작업을 실시한다. 조사원을 선발하여 교육시키고, 선별된 표본을 대상으로 자료를 수집하게 된다.

3. 확률표집과 비확률표집

표본을 추출하는 방법은 크게 두 가지 종류가 있는데, 확률표집과 비확률표집이다. 확률표집(probability sampling)은 모집단에서 표본을 선정할 때에 미리 각 요소가 뽑힐 확률을 지정하고 표본을 구하는 것이며, 비확률표집(non-probability sampling)은 표본으로 뽑힐 확률을 모르거나 요소들 중 표집될 확률이 0이 되는 경우가 발생하는 표집방법이다.

확률표집 방법은 좀 더 복잡하고 표본을 구하는 데 오랜 시간이 걸리며, 보통 비확률표집보다 비용이 더 든다. 하지만 각 요소가 선택될 확률을 계산할 수 있기 때문에 표집오차의 추정이 가능하며, 보다 신뢰할 만한 모집단 추론이 이루어질 수 있다는 이유로 더 선호된다. 반면, 비확률표집 방법은 표본을 추출하는 데 빠르고, 쉽고, 비용이 적게 드는 방법이지만, 추출과정의 주관성으로 인해 모집단을 대표하지 못할 수 있고, 얻어진 추정값들에 대해 일반화된 통계적 결론을 내리기 어려운 점이 있다(김재광, 2008).

표집방식은 양적 연구자와 질적 연구자에 따라 서로 상이하다. 양적 연구자들은 대표성 있는 표본을 통해 모집단에 대한 정확한 일반화를 이끌어 내기 위해 표본추출을 가장 중요한 과제로 생각한다. 그래서 확률이론에 근거한 여러 가지 표집 유형을 활용하여 표본을 추출한다. 반면, 질적 연구자는 표본의 대표성이나 확률표집에는 덜 민감한 편이다. 그들은 어떠한 사건, 사례, 행동 등에 대한 깊이 있고 명확한 이해를 제공할 수 있는 표본을 선택하는 데 주력하게 된다. 따라서 대부분의 양적 연구자는 확률표집을 사용하고, 질적 연구자는 비확률표집을 선택하는 경향이 있다(Neuman, 2003). 확률표집과 비확률표집 방법은 무엇이 있는지 살펴보고자 한다.

1) 확률표집

확률표집은 모집단으로부터 표본으로 추출될 확률을 알 수 있는 표집방법으로 모집단의 요소들은 표본으로 선택될 동등한 기회를 갖게 된다(Marlow, 2005). 동등한 기회를 가질 수 있는 기본 전제는 무작위 방법(random method)으로서 연구자의 주관에 의한 편향된 선택을 배제할 수 있다(Neuman, 2003). 그렇기 때문에 확률표집은 비확률표집보다 대표성 있는 표본을 얻을 수 있게 된다. 확률표집으로는 단순무작위표집, 체계적 표집, 층화표집, 집락표집 등이 사용되고 있다.

(1) 단순무작위표집

단순무작위표집(simple random sampling)은 확률표집 중 가장 이해하기 쉬우며 확률표집의 기초가 된다. 단순무작위표집은 조사자의 주관적 판단을 배제하고 무작위로 표본을 추출하므로 모든 요소가 표본으로 선택될 동등한 확률을 갖게 된다. 연구자는 단순무작위표집을 위해 정확한 표본틀을 우선하여 작성한 후, 표본틀의 요소마다 번호를 부여한다. 다음으로 적절한 표본의 크기를 결정한 후, 난수표 또는 컴퓨터 프로그램을 통해 무작위로 번호를 추출하게 된다. 난수표를 활용하는 방법은 간단하다. 만약 100명 미만의 표본을 선정할 경우, 두 자릿수를 일관되게 선택하면 된다. 어느 지점에서 시작하는지는 중요하지 않기에 연구자는 자신이 원하는 지점에서 번호를 선택하면 된다. [그림 9-3]에서는 2행 4열과 5열을 기준으로 번호를 선택하였다. 표본틀에서 14개를 선정할 때 박스 표시한 곳의 번호와 일치하는 표본을 선택하면 된다. 만약 같은 번호가 한 번 이상 나오면 그 번호를 건너뛰고 계속하면 된다.

단순무작위표집의 장점은 모집단의 요소가 동일하고 독립적인 추출 기회를 가지므로 이론상으로는 표본이 모집단을 잘 대표하게 된다. 또한 모집단의 요소들이 어떠한 속성과 형태를 갖고 있는지에 대한 사전지식이 필요하지 않다.

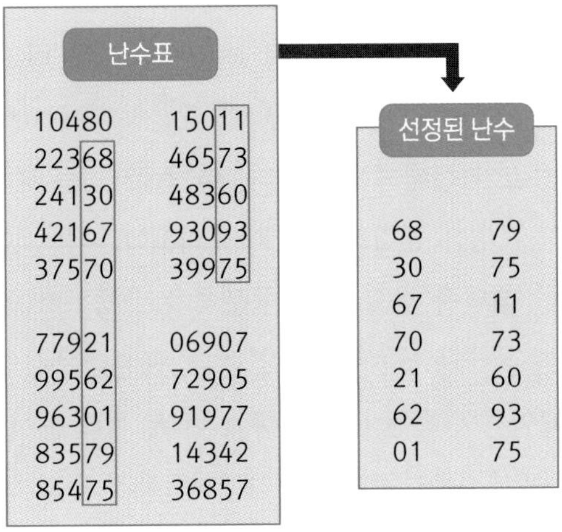

[그림 9-3] 난수표와 난수 선정

반면, 무작위표집의 단점은 모집단에 대한 연구자의 사전지식을 충분히 활용할 수 없다는 것이다. 모집단의 특성을 고려한 표본추출이 가능하지 않다. 따라서 동일한 표본 크기를 구하는 경우, 모집단의 집단별 특성을 고려하여 표집을 행하는 층화표집에 비해 표집오차가 크게 발생한다. 특히 표본의 수가 적을 경우 대표성 있는 표본이 추출된다는 보장이 없다. 따라서 표본의 규모가 커야 이런 문제가 일정 부분 해소될 수 있다. 예를 들어, 다문화가정 아동들이 10% 재학 중인 A 초등학교의 학교폭력을 조사할 경우, 표본 수를 크게 하지 않는다면 다문화가정 아동들이 반영되지 않을 가능성이 발생하게 된다. 연구자는 A 초등학교 다문화가정 아동들의 비율이 10%라는 사전정보가 없어도 표집을 행할 수 있으나 무작위표집으로 인해 10%의 다문화가정 아동들의 특성이 제대로 반영되지 못하는 표본이 선정되어 모집단을 제대로 반영하지 못하는 결과를 초래할 수 있다.

(2) 체계적(계통) 표집

체계적 표집(systematic sampling)은 조사모집단의 크기가 클 때 주로 사용하게 된다. 조사모집단(survey population)의 크기가 매우 크다면 표본에 일련번호를 부여하거나 난수표를 이용하여 표본을 선정하는 단순무작위표집은 매우 방대하고 비효율적인 작업이 될 것이다. 그러나 체계적 표집은 작업을 단순화시킨다. 체계적 표집은 모집단의 전체 목록에서 매 'k'번째 사례를 표본으로 선택하는 것이다. 예를 들어, 만약 400명의 표본틀에서 100명의 표본을 선정할 때 매 네 번째 요소가 선택되는 것이다. 여기에서 4는 표본추출간격이 된다(4=400/100). 체계적 표집은 규칙적인 간격에 의해 표본을 선정하므로 표본틀의 목록 순서가 일정한 패턴을 갖고 있으면 문제가 발생한다(Marlow, 2005). 다시 말해, 일정한 주기성(periodicity)이 없어야 한다. 표본추출간격과 일치하는 식의 주기적인 형태의 배열은 편향된 표본을 뽑게 된다. 예를 들어, 아파트 세대의 표본을 선정할 경우, 표본추출간격으로 인해 일부 특정 층의 세대만이 뽑힐 위험이 나타날 수 있다. 따라서 연구자는 표본틀에서 주기성이 나타나는지 그 목록의 특성을 주의 깊게 살펴야 한다(Rubin & Babbie, 2000).

(3) 층화표집

층화표집(stratified sampling)은 모집단이 특성에 따라 층화된 곳에서 각 층마다 표본을 무작위로 추출하는 방법이다. 모집단 내의 이질적인 하위집단을 우선적으로 구분하고, 각 하위집단에서 표본을 무작위로 추출하는 것이다. 따라서 연구자는 모집단에 대한 층별 특성과 비율에 대한 사전지식이 있어야 한다. 예를 들어, A 초등학교 전교생은 500명이고 남녀의 성비는 4:6이라고 하자. 100명을 표집하여 학교생활적응을 조사할 경우, 남자 200명 중 40명을 무작위로 추출하고, 여자 300명 중 60명을 무작위로 표집하는 것이다. 이처럼 층화표집은 모집단의 특성을 반영하므로 대표성 있는 표본이 선정될 가능성이 높아진다. 모집단이 동질적인 경우보다 이질적일 때 표집오차는 커지므로 이질적인 특성을 고려한 층화표집은 표집오차를 줄이기 위한 방법이 될 수 있다. 따라서 동일한 크기의 표본일 경우 단순무작위표집보다는 층화표집의 표집오차가 작게 나타난다(채구묵, 2006; Rubin & Babbie, 2000). 다른 예로, 서울시 가구의 소득과 지출을 분석하고자 할 때 어느 특정 지역에서 표본 가구가 대부분 뽑힌다면 표본의 모집단 대표성을 많이 훼손시킬 것이다. 이러한 위험을 방지하기 위해 구별로 층화를 한 후에 그 층 내에서 무작위로 표본을 뽑으면 층화추출을 하지 않는 경우보다 훨씬 더 모집단의 대표성을 확보할 수 있게 된다. 또한 층별로 독립적인

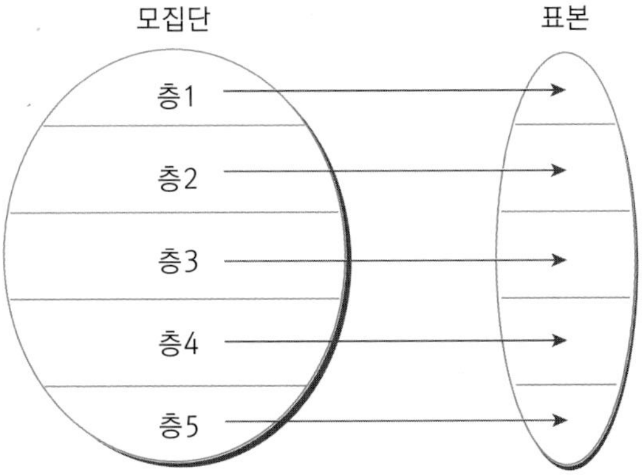

[그림 9-4] 층화표집

추출을 하게 되므로 전체 모집단에 일률적인 추출 방법을 적용하지 않고 각 층 내에서 각 층별 형편에 맞는 별개의 추출 방법을 적용할 수 있게 됨으로써 전체적인 표본 추출이 보다 원활하고 효율적으로 구현될 수 있는 장점이 있다(김재광, 2008).

층화표집에서 각 층에 얼마만큼의 표본 수를 배정할 것인지는 매우 중요한 문제가 되며, 그 비율을 어떻게 적용하는지에 따라 비례층화표집과 비비례층화표집으로 구분한다. 비례층화표집(proportionate stratified sampling)은 각 하위집단의 표집비율을 모집단의 비율과 동일하게 구성하여 표집하는 방법이다. 예를 들어, A 지역 60세 이상 노인의 삶의 만족을 조사하려고 한다. A 지역에 거주하는 노인은 1,000명이며, 연령대는 60대가 40%, 70대가 50%, 80대 이상이 10%다. 만약 120명의 표본을 추출한다면, 60대 48명, 70대 60명, 80대 이상 12명을 추출하게 된다. 표본 120명을 통해 어떠한 연령층에 국한되지 않으면서 모집단 A 지역 노인의 삶의 만족도를 보여 줄 수 있게 된다. 그러나 각 연령층에 대한 세부적인 분석을 시도할 경우에 사례 수가 적은 연령대의 결과를 일반화하는 데 어려움을 겪게 된다. 앞의 예처럼, A 지역에 거주하는 80대 이상 노인의 삶의 만족을 12명의 표본으로 일반화하기에는 문제가 있다. 이러한 문제를 해결하기 위하여 소규모 하위집단은 더 높은 비율로 표본을 선정하게 되는데, 이를 비비례층화표집이라 한다.

비(불)비례층화표집(disproportionate stratified sampling)은 각 하위집단의 표집비율을 모집단의 비율과 상이하게 구성하여 표집하는 방법이다. 예를 들어, A 지역 어르신의 연령대의 비율은 60대 40%, 70대 50%, 80대 이상이 10%이지만, 각 연령대의 비율과 상관없이 표본을 추출하는 것이다. 만약 120명의 표본 중 연령집단별로 동일한 수로 표집을 하게 되면, 하위 연령대별 40명씩 표집을 하게 된다. 이렇게 되면 연령별 세부적인 분석을 수행할 수 있다.

층화표집의 장점은 모집단 내의 이질성이 존재하는 경우 이질적인 집단을 표본에 포함시킴으로써 추출된 표본이 모집단의 특성을 잘 반영할 수 있으며, 최소한의 사례로 일정한 정확도를 확보할 수 있다는 점이다. 단점은 모집단에 대한 정확한 정보와 지식이 필요하며, 표본추출 과정에서 비용과 시간이 많이 들 수도 있다는 점이다.

(4) 집락(군집)표집

집락표집(cluster sampling)은 모집단을 여러 개의 집락으로 구분한 후 그중 일부 집락을 선택하여 그 집락 안에서만 표본을 무작위 추출하는 방법이다. 집락이 표본대상이 되기 때문에 집락이 모집단을 대표할 수 있는 집락이 되어야 가장 이상적이다. 이상적인 집락표본이 되기 위해서는 집락 간에 동질성이 있어야 하고, 집락 내에서는 이질적인 형태가 되어야 한다. 예를 들어, 8개 권역으로 이루어진 A 도시의 욕구 조사를 위해 2개의 권역을 무작위로 선정하고자 할 때, 집락들이 지니는 특성이 모집단이 지니고 있는 특성과 동질적이라면 2개의 권역만을 선정하여도 문제가 되지 않는다. 그러나 집락 간 동질적이지 않고, 집락 속에 포함된 표본요소가 이질적이지 않을 경우에는 표집오차가 커질 가능성이 높다(박성복 외, 2003). 즉, 모집단 내 집락들의 동질성이 있다는 전제가 성립되어야 집락표집의 대표성이 확보될 수 있다.

일반적으로 집락표집은 다단계집락표집 방법을 많이 활용한다. 다단계집락표집은 몇 단계의 무작위 집락과정을 거쳐 표본 집락을 선정하는 것이다. 예를 들어, 서울시민의 복지욕구를 조사할 경우, 25개 구 중 5개 구를 무작위로 1차 선정하고, 5개 구에서 3개 동을 무작위로 2차 선정하여 표본을 구하는 형태를 말한다.

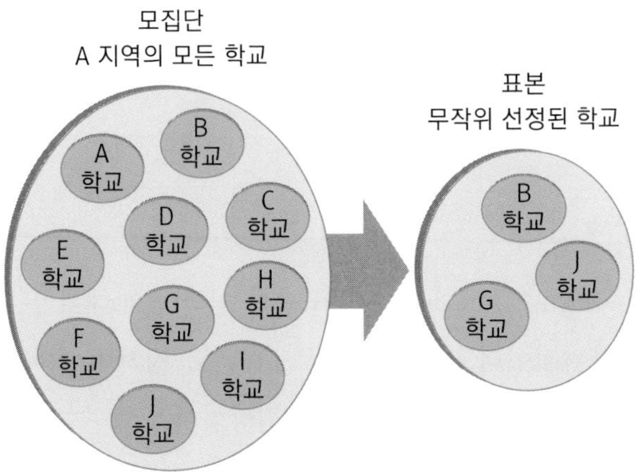

[그림 9-5] 집락표집

집락표집은 광범위한 모집단을 대상으로 효율적인 조사를 가능하게 하여 시간과 비용을 줄일 수 있다는 장점이 있다. [그림 9-5]에서 보여 주듯이, 모집단의 모든 요소의 목록이 필요하지 않으며, B · G · J 학교의 학생 목록만 확보하여 조사하면 된다. 그러나 앞서 제시했듯이, 집락 간의 동질성이 확보되지 않는다면 표집오차가 발생할 가능성이 커진다는 단점이 있다. 예를 들어, 모집단이 일반계, 특성화계, 특목고, 대안학교 등의 이질적 특성을 가진 학교 중에 무작위로 표본을 구한다면 표본의 대표성을 확보하기 어렵게 되며, 이는 표본추출오차를 증가시킬 수밖에 없다. 이러한 문제를 해결하기 위해 연구자는 모집단을 A 지역의 일반계 고등학교로 한정지어 모집단 내 집락 간의 동질성을 확보해야 한다.

2) 비확률표집

비확률표집은 모집단의 범위를 한정할 수 없거나 구체적인 모집단의 요소들을 파악할 수 없는 경우, 다시 말해 모집단에 대한 지식과 정보가 제한되어 있을 때에 주로 사용된다. 비확률표집은 모집단의 구성요소가 표본으로 선택될 확률이 알려져 있지 않고, 연구자의 판단에 의하여 표본을 선정한다(박성복 외, 2003; Neuman, 2003). 비확률표집은 확률표집에 비해 표집절차가 복잡하지 않으며,

비용이 적게 드는 장점이 있는 반면, 선정된 표본의 대표성 및 연구의 일반화에서 자유롭지 않은 한계가 있다. 비확률표집으로 임의표집, 할당표집, 판단표집, 눈덩이표집 등이 사용되고 있다.

(1) 임의(편의)표집

임의표집(convenience sampling)은 연구자의 임의(편의)대로 표본을 추출하는 방법으로 매우 작위적이며, 표본의 크기도 임의로 정하기에 비확률표집 중에서 가장 표본의 대표성을 고려하지 않는 표집방법이라 할 수 있다. 대표적인 예로, TV 방송에 자주 등장하는 길거리 인터뷰를 들 수 있다. 접근하기 쉬운 소수 몇 명에게 인터뷰를 실시하여 그들의 의견을 방송으로 내보낸다. 그러나 그들의 의견이 모든 사람을 대표한다고 보기에는 매우 어렵다. 표본을 선정할 때 면접자들이 호감이 덜하거나 가난해 보이거나 너무 나이가 많은 사람을 회피하고, 조사자가 접근하기 편한 사람들을 선택하는 경향이 있다(Neuman, 2003).

이와 같이 임의표집은 다른 표집방법에 비해 표본추출 과정이 용이하여 쉽게 표본을 확보할 수 있어 비용과 시간 면에서 가장 효율적이지만, 표본을 임의대로 선정하기에 표본이 모집단을 대표하는지는 알 수 없다.

(2) 할당표집

할당표집(quota sampling)은 모집단을 몇 개의 범주로 구분하고 각 범주 내에서 임의적으로 표본을 선정하는 것이다. 할당표집과 층화표집은 특성 변인의 범주별 할당 수를 정하는 기준은 동일하나, 정해진 할당량을 뽑는 과정이 다르다. 층화표집은 무작위적인 방법으로 할당된 표본 수를 추출하지만, 할당표집은 작위적으로 표본을 추출한다는 점에서 근본적인 차이가 있다(박성복 외, 2003). 예를 들어, A 지역 노인들의 생활만족도를 조사하기 위하여 거주 지역(도시, 농촌)과 성별(남자, 여자)로 구분하여 할당표본추출을 할 수 있다. 거주지역과 성별은 각각 2개의 범주로 구성되어 총 4개의 할당(2×2=4)이 만들어진다. 조사자는 모집단에서 차지하는 범주의 비율에 따라 할당하고 각 범주로부터 할당된 수의 표본을 확률에 근거하지 않는 임의적인 방법을 활용하여 추출하는 것이다.

모집단 분포

남자	여자
도시 20만 명	도시 25만 명
농촌 10만 명	농촌 15만 명

표본 분포

남자	여자
도시 200명	도시 250명
농촌 100명	농촌 150명

[그림 9-6] 할당표집

할당표집의 장점은 모집단에 대한 지식과 정보만 있다면 적은 비용으로 각 계층별 대표성을 지닌 표본을 얻을 수 있다는 점이다. 그러나 실제적으로 적절한 할당량을 정하기가 어렵고, 최종적으로 표본은 조사자의 편의에 의해 선택되어 표본이 모집단을 대표하는 데 일정 부분 한계를 가진다.

(3) 판단(의도적, 유의)표집

판단표집(judgemental or purposive sampling)은 조사자의 주관적 판단 또는 조사목적에 적합한 사람을 의도적으로 선정하는 방법이다. 조사자는 모집단을 대표하고 유용한 정보를 제공할 수 있는 좋은 표본을 자신의 판단으로 선택하는 것이다. 따라서 조사자는 연구문제와 모집단에 대한 충분한 지식과 경험을 갖추어야 한다(박성복 외, 2003; Rubin & Babbie, 2000). 즉, 모집단의 특성에 대해 정확히 알고 있는 경우에 제한적으로 사용될 수 있는 방법이라 할 수 있다. 예를 들어, 노숙인에게 제공될 사회복지서비스 방법에 대한 연구를 한다고 가정하자. 노숙자 문제 및 해법에 대한 전문적 지식을 갖고 있는 학계 전문가, 실천 전문가, 지역사회 지도자 등을 활용하여 의도적으로 표본을 선정하는 것이다(Rubin & Babbie, 2000).

판단표집의 조사자는 모집단에 대한 사전지식이 있기 때문에 모집단을 대표할 수 있는 좋은 표본을 얻을 수 있다. 표본을 선정하는 방법도 용이하며, 비용이 적게 들고 편리하다는 장점이 있다. 그러나 조사자의 판단으로 표본추출이 행해지므로 표본의 대표성을 확인할 방법이 없으며, 모집단에 대한 충분한 지식이 없다면 활용하기 어렵다는 단점이 있다(박성복 외, 2003; 채구묵, 2006).

(4) 눈덩이표집(누적표집)

눈덩이표집(snowball sampling)은 소수의 표본에서 다른 사람을 소개받아 점차 표본 수를 늘리는 방법이다. 조사자는 연구의 특성에 적합한 소수의 표본을 찾고 그 사람과 직간접으로 상호 연계망을 형성하고 있는 사람을 소개받는 과정을 반복하면서 표본을 추출하는 것이다. 이러한 반복을 통해 표본이 눈덩이를 굴리는 것처럼 늘어난다 하여 눈덩이표집 또는 누적표집이라 부른다.

눈덩이표집은 모집단의 구성원을 찾기 어려운 연구에 사용된다. 예를 들어, 마약중독자, 동성연애자, 불법이민자, 비행청소년 등을 연구하는 경우에 사용할 수 있는 표집방법이며, 양적 조사연구보다 질적 조사연구에서 많이 활용되는 방법이다.

4. 표본의 크기

연구자들은 '표본 크기를 어느 수준에서 정해야 하는가?'에 대한 관심을 가지고 있다. 일반적으로 표본의 크기를 증가시키는 것은 모집단의 정확한 추론을 가능하게 하지만, 일정 수준의 신뢰성과 정확성이 확보된다면 가능한 한 적은 규모로 표본을 선정하는 것으로도 충분하다.

확률표집에 의한 양적 연구는 꽤 많은 표본을 필요로 하지만, 질적 연구는 모집단에 대한 풍부한 정보를 제공할 수 있는 적은 표본으로도 연구가 가능하다(Marlow, 2005). 즉, 표본의 크기에 대한 명확한 답은 없다. 표본의 크기는 모집단 요소 간의 동질성, 조사목적과 조사방법, 시간 및 비용의 제약, 자료분석상의 제약 등에 따라 달라질 수 있다. 표본은 모집단의 규모가 클수록, 변수의 종류와 범주의 수가 다양할수록, 모집단의 이질성이 클수록 표본의 크기는 증가되어야 한다.

연구자가 표본 크기를 결정할 때 고려할 사항을 구체적으로 살펴보고자 한다(Neuman, 2003). 이는 ① 연구에서 요구되는 정확도의 수준을 어느 수준에서 정할 것인가, ② 모집단 내의 다양성이 얼마나 존재하는가, 그리고 ③ 조사에서 함께 분석될 변수들의 수는 어느 정도인가를 확인할 필요가 있다.

첫째, 표본 조사에 있어 다른 연구조건, 예를 들어 시간, 재정, 인력 등이 유사한 상황이라면 결과의 정확성을 높이기 위해서 표본은 크게 하는 것이 좋다. 특히 모집단이 클수록 표본의 수는 증가하게 된다. 하지만 단순히 표본의 수가 증가한다 하여 표본의 대표성이 증가하는 것은 아니다. 확률표집이 아니거나 빈약한 표집틀에서 추출된 표본은 표본 수가 아무리 많아도 대표성이 약할 수밖에 없다. 또한 표본의 크기에 따라 발생하는 오차의 차이를 고려한다면 표본을 무한정 크게 하는 것은 바람직하지 않다. 예를 들어, 표본 크기를 두 배 증가시켰을 때 표본 크기에 따라 정확성의 차이는 상이하게 발생한다. Sudman(1976)은 표본 크기를 50명에서 100명으로 증가시킨다면 오차는 7.1%에서 2.1%로 크게 줄지만, 표본 크기를 1,000명에서 2,000명으로 증가시킨다면 오차는 1.6%에서 1.1%로 소폭 감소한다고 하였다. 따라서 표본이 크면 표집오차가 줄어드는 것은 사실이지만, 무조건적으로 표본을 크게 하는 것이 효율적이라고는 말하기 어렵다. 오히려 많은 표본 조사로 인한 조사인력 및 시간의 낭비를 가져올 수 있어 비효율을 초래할 수 있으며, 많은 표집으로 인한 비표집오차가 증가하는 문제를 발생시킬 수 있다. 또한 조사자가 높은 신뢰수준의 결과를 예측하기 위해서도 표본의 크기는 커져야 한다. 예로, 신뢰수준을 95%에서 99%로 높이고자 한다면 표본 수를 늘려야 한다.

둘째, 모집단 내의 이질적인 부분이 많은 경우에는 표본이 커야 한다. 적은 표본을 선정하여 모집단 내의 이질적인 집단을 표본으로 반영하지 못한다면 모집단을 정확히 설명하지 못하게 된다. 앞서 설명했듯이, A 초등학교 전교생을 대상으로 학교폭력을 연구할 경우, 다문화가정 아동의 분포를 고려하지 않는 표본추출은 그들을 표본에서 제외시킬 수 있다. 모집단 내의 이질적인 집단이 반영될 수 있는 표본을 추출함으로써 모집단을 정확하게 설명하기 위해 충분한 표본수가 확보되어야 한다. 일반적으로는 이질적인 모집단보다는 동질적인 모집단에서 표본추출 오차를 줄일 수 있으며, 상대적으로 적은 표본으로도 모집단 추론이 가능하다.

셋째, 조사가설에서 많은 변수는 표본 크기를 정하는 데 영향을 미친다. 표본 크기는 변수당 사례의 수를 곱하여 결정하는 경우가 많다. 예를 들어, 10개의 변수를 고려한 연구를 수행할 때, 각 변수당 10개의 사례를 요구하기 때문에

100개의 표본을 선정하게 된다(Rubin & Babbie, 2000). 물론 변수의 수와 표본의 크기를 수학적으로 일치시킬 수 있는 것은 아니다. 그러나 변수를 다양한 범주로 세분화하여 분석하려면 세부항목을 설명할 수 있을 만큼의 충분한 표본 수를 확보하는 것은 중요하다. 또한 조사를 하다 보면 소득과 같은 개인적인 문항에 대해 응답하지 않아 결측치가 발생하거나 응답의 일관성이 없어 질문지를 버려야 하는 경우도 발생한다. 따라서 표본 수는 약간의 여유를 두고 정하는 것이 바람직할 것이다.

앞서 설명했듯이, 표본 수를 무한정 크게 하는 것은 오히려 비효율적일 수 있다. Marlow(2005)는 모집단의 크기에 따른 적정 표본 수를 〈표 9-1〉와 같이 제시하였다. 표집오차를 5%로 유지할 경우, 모집단 크기에 따라 표본 수는 크게 영향을 받는다. 예로, 모집단 크기가 1,000명에서 2,000명으로 증가할 경우의 표본 수는 278명에서 322명으로 44명이 더 요구되지만, 모집단 크기가 50,000명에서 100,000명으로 증가할 경우의 표본 수는 3명만 추가적으로 표본에 포함시키면 된다. 이는 표본 수를 무한정 크게 하는 것보다 적정 표본 수를 고려하는 것이 효율적이란 것을 보여 준다.

표 9-1 표본의 크기(표집오차 5% 수준)

모집단 크기	표본 수	모집단 크기	표본 수
50	44	1,000	278
75	63	2,000	322
100	80	4,000	351
150	108	5,000	357
200	132	10,000	370
250	152	15,000	375
300	169	20,000	377
400	196	50,000	381
500	217	100,000	384
750	254	1,000,000	384

출처: Marlow (2005).

연습문제

01 표본 조사를 하는 이유로 적절하지 않은 것은?

① 시간을 절약할 수 있다. ② 조사의 신속성이 있다.
③ 표집오차가 발생하지 않는다. ④ 비용을 절약할 수 있다.
⑤ 전수 조사가 불가능할 경우에 이용할 수 있다.

02 확률표집에 대한 설명으로 옳지 않은 것은?

① 모집단으로부터 표본으로 추출된 확률을 알 수 있다.
② 모집단의 요소들은 표본으로 선택될 동등한 기회를 갖는다.
③ 연구자의 편향된 표본추출을 방지할 수 있다.
④ 비확률표집에 비해 대표성 있는 표본을 얻을 수 있다.
⑤ 질적 연구자가 주로 활용하는 표집방법이다.

03 비표집오차에 대한 설명으로 잘못된 것은?

① 조사과정에서 발생하는 오차다.
② 표본 수가 크면 비표집오차는 증가한다.
③ 확률표집을 실시하면 비표집오차를 줄일 수 있다.
④ 조사응답자에 의해 발생하기도 한다.
⑤ 전수 조사와 표본 조사 모두에서 발생하는 오차다.

04 다음 중 확률표집 방법이 아닌 것은?

① 할당표집 ② 단순무작위표집 ③ 체계적 표집
④ 층화표집 ⑤ 집락표집

05 조사자의 주관적 판단 또는 조사목적에 적합한 사람을 의도적으로 선정하는 표본추출 방법은?

① 임의표집 ② 할당표집 ③ 눈덩이표집
④ 판단표집 ⑤ 집락표집

06 노숙자, 동성연애자 등과 같이 모집단 구성원을 찾기 어려운 대상을 연구할 때 적합한 표본추출 방법은?

① 눈덩이표집 ② 집락표집 ③ 할당표집
④ 임의표집 ⑤ 체계적 표집

07 모집단을 일정한 항목으로 나눈 다음, 이들 항목에서 정해진 만큼의 사례를 작위적으로 추출하는 방법은?

① 눈덩이표집 ② 집락표집 ③ 할당표집
④ 임의표집 ⑤ 체계적 표집

08 층화표집의 특징이 아닌 것은?

① 모집단 내 이질성이 존재하면 단순 무작위표집보다 모집단의 특성을 잘 반영한다.
② 층화 시 모집단에 대한 정보가 필요 없다.
③ 표본추출 과정에서 비용이나 시간이 많이 들 수 있다.
④ 무작위적으로 표본을 추출한다.
⑤ 동일한 크기일 경우 단순 무작위표집보다 표집오차가 작게 나타난다.

09 난수표를 이용하여 표본을 추출하는 방법은 무엇인가?

① 임의표집 ② 할당표집 ③ 판단표집
④ 단순무작위표집 ⑤ 눈덩이표집

10 표본의 크기를 결정하는 요인이 아닌 것은?

① 모집단의 동질성 ② 예산 ③ 시간
④ 신뢰 수준 ⑤ 표본추출 방법

답

01 ③ 02 ⑤ 03 ③ 04 ① 05 ④ 06 ① 07 ③
08 ② 09 ④ 10 ⑤

해설

01 표집오차는 표본을 선정하는 과정에서 발생하기 때문에 표본 조사를 실시할 경우 표집오차는 발생할 수 있다. 반면에 전수 조사는 표집오차가 발생하지 않는 장점이 있다.

02 질적 연구는 비확률표집을 주로 활용한다.

03 확률표집을 실시하면 편향된 표본추출을 줄일 수 있기 때문에 표집오차가 줄어든다.

04 확률표집 방법은 단순무작위표집, 체계적표집, 층화표집, 군집표집이 있으며, 비확률표집 방법은 임의표집, 할당표집, 판단표집, 눈덩이표집이 있다.

05 판단표집은 비확률표집 방법으로 연구문제와 모집단에 대한 충분한 지식과 경험을 갖춘 전문가가 주관적 판단에 의해 의도적으로 대상을 선정하는 것이며, 이를 의도적 표집 또는 유의표집이라고도 한다.

06 누적표집은 눈덩이표집이라도 하며, 연구대상을 찾기 어려운 경우에 주로 사용된다. 즉, 눈덩이를 굴리는 것처럼 해당되는 표본 대상을 하나씩 늘려 가는 방식이라 할 수 있다.

07 작위적으로 표본을 추출한다는 것은 비확률표집 방법을 말하며, 모집단을 일정한 항목으로 나눈다는 것은 표본을 범주별로 할당 수를 정하여 표집한다는 것을 의미한다.

08 확률표집을 하기 위해서는 모집단 정보를 가져야 하며, 층화표집은 확률표집의 한 형태다.

09 난수표는 표본을 무작위로 추출하기 위해 사용하는 방식으로 확률표집에서 사용하는 방법이다.

10 모집단이 클수록, 모집단이 이질적일수록 표본 수는 커져야 한다. 신뢰수준을 높이기 위해서도 표본 수는 적정 수까지 증가해야 하며, 재정과 시간 그리고 인력에 따라 표본 수는 영향을 받는다.

용어정리

난수표(table of random numbers) 0에서 9까지의 숫자를 각 숫자가 나오는 비율이 같도록 무질서하게 배열된 표로 통계조사에서 표본을 무작위로 추출할 때 사용하는 표

모집단(population) 연구자가 관심을 갖는 연구대상이 되는 전체 집단

비표집오차(nonsampling error) 조사과정에서 발생하는 오차로 조사 시의 환경, 연구대상의 적정성 등의 문제로 발생하는 오차

요소(element) 모집단을 구성하는 개별 단위

전수 조사(complete enumeration) 모집단의 성격을 파악하기 위해 모집단 구성원 각각에 대한 측정을 실시하여 알고 싶은 대상 전체를 조사하는 것

표본 조사(sample survey) 어느 집단의 특성을 알고자 할 때 집단의 일부를 조사함으로써 집단 전체의 특성을 추정하는 방법

표집 단위(sampling unit) 모집단에서 표본을 표집하는 경우에 표집 행위가 적용되는 개체의 단위

표집 오차(sampling error) 표집과정에서 발생하는 차이로 모집단의 특성을 나타내는 실제값과 모집단의 표본으로부터 추정된 값의 차이

표집틀(sampling frame) 표본을 추출하기 위한 모집단의 목록

참고문헌

김렬(2009). 사회과학도를 위한 연구조사방법론. 서울: 박영사.

김은정(2011). 사회조사분석사. 서울: 삼성북스.

김재광(2008). 표본조사론. 경기: 자유아카데미.

박성복, 강영걸, 배일섭, 정영숙(2003). 사회조사방법론. 경기: 학현사.

채구묵(2006). 사회복지조사방법론. 경기: 양서원.

한승준(2001). 사회조사방법론. 서울: 대영문화사.

Marlow, C. R. (2005). *Research Method for Generalist Social Work*. Canada: Brooks/Cole.

Neuman, W. L. (2003). *Social Research Methods: Qualitative and quantitative approaches* (5th ed.). Boston: Allyn and Bacon.

Rubin, A., & Babbie, E. (2000). 사회복지조사방법론. 성진숙, 유태균, 이선우 역. 경기: 나남출판.

Sudman, S. (1976). *Applied sampling*. New York: Academic Press.

제10장
설문 조사

학습목표

1. 설문 조사의 의의와 장단점을 이해한다.
2. 설문 조사의 절차 및 방법을 이해한다.
3. 설문 조사 수행방법을 이해한다.
4. 설문 조사의 유형을 이해한다.

설문 조사(survey)는 사회과학 연구조사에서 가장 널리 사용하는 자료수집방법 중 하나다. 실제로 설문 조사는 연구자가 실증연구를 수행하는 경우, 사회복지사가 프로그램을 기획하고 평가하는 과정 등에서 가장 보편적으로 활용된다. 설문 조사는 조사목적에 적합한 설문지(questionnaire)를 구성하여 진행한다. 그 이유는 질문에 대한 응답이 가설검증에 필요한 자료가 되기 때문이다. 따라서 설문지는 조사자가 궁금해했던 내용이 정확하게 파악될 수 있도록 구성되어야 한다. 조사자는 작성된 설문지를 통해 유용하고 정확한 정보를 얻기 위한 설문 조사 방법이 무엇인지 결정할 수 있어야 한다.

이 장에서는 다양한 설문 조사의 유형을 소개하고, 설문지를 작성하는 데 필요한 절차 및 방법을 학습하고자 한다.

1. 설문 조사의 장단점

설문 조사는 단기간에 많은 자료를 수집하기에 유리하다. 특히 표준화된 설문지를 통해 조사하고자 하는 내용을 객관적으로 비교할 수 있는 양적 자료, 관찰이 용이한 자료, 통계적으로 분석이 가능한 자료 등을 얻고자 할 때 많이 사용된다(홍종선, 박용석, 2007). 설문 조사를 통해 얻을 수 있는 장단점은 다음과 같다(성숙진 외, 2000: 강영걸, 박성복, 2008 재인용).

1) 설문 조사의 장점

- 설문 조사는 모집단이 대규모인 집단의 특성을 반영하기에 용이하며, 특히 자기기입식 설문지 조사는 매우 큰 규모의 표본을 사용하여 조사할 수 있다.
- 대규모의 표본을 사용함으로써 설문지 조사의 결과를 일반화하기가 용이하다.
- 인종, 소득수준, 주거유형 등의 다양한 변수를 동시에 분석할 수 있게 해준다.
- 한 주제에 대해 많은 질문을 할 수 있다는 점에서 유연성이 있다.
- 조사 과정에서 설문지를 표준화하면 일관된 정의를 모든 응답자에게 일관되게 적용할 수 있다.
- 상호 연관성 있는 다양한 주제를 조사하기 위한 자료를 1회 조사를 통해 취득할 수 있다.
- 단기간에 다양한 자료를 적은 비용과 노력으로 수집할 수 있어 비용 효율적이다.
- 실제 상황과 현상에 대해 상대적으로 정확하고 객관적인 자료를 수집할 수 있다. 특히 익명성이 보장되어 응답자의 생각, 의견, 태도, 감정 등을 더 솔직하게 표현할 수 있다.

2) 설문 조사의 단점

- 설문 조사는 많은 응답자에게 공통으로 적용이 가능한 최소한의 질문을 설계하는 과정에서 연구자가 응답자에게 필요한 가장 적절한 질문을 누락하게 될 가능성이 있다.
- 최초에 구성한 연구설계를 조사 종료 시까지 변경하지 않도록 요구되는 경우가 일반적이라 현장연구 과정에서 발견되는 새로운 변수에 대해 적절히 대응하기가 어렵다.
- 현장 조사와 비교해서 설문지 형식이 인위적으로 구성됨에 따라 타당도의 문제에 노출될 수 있다.
- 관찰법이나 면접법과 비교하면 조사대상자의 심리적인 문제나 내면상태를 파악하는 것이 상대적으로 어렵다.
- 같은 시점에서 1회의 조사를 통해 자료를 수집함으로써 시계열(time series) 자료의 수집이 어렵다.
- 자료수집 과정에서 모집단으로부터 추출된 표본을 조사함에 따른 표본오차가 발생할 가능성이 있다.
- 조사대상자가 의도적으로 응답을 회피하거나 왜곡된 응답을 하는 경우 부정확한 자료를 수집하게 됨으로써 분석결과가 왜곡될 수 있다.
- 응답자가 설문지에서 요구하는 응답을 제공할 수 없는 경우 자료수집 자체가 불가능한 경우가 있다.

설문 조사는 크게 자기기입식 조사방법과 타인기입식 조사방법으로 구분된다. 자기기입식 조사방법은 설문지의 응답을 조사대상자가 직접하는 방법으로 우편설문 조사가 전형적인 방법이다. 예를 들어, 청소년의 학교폭력 피해경험이 자살에 미치는 영향에 대한 연구에서 조사원이 조사대상 학교의 학급을 방문하여 설문지를 배포하고 설명한 후 조사대상 청소년이 자기보고식으로 기입하고 회수하는 식으로 자기기입식 조사가 이루어진다. 반면, 타인기입식 조사방법은 조사원이 응답자의 답을 듣고 대신 기입하는 방식으로 진행된다. 예를 들어, 노인의 빈곤경험이 우울 및 자살에 미치는 영향을 조사할 때, 조사원이 조사대상자 노인에게 질문 문항을 읽어 주고 답을 기입하는 타인기입식 조사를 실시하는 경우가 있다.

2. 설문 조사 작성 절차

설문지 작성 시에는 치밀한 사전 준비가 필요하다. 연구목적을 이루기 위해 필요한 정보가 무엇인지 확인하고, 어떤 방식으로 측정하며, 내용은 어떻게 분석할 것인지를 사전에 모두 고려해야 한다. 설문지 작성 절차는 일반적으로 [그림 10-1]과 같은 단계를 거친다.

1단계	필요한 정보 결정
2단계	자료수집방법 결정
3단계	질문 문항의 작성
4단계	질문 순서의 결정
5단계	사전 검사
6단계	설문지 수정 · 보완
7단계	설문지 완성 및 인쇄

[그림 10-1] 설문지 작성 절차

1) 필요한 정보 결정

설문지를 작성하여 얻고자 하는 것이 무엇인지 설문지 작성 목적을 확실히 하고, 얻어야 할 정보의 종류도 결정하여야 한다. 즉, 조사의 목적, 이론적 배경, 연구 문제 및 가설 등을 중심으로 수집할 자료의 내용이 무엇인지를 결정하고, 그 정보를 얼마나 자세히 측정할지도 검토하여야 한다.

2) 자료수집방법 결정

필요한 정보에 대한 검토가 이루어지면 자료수집방법을 결정하게 된다. 설문지를 통해서 자료를 수집하는 방법으로는 집단면접 조사, 개별면접 조사, 우편 조사, 전화 조사, 인터넷 조사 등이 있는데, 이 중에서 어떤 방법이 연구의 목적, 변수의 특성, 자료수집의 용이성, 정확성 및 객관성 보장에 유리한지 심사숙고하여 가장 적합한 방법을 결정하여야 한다.

3) 질문 문항의 작성

설문지에서 세부 문항을 작성하기 위해서는 연구목적에 적합한 조사항목(research item)을 우선하여 결정하고 각 문항을 어떠한 질문 형태로 할 것인지를 고민해야 한다.

(1) 조사항목 결정

연구목적에 적합한 조사항목을 결정해야 한다. 설문지를 작성하는 목적과 범위가 확정되었다면 조사항목별로 포함되어야 할 세부사항을 결정하여야 한다. 조사항목과 세무항목은 연구주제 관련 논문, 보고서, 도서 자료 등의 선행연구를 통하여 선정하는 것이 일반적이다. 이러한 조사항목과 세부사항을 선정할 때에는 다섯 가지 사항을 고려해야 한다. 첫째, 조사에 직접 관계가 있고 평가나 분석에 이용할 내용을 선정하도록 한다. 둘째, 다른 곳에서 더 정확한 자료를 수집할 수 있는 경우에는 조사항목 또는 세부사항에서 제외하도록 한다. 셋째, 양적 연구의 경우에는 통계처리를 염두하여 조사항목과 세부사항을 선정하도록 한다. 넷째, 응답자가 대답하지 않을 내용은 처음부터 포함시키지 않도록 한다. 다섯째, 조사항목 및 세부사항은 조사목적을 달성할 수 있을 정도 내에서 최소한의 수가 되도록 한다(채구묵, 2005).

장애인의 개인적 특성과 복지시설 서비스 이용에 관한 연구를 예로 들어 조사항목표를 만들면 다음과 같다. 조사응답자의 일반적 사항에 관한 조사항목은 ① 인구학적 특성, ② 경제상태, ③ 건강상태로 나누어 볼 수 있고, 시설 및 서비스 이용에 관한 조사항목은 ① 시설 여건, ② 시설 프로그램, ③ 비용으로 나누어 볼 수 있다. 이렇게 마련된 조사항목을 기준으로 세부사항을 작성해 보면 〈표 10-1〉과 같다.

표 10-1 조사항목과 세부사항의 예

구분	조사항목	세부사항
일반적 사항	인구학적 특성	성별, 연령, 학력, 장애유형, 장애등급, 결혼상태, 자녀 수
	경제상태	주택소유 형태, 월 평균 소득
	건강상태	주관적 건강상태, 일상생활동작(ADL) 수행능력, 도구적 일상생활수행(IADL) 수행능력
시설 및 서비스 이용	시설 여건	시설 규모, 시설 위치, 시설의 부대시설
	시설 프로그램	여가 프로그램, 재활 프로그램, 자립생활 프로그램
	비용	비용지불 방식, 월 이용료

(2) 질문형태 결정

질문 내용의 형태는 크게 개방형 질문과 폐쇄형 질문으로 나뉜다.

① 개방형 질문

개방형 질문(open-ended question)은 응답범주를 상세히 구체화하지 않고 질문만 던지는 형태다(이창희 외, 2010). 개방형 질문은 질문에 대하여 자유롭게 응답할 수 있는 질문으로, 자유응답 질문이라고도 한다. 개방형 질문의 장점은 얼마든지 자세하게 물어볼 수 있으므로 응답자의 의견, 태도, 동기 등에 대해 확실하고 정확한 대답을 끄집어낼 수 있다는 것과 때로는 예상하지 못했던 응답을 하기 때문에 연구자가 생각하지 못했던 내용을 얻거나 새로운 연구주제의 실마리를 제공해 준다는 것이다(김태성 외, 2006; 채구묵, 2005). 따라서 예비 조사(pilot study)나 탐색적 조사(exploratory research) 등 문제의 핵심을 알려고 할 때 흔히 쓰이며, 대규모 조사보다는 규모가 작은 조사에 더 적합하다(채구묵, 2005). 단점은 응답자에게 심리적 부담을 줄 수 있으며, 응답의 해석에 편견이 개입될 소지가 있다는 것이다. 또한 응답에 어느 정도의 사고가 요구되는 만큼 응답자가 어느 정도의 교육 수준을 갖추고 있어야 하며, 표현능력이 부족한 응답자에게는 적용하기 어렵고, 자료의 분석 및 해석에 많은 시간이 소요되고 통계처리가 어렵다는 점이 있다(김치영, 최용민, 2011).

예

귀하는 노인을 위하여 어떤 종류의 사회복지 서비스가 필요하다고 생각하십니까?

② 폐쇄형 질문

폐쇄형 질문(closed-ended question)은 설문 문항과 미리 범주화된 일정한 수의 응답범주를 제시하여 응답자로 하여금 선택하도록 하는 질문으로서(이창희 외, 2010), 응답 형태에 따라 찬반식 질문, 평정식 질문, 다항선택식 질문, 여과형 질문과 수반형 질문, 서열식 질문 등이 있다(최성철, 2009).

폐쇄형 질문의 장점은 정해진 응답범주에 응답자가 특정 응답범주를 선택하도록 하기 때문에 응답자가 질문에 답하기가 매우 쉽고, 응답에 걸리는 시간과 노력이 비교적 적게 들며, 계측에 통일을 기할 수 있어 응답의 입력과 분석이 쉽다는 것이다. 단점은 응답자가 질문을 진지하게 생각하지 않고 적당히 응답할 수 있고, 응답자의 자발적인 자기표현의 기회를 제약함으로써 응답자의 응답이 충분히 반영되기 어렵다는 것이다(김치영, 최용민, 2011; 채구묵, 2005).

- 찬반식 질문

찬반식 질문(agree-disagree question)은 찬성/반대, 그렇다/아니다 같이 이분법적으로 응답을 구분하는 경우에 주로 사용하는 방법이다.

예

귀하는 현재 직장에서 정규직으로 일하고 계십니까?	① 예	② 아니요
당신은 건강보험료를 납부하고 계십니까?	① 예	② 아니요

- 평정식 질문

평정식 질문(rating question)은 응답자 의견의 강도를 묻기 위한 방법으로 리커트 척도를 이용할 때 많이 사용된다. 이 질문의 형식은 응답범주에 따라 3단계, 4단계, 5단계 등의 평정식 범주가 있다.

예

대체인력지원사업 이용 만족도는 어떠합니까?
① 매우 불만족 ② 불만족 ③ 보통 ④ 만족 ⑤ 매우 만족

● 다항 선택식 질문

다항 선택식 질문(multiple choice question)은 여러 개의 카테고리(category)를 나열해 놓고 그중에서 두 개 이상을 선택하도록 하는 방법이다.

예

귀하의 직업적 전문성 향상을 위해 정책적으로 필요한 것은 무엇입니까?
다음 〈보기〉 중에서 2개만 고르시오. ( ), ( )

〈보기〉
① 사회적 인정체계 강화 ② 채용기준 강화 ③ 교육체계(보수교육 등) 강화
④ 전문가 단체 역량 강화 ⑤ 자격제도 강화 ⑥ 전문직 윤리강령 강화
⑦ 기타( )

● 여과형 질문과 수반형 질문

여과형 질문(filter question)은 응답자가 다음 질문에서 어떤 문항에 응답해야 하는가를 결정하기 위한 첫 번째 질문이며, 수반형 질문(contingency question)은 첫 번째 응답결과에 따라 응답해야 할 내용이 다른 질문이다(Neuman, 1991).

예

1. 귀하는 시간 외 근로를 수행합니까?
① 하고 있음 ② 하지 않음(☞2번 문항으로)

1-1. (시간 외 근로를 수행하는 경우) 귀하는 시간 외 근로에 따른 수당을 받고 있습니까?
① 받고 있음 ② 받지 못하고 있음

2. 귀하의 처우 수준보다 열악한 종사자의 처우개선을 우선 지원하는 것에 얼마나 동의하십니까?
① 전혀 동의하지 않음 ② 동의하지 않음 ③ 동의함 ④ 매우 동의함

● 서열식 질문

서열식 질문(ranking question)은 어떤 질문에 대하여 가능한 대답을 여러 개 열거해 놓고 중요한 순서, 좋아하는 순서, 또는 싫어하는 순서 등으로 순서를 결정하게 하는 것이다.

예

사회복지시설 종사자의 처우개선을 위해 강화 또는 신설이 필요한 복리후생제도를 우선순위에 따라 3가지만 선택하여 번호를 기입하여 주십시오.

1순위________번,　2순위________번,　3순위________번

① 안식휴가제	② 유급병가제	③ 유급 질병휴직제도
④ 교육훈련비(보수교육비)	⑤ 해외연수지원	⑥ 근로자대출
⑦ 직원포상제도	⑧ 근로자학자금 지원	⑨ 직원휴게시설
⑩ 경조사비 지원	⑪ 의료비 지원	⑫ 문화 · 체육 비용 지원
⑬ 휴양시설 지원	⑭ 기타 (　　　　)	

(3) 질문 문항의 작성

실제적으로 질문 문항을 작성하기 위해서 몇 가지 주의할 사항을 살펴보면 다음과 같다(채구묵, 2005).

- 보편적이고 상용적인 용어를 사용하여 그 질문의 내용을 응답자가 정확하게 파악할 수 있도록 하여야 한다. 전문적인 용어나 외국어를 많이 사용하는 것은 정확하게 내용을 전달하지 못할 뿐만 아니라 응답자에게 거부감을 줄 수도 있다.
- 질문의 준거틀은 명백하고 모든 응답자에게 동일한 의미로 사용되어야 한다.

예

[좋은 예시] 최근 1년을 기준으로 귀하의 월 평균 소득은 얼마나 되십니까?
[나쁜 예시] 귀하의 월 평균 소득은 얼마나 되십니까?

- 질문은 객관적이어야 하며, 긍정적이거나 부정적이어서 어느 한 방향으로 치우쳐서는 안 되며, 또한 질문 내에 어떤 가정이나 암시가 있어서도 안 된다.

예

[좋은 예시] 사회복지기관의 전문성에 대한 귀하의 의견은 어떻습니까?
[나쁜 예시] 사회복지기관에서 업무를 전문성 있게 잘 수행하고 있다고 생각하는데, 귀하의 생각은 어떻습니까?

- 질문은 가능한 한 간단하게 해야 한다. 길고 복잡한 문장은 질문 내용을 이해하는 데 혼돈을 줄 수 있다.
- 질문 용어는 가치 중립적인 것을 사용하여야 한다. 예를 들어, '일본 사람'을 '왜놈들'이라고 표현해서는 안 된다.
- 위험한 용어, 인기 용어 등을 피해야 한다. 예를 들어, '빨갱이' '우방' 등과 같이 감정적 표현을 사용해서는 안 된다.
- 신망 있는 사람이나 악명 높은 사람의 이름을 인용할 때에는 신중해야 한다.
- 응답자가 알리기 꺼리는 신상 문제, 지위, 현황 등의 질문은 어구 구성에 있어 응답자가 심리적으로 안심할 수 있도록 구성하여야 한다.
- 같은 내용의 질문이라도 개인화된 형식으로 질문하는 것이 좋은지, 그렇지 않은 것이 더 좋은지를 결정하여야 한다.

예

[좋은 예시] 부모를 모시고 계십니까?
[나쁜 예시] 부모를 모시는 것이 좋다고 생각하십니까?

- 질문의 카테고리 구성에서 찬반의 응답 선택의 수가 균형이 잡히도록 하여야 한다.

예

[좋은 예시] 발달장애 자녀로 인한 경제적 부담은 어느 정도입니까?

① 전혀 부담되지 않는다 ② 부담되지 않는다 ③ 보통이다
④ 부담된다 ⑤ 매우 부담된다

[나쁜 예시] 발달장애 자녀로 인한 경제적 부담은 어느 정도입니까?

① 전혀 부담되지 않는다 ② 부담되지 않는다
③ 보통이다 ④ 매우 부담된다

- 질문이나 응답 카테고리에 애매하거나 막연한 내용이 포함되지 않도록 하는 것이 좋다.

예

[좋은 예시] 당신은 지난 6개월 동안 한 달 평균 몇 시간이나 자원봉사활동을 하셨습니까?

① 전혀 하지 않음 ② 5시간 미만 ③ 5시간 이상~10시간 미만
④ 10시간 이상~20시간 미만 ⑤ 20시간 이상

[나쁜 예시] 자원봉사활동을 하셨습니까?

① 없음 ② 가끔 ③ 상당히
④ 자주 ⑤ 많음

4) 질문 순서의 결정

설문지 문항의 순서를 정함에도 신중해야 한다. 실제로 문항의 순서는 응답률에 영향을 미치기 때문이다. 설문지는 전체적으로 하나의 통일성을 이루도록 질문의 문항을 조직하는 것이 필요하다. 질문의 순서를 결정할 때는 다음 사항을 고려하는 것이 좋다(김치영, 최용민, 2011).

- 흥미 있거나 쉬운 질문을 먼저 한다.
- 객관적인 사실의 질문부터 시작해서 점차 태도, 의견, 동기 등의 질문으로 배열하는 것이 좋다.

- 일반적인 질문과 특수한 질문을 해야 할 때는 보통 일반적인 질문을 앞에 두고, 특수한 질문을 뒤에 놓는 것이 좋다.
- 구체적이고 친숙한 것에서부터 추상적이고 생소한 것으로 배열하는 것이 좋다.
- 시간의 흐름에 따라 배열하는 것이 좋다. 최근 것부터 오래된 것으로 혹은 오래된 것부터 최근 것으로 하는 것이 좋다.
- 간단한 항목에서 복잡한 항목으로 부드럽게 넘어가야 하며, 곤란한 문제는 보통 중간쯤 놓는 것이 좋다.
- 앞의 질문의 내용이 뒤에 올 질문의 응답에 영향을 줄 수 있는데, 이것은 가능한 한 피해야 한다.
- 일정한 유형의 응답군이 발생하지 않도록 문항을 배치한다.
- 신뢰도 검사를 염두에 둔 문항들은 분리하여 배치한다.
- 질문 항목의 길이와 유형을 다양하게 배치하여 응답자의 지루함을 방지한다.

5) 사전 조사

사전 조사(pre-test)는 본 조사에 들어가기 전에 본 조사와 똑같은 절차와 방법으로 설문지의 초안을 만든 후 시험해 보는 것이다(김치영, 최용민, 2011). 사전 조사는 기존의 표준화된 설문지를 이용하는 경우에도 실시하는 것이 좋다. 인간 사회는 항상 변화의 과정에 있고, 또한 같은 내용이라 할지라도 조사대상자에 따라 내용이나 형식이 달라야 하기 때문이다. 사전 조사는 20~30명 정도의 적은 표본을 대상으로 하고, 설문지 형식과 내용 전반에 대하여 검토하여야 한다. 즉, 문항들이 연구목적에 부합되는 자료를 수집할 수 있는지, 질문 내용이 중복되거나 누락된 것이나 표현이 불분명하거나 부적절한 것은 없는지, 질문 배열이 논리적으로 되었는지, 문항 내용이 적절했는지, 용어 선택이 바로 되었고 표현이 어려운 것이 없는지, 응답 소요시간이 적절하였는지 등을 검토하여야 한다(정영숙, 2006).

6) 설문지 수정 · 보완

사전 조사를 통해 알게 된 설문지의 문제점을 수정 · 보완하는 작업을 거쳐야 한다. 구체적으로, 문항의 적합성, 난이도, 응답 소요시간, 문항 배열 순서 등을 포함하여 선다형으로 된 문항의 범주가 적합한지, 개방형으로 된 문항의 응답 내용이 무엇인지 등 모든 내용을 수정 · 보완한 다음 재편집하여야 한다(정영숙, 2006). 설문지 수정 · 보완 시 고려해야 할 점은 다음과 같다(채구묵, 2005).

- 응답자가 응답한 것 가운데 전후 모순되거나 합치되지 않는 것이 있다면 설문지를 재검토해 볼 필요가 있다.
- 응답이 어느 한쪽으로 치우친 것이 없는지 확인해 보아야 한다. 즉, '적극 찬성' 또는 '적극 반대'로 치우치지 않았는가를 살펴보아야 한다.
- 모른다는 대답, 또는 무응답이 많은 경우는 질문에 잘못이 있음을 뜻한다.
- 기타에 대한 대답이 많은 경우에는 질문을 수정하여야 한다.
- 질문의 순서가 바뀌었을 때 응답에 실질적인 변화가 일어나면 그것은 질문의 문항 작성이 잘못되었다고 보아야 한다.

7) 설문지 완성 및 인쇄

사전 조사 결과를 토대로 전체적인 수정과 편집이 마무리되면 설문지를 인쇄하여야 한다. 이때 인쇄된 설문지가 응답자에게 호감을 주고 중요한 것이라는 인식이 들도록 표지, 용지, 활자, 크기, 공간 등 여러 면에 대한 고려가 있어야 한다(김치영, 최용민, 2011).

3. 설문 조사의 수행방법

1) 대인 면접 조사(개별 조사, 집단 조사)

대인 면접(personal interview)은 조사자와 조사대상자 간의 대면적 상호작용(face-to-face interaction)을 통해 설문 조사를 수행하는 것이다. 사회과학 설문 조사에서 일반적으로 활용되는 유형으로, 조사자가 조사대상자에게 구두로 질문하여 응답을 받는다. 따라서 대인 면접 설문 조사에서는 각 조사자가 설문지 내용을 정확히 이해하고 조사대상자에게 일관된 정보를 제공할 수 있어야 한다. 또한 조사대상자와의 상호작용을 기반으로 이뤄진다는 점에서 응답자와의 라포 형성 역시 중요하다. 대인 면접은 조사대상자의 수에 따라 개별 조사와 집단 조사로 구분할 수 있다.

(1) 개별 조사

개별 조사(personal self-administered survey)는 응답자에게 직접 설문지를 배포하고 즉시 응답하게 하는 방법으로 전화 조사나 우편 조사의 방법으로 조사하기 힘든 대상을 조사할 때 많이 사용된다. 특히 문맹이거나 글을 쓰는 것이 불편한 사람을 조사할 때 유용하게 활용할 수 있으며, 질문 조사방법과 면접법을 절충한 조사방법으로 볼 수 있다. 이 방법은 표집방법이 적절하면 모집단을 잘 대표하는 좋은 표본을 얻을 수도 있다. 하지만 조사대상자를 직접 방문해야 한다는 점에서 시간과 비용이 많이 소요된다는 단점이 있다(강영걸, 박성복, 2008).

(2) 집단 조사법

집단 조사(group survey)는 조사대상자를 특정한 장소에 모아 놓고 설문지를 배포하여 자기보고식으로 응답하게 하는 조사방법이다(김은정, 2010). 예를 들어, 중학생의 학교폭력이나 정신건강 실태를 조사하기 위해 수업시간을 이용하여 학생에게 조사의 목적과 취지를 설명하고, 설문지를 배포한 후 응답하게 하는 방식으로 진행된다. 집단 조사법의 장단점을 정리하면 다음과 같다(강영걸,

박성복, 2008; 김경동 외, 2009; 김은정, 2010).

● 집단 조사법의 장점

- 조사에 소요되는 시간과 비용을 최소화할 수 있다.
- 조사를 간편하게 진행할 수 있어 조사원 수를 줄일 수 있다.
- 조사의 조건을 표준화함으로써 응답조건을 동등하게 할 수 있다.
- 조사과정에서 응답자와 직접 대화가 가능하여 질문에 대한 오류를 최소화할 수 있다.
- 조사원이 설문 조사의 전 과정을 관리함으로써 타인의 질문을 대리로 작성하는 등의 조사과정에서 발생할 수 있는 문제를 최소화할 수 있다.

● 집단 조사법의 단점

- 응답자의 개인차를 무시함으로써 조사의 타당도가 낮아질 수 있다.
- 응답자가 설문지에 오기하는 경우 시정이 어렵다.
- 조사대상자를 일정한 장소와 시간대에 모으는 것이 어렵다.
- 조사과정에서 옆 사람이나 타인으로부터 영향을 받을 가능성이 있어 응답자를 통제하는 것이 힘들다.
- 표본추출 절차를 연구자가 주도하지 못하고 집단의 담당자가 하게 되면 표집방법에서 편의추출 가능성을 배제할 수 없다.
- 집단을 대상으로 시행되기 때문에 조사자가 원하는 표본을 구하기가 어렵다.
- 조사대상자를 섭외하는 경우에 학교나 기업 같은 조직과 직접적인 관련이 되어 있지 않은 사람은 조사에 대한 협조를 구하기가 어렵다.

대인 면접은 조사자와 조사응답자 간 직접적인 상호작용을 기반으로 한 조사라는 측면에서 우편, 전화, 온라인 조사 등 비대면 방식과 비교하여 장점임이 분명하다. 특히 조사대상자 본인이 직접 설문에 참여하는 것을 확인할 수 있다는 점에서 조사의 환경 및 상황을 통제할 수 있다. 조사대상자의 컨디션에 따라 설문지 순서를 조정하는 등의 유연성도 확보할 수 있다. 또한 대인 면접은 다른 설문 조사에 비해 응답률이 높다는 장점이 있다. 조사원이 직접 방문하였을 때 조사대상자는 설문 조사에 참여할 가능성이 높고, 많은 질문 내용을 누락하지 않고 성실하게 응답할 수 있다. 마지막으로, 대인 면접은 조사 과정에서 나타나는 조사대상자의 반응을 통해 보충적인 정보를 제공한다. 조사대상자의 말에서 느껴지는 톤과 뉘앙스, 감정표현 등을 통해 분석에 필요한 부가적인 정보를 얻을 수 있다.

반면, 대인 면접은 상대적으로 높은 비용(면접 조사원 선발, 훈련, 교육 등에 필요한 인건비, 교통비 등)이 소요된다는 점, 조사과정에서 조사원 개인의 주관적 생각이나 의견이 반영될 가능성, 조사대상자의 익명성 보장의 어려움 등이 단점이라 할 수 있다. 그리고 최근 코로나바이러스감염증-19 등의 감염병 확산 시기에는 대면 조사 진행이 불가능하다는 한계가 있다.

표 10-2 대인 면접 조사의 장점과 단점

장점	단점
• 면접 조사 상황에 대한 통제: 조사대상자의 설문 참여 확인 가능, 설문지 내용의 누락 방지 • 조사의 유연성 증대: 설문지 순서 조정 가능 • 높은 응답률과 자료의 질 확보 • 보충 정보 수집	• 상대적으로 높은 비용 소요 • 조사원의 주관적 의견 반영 가능성 • 조사대상자 익명성 보장의 어려움 • 코로나-19 등 재난 상황 시 수행 어려움

출처: 김영종(2017, pp. 245-246)을 재구성.

2) 우편 설문 조사

우편 설문 조사(mail survey)는 조사대상자가 읽고 이해하여 답할 수 있는 설문지를 만들어 우편으로 보내고 회수하는 방법이다(강영걸, 박성복, 2008; 최성재, 2005). 우편 설문 조사는 대인 면접과 전화 조사와는 달리 조사대상자가 설문지에 자기기입식으로 응답하므로 분명하고 이해가 용이한 용어와 표현을 사용하여야 한다(강영걸, 박성복, 2008). 우편 설문 조사는 대면 조사나 전화 조사에 비해 상대적으로 응답률이 낮아 우편 조사를 진행할 때에는 설문지 외에 조사의 목적이나 중요성을 언급하며 조사에 협조를 부탁하는 소개편지(cover letter)를 보내는 것이 응답률을 높이는 중요한 방안이다(김은정, 2010; 황창순 외, 2010). 이때 응답률은 최소 50% 이상 확보해야 분석과 보고를 하기에 적절하며, 60% 이상이면 좋고, 70%가 되면 매우 좋은 응답률로 볼 수 있다(김진숙, 2011).

회수율 또는 응답률을 높이기 위한 방법에는 독촉편지 또는 후속절차(follow-up) 등이 있는데 그 과정은 다음과 같다(김경동, 이온죽, 김여진, 2009). 첫째, 설문지 발송 전에 설문지와 회신봉투에 비밀번호를 기재한 후 회신이 들어오면 회송 여부를 점검한다. 둘째, 독촉편지는 회신 여부를 점검한 후 왕복 우송기간에 3~4일이 추가된 시기에 모든 표본에게 배송한다. 이때 일괄적으로 질문서 수신 여부를 확인하면서 분실한 경우 연락을 주면 즉시 다시 보낸다는 내용과 이미 회신을 보낸 경우 재촉편지 내용은 무시하라는 내용을 담으면 된다. 셋째, 두 번째 후속절차로 미회송 사례에 대해서 최초 발송일 기준 2~3주 후에 재독촉 편지를 보낸다. 이 편지에는 협조 독려와 질문서를 다시 동봉하도록 한다. 이와 같은 후속절차는 전화를 이용하여 수행할 수도 있다.

우편 설문 조사의 장단점과 설문지 회수율에 영향을 미치는 요인을 정리하면 다음과 같다(강영걸, 박성복, 2008; 김은정, 2010; 성숙진 외, 2000; 최성재, 2005; 황창순 외, 2010; Rubin & Babbie, 2001).

(1) 우편 설문 조사의 장점

- **경제성:** 전화 설문이나 대인 면접에 비해 시간이 많이 걸리지만 조사자를 훈련하거나 비용을 지급할 필요가 없어 비용이 절약된다. 특히 지리적으로 조사대상자가 흩어져 있는 경우 비용 측면에서 대인 면접에 비해 큰 장점이 된다.
- **조사자로 인한 편의성(bias) 감소:** 조사자의 성별, 언어, 외모 등의 특성이나 조사자와 응답자 간의 상호작용이나 면접기술의 차이로 인한 응답과정에서의 편향성을 감소시킬 수 있다.
- **익명성:** 다른 설문 조사방법에 비해 익명성이 보장되므로 솔직한 응답을 기대하기 힘든 민감한 사안에 대해서도 솔직한 답을 기대할 수 있다.
- **접근의 용이성:** 지리적으로 광범위하게 흩어져 물리적으로 접근이 어려운 장소의 조사대상자에 대해서도 조사가 용이하다. 응답자가 편한 시간에 설

문지 응답이 가능하며, 직장인 등 직접 만나기 힘든 대상에 대해서도 다른 조사방법에 비해 조사가 용이하다.

- **응답에 대한 시간적 여유**: 어려운 질문이나 과거에 대한 정보 등에 대해서 시간적 여유를 가지고 정확한 응답이 가능하다.
- **표본의 적절성**: 여러 지역에 거주하는 조사대상자를 동시에 조사할 수 있으므로 다른 설문 조사방법보다 대표성 있는 표본추출이 용이하다.

(2) 우편 설문 조사의 단점

- **설문지의 간단화 및 단순화**: 설문지가 글자로만 전달되는 것에 한정되므로 복잡하고 어려운 질문은 응답자가 제대로 답을 못하거나 응답을 하지 않는 문제가 발생할 수 있다.
- **조사 내용에 대한 추가 확인의 어려움 발생**: 우편 설문 조사는 조사자와 응답자 사이에 의사소통의 수단이 없이 글자로만 전달되기 때문에 불분명한 질문 내용에 대해 응답자의 질문에 답변이나 보충 설명을 할 기회가 없다.
- **조사환경 통제의 어려움**: 응답에 방해되는 상황을 조사자가 통제할 수 없으며, 타인이 응답자를 대신할 경우 이를 통제할 수 없다.
- **비언어적 행동에 대한 추가 정보수집 불가능**: 설문지 작성 시 표정이나 태도와 같이 비언어적 행동(nonverbal behavior)에 대한 정보수집이 불가능하여 비언어적 행동에 대한 부분이 중요하게 작용하는 조사에는 적절치 않다.
- **낮은 회수율과 높은 무응답률**: 대인 면접의 경우 95%까지 응답을 얻을 수 있으나, 우편 설문 조사의 경우 후속조치가 없으면 20~40% 정도의 낮은 회수율을 보이며 무응답률이 높다. 낮은 회수율과 높은 무응답은 응답자 특성에 따른 체계적 오류가 발생할 가능성이 높아 표본의 편중성 문제를 야기하여 조사결과의 대표성에 문제를 발생시킨다.

(3) 우편 설문 조사 시 회수율에 영향을 미치는 요인

우편으로 실시되는 설문지 조사의 가장 큰 단점은 회수율이 낮고 무응답률이 높은 것이며, 이러한 단점을 극복하는 것이 우편 조사에서 가장 고려되어야 할 점이다(강영걸, 박성복, 2008; 최성재, 2005). 이에 설문지 회수율에 영향을 미치는 중요한 요인을 살펴보면 다음과 같다.

- **설문 조사 기관의 신뢰성**: 대학, 정부, 대기업, 언론사 등 공인된 기관에서 조사를 시행하는 경우 응답률이 높다.
- **연구 주관자 및 후원자**: 연구의 주관자나 후원자는 응답 시에 동기부여가 되므로 안내서신에 연구 주관자나 후원자의 정보를 기재하는 것도 응답률을 높이는 방법이 된다.
- **설문지 모양과 스타일**: 조사자가 설문지를 성의 있게 제작하였으며, 응답이 연구에 매우 중요한 자료가 된다는 점, 그리고 응답내용이 절대 익명으로 처리되어 「통계법」상으로 보호받는다는 사실을 강조할 필요가 있다. 또한 봉투도 눈에 잘 띄게 디자인하는 것이 중요하다.
- **설문지의 길이**: 설문지의 분량이 응답률에 영향을 미치는지는 이견이 있기는 하지만, 짧은 설문지가 응답률이 더 높다고 알려져 있다.
- **응답에 대한 동기부여**: 조사의 중요성과 응답이 연구에 기여하는 것을 잘 설명함으로써 응답자가 설문지에 응답하고 반송할 수 있게 하는 것이 필요하다. 응답에 대한 유인책으로는 응답자의 선의(goodwill)에 호소하기, 자아존중감 고양하기, 선물이나 금전적 보상하기 등이 있다.
- **안내서신**: 조사대상자의 응답 의지를 높이기 위해 안내서신의 내용을 잘 구성하여 동봉하는 것이 좋다.
- **우송방법 및 우송시기**: 회신용 우표를 설문지와 분리되지 않게 잘 부착하여 보내는 것이 필요하다. 또한 휴가철, 연휴기간, 명절기간과 같이 우송기간이 많이 걸리고 다른 우편물이 많은 시기는 피하는 것이 좋고, 마감일을 부여하는 경우보다 부여하지 않는 경우가 회수율이 더 높다는 점도 고려할 필요가 있다.
- **응답자 특징**: 조사하려는 연구문제에 대한 관심, 집단에의 소속 여부, 연령, 학력, 성별에 따라 응답률이 다를 수 있다.
- **후속조치**: 최초로 설문지를 배송한 후 1차, 2차, 3차에 걸쳐 후속조치를 취함으로써 회수율을 높일 수가 있다.

표 10-3 우편 설문 조사 회수율을 높이는 방법

방법	최적 조건	회수율의 증가
후속 독촉 우편 엽서 전화	• 1회 이상의 후속 독촉 필요(보통 3회) • 전화와 우편 엽서를 3회 가량 섞은 후속 독촉은 매우 큰 효과를 나타냄 • 2회 이상부터는 설문지 자체를 재발송해야 할 필요성 고려	40~50% 기대
설문 내용의 중요성	• 설문 내용이 응답자에게 중요한 것으로 인식될 때 응답률이 높아짐	명백한 차이
후원자와 겉표지의 적절성	• 후원자의 권위가 응답자에게 인정될 때 응답률 상승 • 표지글에서 이타적인 동기에 호소하는 것 중요	상당한 차이
민감한 질문의 처리	• 사적인 비밀이나 개인적인 이해를 침해하는 문제에 대한 응답률은 저조 • 이름이나 신상, 소득, 개인의 사적 정보 등은 가능한 한 생략하는 것이 도움	상당한 차이
유인책의 사용	• 금전적 보상에서 금액의 과소에 따른 차이는 그리 크지 않음 • 후원자, 대상 집단, 설문유형 등에 따라 각기 다른 유인책 필요	잘 알려지지 않음
회수방법	• 회수용 봉투의 사용은 반드시 필요 • 사전 지불 형식보다는, 우표를 직접 붙인 봉투를 이용하는 것이 효과적	잘 알려지지 않음
설문지 양식	• 표지글이 매력적이어야 응답률 높임 • 응답자의 시력을 감안하여 편하게 읽을 수 있도록 구성 • 한눈에 들어오는 질문들을 만들 필요	잘 알려지지 않음
설문지 길이	• 될 수 있는 한 짧은 설문지가 좋음	의미 있는 차이

출처: Miller(1983): 김영종(2017), p. 236 재인용.

3) 전화 설문 조사

전화 설문 조사(telephone survey)는 조사원이 표본으로 선정된 대상자를 직접 만나는 대신 전화를 통해 자료를 수집하는 방법으로, 대인 면접과 같이 설문 조사에서 많이 사용되는 방법이다(강영걸, 박성복, 2008; 김은정, 2010). 조사자와 응답자 간 얼굴을 직접 맞대지는 않지만, 통화에 의한 면접 조사에 기반한다는 점에서 준대인적(semi-personal)이라는 특징이 있다(김영종, 2017). 전화 설문은 전화기 보급률이 높지 않았던 미국의 1930년대 조사에서는 표본이 주로 부유층의 속성을 과도하게 반영하여 조사결과의 대표성을 인정하기 힘들었다(최성재, 2005). 하지만 현대 사회에서는 전화가 보편화되면서 정치나 사회문제에 대한 조사에 많이 이용되고 있다(강영걸, 박성복, 2008). 전화 설문의 장단점을 정리하면 다음과 같다(강영걸, 박성복, 2008; 김은정, 2010; 성숙진 외, 2000; 최성재, 2005; 황창순 외, 2010; Rubin & Babbie, 2001).

(1) 전화 설문 조사의 장점

- 전화 설문의 가장 큰 장점은 적은 비용으로 짧은 시간에 많은 정보를 얻을 수 있다는 점이다. 비용과 신속한 자료수집이 가능한 면에서 매우 경제적인 조사방법이다.
- 무작위번호 호출법이나 전화번호부를 이용함으로써 표본선정이 쉽고, 조사대상자에게 접근하기가 용이하다.
- 조사자가 응답자에게 미칠 수 있는 영향과 조사자에 대한 응답자의 선입관을 배제할 수 있다.
- 응답자가 그 나라 언어를 사용하지 못하는 경우처럼 조사하기 어려운 대상에게도 이중언어 조사자를 연결하는 등의 방법을 통해 표본으로 선정된 거의 모든 사람에게 접근이 가능하다.
- 국회의원 선거용 여론조사 등에서 보여 주듯이, 많은 조사자를 통해 대규모 자료를 매우 짧은 시간에 수집할 수 있다.
- 조사자들이 한 장소에서 조사를 진행함으로써 조사과정을 모니터링하기가 용이하고, 조사의 전 과정을 관리 · 감독하기가 수월하다.

(2) 전화 설문 조사의 단점

- 전화 설문의 특성상 조사 시간의 제약이 심해 응답자에게 다양하고 심도 있는 질문을 하기가 어렵다.
- 전화 설문은 특별한 표본에 대한 조사를 제외하고는 조사 시간이 10~15분이 적당하고 길어야 20분 정도이므로 설문지가 긴 경우는 조사가 어렵다.

- 전화 설문은 응답자를 보지 못하기 때문에 비언어적인 자료는 전화 조사를 통해 수집할 수가 없다.
- 대인 면접에 비해 조사자와 조사대상자 간의 신뢰감 형성이 어려워 조사에 대한 동기유발이 힘들다.
- 전화번호부에 미등재되어 있거나 통화가 되지 않는 경우는 표본추출에서 제외되어 표집에 있어 편의가 발생할 가능성이 있다.
- 대인 면접에 비해 응답자가 쉽게 통화를 중단할 수 있어 응답자가 조사를 통제하는 문제가 생길 수 있다.
- 개인의 경제적 형편, 정치적 태도 등과 같은 특정 주제들은 전화를 통해 묻기가 어렵다.

4) 온라인 설문 조사(인터넷 설문 조사)

온라인 설문(online survey) 또는 인터넷 설문(internet survey)은 컴퓨터 보급과 인터넷 사용이 급속히 증가하면서 점점 증가하는 추세에 있다(김은정, 2010; 황창순 외, 2010). 인터넷상에서 실시하는 설문 조사를 온라인 조사법이라고도 하며, 전자메일을 사용하는 방법, 특정 사이트의 회원 데이터베이스를 활용하는 회원 조사, 홈페이지를 활용한 조사, 전문조사기관의 사이트를 이용하는 등의 방법이 있다(김진숙, 2011; 황창순 외, 2010). 온라인 설문은 조사대상자가 설문지를 직접 읽고 응답한다는 점에서 우편 설문과 동일한 특징을 갖는다. 다만 우편 대신 전자메일이나 웹(web) 방식으로 응답자에게 설문 조사를 실시한다는 점에서 차이가 있다(김영종, 2017).

최근 온라인 설문 조사에서는 전자메일을 통해 설문지를 주고받는 방식 이외에도 웹 설문 조사방식이 많이 활용되고 있다. 전자메일의 경우 응답자가 우선 첨부된 파일을 다운로드하고 파일을 출력해 설문지를 작성한 뒤 다시 스캔 등의 방법을 사용해 파일을 첨부해야 하는 등 절차가 복잡하다. 반면에 웹 방식의 설문 조사는 응답자가 컴퓨터 또는 스마트폰을 활용해 웹 화면에 접속해 바로 설문에 응답할 수 있고, 설문지 제출과 함께 조사자가 자료수집 및 기초 분석을 수행할 수 있다는 장점이 있다. 웹 설문 조사의 구축과 진행단계는 〈표 10-4〉와 같다(김영종, 2017).

표 10-4 웹 설문조사 진행단계

1단계	설문시스템 구축	연구자가 웹 홈페이지 방식으로 설문지 작성. 조사대상자의 응답이 연구자의 컴퓨터 데이터베이스에 자동입력되는 시스템 구축
2단계	네트워크 연결	설문지 홈페이지를 네트워크에 연결된 컴퓨터에 싣기
3단계	응답자 확인과 접근	조사대상자에게 설문 홈페이지 주소를 안내하기. 전자메일 등에 주소를 링크(link)된 형태로 적어 보내기
4단계	응답 자료 처리 및 분석	응답자는 설문 홈페이지에 들어가서 설문지를 읽으면서 바로 응답함. 응답이 종료되면 조사자의 데이터베이스에 저장되고 기초 분석이 가능함

출처: 김영종(2017)을 재구성.

온라인 설문의 장단점과 주의점에 대해 살펴보면 다음과 같다(강영걸, 박성복, 2008; 김은정, 2010; 김진숙, 2011; 황창순 외, 2010).

(1) 온라인 설문의 장점

- 공간과 설비의 제약이 없어 인력, 시간 및 비용을 절감할 수 있다.
- 응답자에 대한 접근이 용이하며, 동영상 등과 같은 멀티미디어 활용이 용이하다.
- 상호작용적인 질문에 대해서도 조사가 가능하다.
- 실시간으로 분석이 가능하고 연속적인 조사가 가능하다.
- 누락된 문항이나 적합하지 않은 응답에 대해서는 컴퓨터가 자체적으로 인지해 줌으로써 응답오류를 최소화할 수 있다.
- 응답하기 민감한 질문에 대해서도 다른 조사방법에 비해 조사가 용이하다.
- 조사자로 인한 응답오류가 없다.

(2) 온라인 설문의 단점

이메일 목록이나 홈페이지에 방문하여 응답한 조사자 외에는 조사가 불가능하여 표본 집단의 대표성을 확보하기가 어렵다.

- 복잡하거나 질문의 분량이 많은 경우 조사를 진행하기가 어렵다.
- 응답자의 기록이 인터넷상에 남기 때문에 응답자의 익명성 보장이 어렵다.
- 응답자의 신분을 확인하는 방법이 제한적이라 중복응답에 대한 통제가 힘들다.

(3) 인터넷 조사법의 주의점

- 한 개의 화면에는 한 개의 질문만 가능하도록 하는 것이 좋다.
- 특정 시간대에만 한정하여 조사하지 않도록 해야 한다.
- 동일인이 여러 차례 응답하지 않도록 하는 중복제한 조치가 필요하다.

4. 설문 조사의 유형

1) 횡단적 설문 조사

횡단적 설문 조사(cross-sectional survey)는 한 시점에서 이뤄진 조사를 의미한다. 일반적으로 진행되는 설문 조사는 대부분 횡단적 설문 조사 형태로 진행된다. 예를 들어, 매 3년 조사가 이뤄지는 노인실태 조사는 조사가 수행되는 시점에서 우리나라 노인의 생활 현황과 복지 욕구를 파악하여 노인정책 수립에 필요한 기초 자료를 제공하고 있다. 이러한 실태 조사는 횡단적 설문 조사의 대표적인 사례로서, 주로 모집단으로부터 표본을 추출하는 표본 조사방식으로 진행된다. 횡단적 설문 조사는 종단적 설문 조사에 비해 비용과 시간이 적게 들지만, 특정 주제에 대한 일련의 시간적 변화를 측정할 수 없다는 한계가 있다.

예

2017년도 노인실태 조사

본 조사는 2017년 6월 12일~8월 28일 기간 동안 934개 조사구의 65세 이상 10,299명(대리응답 226명 포함)에 대한 직접 면접 조사를 완료하였다.

……〈중략〉……

2017년 노인실태 조사의 목표 모집단은 2017년 현재 전국 17개 시 · 도의 일반주거시설에 거주하는 만 65세 이상의 노인이다. 표본가구 선정은 표본 조사구의 가구명부에서 계통추출법으로 선택하고 방문하여 적격 조사 대상가구를 조사하도록 하며, 재개발, 천재지변 등으로 표본으로 추출된 조사구가 조사 불가능인 경우, 동일층 내에서 예비 조사구로 대체하여 조사가 진행되도록 하였다.

……〈중략〉……

노인의 68.6%가 동부에 거주하고 있으며, 노인 중 57.5%가 여자노인이다. 연령구성을 살펴보면 65~69세 32.4%, 70~74세 24.9%, 75~79세 21.1%, 80~84세 13.2%, 85세 이상 8.5%로 평균 연령이 74.1세로 나타났다.

……〈중략〉……

노인가구의 연 총소득은 2,589.7만원이고, 근로소득이 가구소득의 가장 큰 비중을 차지하여 34.2%로 나타났다.

출처: 한국보건사회연구원(2017).

2) 종단적 설문 조사

종단적 자료(longitudinal data)는 개인, 가구, 국가 등 특정 개체의 현상이나 특성을 시간 순서로 기록한 시계열 자료(time-series data)와 특정 시점의 현상이나 특성을 조사한 횡단면 자료(cross-sectional data)를 하나로 합쳐서 진행하는 것으로, 패널데이터(panel data)라고 부르기도 한다(민인식, 최필선, 2012). 이러한 종단적 자료를 수집하여 분석하는 것이 종단적 설문 조사(longitudinal survey)라 할 수 있다. 횡단적 설문 조사와의 가장 큰 차이점은 횡단적 설문 조사가 서로 다른 개체가 각 시점마다 조사된다는 것이라면, 종단적 설문 조사는 동일한 개체를 시간에 따라 반복적으로 측정한다는 점이다. 예를 들어, A라는 사람의 연도별 소득을 2010년부터 2020년까지 10년 동안 조사하면 종단적 자료이고, 매년 서로 다른 사람의 연도별 소득을 조사하면 횡단적 자료가 된다. 종단적 설문 조사는 시간의 흐름에 따라 조사대상자의 변화를 측정할 수 있다는 장점이 있다. 그러나 횡단적 설문 조사에 비해 시간과 비용이 많이 소요되고, 장기간의 반복 측정과정에서 결측이 발생할 수 있다는 단점이 있다.

예

한국복지패널 14차년도 조사

한국복지패널조사는 외환위기 이후 빈곤층, 근로빈곤층(working poor), 차상위층(near poor)의 가구형태, 소득수준, 취업상태가 급격히 변화하고 있는 상황에서 이들 계층의 규모 및 생활실태 변화를 동태적으로 파악함으로써 정책형성에 기여함과 동시에 정책지원에 따른 효과성을 제고하기 위한 목적을 갖는다.

……〈중략〉……

한국복지패널의 최초 원표본 가구규모는 7,072가구로 시작하여, 이후 조금씩 감소하기는 하였으나, 2019년 14차 조사 완료된 원표본가구는 총 4,124가구다. 2019년 14차 조사에서는 이들 신규 표본가구 1,343가구를 조사 완료하였다.

……〈중략〉……

한국복지패널은 전국을 대표하는 패널조사다. 지역적으로는 '제주도', 가구유형으로는 '농어가'를 포함하고 있어 패널조사로서는 드물게 전국적인 대표성을 지니고 있다.

……〈중략〉……

- **제14차 한국복지패널조사 추진경과**
  - 조사인원: 10개 팀 50명(지도원 10명, 조사원 40명)
  - 조사지역: 17개 시 · 도 / 243개 시 · 군 · 구
  - 조사일정: 2월 18일 ~ 5월 21일(총 93일)

조사내용은 가구 및 가구원 일반사항, 근로활동, 경제상황, 복지욕구, 사회보장 가입 및 수급 현황, 기타 가족관계 등이 포함되어 있다.

출처: 한국보건사회연구원(2020).

연습문제

01 설문지 작성에 관한 설명으로 적절하지 <u>않은</u> 것은?

① 시간의 흐름에 따라 배열한다.
② 흥미 있거나 쉬운 질문을 먼저 한다.
③ 신뢰도 검사를 염두에 둔 문항들은 분리하여 배치한다.
④ 특수한 것보다 일반적인 것을 먼저 묻는다.
⑤ 일정한 유형의 응답군이 발생하는지 확인할 수 있도록 문항을 집중 배치한다.

02 면접 조사와 비교했을 때 우편 조사의 장점은 무엇인가?

① 응답률이 높다.
② 질문 내용을 명확히 전달할 수 있다.
③ 익명성이 보장된다.
④ 비용이나 경비가 많이 든다.
⑤ 응답 상황에 대한 통제가 어렵다.

03 개방형 질문에 대한 설명으로 적절하지 <u>않은</u> 것은?

① 응답자의 의견, 태도, 동기 등에 대해 구체적인 내용을 얻기 어렵다.
② 응답의 해석에 편견이 개입될 소지가 많다.
③ 응답자에게 심리적 부담을 줄 수 있다.
④ 자료의 분석 및 해석에 많은 시간이 소요된다.
⑤ 통계적 처리가 어렵다.

04 설문지 작성의 원칙 중 다음 문항이 위배하고 있는 것은 무엇인가?

> 가정폭력을 당한 불쌍한 아동을 돌보는 아동보호시설이 우리 지역에 설립되는 것을 동의하십니까?
>
> ① 찬성 ② 반대

① 질문 내용의 가치중립성 ② 질문 내용의 논리성
③ 개인화된 형식의 질문 ④ 응답 선택의 불균형
⑤ 애매하거나 막연한 질문내용

05 다음 중 설문지에 포함되는 내용이 아닌 것은?

① 인구사회학적 특성
② 질문하고자 하는 내용
③ 응답자에 대한 지시사항
④ 조사목적
⑤ 코딩/데이터 입력에 대한 주의사항

06 다음 중 폐쇄형 질문에 해당하는 것을 모두 고르시오.

> ㄱ. 여과형 질문 ㄴ. 찬반식 질문 ㄷ. 평정식 질문
> ㄹ. 다항선택식 질문 ㅁ. 서열식 질문

① ㄱ, ㄴ ② ㄱ, ㄴ, ㄹ ③ ㄱ, ㄴ, ㅁ
④ ㄷ, ㄹ, ㅁ ⑤ ㄱ, ㄴ, ㄷ, ㄹ, ㅁ

07 다음 중 사전 조사의 목적 중 적절하지 않은 것은?

① 사후 조사결과와의 비교
② 실제 조사 관리의 점검
③ 조사업무의 조정
④ 설문지의 확정
⑤ 설문지의 문제점과 오류 파악 후 수정

08 인터넷 설문 조사의 장점으로 적절하지 않은 것은?

① 시간과 비용을 절감할 수 있다.
② 표본 수가 증가해도 추가적인 비용이 발생하지 않는다.
③ 통계처리를 하기 용이하다.
④ 표본집단의 대표성을 확보하기 쉽다.
⑤ 실시간으로 조사의 진행 상황과 결과를 알 수 있다.

09 집단 조사의 장점으로 적절하지 않은 것은?

① 응답조건을 동등하게 할 수 있어 동일성 확보가 가능하다.
② 비용과 시간을 절감할 수 있다.
③ 조사과정에서 응답자와 직접 대화가 가능하다.
④ 조사대상자를 섭외하기 쉽다.
⑤ 조사를 간편하게 진행할 수 있어 조사원 수를 줄일 수 있다.

10 우편 설문 조사 시 회수율을 높이는 방법으로 적절하지 않은 것은?

① 응답에 대한 동기부여를 위해 답례품을 지급한다.
② 설문지 회수용 봉투를 사용한다.
③ 응답자가 설문지를 편하게 읽을 수 있도록 구성한다.
④ 설문지를 가능한 한 짧게 작성한다.
⑤ 연구의 주관자나 후원자에 대한 정보는 기재하지 않는다.

답

01 ⑤	02 ③	03 ①	04 ①	05 ⑤	06 ⑤	07 ①
08 ④	09 ④	10 ⑤				

해설

01 비슷한 형식과 내용의 문항들을 집중 배치하면 일정한 유형의 응답경향이 생길 수 있다. 이는 측정과정에서 체계적 오류를 유발하는 편향의 문제를 낳게 되므로 피하는 것이 좋다.

02 우편 설문 조사는 면접 조사와 달리 면접원 또는 조사원과 응답자가 직접 만나지 않아도 된다. 따라서 응답자의 얼굴, 성별 등의 개인을 식별할 수 있는 정보를 알 수 없으므로 면접 조사에 비해 익명성을 보장할 수 있다.

03 개방형 질문은 응답범주가 구체적으로 제시되지 않고 질문에 대해 자유롭게 응답할 수 있는 질문이다. 따라서 연구자가 생각하지 못한 내용을 얻거나 새로운 아이디어를 제공할 수 있다.

04 해당 문항에는 가치 편향적인 표현이 포함되어 있다. 이는 응답자에게 특정 응답을 하도록 유도하는 효과를 발생할 수 있다. 가치중립적인 용어를 사용해야 한다.

05 설문지는 조사자가 응답자로부터 얻고자 하는 내용이 포함되어야 한다. 코딩 및 데이터 입력은 모든 조사가 완료된 이후 연구자가 수집된 자료를 처리하는 과정에서 제시되어야 하는 내용이다.

06 폐쇄형 질문은 응답자에게 미리 범주화된 일정한 수의 응답범주를 제시하여 응답자가 선택하도록 하는 질문 형태다. 보기에 제시된 항목들은 모두 응답범주를 제시하여 응답자가 선택하도록 하는 질문이다.

07 사전 조사는 본 조사 전에 설문지의 형식과 내용 전반을 검토하기 위해 수행한다. 질문지 내용 검토, 용어나 표현의 적절성, 질문 배열의 논리성, 응답 소요시간 등을 검토하여 최종 설문지를 확정한다. 따라서 사전 조사에서 도출된 결과와 실제 본 조사결과와의 비교는 큰 의미가 없다.

08 인터넷을 활용한 온라인 설문 조사는 컴퓨터 또는 스마트폰을 통해 실시간으로 설문을 진행하고 모니터링할 수 있는 조사방법이다. 그러나 이메일 목록이나 홈페이지 방문자 등과 같이 조사자가 확보한 목록에 포함된 대상자만 조사할 수 있어 표본 집단의 대표성을 확보하기가 어렵다.

09 집단 조사는 조사대상자를 특정 장소에 모아 자기보고식으로 응답하게 하는 방법이다. 다만 특정 집단 다수의 응답자를 일정한 장소와 시간대에 모으는 것이 어렵다는 단점이 있다.

10 우편 설문 조사의 회수율을 높이기 위해서는 답례품 등 유인책 사용, 회수용 봉투 사용, 설문지의 가독성 증대, 될 수 있는 한 짧은 설문지 구성 등이 포함된다. 또한 연구의 주관자나 후원자의 정보를 입력하여 응답자의 설문 참여 동기를 강화하는 것이 효과적이다.

용어정리

개방형 질문(open-ended questions) 응답범주를 구체화하지 않고 응답자가 자유롭게 응답할 수 있는 질문

리커트 척도(Likert scaling) 척도의 신뢰도와 타당도를 높이기 위해서 여러 개의 문항을 하나의 척도로 사용하는 방법

면접(interview) 사람과 사람이 얼굴을 맞대고 상호작용하면서 자료를 얻어내는 방법

사전 조사(검사)(pre-test) 본 조사에 들어가기 전에 본 조사에서 실시하는 것과 똑같은 절차와 방법으로 질문지의 초안을 만든 후 질문지를 시험해 보는 것

서열식 질문(ranking question) 어떤 질문에 대하여 가능한 대답을 여러 개 열거해 놓고 중요한 순서, 좋아하는 순서, 또는 싫어하는 순서 등으로 순서를 매기라고 하는 것

수반형 질문(contingency question) 첫 번째 응답결과에 따라 응답해야 할 내용들이 다른 질문

여과형 질문(filter question) 응답자가 다음 질문에서 어떤 문항에 응답해야 하는가를 결정하기 위한 질문

우편 설문 조사(mail survey) 우편을 이용하여 응답자에게 질문지를 만들어 보내고 회수하는 조사방법

인터넷 조사(internet survey) 인터넷상에서 실시하는 설문 조사로 온라인조사법이라고도 하며, 이메일 조사, 특정 사이트의 회원 데이터베이스를 활용하는 회원 조사, 홈페이지를 활용한 조사, 전문조사기관의 사이트를 이용하는 등의 방법이 있음

전화 조사(telephone survey) 조사원이 표본으로 선정된 대상자를 직접 만나는 대신 전화를 통해서 자료를 수집하는 방법으로 설문 조사와 면접 조사 방법에서 많이 사용

종단적 설문 조사(longitudinal survey) 특정 개체의 현상 및 특성을 시간 순서로 기록한 시계열 자료와, 특정 시점의 현상 및 특성을 조사한 횡단면 자료를 합쳐서 진행하는 것

찬반식 질문(agree-disagree question) 주로 찬성/반대, 그렇다/아니다와 같이 이분법적으로 응답을 구분하고자 할 경우에 주로 사용하는 방법

평정식 질문(rating question) 주로 응답자 의견의 강도를 묻기 위한 방법

폐쇄형 질문(closed-ended question) 질문 문항과 미리 범주화된 일정한 수의 응답범주를 제시하여 응답자로 하여금 선택하도록 하는 질문

횡단적 설문 조사(cross-sectional survey) 특정한 시점에서 이뤄진 설문 조사로 비용과 시간이 적게 든다는 장점이 있음

참고문헌

김영종(2017). 사회복지조사론: 이해와 활용. 서울: 학지사.

강영걸, 박성복(2008). 사회복지조사론. 경기: 학현사.

김경동, 이온죽, 김여진(2009). 사회조사연구방법: 사회연구의 논리와 기법. 서울: 박영사.

김은정(2010). 사회조사분석사: 조사방법론. 서울: 삼성북스.

김진숙(2011). 사회복지조사론. 서울: 신정.

김치영, 최용민(2011). 사회복지조사론. 서울: 동문사.

김태성, 김기덕, 이채원, 홍백의(2006). 사회복지조사방법론. 서울: 청목출판사.

민인식, 최필선(2012). STATA 패널데이터 분석. 서울: ㈜지필미디어.

이창희, 김병, 이승명, 이용환, 이창안, 장창균(2010). 사회복지조사론. 서울: 창지사.

정영숙(2006). 사회복지조사방법론. 경기: 공동체.

채구묵(2005). 사회복지조사방법론. 경기: 양서원.

최성재(2005). 사회복지조사방법론. 경기: 나남출판.

최성철(2009). 사회복지조사방법론. 경기: 공동체.

한국보건사회연구원(2017). 2017년도 노인실태조사.

한국보건사회연구원(2020). 한국복지패널 14차년도 조사자료 User's Guide.

홍종선, 박용석(2007). 설문 조사자료의 통계 분석. 경기: 자유아카데미.

황창순, 김형수, 노병일, 도종수, 유지영(2010). 사회복지조사론. 경기: 양서원.

Miller, D. (1983). *Handbook of Research Design and Social Measurement* (4th ed.). New York: Longman, pp. 110-113

Neuman, W. L. (1991). *Social Research Methods*. Needham Heights, MA: Allyn and Bacon.

Rubin, A., & Babbie, E. R. (2000). 사회복지조사방법론. 성숙진, 유태균, 이선우 역. 경기: 나남출판.

Rubin, A., & Babbie, E. R. (2001). *Research methods for social work* (4th ed.). Belmont, CA: Thomson Brooks/Cole.

제11장

2차 자료분석과 내용분석

학습목표

1. 2차 자료분석, 내용분석의 개념을 이해한다.
2. 2차 자료분석, 내용분석의 장단점을 이해한다.
3. 2차 자료의 접근방법과 제공기관에 대해 살펴본다.
4. 내용분석법의 특징과 절차에 대해 살펴본다.

관여적 조사방법(관찰, 실험, 면접, 설문 등)은 조사자도 모르는 사이에 조사 대상자에게 조사자의 의도나 목적, 사회적 기대 등과 같은 영향을 미칠 수 있다는 단점을 가지고 있다. 이러한 조사자의 영향은 종종 연구자가 궁금한 내용을 정확하게 파악하는 데 애로사항으로 작용하거나 결과를 왜곡시킬 수도 있다. 따라서 연구자는 조사자의 관여를 예방할 수 있는 조사방법에 대해서 고민해야만 한다.

이 장에서는 비관여적 연구방법으로서 2차 자료분석과 내용분석에 대하여 검토하고자 한다. 구체적으로는 2차 자료분석의 내용과 장점 및 한계, 그리고 내용분석의 특징과 장단점, 범주와 분석단위 등에 대하여 알아본다.

1. 2차 자료분석

1) 2차 자료분석의 개요

2차 분석(secondary analysis)이란 비관여적 조사(unobtrusive research)방법 중의 하나로서, 기존 통계자료로부터 연구에 필요한 자료를 도출해 내는 방법을 뜻한다(김환준, 2004). 이것은 기존에 다른 조사자가 수집한 1차 자료를 정리하여 새로운 통계자료를 만들고, 그렇게 만들어진 통계자료를 이용하고 분석하여 연구자가 연구하고자 하는 문제를 밝혀내는 데 목적이 있다. 즉, 2차 자료는 국제기구, 정부, 공공기관이나 연구기관에서 제공하는 통계자료를 의미하며, 이들 자료를 이용하여 개인의 연구문제를 밝히는 것을 2차 자료분석이라고 한다(김태성, 김기덕, 이채원, 홍백의, 2012).

사회과학자가 다른 연구자에 의해 수집된 자료를 간접적으로 이용한 사례는 우리 주위에 무수히 많다. 역사적으로 보면 프랑스 사회학자 Emile Durkheim(1858~1917)은 유럽 각국의 자살률 통계를 이용하여 가톨릭이 우세한 국가보다 개신교가 우세한 국가에서 자살률이 더 높다는 주장을 폈는가 하면, Karl Marx(1818~1883)도 공식적 경제통계를 이용하여 계급투쟁론을 주장하였다. 그리고 Max Weber(1864~1920)는 역사적 자료를 이용하여 Karl Marx의 주장에 대해 반론을 펴기도 하였다(최성재, 2005). 이러한 예는 비단 과거에서뿐만 아니라 현재에도 마찬가지다. 우리 주위의 수많은 사회과학 연구자와 대학원생은 충분한 연구비를 확보하기 힘든 경우, 비교적 적은 비용으로 자료를 수집할 수 있는 정부나 공공기관의 연구용 자료를 확보하고 이를 분석하여 연구에 활용하고 있다. 그러나 단지 연구비를 확보하기 힘들다는 이유만으로 2차 자료를 사용하는 것은 아니다. 2차 자료 사용은 시간과 비용을 절약할 수 있다는 장점 이외에도 양질의 자료를 구할 수 있다는 점, 종단 자료 확보에 용이하다는 점, 국제 비교연구가 가능하다는 점 등의 다양한 장점을 가지고 있다.

연구자는 관찰, 실험, 면접, 설문 등의 다양한 방법으로 연구 자료를 수집할 수 있다(황성동, 2015). 이 중에서도 설문 조사는 연구자가 가장 많이 사용하는 자료수집 방법 중의 하나(우수명, 강병노, 2019)로서, 양적 조사라고 하면 우선 설문 조사를 가장 먼저 떠올린다. 그러나 연구자가 궁금해하던 내용이 정확하게 파악될 수 있도록 설문지를 구성하여 조사를 실시한다는 것은 시간과 비용 차원에서 제약이 따르기 마련이다. 특히 전국 규모로 조사를 실시한다는 것은 결코 쉬운 일이 아니다. 따라서 시간과 비용을 절약하면서도 전국 규모와 같은 대규모 자료를 수집하는 데 용이한 방법이 바로 2차 자료수집이다. 또한 연구자가 많이 사용하는 관찰, 실험, 설문 등의 관여적 조사방법은 조사대상자가 조사자의 의도나 목적, 또는 실험이나 관찰 환경에서 조사자와 반응성(reactivity)을 일으킬 수 있다는 단점이 있다. 만약 조사대상자가 조사자의 바람직한 사회상을 고려해 질문에 응답하였다면, 이것은 조사 대상자의 태도, 행동, 지식에 의도하지 않은 변화를 초래하여 조사 결과에 영향을 미치고(황성동, 2015), 이러한 조사 결과는 연구자가 궁금한 내용을 정확하게 파악하는 데 애로사항으로 작용하거나 결과를 왜곡시키는 현상으로 나타날 수도 있다. 따라서 연구자는 이러한 조사자의 관여를 예방할 수 있는 조사방법에 대해서 고민해야만 하는데, 이때 사용할 수 있는 조사방법이 2차 자료수집방법이다.

2차 자료분석은 기존 자료의 1차적 분석을 확대 · 발전시키거나 조사자가 1차적으로 보고한 내용의 범위를 넘어서 새로운 가설을 평가하거나 탐색하는 데 유용하다(황성동, 2015). 예를 들어, 횡단적 조사방법으로 전국 대학생의 자원봉사 인식과 태도에 대한 자료가 수집되었다면, 2차 자료분석에서는 대학생을 지역, 학년, 성별, 연령, 전공 등의 하위집단으로 나누어 평가할 수 있다는 유연성을 가진다. 즉, 2차 자료분석은 새로운 가설에도 쉽게 적용할 수 있고, 많은 추가적인 작업 없이도 새로운 가설을 검증할 수 있다는 장점을 가지고 있다.

2) 2차 자료분석의 장점과 한계점

(1) 2차 자료분석의 장점

2차 자료분석의 장점은 다음과 같다.

첫째, 시간과 비용을 절약할 수 있다. 2차 자료를 활용하게 되면 연구자는 자료 수집에 필요한 시간과 비용을 대폭 줄일 수 있게 된다(황성동, 2015). 2차 자료는 연구자가 문제해결에 필요한 기존자료(available data)를 수집함으로써 설문지 작성 및 적용, 면접, 관찰에 투입되는 비용, 시간, 노력 등을 절약할 수 있다(김병진, 소재진, 김항곤, 2013).

둘째, 양질의 자료를 확보할 수 있다. 정부나 공공기관에서 공개하는 2차 자료는 양질의 자료로서, 일반적으로 개인이 비용을 들여 수집하기에는 힘든 대규모 조사를 통해 수집된 자료인 경우가 많다. 정부나 공공기관에서 공개하는 2차 자료가 양질의 자료라고 인식될 수 있는 이유는 표집과정의 엄격성 때문이다. 정부나 공공기관의 자료는 사적으로 자료를 수집하는 경우보다 상대적으로 엄격하게 표집과정이 이루어져 자료를 신뢰할 만하며, 공신력이 있는 기관에서 자료를 수집하였기 때문에 응답률이 상대적으로 높은 경우가 많다. 예를 들어, 우리나라의 국책연구기관에서 제공하는 패널데이터의 경우, 우리나라를 대표할 만한 자료(national representative data)로 인식되고, 엄격한 표집과정을 통해 조사가 이루어졌기 때문에 양질의 자료를 확보할 수 있는 통로로 사용되고 있다(최성철, 이창화, 2019).

셋째, 조사자는 자료수집 과정에서 나타나는 조사대상자와의 상호작용을 걱정할 필요가 없다. 즉, 조사대상자와 직접적인 상호작용이 없는 상태에서 자료를 수집하기 때문에 자료수집 과정에서 조사자가 조사대상자에게 미치는 영향과 조사대상자의 반응성, 자료수집 과정에서 발생할 수 있는 조사 대상자의 권익을 해칠 가능성(사생활 및 익명성 침해)에 대한 염려를 하지 않아도 된다(황성동, 2015).

넷째, 종단자료를 확보할 수 있다(Bryman, 2008). 종단자료의 확보를 위해서는 엄청난 규모의 연구비와 연구진의 노력이 필요하기 때문에 개별 연구자가 종단연구 자료를 생산한다는 것은 현실적으로 어렵다. 그러나 2차 자료에는 다양한 종단연구 자료가 존재하기 때문에 연구자가 쉽게 사용할 수 있다(Rubin & Babbie, 2017). 특히 개인 및 집단, 지역의 변화를 통해 개인과 사회의 문제를 완화시키고자 노력하고 있는 사회복지에서는 인간이 가지고 있는 다양한 문제의 원인과 현상을 파악하는 것이 중요하다. 따라서 종단연구를 통해 장기간 동안 원인과 현상의 변동추이를 분석하는 것이 필요한데 2차 자료는 이것을 가능하게 해 준다(황성동, 2015).

다섯째, 국제 비교연구가 가능하다(Rubin & Babbie, 2017). 최근 국제 비교연구는 매우 매력적인 분야로 각광받고 있다. 인터넷의 발달로 연구자는 우리나라의 자료뿐만 아니라 외국의 자료에 접근하여 2차 자료를 구축하는 것이 가능한 상황이며, 외국의 다양한 자료를 통하여 국내의 문제를 해결하기 위한 시사점을 얻는 등의 도움을 받고 있다. 즉, 국제 비교연구를 통하여 우리나라에서 발생하고 있는 사회현상 및 문제점과 유사한 경우에 대한 외국 자료를 분석하여 비교함으로써 유용한 함의를 도출해 낼 수 있다.

여섯째, 하위집단 분석(sub-group analysis)이 가능하다. 상대적으로 자료의 규모가 크기 때문에 전체 표본 중 하위집단의 표본을 선택하여 분석하는 것이 가능하다. 예를 들어, 전 국민을 대상으로 정신건강실태를 조사한 대규모 조사자료가 존재한다면, 연구자는 특정 대상만을 선별하여 그들의 정신건강 상태를 다양하게 파악하는 것도 가능하다.

일곱째, 다른 연구자가 하나의 자료에 접근하여 다양한 연구를 수행할 수 있기 때문에 연구결과가 더욱 풍부해질 수 있으며, 연구자 간의 토론을 촉발함으로써 학문 발전이 촉진된다(Bryman, 2008). 2차 자료를 제공하는 연구기관은 단지 자료를 제공하는 것에서 그치지 않고, 해당 자료분석을 통한 연구성과를 공유하고 학습하기 위해 학술대회를 개최하는 경우를 쉽게 볼 수 있다.

표 11-1 1차 자료와 2차 자료 비교

구분	1차 자료	2차 자료
수집 목적	당면한 조사문제 해결	다양한 목적
수집 과정	상당한 노력이 필요	신속하고 쉬움
수집 비용	고비용	저비용
수집 기간	오랜 시간	짧은 시간

(2) 2차 자료분석의 한계

앞서 언급한 2차 자료의 많은 장점은 그 한계를 상쇄할 만하다 할 수 있다. 그럼에도 불구하고 연구자는 2차 자료분석의 한계에 대해 이해할 필요가 있다.

첫째, 연구자 본인이 직접 생성한 자료가 아니기 때문에 자료 구조에 익숙하지 않을 수도 있고, 2차 자료에 익숙하지 않은 연구자의 경우 방대한 2차 자료의 규모나 구조로 인해 어려움을 경험할 수도 있다(Bryman, 2008). 예를 들어, 한국복지패널 데이터의 경우 가구 조사와 가구원 조사 등과 같이 층화된 구조(hierarchical structure)를 갖고 있다. 이때 연구자는 가구 조사의 자료를 활용해야 할지, 아니면 가구원 조사 자료를 활용해야 할지 결정해야 하는 등 의사결정이 필요한 경우가 많다.

둘째, 2차 자료를 이용하는 데서 발생할 수 있는 오류로 자료의 신뢰도 및 타당도와 관련된 문제가 발생할 수 있다(Rubin & Babbie, 2017). 기존 자료를 이용할 때는 통계치가 산출된 원자료와 그 모집단, 표본추출 방법 등이 신뢰할 만한 것인지를 면밀하게 검토하고, 용어와 개념의 정의를 명확하게 인식하여야 한다. 특히 시간적 · 지역적 · 국제적 비교연구를 수행할 때는 관련 통계자료에서 사용되는 개념 및 계산방법 등이 일치하는가를 반드시 확인하여야 한다. 예를 들어, 실업률과 같이 잘 알려진 지표도 각 국가마다 그리고 시대에 따라 계산하는 방법에 차이가 존재할 수 있기 때문이다(김환준, 2004).

셋째, 연구자가 원하는 변수가 없을 가능성도 있다(Bryman, 2008). 2차 자료의 경우 대규모 자료인 경우가 많으며, 방대한 표본에 대한 조사 수행 시 설문 내용을 최대한 간결하게 할 필요가 있으므로 연구수행에 꼭 필요한 변수측정만 하는 경우가 대부분이다(Rubin & Babbie, 2017). 따라서 2차 자료를 활용하는 연구자가 원하는 변수가 포함되지 않았거나, 포함되었다 하더라도 측정도구를 그대로 사용하지 않고 축약하여 사용하는 경우가 많다.

넷째, 생태학적 오류(ecological fallacy)의 가능성이다. 거의 모든 통계는 지역별 또는 인구집단별로 종합된 수치를 제공하고 있을 뿐, 해당 통계의 산출에 이용된 원자료를 구하지 않는 한 개개인에 대한 정보는 알 수 없다. 이렇듯 집단을 분석단위로 한 자료를 근거로 그것이 마치 개개인에게 적용되는 것처럼 해석하는 경우에는 생태학적 오류가 발생한다. 따라서 개개인에 대한 정보를 얻을 수 없고 집단적으로 분류된 통계자료만 구할 수 있을 때에는 다각적인 방법을 통해 오류의 가능성을 줄이려고 노력해야 한다(김환준, 2004).

다섯째, 조사에 필요한 최근 자료를 구할 수 없는 경우가 종종 있다. 예를 들어, 사회복지기관이나 공공기관에서는 자료를 생산하는 데 보통 6개월에서 1년

정도의 시간이 소요되기 때문이다(황성동, 2015).

3) 2차 자료의 접근방법

연구 자료를 수집하고 보관하는 곳은 매우 다양하다. 예를 들어, 대학의 연구기관, 정부, 학술단체 등이 있다. 또 다른 자료원은 행정 관련 기록과 공공기록을 바탕으로 만들어지는 기존 통계자료(existing statistics)다. 일반적으로 이런 자료는 기관의 기록을 모아 놓은 형태를 띤다(Rubin & Babbie, 2017). 이렇듯 조사자가 접근할 수 있는 정보는 이미 많은 분량으로 수집되어 다양한 모습의 통계적인 형태로 존재한다. 따라서 기존의 자료를 활용할 때 조사자는 한 가지 자료만이 아니라 각기 다른 기관에서 제공한 다양한 정보를 활용할 수 있다(황성동, 2015).

우리나라의 경우, 대표적으로 통계청에서는 각종 인구센서스나 사회지표(social indicators)에 대한 자료를 제공하고, 각 정부 부처에서도 백서 등을 발간하고 있으며, 그 외에도 국책연구소와 민간연구소에서 다양한 통계자료를 제공하고 있다. 예를 들어, 한국노동연구원에서는 고령화연구 패널데이터(panel data)·한국노동 패널데이터·사업체 패널데이터를 제공하며, 한국청소년정책연구원에서는 아동·청소년 관련 패널데이터를 구축하였다. 그리고 한국직업능력개발원에서는 한국교육고용 패널데이터, 한국보건사회연구원 및 서울대학교 사회복지연구소에서는 한국복지 패널데이터를 제공하고 있다. 장애인 관련 패널데이터는 한국장애인고용공단과 한국보건사회연구원에서 찾을 수 있으며, 한국사회과학자료원에서는 우리나라의 다양한 사회과학 자료를 제공하고 있다.

외국의 경우, 특히 미국은 백악관, 미국 국회 상원·하원, 센서스국, 노동통계국, 보건복지부, 교육부, 연방조사국 등에서 통계자료집을 발간하고 있다(Rubin & Babbie, 2017). 또한 국제기구도 각종 2차 자료를 제공하고 있다. 예를 들어, 국제연합(United Nations: UN), 경제협력개발기구(Organization for Economic Cooperation and Development: OECD), 세계무역기구(World Trade Organization: WTO), 세계보건기구(World Health Organization: WHO), 국제통화기금((International Monetary Fund: IMF), 세계은행(World Bank), 국제노동기구((International Labor Organization: ILO), 아시아태평양경제협력기구(Asia-Pacific Economic Cooperation: APEC) 등에서는 각종 통계자료를 만들어 국가 간 비교가 가능하도록 정보를 제공하고 있다(최성철, 이창화, 2019).

표 11-2 국내외 주요 2차 자료 제공기간

우리나라	국제기구	미국
통계청	국제연합(UN)	백악관
정부 부처	경제협력개발기구(OECD)	미국 국회 상원
한국노동연구원	세계무역기구(WTO)	미국 국회 하원
한국직업능력개발원	세계보건기구(WHO)	센서스국
한국보건사회연구원	국제통화기금(IMF)	노동통계국
한국장애인고용공단	세계은행(World Bank)	보건복지부
한국청소년정책연구원	국제노동기구(ILO)	교육부
한국사회과학자료원	아시아태평양경제협력기구(APEC)	연방조사국

4) 사회복지 관련 영역의 2차 자료 제공기관

지금까지 살펴본 2차 자료분석을 실제적으로 시행할 수 있는 사회복지 실천 및 정책 관련 자료를 제공하는 기관과 자료의 주요 내용을 국내외로 구분하여 살펴보면 다음과 같다.

(1) 국내 제공기관

① 한국 아동 · 청소년 데이터 아카이브(http://archive.nypi.re.kr)

- 한국청소년정책연구원에서 조사 및 자료 관리
- 아동 · 청소년 관련 횡단자료
- 한국청소년패널조사(KYPS)
- 한국아동 · 청소년패널조사(KCYPS)
- 보건복지부 및 여성가족부 아동 · 청소년 실태 조사 자료

② 장애인 고용패널(http://edi.kead.or.kr)
- 한국장애인고용공단 고용개발원에서 자료 생성 및 관리
- 장애인 고용실태 및 경제활동 상태, 가구 일반사항 등

③ 한국노동패널조사(http://www.kli.re.kr)
- 한국노동연구원에서 자료 생성 및 관리
- 1995년 인구주택총조사의 10% 표본가구를 모집단으로 사용하여, 전국 도시지역만을 대상으로 층화표집 실시
- 개인의 경제활동 참여, 노동시장 이동과정, 소득과 소비 변화, 노동시장 진입 및 이동 과정 등

④ 한국복지패널(http://www.koweps.re.kr)
- 한국보건사회연구원에서 자료 생성 및 관리.
- 기존 한국보건사회연구원의 차상위 빈곤패널과 서울대학교 사회복지연구소의 한국복지패널을 통합하여 2006년부터 운영 중
- 건강 및 의료, 경제활동 상태, 사회보험, 주거, 경제적 상황, 복지 서비스 이용, 사회적 환경에 대한 의식, 생활습관, 정신건강 등

⑤ 한국의료패널(http://www.khp.re.kr)
- 한국보건사회연구원과 건강보험공단에서 컨소시엄을 구성하여 자료 생성 및 관리
- 사회경제적 특성, 의약품 구매, 의료기관 이용실태, 임신 및 출산, 의료비 지출, 건강생활습관 등

⑥ 고용조사(http://survey.keis.or.kr)
- 한국고용정보원 산하 고용조사분석센터에서 청년, 대졸자, 고졸자, 고령자 등에 대한 고용 현황에 대해 자료 생성 및 관리
- **대졸자 직업이동경로조사:** 전문대학 이상의 고등교육과정을 이수한 졸업자를 모집단으로 하고 매년 1만 8천 명의 표본을 추출하여 신규 대졸자들 조

사 후 2년 뒤 추적조사 실시(교육과정, 구직활동, 일자리 경험, 직업훈련, 자격증 등 노동시장 진입 및 정착에 영향을 미치는 요인 포함)

- **청년패널조사:** 청년층 학교생활, 사회경제활동, 가계배경 등 기초자료 수집을 통해 학교에서 노동시장으로의 이행 및 이동과정 등에 대한 광범위한 자료 포함
- **고졸자 취업진로조사:** 전체 고졸 청년층 중 진학자 및 군 입대자를 제외한 고졸자를 대상으로 출신 고등학교의 유형, 재학 중 경력개발과 취업경험, 졸업 후 구직기간 등 조사
- **고령화연구패널:** 고령자 노동시장 참여, 소득 및 자산 현황, 개인의 은퇴결정, 사회보장제도의 효과, 건강, 가족 내 소득 이전 등을 파악

⑦ 한국아동패널연구(http://panel.kicce.re.kr)

- 한국육아정책연구소에서 우리나라 아동의 성장 발달과정을 출생부터 장기적으로 추적 조사하기 위해 자료 수집 및 관리
- 아동 특성, 부모 특성, 가족 특성, 육아지원 서비스 특성, 지역사회, 육아지원정책 특성 등 육아와 관련된 광범위한 내용 파악

(2) 국외 제공기관

① 영국 데이터 아카이브(http://data-archive.ac.uk)

- 영국의 사회과학 및 인문학 전반에 걸친 대규모 데이터 아카이브로 수천 종류의 데이터를 제공하고 있음

② 경제협력개발기구(http://www.oecd.org)

- 경제발전, 교육, 고용, 에너지, 환경, 재정, 지속 가능성, 혁신 등 경제협력과 관련된 세계 각국의 다양한 거시지표 제공

③ TransMonEE(http://www.transmonee.org)

- 중부유럽과 동유럽의 구소련 독립국가연합 지역 내 아동 및 여성의 삶에 대한 모니터링 및 기초자료 수집

④ 국제연합 통계 데이터베이스(http://unstats.un.org)

- UN 회원국의 포괄적이고 다양한 데이터베이스 구축

⑤ 유니세프 통계와 모니터링(http://www.unicef.org)

- 유니세프의 목적인 아동의 권리보호와 증진을 위해 아동 관련 다양한 통계 자료 데이터베이스 구축

⑥ 유엔난민기구(UN Refugee Agency: UNHCR) 통계

- 인터넷 주소: http://www.unhcr.org/pages/49c3646c4d6.html
- 세계난민현황 및 실태 조사 결과 데이터베이스 구축

⑦ 사회과학 데이터 아카이브(http://www.sociosite.net)

- 세계 주요 국제기구의 데이터 아카이브에 대한 링크뿐만 아니라 아프리카, 아메리카, 아시아, 유럽, 오세아니아 등의 다양한 대륙별 통계자료도 접근 가능

5) 2차 자료분석에서의 데이터 클리닝

데이터 클리닝(data cleaning)이란 수집된 자료를 코딩한 후 제대로 전산 입력이 되었는지를 검토하고 수정하는 작업을 의미한다. 하지만 2차 자료분석에서는 원 설문지와 입력된 자료를 상호 비교하는 것이 불가능하기 때문에 자료에 심각한 오류가 있는 자료는 삭제함으로써 신뢰성을 높이는 것이 가능하다. 하지만 대부분의 공식 기관에서 자료를 유포할 때에는 이러한 데이터 클리닝의 작업이 완료된 상태이기 때문에, 이러한 데이터 클리닝은 연구자가 분석 전에 혹시 발생할지 모르는 오류를 예비하기 위한 목적으로 사용하는 것이 가능하다. 여기에서는 일반적으로 사용할 수 있는 데이터 클리닝의 방법을 살펴본다.

(1) 빈도표 작성 후 이상치 확인

빈도분석을 활용하여 일차적으로 데이터 클리닝을 시행할 수 있다. 예를 들

어, 성별에서 남자를 1, 여자를 2로 코딩했을 경우 1이나 2 이외의 부호가 발생하였다면 이는 이상치에 해당하므로 해당 자료는 설문지 원본을 확인하여 오류를 수정하거나 삭제하여야 한다. 빈도분석의 결과가 〈표 11-3〉과 같을 때, 성별에서 발생할 수 없는 부호인 3, 99와 같은 4건의 자료에 대해서 원본 대조 혹은 삭제 등의 과정이 필요하다.

표 11-3 성별의 빈도분석 결과의 예

구분	빈도	퍼센트	누적 퍼센트
남자	139	51.3	51.3
여자	128	47.2	98.5
3	3	1.1	99.6
99	1	.4	100.0
합계	271	100.0	

(2) 최솟값 혹은 최댓값 확인을 통한 이상치 확인

최솟값이나 최댓값을 확인하여 자료의 이상치를 확인할 수 있다. 1점에서 5점까지의 리커트 척도에서 간혹 입력의 실수로 인해 '55'와 같은 응답이 발견되거나, 성인을 대상으로 한 설문 조사에서 나이의 응답이 '3'이라고 되어 있다면 이는 자료 입력의 오류일 가능성이 높다. 이때 설문지를 대조하거나, 설문 대조가 불가능한 상황이라면 해당 자료의 경우 분석에 심각한 영향을 미칠 수 있는 이상치가 될 수 있으므로 삭제하는 것이 바람직하다.

6) 2차 자료를 활용한 연구의 예

논문자료의 예

김태형(2020). 청소년의 관계적 특성과 청소년 활동 참여가 주관적 안녕감에 미치는 영향: 자아탄력성의 매개효과를 중심으로. 청소년문화포럼, 62, 82-119.

일반적으로 연구자가 전체 인구집단에서 무작위 표본 추출을 하지 않는 편의

표집의 방법으로 지역사회 내에서 조사를 하게 될 경우, 조사 결과의 대표성에 문제가 있을 수 있으므로 이를 일반화하기 어려운 한계가 있다. 하지만 연구자가 대규모의 조사를 시행하는 데 따르는 비용과 시간의 문제 역시 존재한다. 따라서 잘 구축되어 있고, 연구자가 접근 가능한 2차 자료의 활용이 대안이 될 수 있다.

이 논문은 김태형(2020)이 청소년의 관계적 특성 및 청소년활동 참여와 주관적 안녕감의 인과관계를 검증하기 위해 한국청소년정책연구원에서 구축한 한국아동 · 청소년 패널자료를 활용한 예다. 한국아동 · 청소년 패널자료는 한국아동 · 청소년 데이터 아카이브(http://archive.nypi.re.kr)에서 회원가입 후 직접 다운로드를 받은 경우에 한해 연구자료로 사용이 가능하다. 또한 2차 자료 사용 시에는 원 자료의 출처와 저작권 등에 대해 반드시 밝혀야 한다. 한국아동 · 청소년패널의 경우도 마찬가지로 연구결과를 게재할 때에는 '한국아동 · 청소년 패널조사(KCYPS) 중학교 1학년(혹은 초등학교 5학년) 패널 ○차년도 데이터를 활용한 것'을 명기하도록 하고 있다. 이 논문에서는 한국아동 · 청소년 패널자료의 중학교 1학년 패널 1~3차년도 설문에서 청소년 관계적 특성 및 청소년활동 변수와 주관적 안녕감의 변수를 추출하여 활용하였으며, 연구방법에서 자료의 출처를 밝히고 있다.

2. 내용분석

1) 내용분석의 의미

내용분석법(content analysis)은 인간이 사용하는 의사전달 내용이나 기록물과 같은 질적인 내용을 양적 자료로 전환하는 방법, 즉 객관적이며 계량적으로 확인하여 진의를 추론하는 연구방법이다(고수현, 박성복, 2013). 내용분석법은 1930년대 후반 선전(propaganda), 여론(public opinion)에 대한 관심의 증대에 따라 매스미디어를 분석하기 위해 활용되기 시작하여 제2차 세계대전 이후 사회과학 분야에서 자료수집 방법으로 널리 활용되고 있다(채구묵, 2016). 이러한 내용분석법은 연구자가 연구대상에 영향을 미치지 않고 의사소통의 기록물인 신문, 서적, 잡지, 일기, 편지, 연설문, 상담기록지, 영화, 라디오, 텔레비전 등을 통해 연구대상자에 대한 자료를 간접적으로 수집하는 등의 자연적인 상황에서 연구를 수행할 수 있게 도와주는 문헌연구(document study)의 일종이라 할 수 있다.

내용분석법이 적용되는 경우는 다음과 같다(강종수, 2019). 첫째, 자료 소스에 대한 접근이 어렵고 자료가 문헌일 때, 둘째, 실증적 자료에 대한 보완적 연구가 필요할 때, 셋째, 정신분석적 면담이나 투사적 검사 내용 등 연구대상자의 언어, 문제 등을 분석할 때, 넷째, 매스미디어의 내용 및 경향 변천이나 논조분석, 주체분석 등에 활용되고 있다.

특히 내용분석법은 사회복지정책에 대한 여론 분석, 사회문제 분석, 사회복지 실천론 분석 등에 유용하게 사용될 수 있다(남세진, 최성재, 1996). 예를 들면, 사회복지에 있어서 전문직의 성향이나 주된 개념 틀의 변화를 알아보기 위해 관련 개념이 언급되었던 횟수를 시기별로 집계하여 비교·분석하는 것, 또는 사회복지정책에 대한 언론의 태도를 알아보기 위해 신문사와 방송사가 일정 기간 동안 보도한 자료들에서 긍정적인 기사와 부정적인 기사를 비교한다거나 찬반의 강도 등을 분석하는 경우가 내용분석법에 의한 연구라 할 수 있다(고수현, 박성복, 2013; 채구묵, 2016).

2) 내용분석법의 특징

내용분석법의 구체적인 특징과 내용은 다음과 같다(고수현, 박성복, 2013; 채구묵, 2016; 황성동, 2015; Rubin & Babbie, 2017).

첫째, 문헌연구의 일종으로서 의사전달의 내용이 분석대상이다. 어떤 내용을 누가, 언제, 무엇을, 왜, 어떻게 의사전달 했는지에 대한 답을 찾아가는 연구방법이다. 즉, 의사소통의 기록물인 신문, 서적, 잡지, 일기, 편지, 연설문, 상담기록지, 영화, 라디오, 텔레비전 등 상징을 통해 나타나는 기록물을 분석대상으로 한다.

둘째, 의사소통의 드러난 내용뿐만 아니라 숨은 내용도 분석대상이 된다. 즉, 단순히 외부에 나타난 내용(눈에 보이는 내용, 표면적인 내용)뿐만 아니라 외부에 나타나지 않은 암묵적인 내용(저변에 깔려 있는 의미)도 분석의 대상이 될 수 있다. 예를 들면, '보편적 복지로서 중학교의 무상급식에 대한 한국사회의 인식변화'를 알아보고자 최근 10년 동안의 뉴스와 신문을 분석한다고 가정해 보자. 뉴스와 신문에서 무상급식과 관련된 단어가 사용된 횟수를 세어 보는 것은 드러난 내용을 코딩하는 것에 해당한다. 반면에 암묵적인 내용을 코딩한다는 것은 뉴스와 신문의 전체나 문단을 읽고 그 자료들이 무상급식에 대하여 어떤 인식을 기반으로 작성되었는지를 평가하는 것이다.

셋째, 객관성 · 체계성 · 일반성 등 과학적 연구방법의 요건을 갖춰야 한다. 즉, 연구자의 개인적인 특성이나 편견이 개입되어서는 안 되며, 관련된 내용을 다른 사람도 동일한 방법을 사용하여 분석하면 동일한 결과를 얻을 수 있다는 의미에서 객관적이며, 분석대상을 선정하고 평가하는 과정에서 일정한 과학적 절차를 적용한다는 의미에서 체계적이며, 연구결과가 단순한 기술에 그치는 것이 아니라 이론적인 관계성을 가져야 한다는 의미에서 일반성의 요건을 갖춰야 한다.

넷째, 내용분석은 양적 분석방법과 질적 분석방법 모두를 사용하고 있다. 내용분석에서는 내용의 잠재적인 부분까지도 분석하기 때문에 양적 정보만을 기술하고 분석하는 것은 진정한 의미의 내용분석이라 보기 어렵고, 자료의 질적 내용에 대한 분석방법도 함께 사용하는 경향이 있다.

마지막으로, 관찰법과 유사하게 측정한다는 점이다. 다만 관찰법이 인간의 행동을 직접 관찰하는 반면, 내용분석법은 인간이 이미 만들어 놓았거나 남겨 놓은 자료를 관찰한다는 점에서 차이가 있다.

3) 내용분석법의 장단점

내용분석법의 장단점을 살펴보면 다음과 같다(강종수, 2019; 고수현, 박성복, 2013; 김태성 외, 2012; 채구묵, 2016; Rubin & Babbie, 2017).

(1) 내용분석법의 장점

첫째, 시간과 비용을 절약할 수 있다. 2차 자료를 이용하기 때문에 직접적으로 자료를 수집하는 방법에 비해 상대적으로 시간과 비용이 절감되며, 단지 내용분석은 연구자가 코딩할 자료에만 접근할 수 있으면 된다. 특히 대규모의 연구조사원이 필요한 설문 조사와는 달리 내용분석은 특별한 장비가 요구되지 않으며 혼자서도 연구를 수행할 수 있다.

둘째, 조사에 융통성이 있으며, 안전성이 높다. 표본 조사나 실험의 경우 실수가 발생해도 재조사하는 것이 현실적으로 어렵지만, 내용분석은 연구가 잘못되었을 경우 기초자료를 다시 검토해 보는 수고만으로 보완할 수 있어 조사연구의 일부나 전부를 다시 시작하는 것이 다른 연구방법보다 상대적으로 쉽다.

셋째, 역사적 연구에 적용 가능한 유용한 방법이다. 다른 조사는 소급하여 조사하는 것이 불가능하나 내용분석은 소급하여 조사하는 것이 가능하며, 장기간에 걸쳐서 발생하는 과정을 연구할 수 있다. 예를 들어, '우리나라 사회복지정책에 대한 의식 변화를 연구'하고자 한다면, 일반 설문 조사로는 연구하기가 어렵겠지만, 장기간의 의사소통 기록물인 신문, 서적, 잡지, 일기, 편지, 연설문, 상담기록지, 영화, 라디오, 텔레비전 등을 통해 사회복지정책에 대한 의식 변화를 살펴봄으로써 장기간에 걸친 종단연구가 가능하다.

넷째, 비관여적인 연구방법으로 반응성이 발생하지 않는다. 내용분석은 연구조사자가 연구대상의 반응에 영향을 미치는 조사방법이 아니다. 즉, 이미 기록되어 있고, 행해진 일이기 때문에 조사자가 영향을 미칠 수도 없고, 피조사자가 영향을 받을 일도 없다.

마지막으로, 다른 연구방법과 함께 사용하는 것이 가능하다. 특히 가치, 태도, 성향, 창의성, 인간성 등 다양한 심리적 변수를 측정할 수 있다. 또한 실험연구의 결과나 개방형 질문의 응답 내용을 분석할 때도 유용하게 사용된다.

(2) 내용분석법의 단점

첫째, 자료의 입수가 제한적이다. 의사전달의 양식은 말, 글, 그림 등 다양할 수 있으나 어떤 양식으로든 기록이 되어 있어야 분석이 가능하다. 즉, 기록된 의사전달만 분석이 가능하고, 기록이 남아 있지 않은 것은 분석하기가 힘들다.

둘째, 내용의 타당도를 확보하는 데 어려움이 있다. 기록된 내용이 현실을 그대로 반영한다고 말할 수 없기 때문에 내용분석 타당도가 문제가 될 수 있다. 예를 들어, 특정한 사안에 관해 특정한 계층의 의견만을 수집하여 분석했으면서 그것을 전체의 의견이라고 한다면 그 결과는 타당도가 낮다고 할 수 있다. 하지만 이 경우에도 코딩체계가 명확하게 확립되어 있고 코딩만 정확하게 이루어진다면 신뢰도는 높을 것이다.

표 11-4 내용분석법의 장단점

장점	단점
- 시간과 비용을 절약할 수 있다. - 조사에 융통성이 있으며, 안전성이 높다. - 역사적 연구에 적용 가능한 유용한 방법이다. - 비관여적인 연구방법으로 반응성이 발생하지 않는다. - 다른 연구방법과 함께 사용하는 것이 가능하다.	- 기록되고 드러난 자료에만 의존하다 보니 드러난 내용 외에 잠재된 내용을 파악하기가 어렵다. - 자료의 입수가 제한적이다. - 내용의 타당도를 확보하는 데 어려움이 있다.

4) 내용분석법의 절차

(1) 연구문제의 선정

연구주제의 선정과 적절한 연구문제가 형성되려면 관련 분야의 이론과 논문을 충분히 검토하면서 어느 정도의 독창성을 발휘해야 한다. 그리고 내용분석법을 이용하려는 의도가 제대로 살아날 수 있는 연구문제여야 한다(강종수, 2019). 즉, 주제를 연구하는 방법은 여러 가지가 있는데 그중 내용분석을 주로 사용하는 경우는 내용분석이 아니고는 탐구할 수 없는 주제이거나 다른 연구방법 보다 더 효율적일 때 사용된다(고수현, 박성복, 2013; 채구묵, 2016).

내용분석은 사람들 간의 의사전달 내용을 분석하는 데 유용한 방법으로서 '누가, 언제, 무엇을, 왜, 어떤 방법으로 하는가?' 라는 문제에 대한 해답을 찾는 데 적합한 기법이다. 예를 들어, '최근 10년 동안 한국 사회에서 보편적 복지에 대한 국민의 인식은 어떻게 변화 되었는가?'는 내용분석의 연구문제로 적절한 것이다.

(2) 문헌자료의 모집단 규정

원리에 입각하여 연구문제의 탐색에 필요하고 적합한 문헌이나 기록의 종류와 범위를 확정한다. 즉, 설정된 연구문제에 대한 해답을 얻기 위하여 어떠한 의사소통의 기록물을 분석하는 것이 가장 적절한지를 결정해야 하는데, 신문, 서적, 잡지, 일기, 편지, 연설문, 상담기록지, 영화, 라디오와 텔레비전 프로그램 등은 분석할 대상이 되는 메시지를 담고 있는 의사전달 매체의 모집단인 것이다(강종수, 2019; 고수현, 박성복, 2013). 예를 들어, '2010년 이후 보편적 복지에 대한 국민의 인식을 알아본 신문기사들'을 모집단으로 선정할 수 있다.

(3) 문헌자료의 표본추출

모집단 전체를 분석하기 위해서는 시간적 · 경제적 어려움이 크므로 일부를 표본으로 선정하여 모집단으로 일반화시켜야 한다. 방법은 일반적인 표본 조사의 표집 원리와 절차를 그대로 원용한다. 경우에 따라서는 다단계 표집을 할 수도 있다(강종수, 2019; 채구묵, 2016). 즉, '신문분석 시 어느 신문을 선정할 것인가? 몇 년치, 몇 달치로 구분할 것인가? 몇 면, 어떤 기사, 어떤 문장을 선정할 것인가?' 등이 여기에 해당된다.

(4) 분석내용의 범주 결정

내용분석법에서 분석범주는 분류기준을 말하는 것으로서, 범주(categories)를 정하는 것은 연구의 성패를 좌우할 정도로 중요한 문제다. 실제로 범주의 규정이 가설의 변수들을 구체화하는 경우가 많고, 그것은 이론과 연구문제를 직접 반영하는 작업이기 때문이다(강종수, 2019; 고수현, 박성복, 2013). 예를 들어, 신문 기사를 분석하고자 할 때 '보편적 복지에 찬성하는 기사' '보편적 복지에 중립적인 기사' '보편적 복지에 반대하는 기사' 등으로 유형을 정해 기사들을 분류할 수 있다.

Holsti(1969)는 과거 내용분석에서 사용되어 왔던 범주들을 다음과 같이 정리하여 제시하였다. '무엇을 전하고 있는가?' 라는 내용 자체의 분석범주로는 주제나 방향, 기준, 가치, 방법, 특성, 행위자, 권위자, 정보의 원천, 위치, 갈등, 시간 등이 있다. 또한 '어떻게 전하는가?'의 범주로는 의사전달의 형식이나 유형, 진술의 형식, 수사나 선전방법 등이 결정된다. 특히 사전에 이론적인 틀이 확실하게 정립되기 전에는 실제 자료의 관찰로부터 귀납적으로 형성해 가는 방법, 즉 가능한 자료를 사전에 충분히 검토하여 귀납적으로 범주를 설정하는 것이 바람직하다고 주장하였다(Holsti, 1969: 고수현, 박성복, 2013 재인용).

이러한 범주 설정에서는 유의해야 할 점이 몇 가지 있다(Holsti, 1969; 김광웅, 1997 재인용). 첫째, 내용분석의 분석범주는 연구의 목적이나 문제에 적합해야 하고 조작화의 과정을 거쳐 구체화하여야 한다. 둘째, 범주는 포괄적으로 설정하여야 한다. 즉, 분석할 항목이 빠짐없이 포함되어야 한다. 셋째, 범주가 상호 배타적이어야 한다. 분석되는 자료는 하나의 범주에만 해당되어야 된다. 마지막으로 적절한 범주 설정을 위해서는 문헌 주제에 대한 사전 지식이 중요하다.

(5) 분석단위의 규정

분석단위란 주어진 범주에 넣어서 집계할 수 있는 메시지 내용의 최소단위로, 실제로는 분석작업을 하는 데 있어서의 부호화(coding)의 단위가 된다. 즉, 연구문제와 관련하여 기술적 또는 설명적으로 진술할 수 있는 의사소통이자 개별 단위를 말한다.

이러한 분석단위는 기록단위(recording unit)와 맥락단위(context unit)로 구분할 수 있는데, 기록단위는 기록만 함으로써 자료가 수집되는 경우로서 분석하고자 하는 내용의 특정 요소가 한 번 나타남을 말해 주는 최소의 분석단위를 말한다. 이에 비해 맥락단위란 출현 빈도만 가지고는 메시지의 진의를 파악할 수 없어 맥락까지를 고려해야 할 때 맥락단위를 분석하게 된다. 예를 들어, 단어가 기록단위라면 그 단어의 의미 파악을 위해 한 개 혹은 몇 개의 문장으로 된 단락을 맥락단위로 규정할 수 있다. 즉, 어떤 한 단위가 어느 범주에 속하는지 분간하기가 어려울 때는 그 단위가 발견된 맥락을 함께 고려할 필요가 있다. 그런 점에서 맥락단위는 기록단위의 성격을 좀 더 명확히 하고자 검토하는 내용의 최대 단원이라 할 수 있다. 무엇보다도 맥락단위는 적어도 기록단위보다는 더 큰 것이어야 하나, 모든 기록단위가 범주체계에서 맥락단위를 필요로 하는 것은 아니다. 또한 맥락단위 분석은 기록단위에 비해 어렵기도 하고 시간도 많이 소요된다는 특징을 가지고 있다(고수현, 박성복, 2013). 구체적으로 기록단위는 단어, 주제, 인물, 문단, 항목 등이 사용된다(Bailey, 1982; Nachmias & Nachmias, 2000).

- **단어(word)**: 가장 작은 분석단위다. 단어는 경계가 명확하여 구분이 뚜렷하다는 장점을 가지고 있으나, 표본이 방대하면 양이 많아져 다루기 어렵고 맥락에 따라 그 의미가 달라질 수 있다는 단점을 가지고 있다.
- **주제(theme)**: 문헌기록이 주장하는 내용이거나 도덕적 목적을 말한다. 주제는 유용한 분석단위이지만, 단위의 경계를 정하는 것이 어렵고 주관적이며, 한 문장 또는 한 본문에 여러 주제가 내포되어 있을 수도 있다. 그러나 대량의 자료를 다루거나, 태도, 가치 등을 분석할 때 유용한 단위가 될 수 있다.
- **인물(character)**: 주로 소설, 영화, 드라마 등의 자료를 다룰 때 사용된다. 기록단위는 특정한 사람이며, 범주들의 각각에 해당하는 사람의 수가 기록된다. 예를 들어, 영화에 등장하는 인물을 인종별로 구분하여 얼마나 등장하는지를 분석단위로 기록할 수 있다.
- **문단(paragraph)**: 문장이나 단락은 형태적으로 구분하기 쉽다는 장점이 있지만, 하나 이상의 주제를 담은 문장이 있을 수 있기 때문에 어느 하나의 범주에 명확하게 속하기 어려운 단점도 있다. 즉, 문단은 상호배타성이 떨어져 만족스러운 기록단위라 할 수 없다.
- **항목(item)**: 어떤 의사소통 전체의 단위로서, 예를 들어 책 한 권, 드라마 한 편, 영화 한 편, 논문 한 편 등을 분석단위로 사용할 수 있다.

(6) 계량화의 체계 규정(내용분석의 코딩)

분석단위가 정해지면 실제로 자료의 내용분석 작업을 진행한다. 내용분석법은 자료를 계량화하여 분석하는 것이므로 수량화 체계를 사용하여 자료를 분석할 수 있다. 주로 사용하는 수량화 체계는 출현 여부, 빈도체계, 시간-공간체계, 강도체계가 있다(채구묵, 2016).

- **출현 여부**: 유무 또는 출현 여부를 따지는 체계에서는 주어진 자료의 규정된 단위 속에 연구자가 찾고자 하는 현상의 특정 속성을 나타내는 내용의 요소가 있는지 없는지를 이분법적으로 파악한다. 예를 들어, '대통령 후보들의 선거공약 분석'에서 각 단위 및 범주별로 공약사항이 있었는지 없었는

지를 파악한다.

- **빈도체계:** 특정 범주가 출현하는지만 파악하는 것이 아니라 얼마나 자주 나타나는지를 계산하는 방법이다. 즉, 분석의 단위 속에 주어진 속성이 나타나는 횟수를 파악하는 것을 계량적 기준으로 사용하는 것이다.
- **시간-공간체계:** 빈도뿐만 아니라 범주의 상대적 크기 및 강조를 파악하는 방법이다. 즉, 분석단위가 출현하는 방송시간의 길이(시간)나 신문지에서 할애한 면의 크기(공간) 등으로 비교할 수도 있다.
- **강도체계:** 강도는 어떤 진술의 힘을 측정하는 것으로 주로 태도나 가치의식 같은 것을 다룰 때 적절하게 이용할 수 있다. 특히, 다문항으로 구성된 척도(scale)나 지수(index)로 측정이 가능하다. 즉, 서열적 또는 등간적 척도를 활용할 수 있는 분석법이라는 점에서 내용분석에 있어 가장 수량화의 수준이 높은 분석기법이다. 예를 들어, '5점 만점에 당신은 몇 점 정도라고 생각하십니까?' 와 같은 등간 척도를 적용할 수도 있다.

(7) 자료의 분석 및 결론

내용분석의 최종단계는 수집된 자료를 의미 있게 분석해 결론을 도출하는 것이다. 내용분석에서는 연구의 목적에 따라 '도출된 자료를 어떻게 분석할 것인지'가 자유롭게 결정된다(김영종, 2014). 그러나 주로 다음의 네 가지 방법을 활용하여 분석하고 결론을 도출한다(채구묵, 2016).

- **경향 비교:** 출현빈도의 시간적 변화에 대해 결론을 내는 경우다. 장기간에 걸쳐 계속적으로 변화의 추이를 기술할 수도 있고, 두 시점 간의 변화를 파악할 수도 있다.
- **내용의 상이성 비교:** 어떤 사건에 대해 보수적인 신문과 진보적인 신문이 각각 어떻게 그 내용을 취급하고 있는가를 비교하거나, 하나의 사건을 2개의 단체에서 각각 어떻게 선전하고 보도하는지, 나아가 그 사건을 바라보는 시각 등을 비교연구하는 것이다.
- **특성 또는 기법의 비교:** 시대별 또는 집단별로 사용하는 특성, 기법 등을 비교하여 결론을 내는 경우다. 예를 들어, '시대별로 고등학생들이 선호하는 대

학의 전공학과는 어떻게 변화되어 왔는가?' 등을 분석할 수 있다.

- **내용과 기준의 비교**: 내용과 그 내용의 준거가 되는 기준을 비교하여 결론을 내는 것이다.

표 11-5 내용분석법의 절차와 유의사항

절차	유의사항
연구문제의 선정	연구주제의 선정과 적절한 연구문제가 형성되려면 관련 분야의 이론과 논문을 충분히 검토하면서 어느 정도의 독창성을 발휘해야 한다.
문헌자료의 모집단 규정	설정된 연구문제에 대한 해답을 얻기 위하여 어떠한 의사소통의 기록물을 분석하는 것이 가장 적절한지를 결정해야 한다.
문헌자료의 표본추출	모집단 전체를 분석하기 위해서는 시간적 · 경제적 어려움이 크므로 일부를 표본으로 선정하여 모집단으로 일반화시켜야 한다.
분석 내용의 범주 결정	내용분석의 분석범주는 연구의 목적이나 문제에 적합해야 하고, 조작화의 과정을 거쳐 구체화하여야 한다. 또한 범주는 포괄적으로 설정하고, 상호배타적이어야 한다.
분석단위의 규정	분석단위로는 단어, 주제, 인물, 문단, 항목 등이 사용된다.
계량화의 체계 규정 (내용분석의 코딩)	내용분석법은 자료를 계량화하여 분석하는 것이므로 수량화 체계를 사용하여 자료를 분석할 수 있다. 주로 사용하는 수량화 체계는 출현 여부, 빈도체계, 시간-공간체계, 강도체계가 있다.
자료의 분석 및 결론	주로 경향 비교, 내용의 상이성 비교, 특성 또는 기법의 비교, 내용과 기준의 비교 방법을 활용하여 분석되고 결론을 도출한다.

연습문제

01 다음에서 설명하고 있는 조사방법에 해당하지 않는 것은?

> **〈보기〉**
> 이 방법은 조사자도 모르는 사이에 연구대상자들에게 사회적 기대 등과 같은 영향을 미칠 수 있다.

① 참여관찰 조사 ② 실험 조사 ③ 면접 조사
④ 2차 자료조사 ⑤ 설문 조사

02 다음 중 2차 자료수집의 특징으로 적절하지 않은 것은?

① 상대적으로 비용이 적게 든다.
② 시간과 노력을 절약할 수 있다.
③ 조사자의 영향력이 배제 된다.
④ 변화추이와 비교연구도 가능하다.
⑤ 조사목적에 부합하는 자료와 최신 자료를 확보하는 데 용이하다.

03 다음 중 2차 자료수집의 특징으로 적절하지 않은 것은?

① 비관여적 접근방법이다.
② 원자료에서 누락된 변수와 결측값을 복구할 수 있다.
③ 기존 데이터를 수정 · 편집할 수 있다.
④ 변화추이와 비교연구도 가능하다.
⑤ 비교적 적은 비용으로 대규모 사례 분석이 가능하다.

04 다음 중 2차 자료수집에 대한 설명으로 적절하지 않은 것은?

① 자료수집 과정에서 조사대상자의 반응성으로 인해 발생하는 오류를 피할 수 있다.
② 1차적 연구에서 얻어진 연구결과를 다시 입증하는 데 사용될 수도 있다.
③ 기존 자료의 신뢰성에 문제가 있을 수 있다.
④ 생태학적 오류의 가능성이 있다.
⑤ 시간과 비용은 줄일 수 있으나 공간의 제약을 많이 받는다.

05 다음에서 제시된 연구들의 공통점은 무엇인가?

- 한부모 관련 기존 통계의 분석연구
- 물리적 흔적을 분석한 박물관 전시 공간 재배치 연구
- 아동학대 관련 사례 파일의 연구

① 비관여적 연구다.
② 반응성이 존재한다.
③ 기초선 설정이 필요하다.
④ 표본추출 단위가 같다.
⑤ 시간과 비용이 많이 든다.

06 다음에서 설명하고 있는 조사방법의 특징으로 적절한 것은?

보편적 복지에 대한 한국 사회의 인식 변화를 알아보고자 과거 10년간 한국의 주요 일간지 보도자료를 분석하고자 한다.

① 수량분석이 불가능하다.
② 사전 조사가 따로 필요하지 않다.
③ 인간의 모든 형태의 의사소통 기록물을 활용할 수 있다.
④ 문장에 나타나지 않은 숨은 내용은 코딩할 수 없다.
⑤ 인과관계를 증명하는 데 적절하다.

07 다음 중 내용분석에 관한 설명으로 적절하지 않은 것은?

① 코딩 작업과 같은 수량화 과정을 포함한다.
② 양적 내용을 질적 자료로 전환한다.
③ 분석 대상에 영향을 미치지 않는다.
④ 타당도를 확보하기 어렵다.
⑤ 다양한 기록 자료 유형을 분석할 수 있다.

08 다음 중 내용분석에 관한 설명으로 적절하지 않은 것은?

① 분석단위로는 단어, 주제, 인물, 항목, 공간 등이 사용된다.
② 한 범주에서 이루어진 자료의 분류가 다른 범주에도 영향을 미쳐야 한다.
③ 문헌 주제에 대한 사전 지식이 필요하다.
④ 변수들을 분명히 하고 조작화의 과정을 거쳐 지표를 구체화해야 한다.
⑤ 범주는 상호배타적이어야 한다.

09 다음에서 제시한 연구에 대한 설명으로 적절하지 않은 것은?

> 사회복지사 1급 국가시험이 1회부터 18회까지 저소득층 관련 이슈를 얼마나 다루었는지를 분석하려고 한다.

① 기록되지 않은 의사소통 내용도 분석대상이 될 수 있다.
② 분석대상에 영향을 미치지 않는 비관여적 조사방법이다.
③ 직접 조사보다는 경제적일 수 있다.
④ 필요한 경우 재분석이 가능하다.
⑤ 다른 연구방법과 함께 사용하는 것이 가능하다.

10 다음 중 내용분석법의 특징에 관한 설명으로 적절하지 않은 것은?

① 타당도를 확보하기 어렵다는 단점이 있다.
② 내용분석에서도 표집이 가능하다.
③ 자료의 수정이나 반복이 불가능하다.
④ 문장에 드러나지 않는 숨은 내용에 대해서도 코딩할 수 있다.
⑤ 방송, 영화, 그림, 사진, 만화 등도 분석대상이 될 수 있다.

답

01 ④ 02 ⑤ 03 ② 04 ⑤ 05 ① 06 ③ 07 ②
08 ② 09 ① 10 ③

해설

01 반응성에 대한 설명이다. 반응성이란 연구대상자들이 자신들이 연구대상임을 알고, 평소와 다르게 행동하는 것을 말한다. 따라서 비관여적 자료수집방법에 해당하는 2차 자료조사를 찾는 문제다.

02 2차 자료분석은 기존 자료를 활용하는 방법이기 때문에 상대적으로 비용이 적게 들며, 설문조사와 같은 방법에 비해 상대적으로 자료수집에 소요되는 시간과 노력을 줄일 수 있다. 또한 2차 자료수집은 비관여적 자료수집방법으로서 관여적 자료수집보다 반응성에서 상대적으로 자유롭다는 장점을 가지고 있다. 그러나 원래의 자료 생산자가 자신의 연구나 필요를 위해 생산한 자료이기 때문에 연구조사자의 구미에 맞는 자료를 찾기 힘들다.

03 설문 조사의 경우 조사대상자가 응답하지 않는 경우가 종종 발생한다. 이러한 결측값이 포함된 사례는 보통 결과를 분석할 때 제외되는 경우가 많은데, 2차 자료분석은 새롭게 자료를 수집하는 것이 아니라 기존 자료를 활용하는 것이라 기존 자료의 결측값을 추적할 수는 없다.

04 거의 모든 통계는 지역별 또는 인구집단별로 종합된 수치를 제공하고 있을 뿐, 해당 통계의 산출에 이용된 원자료를 구하지 않는 한 개개인에 대한 정보는 알 수 없다. 이렇듯 집단을 분석단위로 한 자료를 근거로 그것이 마치 개개인에게 적용되는 것처럼 해석하는 경우에는 생태학적 오류가 발생한다. 2차 자료분석은 새롭게 자료를 수집하는 것이 아니라 기존 자료를 활용하는 것이라 시간-공간의 제약을 덜 받는다.

05 제시된 연구들은 모두 2차 자료분석이다. 따라서 2차 자료분석의 특징을 찾는 문제다.

06 내용분석법에 해당하는 것이다. 내용분석의 대상이 되는 자료는 질적 자료이지만 내용분석에서는 이를 양적 자료로 전환하여 분석을 수행하고, 사전 조사를 거치지 않은 코딩체계를 사용하는 것은 금물이다. 또한 내용분석은 드러난 내용뿐만 아니라 숨은 내용도 코딩이 가능하나, 분석 대상이 되는 자료가 기존의 자료이므로 영향력이 큰 외생변수를 통제할 수 없다. 따라서 인과관계를 증명하는 데 적절하지 않다.

07 내용분석은 질적 자료를 계량화 체계에 기초해 양적(수량적) 자료로 전환하여 분석을 하는 것이다.

08 내용분석의 범주 규정 시 유의해야 할 조건으로, 첫째, 변수들을 분명히 하고 조작화의 과정을 거쳐 지표를 구체화해야 한다. 둘째, 범주는 포괄적이어서 분석될 항목이 빠짐없이 포함되도록 설정해야 한다(포괄성의 원칙). 셋째, 범주는 상호배타적이어서 분석되는 자료가 하나 이상의 범주에 해당되어서는 안 된다(상호배타성의 원칙). 넷째, 어느 한 범주에서 이루어진 자료의 분류가 다른 범주의 값에 영향을 미쳐서는 안 된다(독립성의 원칙). 마지막으로, 범주는 단일분류 원칙에 따라 설정되어야 하고, 다른 수준의 분석과 혼합되어서는 안 된다.

09 내용분석의 대상은 기록된 의사소통 내용으로 범위가 한정된다.

10 자료의 수정이나 반복이 가능하며, 융통성이 있다.

용어정리

1차 자료 연구목적을 위해 연구자가 직접 수집 · 작성하는 자료
2차 자료 연구자가 연구목적을 위해 활용하는 기존에 이미 있던 자료
내용분석법(content analysis) 인간의 의사소통 기록물(신문, 서적, 잡지, 대중매체, 연설, 편지 등)을 분석하는 간접 자료수집 방법 중 하나
비관여적 조사(unobtrusive research) 반응성의 문제를 해결하기 위해서 연구대상자에게 연구 사실을 알리지 않거나 연구자가 연구대상자에게 전혀 관여하지 않는 연구방법
코딩(coding) 분석대상 자료들을 분류하고 범주화하는 것을 의미
결측값 측정해야 할 값을 얻지 못한 경우를 의미

참고문헌

강종수(2019). 사회복지조사방법론. 경기: 양서원.
고수현, 박성복(2013). 사회복지조사론. 경기: 정민사.
김광웅(1997). 방법론 강의. 서울: 박영사.
김병진, 소재진, 김항곤(2013). 사회복지조사방법론. 서울: 도서출판 신정.
김영종(2014). 사회복지조사론: 이해와 활용. 서울: 학지사.
김태성, 김기덕, 이채원, 홍백의(2012). 사회복지조사론. 서울: 청목출판사.
김태형(2020). 청소년의 관계적 특성과 청소년 활동 참여가 주관적 안녕감에 미치는 영향: 자아탄력성의 매개효과를 중심으로. 청소년문화포럼, 62, 82-119.
김환준(2004). 사회복지연구조사방법론. 서울: 나남출판사.
남세진, 최성재(1996). 사회복지조사방법론. 서울대학교 출판부.
우수명, 강병노(2019). 사회복지조사론. 경기: 양서원.
채구묵(2016). 사회복지조사방법론. 경기: 양서원.
최성재(2005). 사회복지조사방법론. 경기: 나남출판사.
최성철, 이창화(2019). 사회복지조사방법론(2판). 경기: 공동체.
황성동(2015). 알기 쉬운 사회복지조사방법론. 서울: 학지사.

Bailey, K. D. (1982). *Methods of social research*. New York: Free Press.

Bryman, A. (2008). *Social research methods*. New York: Oxford University Press.

Holsti, O. R. (1969). *Content Analysis for the Social Sciences and Humanities. Reading*. MA: Addison-Wesley.

Nachmias, C., & Nachmias, D. (2000). *Research Methods in the Social Sciences* (6th ed.). Wadsworth, New York.

Rubin, A., & Babbie, E. R. (2017). 에센스 사회복지조사방법론. 유태균 역. 서울: 센게이지 러닝코리아(주).

제12장

질적 연구의 전통

학습목표

1. 질적 연구방법론의 개념, 특성, 양적 연구방법론과의 차이점 등 질적 연구방법론의 기본적인 내용에 대해 이해한다.
2. 질적 연구방법론의 대표적인 유형인 근거이론, 현상학적 연구, 문화기술지, 내러티브 연구 및 사례연구에 대해 이해한다.

연구방법론은 크게 양적 연구방법론과 질적 연구방법론으로 구분된다. 하지만 그동안 대부분의 사회복지학 연구는 양적 연구방법론에 상당히 의존해 왔다. 그리고 우리나라의 경우, 1990년대 중반에 교육학을 중심으로 몇 개의 학문 분야에서만 질적 연구방법론을 활용하였을 정도로 질적 연구방법론에 대한 관심은 크지 않았다. 하지만 불과 몇 년 사이 질적 연구방법론의 중요성에 대한 공감대가 사회복지학계에도 퍼지게 되었고, 현재 대부분의 사회복지 관련 전문저널의 구성 비율을 보면 양적 연구방법론을 사용한 글과 질적 연구방법론을 사용한 글이 비슷할 정도로 질적 연구방법론의 위상이 사회복지학계에서도 매우 높아졌다. 따라서 이 장에서는 이와 같은 질적 연구방법론의 개요와 대표적인 방법론 그리고 수행과정에 대해 개략적으로 살펴보고자 한다.

1. 질적 연구방법론의 개요

1) 질적 연구방법론의 개념

질적 연구방법론이란 정확하게 무엇을 말하는 것인가? 한 가지 확실한 것은 질적 연구방법론에 대한 정의를 쉽게 해 줄 수 있는 대표적인 질적 연구방법이란 없다는 것이다(Padgett, 2001). 그만큼 질적 연구방법론을 획일적으로 정의내리는 것이 쉽지 않지만, 이 절에서는 질적 연구방법론에 대한 대표적인 정의를 살펴보고자 한다.

Denzin과 Lincoln(2005)은 “질적 연구방법은 세상에 관찰자를 풀어놓는 상황적인 활동이다. 그것은 세상을 보이도록 하는 해석적이고 유물론적인 실천체계로 구성되어 있다. 이러한 실천은 세상을 변화시킨다. 그것들은 세상을 현장노트와 면접, 대화, 사진, 기록물, 자기에 대한 메모 등을 포함하는 일련의 표현들로 바꾸어 놓는다. 이 단계에서 질적 연구는 세상에 대한 해석주의적·자연주의적 접근을 포함한다. 이는 질적 연구자가 사람들이 현상에 부여하는 의미에 따라 현상을 이해하거나 해석하려고 시도하면서 자연적인 상황에 있는 사물을 연구한다는 것을 의미한다.”고 제시하였다. 한편 Creswell(2005)은 “질적 연구는 사회적 또는 인간의 문제를 탐색하는 독특한 방법론적 연구전통에 기반하여 이해하는 연구과정이다. 연구자는 복합적이고 전체적인 그림을 구축하고, 언어를 분석하며, 정보제공자의 구체적인 시각을 보고하고, 자연스러운 상황에서 연구를 수행한다.”고 제시하였다.

한편, Mason(2010)은 질적 연구방법론을 정의하기 위해 본질과 기법의 다양성을 강조하는 것과는 별도로 질적 연구의 ‘질적(qualitative)이란 과연 무엇을 의미하는가?’란 질문에 대한 해답을 찾는 과정에서 공통분모를 추출함으로써 질적 연구방법론을 정의내리고자 하였다. 그 공통분모는 다음과 같다.

첫째, 질적 연구는 사회적 실체와 현상이 어떻게 해석·이해되고 경험되거나 생성되는가에 관심을 둔다. 따라서 넓은 의미로 ‘해석주의자(interpretivist)’적인 철학적 입장에 뿌리를 내리고 있다. 질적 연구의 형태에 따라 이러한 요소들을 이해하고 접근하는 방법은 다르겠지만(예: 사회적 의미, 해석, 시행, 담론과정 또는 형성에 초점을 맞추는 등), 모두가 최소한 이들의 일부를 복합적 · 다층적으로 구성된 사회의 유의미한 구성요소로 간주한다는 점에서 공통점을 지닌다.

둘째, 질적 연구는 자료를 만들어 내는 방법이 융통적이고, 자료가 창출되는 사회적 맥락에 보다 관심을 기울인다(엄격한 표준화나 구조화, 그리고 일부 실험적인 방법에서 '생생한' 사회적 맥락을 등한시하는 것과 대비된다).

셋째, 질적 연구는 분석 및 설명 방법에서 복합성, 세부사항, 맥락을 이해하는 데 중점을 둔다. 질적 연구는 풍부하고 상황적이며 세부적인 자료를 바탕으로 완숙한 이해를 창출해 내는 데 목적을 둔다. 이러한 점에서 피상적인 유형, 추세나 상관관계의 묘사보다는 '본질적인' 형태의 양화(quantification) 기법이 적용되기는 하지만, 통계적인 분석이 핵심적인 것으로 간주되지는 않는다.

요컨대, 질적 연구방법론이란 보다 융통적이고 사회적 맥락을 중요시하는 자료를 바탕으로 그 자료가 지니고 있는 복합성, 맥락 등에 집중함으로써 사회적 실체와 현상이 어떻게 만들어지고 해석되고 이해되는지에 관심을 두는 연구방법론이라고 볼 수 있다.

2) 질적 연구방법론의 특성

질적 연구방법론의 공통적인 특성에는 자연스러운 상황, 주요 도구로서 연구자, 다양한 자료 원천, 귀납적 자료분석, 참여자의 의미, 유연한 설계, 해석적 연구, 총체적 이해 등 여덟 가지를 들 수 있다. 각각의 특성을 좀 더 자세하게 살펴보면 다음과 같다(Creswell, 2005).

(1) 자연스러운 상황

질적 연구자는 참여자가 이슈나 문제를 경험하고 있는 현장에서 자료를 수집하는 경향이 있다. 그들은 사람들을 실험실(인위적 상황)로 데려오지 않으며, 대부분의 경우 완성해야 할 측정도구를 사람들에게 보내지도 않는다. 실제로 직접 사람들과 이야기하고 그들이 처한 맥락에서 행동하고 행위하는 것을 보면서 수집하는 이러한 밀착된 정보야말로 질적 연구의 중요한 특성이다. 자연적인 상황에서 연구자는 시간이 흐름에 따라 직접 얼굴을 대하며 상호작용하게 된다.

(2) 주요 도구로서 연구자

질적 연구자는 문서를 검토하고, 행동을 관찰하며, 참여자와 면접을 함으로써 스스로 자료를 수집한다. 자료를 수집하기 위한 도구인 프로토콜을 사용할 수도 있지만, 실제로 정보를 모으는 사람은 바로 연구자다. 그들은 다른 연구자가 개발한 질문지나 도구를 사용하거나 의존하지 않는 경향이 있다.

(3) 다양한 자료 원천

질적 연구자는 대체로 단일한 자료 원천에 의존하기보다는 면접, 관찰, 문서 등 다양한 형태의 자료를 수집한다. 또한 연구자는 모든 자료를 검토하고, 이해하며, 그것을 모든 자료 원천을 관통하는 범주나 주제로 조직화한다.

(4) 귀납적 자료분석

질적 연구자는 자료를 점차 추상적인 정보단위로 조직화함으로써, '아래에서 위로(bottom-up)' 올라가는 방식으로 패턴과 범주, 주제를 형성한다. 이러한 귀납적인 과정에서는 연구자가 포괄적인 주제 체계를 구축할 때까지 주제와 기초자료 사이를 오가며 수행하는 작업이 포함된다. 또한 거기에는 참여자와 상호작용을 통해 협력하는 것도 포함되는데, 그럼으로써 그 과정에서 드러나는 주제나 추상 개념을 형성할 기회를 갖게 된다.

(5) 참여자의 의미

질적 연구과정 전체에서 연구자는 자신이 연구에 가져오거나 선행문헌의 저자가 사용한 의미가 아닌 참여자가 문제나 이슈에 대해 부여하는 의미를 이해하는 데 초점을 둔다.

(6) 유연한 설계

질적 연구자의 연구과정은 유연하다. 이는 연구자의 초기 계획이 엄격하게 규정될 수 없으며, 연구자가 현장에 들어가 자료를 수집하기 시작하면서 그 과정의 모든 국면이 변하거나 움직일 수 있음을 의미한다. 예를 들어, 연구 질문이 변할 수도 있고, 자료수집의 형태가 바뀔 수도 있으며, 연구대상자나 방문할 현장이 변경될 수도 있다. 질적 연구의 바탕이 되는 주요한 생각은 참여자에게서 문제나 이슈에 대해 배워야 할뿐더러 그러한 정보를 확보하기 위한 연구를 수행해야 한다는 것이다.

(7) 해석적 연구

질적 연구는 연구자가 보고, 듣고, 이해하는 것을 해석하는 탐구 형태다. 연구자의 해석은 그들 자신의 배경과 역사, 맥락, 선험적 이해와 분리될 수 없다. 연구보고서가 발간되면 독자는 연구에 대한 다른 해석을 제공하면서, 참여자와 마찬가지로 해석하게 된다. 해석을 하는 독자와 참여자, 연구자 모두와 함께 우리는 문제에 대한 다양한 시각이 어떻게 나타날 수 있는지 확인할 수 있다.

(8) 총체적 이해

질적 연구자는 연구 중인 문제나 이슈에 대한 복합적인 그림을 발전시키려 애쓴다. 여기에는 다양한 관점을 보고하는 것, 상황에 관계된 많은 요인을 확인하는 것, 드러나는 더 큰 그림을 포괄적으로 그려 주는 것 등이 포함된다. 연구자는 요인 간의 엄격한 인과관계가 아니라 어떤 상황에 있는 복합적인 요인의 상호작용을 규명하게 된다.

3) 양적 연구방법론과의 차이점

연구방법론에 있어서 질적 연구방법과 양적 연구방법의 차이는 같은 주제를 달리 연구하는 것이다. 예를 들어, 질적 연구자는 그 해석의 결과를 보고하는 데 있어서 실증주의자가 하는 것과 같은 방법으로 하지 않는다. 즉, 질적 연구자는 실질적인 의미에서 가설-통계검증 과정에 연구의 관점을 전적으로 맡기지 않는다. 이 두 가지 연구방법론의 차이를 살펴보면 다음과 같다(Merriam, 1988: 이종규, 2007 재인용).

(1) 연구의 초점

질적 연구에서의 연구의 초점은 본질(nature)이나 정수(essence)에 관련된다. 즉, 양적 연구에서는 현상의 크기나 수량이 가설의 검증이나 이론의 구축에 결정적이나, 질적 연구에서는 현상의 속성이나 본질이 더 큰 중요성을 가진다.

(2) 철학적 기원

질적 연구는 해석학의 기초를 이루는 현상학(phenomenology)과 상징적 상호작용(symbolic-interaction)을 철학적 기원으로 하는 반면, 양적 연구는 실증주의(positivism)와 논리적 경험주의(logical empiricism)를 그 기원으로 하고 있다.

(3) 관련되는 용어

질적 연구에서 흔히 사용하는 용어나 명칭은 현장연구(field work), 민속학적 연구(ethnography), 자연주의적 연구(naturalistic inquiry), 근거이론(grounded theory), 주관적 접근(subjective approach)과 같은 것이다. 반면, 양적연구에 있어서는 실험적(experimental) · 실증적(empirical) · 통계적(statistical) 접근과 같은 용어가 흔히 사용된다.

(4) 연구의 목적

질적 연구의 목적은 주어진 연구주제에 대한 이해(understanding), 기술(description), 발견(discovering), 가설(hypothesis) 수립, 창조(generating)라고 말할 수 있는 반면, 양적 연구의 목적은 사상의 분석을 통한 미래의 사상에 대한 예측(prediction), 통제(control), 기술, 확증(confirmation), 가설검증(tests)이라고 말할 수 있다. 질적 연구와 양적 연구 모두 이론이나 가설의 설정에 기여하고 연구의 내용을 기술하거나 발견함으로써 연구의 목적을 달성하고자 한다. 다만 이해와 예측, 창조나 검증과 같은 개념은 서로 공통점이 없다.

(5) 연구 설계의 특징

연구 설계에서 질적 연구는 구조화된 틀을 사용하지 않으므로 유연성(flexibility)을 가지고 있다. 인터뷰에서 문단을 인용하거나, 코드를 범주화하여 내용분석을 하거나, 아니면 관찰을 통한 현장연구기록이나 일기 등의 자료를 분석하거나, 연구자가 직접 연구의 도구나 자료수집 도구가 되어 참여관찰을 하는 등 연구 설계의 방법을 자유로이 선택할 수 있다. 또한 그 배열도 연구단계별로 진행하다가 다시 처음의 자료수집 단계로 되돌아와서 새로이 시작하는 등 유연성을 발휘할 수 있다. 따라서 가설이나 이론은 진화적(evolutionary)이다. 살아있는(working) 가설이란 말은 흔히 질적 연구에서 많이 쓰이는 말로 연구가 진행되어 가고 심도 있는 분석과 결론이 도출되면서 처음에 세운 가설이 새로운 자료 분석결과에 따라 변하게 된다. 반면, 양적연구는 사전 결정적(predetermined), 구조화된(structured) 틀에서 움직인다. 여기서 '구조화된'이란 의미는 이미 설정된 설계도에 의해 자료수집, 입력, 분석 그리고 결과도출의 전 과정이 기계적으로 설정되어 있으며 유연성을 발휘하여 이것을 함부로 바꾸기가 어렵다는 의미로 받아들일 수 있다.

(6) 연구환경

질적 연구는 인공을 가미하지 않은 자연적 환경하에서 연구를 한다. 따라서 친숙한 관계를 유지하고 그 안에서 연구자는 자연스러운 상태에서 관찰과 참여, 인터뷰 및 자료 수집을 통해 연구를 하게 된다. 반면, 양적 연구에서는 연구의 대상으로부터 초연하게 객관적으로 접근하기 때문에 연구환경은 친숙하지 않은 환경에서, 특히 실험연구(experimental)나 준실험연구(quasi-experimental)와 같은 경우에는 인공적(artificial)으로 통제된 상황이 대부분이다.

(7) 표본

질적 연구에서 표본의 특징은 소수, 계획적, 이론적이다. 질적 연구는 객관적 예측이 목적이 아니라 특정한 상황의 연구주제에 대한 이해를 목적으로 하므로 소수의 표본에 집중한다. 표본은 무작위적이 아니라 연구주제와 관련되고 주어진 상황과 관련된 표본을 선택한다. 반면, 양적연구는 다수를 상대로 무작위적으로 표본을 선택하고, 이 표본은 가능한 한 모집단을 대표할 수 있어야 한다.

(8) 분석의 형태

질적 연구방법은 연구자에 의해 추론되는 귀납적(inductive) 방법을 택한다. 개개의 사실을 모아 이것을 통해 추론되는 일반적인 법칙을 찾고자 한다. 그러나 연구주제가 특정한 상황에 국한되는 것일 수도 있기 때문에 법칙이나 발견은 반드시 범용일 필요는 없다. 때문에 질적 연구에서는 가설이 필요하기도 하나 가설이 없이 연구를 하거나 혹은 가설이나 이론이 변해 가는 역동성을 보여 줄 수 있다. 반면, 양적 연구방법은 연역적(deductive) 방법을 택한다. 따라서 처음부터 명확한 가설을 정하고, 이를 객관적으로 검증하기 위해 자료를 수집 및 분석하는 방법을 취한다.

(9) 발견의 형태

질적 연구는 종합적(comprehensive) · 총체적(holistic) · 개방적(expansive)이나, 양적 연구는 정밀(precise)하고 좁으며(narrow), 생략주의적(reductive)이다. 예를 들어, 질적 연구 중 민속학적 연구에서 '사모아 섬 원주민의 식습관에 관한 연구'를 한다고 하면, 그곳의 기후, 인종, 식생, 생물의 종, 식량생산 방법과 관습, 축제 등 다방면에 걸쳐 인류학적 연구가 수반되어야 하며, 많은 주제가 포괄적으로 연구에 융합된다. 이러한 연구는 총체적인 삶의 모습을 보여 주어야 하며, 보다 종합적이며 열린 마음으로 접근하여야 원하는 발견을 가져올 수 있다.

2. 질적 연구방법론의 유형

대표적인 질적 연구방법론에는 근거이론, 현상학, 문화기술지, 내러티브 연구 및 사례연구 등이 있다. 이 절에서는 다섯 가지 대표적인 질적 연구방법론에 대해 개괄적으로 살펴본다.

1) 근거이론

근거이론 방법을 이해하기 위한 첫걸음은 근거이론이라는 용어에 대한 이해에서 출발한다. 근거이론은 영어 표기인 'grounded theory'를 우리말로 옮기는 과정에서 가장 보편적으로 사용되고 있다. 여기서 'grounded'란 '~에 근거한' 또는 '~에 토대를 둔'을 뜻하는데, 여기서 근거하거나 토대를 둔 대상은 바로 자료의 속성을 말한다. 기존 양적 연구가 대상으로 삼고 있는 자료가 선행연구의 틀에 의해 수집된 자료의 속성을 갖는다면, 근거이론에서는 근거하거나 토대를 두고자 하는 자료가 연구과정을 통해 체계적으로 수집되고 분석된 새롭게 생성된 자료를 의미한다. 이러한 주장은 실체이론(substantial theory)에 바탕을 두고 있는데, 연구대상으로서의 자료란 가공이 아닌 실체 또는 실재여야 한다는 것이다. 따라서 근거이론이란 실체적 속성의 자료에 근거해서 이론을 개발하는 과정을 의미한다(홍현미라 외, 2010).

근거이론의 대표적인 접근 중 하나로 Strauss와 Corbin(1990)의 체계적 절차를 꼽을 수 있다. Strauss와 Corbin(1990)의 더 체계적이고 분석적인 절차에서 연구자는 특정 주제(예: 교과과정 개발, 클라이언트와 심리검사 결과를 공유할 때 나타나는 치료적 효과)에 대한 과정, 행동, 상호작용을 설명하는 이론을 체계적으로 개발하고자 한다. 연구자는 보통 범주를 포화하기 위한(또는 더 이상 새로운 범주를 발견할 수 없을 때까지 지속적으로 범주를 추가해 주는 정보를 발견하기 위한) 면접자료를 수집하기 위해 '현장에' 여러 번 방문하여 20~30회 정도의 면접을 수행한다. 범주는 사건, 해프닝, 사례 등으로 구성된 정보단위를 대표한다(Strauss & Corbin, 1990). 또한 연구자는 자료를 수집하는 동시에 분석을 시작한다. 근거이론 연구의 자료수집에 대한 이미지는 '지그재그' 과정, 즉 현장으로 나가서 정보를 수집하고, 연구실에 들어와서 자료를 분석하고, 다시 현장으로 나가서 더 많은 정보를 수집하고, 또 연구실에 들어와서 자료를 분석하는 과정을 반복하는 것이다. 면접의 대상이 되는 참여자는 연구자가 이론을 가장 잘 형성하도록 돕기 위해 이론적으로 선택(이른바 이론적 표본추출)된다. 현장을 몇 차례나 방문해야 하는가는 정보의 범주들이 포화되었는가, 그리고 이론이 복합적으로 충분히 정교화되었는가에 달려 있다. 이렇게 자료수집에 의한 정보를 가지고 비교하여 범주화시키는 과정을 자료 분석의 지속적 비교(constant comparative) 방법이라고 한다(Creswell, 2005).

근거이론 연구에 있어서 자료분석 과정은 체계적이며, 다음과 같은 표준적 형식을 따른다(Creswell, 2005).

첫째, 개방 코딩(open coding)에서, 연구자는 정보를 구분(segmenting)함으로써 연구하고자 하는 현상에 대한 정보의 초기 범주들을 형성한다. 연구자는 각각의 범주(category) 내에서 몇 가지의 속성(properties) 또는 하위범주들을 찾아내며, 차원화(dimensionalize)하기 위한 자료들을 찾거나 속성의 연속선 위에 있는 극단적인 가능성들을 보여 준다.

둘째, 축 코딩(Axial coding)에서, 연구자는 개방 코딩 이후 새로운 방식으로 자료를 모은다. 이것은 코딩 패러다임 혹은 논리적 다이어그램(logic diagram)을 사용하여 제시되는데, 연구자는 중심현상(즉, 현상에 대한 중심범주)을 확인하고 인과조건(즉, 현상에 영향을 미치는 조건들의 범주들)을 탐색하며, 전략(즉, 중심현상의 결과로 나타나는 행동이나 상호작용)을 구체화하고 맥락(context), 중재 조건들(즉, 전략에 영향을 미치는 협소한 그리고 광범위한 조건들)을 확인하며 이 현상의 결과(consequences, 즉 전략의 결과들)를 묘사한다.

셋째, 선택 코딩(selective coding)에서, 연구자는 하나의 '이야기 줄거리'를 확인하고 축 코딩 모델에 있는 범주들을 통합하는 이야기를 서술한다. 대개 이 국면에서 조건적 명제(proposition, 또는 가설)들이 제시된다.

2) 현상학적 연구

현상학(phenomenology)이란 세상에 대한 사람들의 주관적인 경험과 해석에 대해 초점을 두고 연구하는 것을 말한다. 이러한 초점은 사실 민족지학적 방법을 포함하여 모든 질적 탐구에 적용된다. 현상학의 한 유형이 바로 발견주의적 탐구(heuristic inquiry)다. 이 발견주의적 탐구에서 연구자는 편견이 없는 관찰자가 되도록 노력하고 실제로 자신이 연구하려는 현상을 먼저 경험한다. 연구자는 그 현상을 경험하는 동안 자신의 생각과 감정을 검토하기 위해 자기성찰을 활용한다. 예를 들어, 연구자가 노숙자 쉼터에 한동안 머물면서 쉼터에 머무는 경험이 어떤 의미가 있는지를 이해하려고 노력하는 경우를 들 수 있다(이익섭, 이윤로, 2007).

한편, 현상학은 객관적 사실에 배치되는 주관적 경험을 탐구하는 것은 아니다. 현상학에서 의식의 경험으로 나타나는 모든 현상은 본질 구조를 갖는다. 이 본질 구조는 사람들이 한 현상을 경험할 때 공통된다고 본다. 현상학은 그것이 절대적이든 객관적이든 간에 본질의 구조가 존재한다고 보고 이것을 발견하려는 것이다. 현상학이 현상학이기위해서는 본질의 구조를 알아내야 한다. 현상학에서는 인간이 경험하는 것이 무엇인가를 밝힌다. 만일 현상학이 어떤 사람들의 경험에 대해 탐구한다면, 그것은 이 특정한 사람들이 어떻게 지각하고 이해하는가를 학습하거나 서술하기 위한 것이 아니다. 인간의 현상으로서 사람들이 경험하는 것들을 조명하는 데 그 목표를 두고 있다(Crotty, 2001).

현상학의 대표적인 접근에는 해석학적 현상학(van Manen, 1990)과 경험적·초월론적·심리학적 현상학(Moustakas, 1994)을 들 수 있다. 교육자인 van Manen(1990)은 해석학적 현상학에 대한 책을 저술해 왔는데, 여기에는 연구는 체험을 지향하며 생활의 '텍스트'를 해석하는 것(해석학)으로 기술하고 있다. van Manen이 규칙이나 방법 체계를 갖고 현상학에 접근하지는 않았지만, 그는 현상학 연구를 여섯 가지 연구활동 간의 역동적인 상호작용으로 논의하고 있다. 먼저 연구자는 하나의 현상(예: 독서, 달리기, 운전, 양육)을 향하여 '지속적인 관심'을 보이고, 그것에 대해 진지하게 관심을 갖게 된다. 그 과정에서 그들은 이러한 체험의 특성을 구성하는 본질적인 주제들을 반성한다. 그들은 연구주제와 강력한 관계를 유지하고 전체에 대한 글의 부분들 간에 균형을 맞추면서 현상에 대해 기술한다. 현상학은 기술일 뿐만 아니라 연구자가 체험의 의미에 대해 해석(즉, 연구자가 상이한 의미들 사이를 '조정'한다)하는 해석과정으로 보이기도 한다. 반면, Moustakas(1994)의 초월론적 또는 심리학적 현상은 연구자의 해석에 대해서는 초점을 덜 맞추는 반면에 연구참여자의 경험에 대한 기술에 더 초점을 두고 있다. 또한 Moustakas는 Husserl의 개념인 판단중지(epoche, 또는 괄호치기)에 초점을 두는데, 여기에서 연구자는 연구 중인 현상에 대한 신선한 관점을 갖기 위해 자신의 경험을 토대로 해석하는 것을 최대한 자제한다. 따라서 '초월론적'이라는 말은 '모든 것이 마치 처음인 것처럼 신선하게 인지되는 것'을 의미한다. Moustakas는 이러한 진술이 좀처럼 완벽하게 성취되지 않으리라는 것을 인정한다(Creswell, 2005).

현상학적 연구과정에 포함되는 주요한 단계들은 다음과 같다(Creswell, 2005).

첫째, 연구자는 연구문제에 현상학적 접근을 사용하는 것이 가장 적합한 것인지 결정한다. 현상학에 가장 적합한 문제의 유형은 한 가지 현상에 대한 여러 개인들의 공통된 또는 공유된 경험을 이해하는 것이 중요한 경우다. 실천이나 정책을 개발하기 위해 또는 현상의 특성에 대해 더 깊이 이해하기 위해 이러한 공통된 경험들을 이해하는 것이 중요할 수 있다.

둘째, 분노, 전문가주의, 저체중이 되는 것의 의미, 레슬링 선수가 되는 것의 의미와 같이 연구의 관심이 되는 현상을 확인하다.

셋째, 연구자는 현상학의 광범위한 철학적 가정들을 인식하고 상술한다. 예를 들어, 객관적인 현실과 개인적인 경험의 결합에 대해 쓸 수도 있다. 이러한 체험들은 더욱이 '의식적인' 것이며, 객체를 향하고 있다. 연구참여자들이 현상을 어떻게 바라보고 있는지 완전히 기술하기 위해, 연구자는 그들 자신의 경험을 가능한 한 많이 괄호치기해야 한다.

넷째, 자료는 현상을 경험해 온 개인들로부터 수집한다. 종종 현상학적 연구의 자료수집은 연구참여자들과의 심층 면접과 다중적인 면접으로 구성된다. 또는 관찰, 일지, 예술, 시, 음악, 다른 예술 분야와 같은 다른 형식의 자료들이 수집될 수도 있다.

다섯째, 연구참여자들에게는 다음과 같은 두 개의 광범위하고 일반적인 질문이 주어진다. '현상에 관하여 무엇을 경험하였는가?' '현상에 대한 경험에 전형적으로 영향을 준 맥락이나 상황은 무엇인가?' 다른 개방형 질문들이 제기될 수도 있으나, 이 두 개의 질문은 특히 경험의 조직적 기술과 구조적 기술을 이끌게 될 자료를 수집하는 데 초점을 두며, 궁극적으로는 연구참여자들의 공통된 경험에 대한 이해를 제공한다.

여섯째, 현상학적 자료 분석 단계는 방법에 대해 다루고 있는 모든 심리학적 현상학자들 사이에서 일반적으로 유사하다. 첫 번째와 두 번째 연구질문으로부터 나오는 자료들을 근거로, 자료 분석은 자료들을 거쳐가며(예: 면접 축어록) 연구참여자들이 현상을 경험하는 방법에 대한 이해를 제공하는 '의미있는 진술들'이나 문장, 인용문을 강조하게 되며, 연구자는 이러한 의미있는 진술들로부터 나온 의미군들을 주제로 발전시키게 된다.

일곱째, 이러한 의미있는 진술과 주제들은 연구참여자들이 경험한 것에 대한 기술을 작성하는 데 사용된다(텍스트에 근거한 기술). 또한 그것들은 연구참여자들이 현상을 경험하는 방법에 영향을 미친 맥락이나 상황에 대한 기술, 이른바 상상적 변이 또는 구조적 기술을 작성하는 데 사용된다.

여덟째, 구조적 기술, 텍스트에 근거한 기술로부터 연구자는 본질적, 불변구조(또는 본질)라고 부르는 현상의 '본질'을 제시하는 혼합적 기술을 작성하게 된다. 일차적으로 이 절차는 연구참여자들의 공통적인 경험에 초점을 둔다. 예를 들어, 모든 경험들이 근원적인 구조를 갖고 있다는 것을 의미한다(애도는 사랑을 받은 대상이 강아지, 잉꼬, 아동 등 상관없이 동일하다).

3) 문화기술지

'ethnography'는 문화기술지, 민족지학, 민속지학 등으로 번역된다. 무엇으로 번역하든 간에 그것은 특정한 문화를 공유하는 사회집단에 대한 기술이다. 문화기술지는 사회과학의 한 분파인 (문화)인류학이 고유하게 발전시켜 왔으며, 오늘날 다양한 인접학문(교육학, 사회학, 간호학, 사회복지학 등)에 적용되고 있다.이러한 과정을 통해 문화기술지는 다른 질적 연구방법과 많은 공통점을 지니고 있지만, 나름의 독특함도 가지고 있다. 문화기술지는 특정 문화를 이해하기 위한 과학적인 방법과 과정, 결과다. 이 정의에서 고려해야 할 개념은 문화, 방법, 과정, 결과 등이다. 즉, 문화기술지 연구를 하기 위해서는 문화란 무엇인지 정의해야 하고, 그 문화를 이해하기 위한 가장 적합한 방법과 과정을 알아야 하며, 연구자가 이해한 문화를 다른 사람들에게 보고해야 한다. 문화에 대한 정의가 중요한 이유는 문화를 무엇으로 보느냐에 따라 그것에 접근하는 방법과 과정이 달라지기 때문이다(홍현미라 외, 2010). 한편, Atkinson과 Hammersely(1994)는 문화기술지 연구의 특징을 다음과 같이 정리하였다.

첫째, 특정한 사회현상에 대한 가설을 세우고 이를 검증하기보다는 그 사회현상의 본질을 탐구한다.

둘째, 비구조적인(unstructured) 자료, 즉 폐쇄적인 분석적 범주의 분석을 위해 코드화하지 않는 자료를 사용한다.

셋째, 적은 수의 사례를 조사하며, 때때로 하나의 사례만 상세하게 조사한다.

넷째, 자료의 분석은 인간행동의 의미와 기능의 명백한 해석을 포함하며, 분석의 산물은 부수적인 역할인 수량화된 자료와 통계적인 분석을 표현한 기술과 설명이다(이종규, 2007).

문화기술지의 대표적인 접근에는 총체적 문화기술지가 있는데, 이는 문화체계에 의해 인간의 행위가 결정된다고 보는 구조 기능적 접근을 취한다. 문화는 인간의 지적 활동의 산물로서 인간을 통제하는 기제이며, 인간이 과학적 방법을 통하여 분석과 해석의 대상으로 다루어진다. 즉, 문화적 규범과 법칙이 그대로 개인의 행위를 결정하는 것으로 간주하는 것이다. 이와 같은 총체적 문화기술지에서 문화는 중심적이면서도 복합적인 개념이다. 인간이 학습한 모든 것을 문화라고 할 때, 학습한 것은 행위의 패턴과 행위를 위한 패턴으로 나눌 수 있다. 전자는 관찰 가능한 것이며, 사회구조나 사회조직에 관한 것이다. 한편, 후자는 무엇을 결정하기 위한 규준, 그것에 대해 어떻게 느끼는지를 결정하기 위한 규준, 그것을 어떻게 해야 하는가를 결정하기 위한 규준 등에 대한 체계, 즉 의식현상이다. 이 접근에서 문화는 행위의 패턴과 행위를 위한 패턴 모두를 포함한다. 또한 총체적 문화기술지에서는 특정 집단에 초점을 두고 문화에 대한 광의의 정의를 적용하되, 인간 문화의 어떤 측면은 모든 사회의 인간 삶을 이해하는 데 중심이 된다고 가정한다. 문화 요소로는 사회조직, 경제, 가족 구조, 종교 및 신념, 정치적 관계, 상징적 의례 및 의식 행위를 포함한다. 이러한 문화의 각 부분은 통합된 전체를 형성하고 한 영역의 변화는 다른 부분의 변화를 초래하며 상호 의존적이다(신경림, 조명옥, 양진향, 2010).

문화기술지 수행 절차는 다음과 같다(Creswell, 2005).

첫째, 문화기술지가 연구문제를 연구하기 위해 사용해야 할 가장 적합한 설계 형태인지 결정한다. 문화기술지는 문화집단이 일하는 방법을 기술하고, 신념, 언어, 행동과 권력, 저항, 지배와 같은 이슈들을 탐색하려 할 때 적합하다.

둘째, 연구할 문화공유집단을 확인하고 위치를 알아낸다. 대체로 이 집단은 오랜 기간 함께 살아왔을 것이고, 그럼으로써 그들이 공유하고 있는 언어, 행동 패턴, 태도들이 구별 가능한 패턴으로 나타나게 된다. 또한 이 집단은 사회에 의해 주변으로 밀려 나왔다. 문화기술지 연구자들은 이 집단과 이야기하고 관찰하면서 시간을 보내기 때문에, 연구자를 집단으로 이끌어 줄 한 명 이상의 사람

(문지기 또는 주요 정보제공자)을 발견하기 위해 접근할 필요가 있다.

셋째, 집단에 대해 연구할 문화적 주제나 이슈를 선택한다. 여기에는 문화공유집단에 대한 분석이 포함된다. 주제에는 문화적응, 사회화, 학습, 인지, 지배구조, 불평등 또는 아동과 성인의 발달과 같은 것들이 포함될 수 있다. 문화기술지 연구자는 일상적인 상황에서 상호작용하는 사람들을 검토하고 생애주기, 사건, 문화적 주제와 같이 스며들어 있는 패턴들을 구별하려는 시도로 연구를 시작한다. 그리고 문화(culture)는 사람들이 하는 것(행동), 그들이 말하는 것(언어), 그들이 실제로 하는 것과 해야 하는 것 사이의 잠재적 긴장, 인공물과 같이 그들이 만들고 사용하는 것을 포함한다.

넷째, 문화적 개념을 연구하기 위해 어떤 문화기술지 유형을 사용할지 결정한다. 예를 들면, 집단이 일하는 방법을 기술할 필요가 있으며, 권력 헤게모니와 같은 이슈들을 폭로하고 특정 집단을 옹호하고자 할 때는 비판적 문화기술지를 사용해야 한다.

다섯째, 집단이 일하고 생활하는 곳에서 정보를 수집하는데, 이를 현장 조사라고 부른다. 문화기술지에서 보통 필요로 하는 유형의 정보를 수집하는 것에는 연구현장으로 나가기, 현장에 있는 사람들의 일상생활을 존중하기, 광범위한 다양한 재료들을 수집하기 등이 포함된다. 존중, 호혜성, 자료의 소유자 결정 등의 현장 이슈들이 문화기술지에는 중심적인 것이 된다. 연구자는 오랜 기간에 걸쳐 단일 사건이나 여러 가지 행동 또는 집단에 초점을 두면서 문화공유 집단에 대한 상세한 기술들을 모으는 것으로 시작한다. 문화기술지 연구자는 문화집단이 일하고 생활하는 방식을 알려 주는 패턴이나 화제들에 대한 주제분석에 들어가게 된다.

여섯째, 이러한 분석의 최종 산물로서 규칙이나 패턴의 임시체계를 구성한다. 최종 산물은 연구자의 관점(etic)뿐만 아니라 연구참여자의 관점(emic)을 통합하는 것으로서 집단에 대한 총체적인 문화적 초상이라 할 수 있다. 또한 그것은 집단의 욕구를 옹호하거나 집단의 욕구를 다루기 위해 사회에 변화를 제안할 수도 있다. 그 결과로 독자는 연구참여자와 연구자 모두의 해석적 관점에서 문화공유 집단에 대해 학습하게 된다.

4) 내러티브 연구

인간을 이해하고자 하는 많은 학문에서 내러티브는 긴 역사를 가지고 연구되어 왔다. 내러티브는 경험을 이해하고 표현하는 데 가장 좋은 방법이자 소재다. 내러티브는 사람에 대한 순수한 관심을 가지고 가장 의미 있는 형태, 즉 지적이고 미학적이고 즐거운 형태로 우리의 경험이 등장하도록 돕는다. 이러한 내러티브의 고유성을 통해, '무엇이 사실인지'를 발견하고자 하는 탐색적인 방법이 내러티브 연구(narrative research)다. 특히 사회의 가장 작은 목소리인 소수자의 경험과 의미를 생생하게 전달할 수 있다는 특징 때문에 사회복지와 교육학 등 실천학문에서 유용하게 활용되는 방법이다(홍현미라 외, 2010).

내러티브 연구의 대표적인 학자인 Connelly와 Clandinin(2000)은 "인간은 '이야기하기(telling)'와 '다시 이야기하기(retelling)', 즉 내러티브를 통해 자신의 경험에 대한 의미를 만들어 간다."고 주장하면서 지식을 구체적이고 내러티브적이며 관계적인 것으로 개념화하였다. 따라서 내러티브 탐구는 경험을 이해하기 위한 하나의 방법이며, 환경과의 상호작용하에 한 장소 또는 일련의 장소에서 계속적으로 일어나는 연구자와 참여자 간의 협력을 전제로 한다. 연구자는 이러한 관계망 속으로 들어가서 그러한 영감(spirit)을 가지고 탐구를 진행시켜 나간다. 그리고 사람들의 개인적 · 사회적 삶을 구성하는 경험의 이야기들을 이야기하고, 또다시 이야기하는 가운데 탐구를 마무리한다. 간단히 말해, 내러티브 탐구는 이야기로 살아 내는 삶의 이야기들을 탐구하는 것이다. Connelly와 Clandinin은 내러티브에 대한 탐구(inquiry into narrative)와 내러티브 탐구(narrative inquiry)를 같은 의미로 사용하였다. 즉, 내러티브는 현상(연구대상)인 동시에 연구방법이다. 즉, Connelly와 Clandinin에게 있어 내러티브란 연구의 대상으로 삼는 경험뿐만 아니라 연구를 위한 탐구 패턴까지 의미한다. 내러티브 탐구란 인간의 경험에 대한 이야기이며, 그러한 경험을 해석하고 재해석하는 방법까지를 포함한다.

내러티브 연구의 수행 절차는 다음과 같다(Creswell, 2005).

첫째, 연구 문제나 질문이 내러티브 연구에 가장 적합한지 결정한다. 내러티브 연구는 한 인생의 상세한 이야기나 생활경험 또는 소수 개인들의 생활을 포착하는 데 가장 적합하다.

둘째, 할 만한 이야기나 인생경험을 가지고 있고, 많은 시간을 할애하여 복합적인 정보원들을 통해 자신의 이야기를 제시해 줄 수 있는 한 명 이상의 사람들을 선택한다. 연구참여자들이 일지나 일기에 자신의 이야기를 기록할 수도 있고, 연구자가 개인들을 관찰하거나 현장 노트를 기록할 수도 있다.

셋째, 이러한 이야기들의 맥락에 대한 정보를 수집한다. 내러티브 연구자는 개인의 이야기를 참여자들의 개인적 경험(그들의 일, 그들의 가정)과 그들의 문화(인종 또는 민족) 그리고 그들의 역사적 맥락(시간과 장소)에 놓게 된다.

넷째, 연구참여자들의 이야기를 분석하고 나서, 그것들을 이해할 수 있는 틀로 다시 이야기한다. 이야기 재구성(restorying)은 이야기를 몇 가지 광범위한 유형의 틀로 재조직하는 과정이다. 이 틀은 이야기를 수집하는 것과 이야기의 주요 요소들(예: 시간, 장소, 구조, 장면)로 분석하는 것 그리고 연대기적 순서로 그것들을 배치하기 위해 이야기들을 다시 쓰는 것으로 구성할 수 있다.

다섯째, 연구에 적극적으로 관여하도록 함으로써 연구참여자들과 협력한다. 연구자들이 이야기를 수집함에 따라, 그들과의 관계를 협상하고 변화를 부드럽게 하며, 연구참여자들에게 유용할 수 있는 방식들을 제공한다. 이 과정에서 당사자들은 분석에 대한 타당성 검증을 추가하면서 이야기들의 의미를 조정한다. 연구참여자의 이야기도 그 자신의 인생에 대한 통찰을 얻고 있는 연구자의 뒤섞인 이야기일 수도 있다. 마지막으로, 내러티브 연구는 개인적 · 사회적 · 역사적 맥락에 놓인 그들 경험의 연대기를 털어놓고, 그 경험에서 중요한 주제를 포함하는 개인의 이야기를 전한다.

5) 사례연구

사례연구(case study)란 개인이나 가족, 집단, 지역사회, 조직 등을 개별 단위로 깊이 있게 분석하는 것이다. 사례연구의 중요한 특징은 하나의 단일한 사례에 초점을 맞춘다는 데 있다. 어떤 현상을 단일 사례로 보기 위해서는 현상에 대한 경계가 명확히 규정되어야 한다. 그래야만 사례가 뚜렷하게 구분되기 때문이다. 사례연구는 하나의 뚜렷이 규정된 사례에서 일어나는 현상을 풍부한 맥락(context)과 과정(process), 역사(history) 등으로 묘사한다. 그래서 사례연구의 조사방법은 복잡한 인간행동과 사회적 환경을 이해하는 데 유용하게 쓰일 수 있다(김영종, 2007).

사례연구는 '많은 설명'을 형성하는데, 이는 다른 현상이 있는 자들이 연구 실재가 자신의 상황 또는 맥락에 적용되는지 확인할 수 있게 해 준다. 사례연구는 근거를 두고 있고, 이는 선가정, 가설 또는 수단이 아닌 경험으로부터 직접 전개된 관점을 제공한다. 사례연구는 '전체적이고 실제 세계와도 같다'. 실제로 존재하는 참가자들의 사실적인 그림을 자신의 언어로 표현한다. 그리고 사례연구는 현재 지향적이다. 역사적인 사건을 연구하기보다 현재의 경험을 연구한다. 연구자는 개인 또는 조직의 과거 자료를 활용할 수 있지만, 연구의 초점은 여기와 지금(here and now)이다. 사례연구는 개인 또는 집단의 인생 사건의 결합 및 관계를 기록하는 생활사(life history)와 구별된다(신경림 외, 2010).

사례연구의 유형은 목적별로 다음의 세 가지로 구분될 수 있다(김영종, 2007). 첫째, 내재적 사례연구로서 단순히 개별사례를 더 잘 이해하려고 실시하는 것이다. 이러한 목적을 가진 사례연구에서는 이론을 만들어 내거나 광범위한 사회적 이슈를 다루지 않는다. 예를 들어, 학교폭력에 대한 깊이 있는 이해나 이론을 만들어 내는 것은 내재적 사례연구의 목적이 될 수 없다. 연구의 산물을 두고서 후에 이론 형성의 근거로 삼을 수는 있으나, 내재적 사례연구의 일차적인 목적은 연구되는 사례 자체에 대한 깊이 있는 묘사와 이해에 있다. 현장의 실천가 및 연구자는 보통 이러한 사례연구를 수행한다. 둘째, 도구적 사례연구로서 일반 연구의 목적을 위한 조사방법의 일환으로 사례연구가 채용되는 것이다. 예를 들어, 청소년 비행이나 노숙자 문제 등과 같은 사회적 이슈를 적절히 이해하고 이론을 개발하기 위한 연구목적을 갖고 있을 때, 특정 사례를 채택하여 사례연구를 수행하는 것이다. 해당 사례 자체를 깊이 있게 이해하려는 관심이 아니라, 연구문제를 해결하기 위한 도구적 자료의 일환으로 사례연구가 쓰이는 것이다. 학술적 목적의 연구자가 보통 가지고 있는 사례연구에 대한 개념이다. 셋째, 집합적 사례연구로서, 사회적 이슈나 한 집단의 사람들에 대한 이해를 넓히기 위한 목적으로, 한 집단의 개인이나 사례들에 대해 각기 사례연구를 실시하는 것이다. 연구되는 사례는 사례들 간 혹은 개념 간 비교가 가능할 수 있도록 선택된다. 그 의도는 사례연구를 통한 이론의 확대나 유효성의 검증 등에 있다. 여기에서도 개별 사례에 대한 관심은 이차적이고, 조사연구의 일차적인 관심은 사회적 이슈나 연구되는 현상의 모집단을 이해하는 것에 주어진다.

사례연구의 수행 절차는 다음과 같다(Creswell, 2005).

첫째, 연구자는 사례연구 접근이 연구문제에 적합한지 결정한다. 사례연구는 연구자가 분명하게 확인할 수 있는 경계를 가진 사례를 갖고 있고, 사례에 대한 깊은 이해나 여러 사례들에 대한 비교를 하고자 할 때 좋은 접근이다.

둘째, 연구자는 하나의 사례 또는 여러 사례를 확인해야 한다. 이러한 사례에는 한 사람, 여러 사람, 프로그램, 사건, 활동이 포함될 수 있다. 사례는 단일한 사례일 수도 있고, 집합적 사례일 수도 있으며, 복합적인 현장을 포함할 수도 있고 현장 내에서 이루어질 수도 있으며, 단일한 사례 또는 하나의 이슈에 초점을 맞출 수도 있다.

셋째, 사례연구의 자료수집은 대체로 광범위하며, 관찰, 면접, 문서, 시청각 자료와 같은 다양한 정보원천들을 활용한다.

넷째, 이러한 자료의 분석 유형은 사례 전체에 대한 총체적 분석 또는 사례의 구체적인 측면에 대한 삽입된 분석이다. 이러한 자료수집을 통해 사례의 세부적인 기술이 나타나며, 연구자는 사례의 역사, 사건의 연대기, 사례의 활동에 대한 매일의 묘사와 같은 측면들을 상세하게 기술한다. 이러한 기술 이후에, 연구자는 사례를 넘어 일반화하려는 것이 아니라 사례의 복잡성을 이해하기 위해 소수의 주요 이슈들에 초점을 맞출 수 있다.

다섯째, 해석 단계에서 연구자는 사례의 의미를 보고하게 되는데, 그 의미는 사례의 이슈에 대해 알게 된 것에서 나올 수도 있고, 비일상적인 상황에 대한 학습에서 올 수도 있다.

연습문제

01 다음 중 질적 연구방법론의 특성으로 알맞게 묶인 것을 고르시오.

가. 주요 도구로서의 연구자
나. 연역적 자료분석
다. 유연한 설계
라. 다양한 자료원천

① 가, 나, 다 ② 가, 나, 라 ③ 가, 다, 라
④ 가, 나 ⑤ 가, 나, 다, 라

02 다음 중 질적 연구방법론과 양적 연구방법론을 차이점을 비교한 것 중 틀린 것을 고르시오.

번호	구분	질적 연구	양적 연구
①	철학적 기원	현상학, 상징적 상호작용	실증주의, 논리적 경험주의
②	연구의 목적	이해, 기술, 창조	예측, 통제, 가설검증
③	연구설계의 특성	유연성, 진화적	사전 결정적, 구조화된
④	연구의 환경	친숙하지 않은, 인공적	자연적, 익숙한
⑤	표본	소수, 계획적, 이론적	다수, 무작위, 대표적

03 다음 중 근거이론과 관련이 적은 것을 고르시오.

① Strauss와 Corbin ② 포화 ③ 축코딩, 개방코딩
④ 지속적 비교 ⑤ 괄호치기

04 다음 중 현상학에 대한 설명 중 틀린 것을 고르시오.

① 세상에 대한 사람들의 주관적인 경험과 해석에 대해 초점을 둔다.
② 현상학의 한 유형이 발견주의적 탐구다.
③ 현상학은 객관적 사실에 배치되는 주관적 경험을 탐구하는 것이다.
④ 대표적인 접근에는 해석학적 현상학과 심리학적 현상학이 있다.
⑤ Moustakas의 심리학적 현상학은 연구참여자의 경험에 대한 기술에 더 초점을 둔다.

05 다음 중 문화기술지의 특징에 맞는 것끼리 묶인 것을 고르시오.

가. 사회현상을 검증하기보다는 그 본질을 탐구한다.
나. 때때로 하나의 사례만 상세하게 조사한다.
다. 코드화하지 않은 자료를 사용한다.

① 가　② 가, 나　③ 가, 다
④ 나, 다　⑤ 가, 나, 다

06 다음의 질적 연구방법론 중 사회의 가장 작은 목소리인 소수자의 경험과 의미를 생생하게 전달할 수 있는 강점이 있는 방법론을 고르시오.

① 근거이론　② 내러티브 연구　③ 현상학적 연구
④ 문화기술지　⑤ 참여행동 연구

07 다음의 질적 연구방법론 중 개인이나 가족, 집단, 지역사회, 조직 등을 개별 단위로 깊이 있게 분석하는 방법론을 고르시오.

① 근거이론　② 내러티브 연구　③ 현상학적 연구
④ 문화기술지　⑤ 사례연구

08 다음 중 사례연구에 대한 설명 중 틀린 것을 고르시오

① 사례연구는 복잡한 인간행동과 사회적 환경을 이해하는 데 유용하게 쓰일 수 있다.
② 사례연구는 전체적이고 실제 세계와도 같다.
③ 사례연구는 현재 지향적이다.
④ 학술 목적의 연구자가 보통 가지고 있는 사례연구가 내재적 사례연구에 해당된다.
⑤ 사례연구의 자료수집은 대체로 광범위하다.

09 다음의 질적 연구방법론 중 연구의 초점이 경험의 본질을 이해하는 데 있는 방법론을 고르시오.

① 근거이론 ② 내러티브 연구 ③ 현상학적 연구
④ 문화기술지 ⑤ 사례연구

10 다음의 질적 연구방법론 중 자료분석 전략이 이야기, 재구성한 이야기, 주제 전개, 연대기 사용인 것을 고르시오.

① 근거이론 ② 내러티브 연구 ③ 현상학적 연구
④ 문화기술지 ⑤ 사례연구

답

01 ③ 02 ④ 03 ⑤ 04 ③ 05 ⑤ 06 ② 07 ⑤
08 ④ 09 ③ 10 ②

해설

01 질적 연구방법론은 연역적 자료분석이 아니라 귀납적 자료분석이 특성이다. 즉, 자료를 점차 추상적인 정보 단위로 조직화함으로써, '아래에서 위로(bottom-up)' 올라가는 방식으로 패턴과 범주, 주제를 형성한다.

02 질적 연구는 인공을 가미하지 않은 자연적 환경에서 연구를 하며, 양적 연구는 친숙하지 않은 환경에서, 특히 실험연구나 준실험연구와 같은 경우에는 인공적으로 통제된 상황에서 연구를 수행한다.

03 괄호치기는 근거이론이 아니라 현상학적 연구에서 사용하는 자료분석 방법이다.

04 현상학은 객관적 사실에 배치되는 주관적 경험을 탐구하는 것은 아니다. 현상학에서 의식의 경험으로 나타나는 모든 현상은 본질 구조를 갖고 있으며, 현상학은 그것이 절대적이든 객관적이든 간에 본질의 구조가 존재한다고 보고 이것을 발견하려는 것이다.

05 문화기술지는 사회현상보다는 본질을 탐구하며, 때때로 하나의 사례만 상세하게 조사할 수 있고, 코드화하지 않은 자료를 사용한다.

06 내러티브 연구는 질적 연구방법론 중 사회의 가장 작은 목소리인 소수자의 경험과 의미를 생생하게 전달할 수 있는 강점이 있다.

07 사례연구란 개인이나 가족, 집단, 지역사회, 조직 등을 개별 단위로 깊이 있게 분석하는 것이다.

08 학술적 목적의 연구자가 보통 가지고 있는 사례연구는 도구적 사례연구다.

09 현상학적 연구는 경험의 본질을 이해하는 것이 초점으로서, 체험한 현상의 본질을 기술하고자 할 때 가장 적합한 연구방법론이다.

10 내러티브 연구는 주로 면접과 문서를 활용하여 자료를 수집하되, 개인의 인생 이야기에 대한 내러티브 전개를 활용하여 보고서를 작성한다. 따라서 자료분석은 주로 이야기, 재구성한 이야기, 주제 전개 등과 같은 전략을 사용한다.

용어정리

근거이론(grounded theory) 실체적 속성의 자료에 근거해서 이론을 개발하는 과정을 의미

내러티브 탐구(narrative inquiry) 인간의 경험에 대한 이야기이며, 그러한 경험을 해석하고 재해석하는 방법까지를 포함하는 것

문화기술지(ethnography) 특정한 문화를 공유하는 사회집단에 대한 기술

질적 연구방법론 보다 융통적이고 사회적 맥락을 중요시하는 자료를 바탕으로 그 자료가 지니고 있는 복합성, 맥락 등에 집중함으로써 사회적 실체와 현상이 어떻게 만들어지고 해석되고 이해되는지에 관심을 두는 연구방법론

현상학(phenomenology) 세상에 대한 사람들의 주관적인 경험과 해석에 대해 초점을 두고 연구하는 것

사례연구(case study) 개인이나 가족, 집단, 지역사회, 조직 등을 개별 단위로 깊이 있게 분석하는 것

참고문헌

김영종(2007). 사회복지조사론. 서울: 학지사.

신경림, 조명옥, 양진향(2010). 질적 연구방법론. 서울: 이화여자대학교 출판부.

이익섭, 이윤로(2007). 사회복지 조사방법의 이해. 서울: 학지사.

이종규(2007). 질적 연구방법론. 경기: 교육과학사.

홍현미라, 권지성, 장혜경, 이민영, 우아영(2010). 사회복지 질적 연구방법론의 실제. 서울: 학지사.

Atkinson, P., & Hammersely, M. (1994). Ethnography and Participant Observation. in N. K. Denzin & Y. S. Lincoln (Eds.), *Handbook of Qualitative Research*. London: Sage.

Clandinin, D. J., & Connelly, F. M. (2000). *Narrative Inquiry: Experience and Story in Qualitative Research*. San Francisco: Jossey-Bass.

Creswell, J. W. (2005). 질적 연구방법론: 다섯 가지 전통. 조홍식, 정선욱, 김진숙, 권지성 역. 서울: 학지사.

Crotty, M. (2001). 현상학적 연구. 신경림, 공병혜 역. 서울: 현문사.

Denzin, N. K., & Lincoln, Y. S. (2005). *The Sage handbook of qualitative research* (3rd ed). Thousand Oaks, CA: Sage.

Gold, R. L. (1958). Roles in sociological field observation. *Social Forces*, *36*, 217-223.

Mason, J. (2010). 질적연구방법론. 김두섭 역. 경기: 나남출판.

Merriam, S. B. (1988). *Case study in education: A qualitative research*. San Francisco: Jossy-Bass.

Moustakas, C. (1994). *Phenomenological research methods*. Thousand Oaks, CA: Sage.

Padgett, D. K. (2001). 사회복지질적연구방법론. 유태균 역. 경기: 나남출판.

Spradley, P. (1989). 참여관찰방법. 이희봉 역. 서울: 대한교과서.

Strauss, A., & Corbin, J. (1990). *Basics of Qualitative Research Grounded Theory Procedures and Techniques*. Newbury Park, CA: Sage.

van Manen, M. (1990). *Researching lived experience: Human science for an action sensitive pedagogy*. London, Ontario, Canada: The University of Western Ontario.

제13장

질적 연구의 자료수집

학습목표

1. 사회복지 질적 연구에서 어떠한 방식으로 자료가 수집되는지 이해한다.
2. 질적 연구의 자료수집방법 중 관찰의 유용성과 장점 및 제한점, 다양한 관찰의 방법을 이해한다.
3. 질적 연구의 자료수집방법 중 하나인 질적 면접방법의 유용성과 장점 및 제한점, 다양한 면접의 방법을 이해한다.

질적 연구방법은 계량화된 데이터 수집이 아니라 연구대상이 되는 사회현상이나 문제 등에 대해 연구자가 직접 연구수단으로 활용되어 다양한 방식의 질적 자료를 수집하는 것으로 수행된다. 최근 사회복지학 연구에서 실증주의적 연구방법에 대한 반성과 함께 다양한 질적 연구방법이 이뤄지고 있다. 질적 연구를 위한 자료수집방법으로 가장 널리 사용되는 것은 관찰과 질적 면접이라고 할 수 있다.

이 장에서는 질적 연구방법의 자료수집에 관한 기초적인 개념을 학습하고, 아울러 질적 연구방법에서 가장 많이 활용되는 자료수집의 방법인 관찰과 면접에 대해 살펴보고자 한다.

1. 질적 자료수집

1) 질적 자료수집의 개관

질적 자료수집의 방법을 이해하기 위해서는 제12장의 '질적 연구의 전통'에 대한 학습이 충분히 이루어져야 한다. 이 장에서는 제12장에 대한 기초적인 이해를 전제로 기술하였다. 앞서 살펴보았듯이, 질적 연구는 문화기술지, 내러티브 연구, 현상학적 연구, 근거이론, 사례연구 등을 비롯하여 다양한 방식으로 수행된다. 모든 질적 연구방법의 공통점은 양적 연구와 달리 질적 자료들을 수집한다는 점이다. 그렇다면 질적 자료(qualitative data)란 무엇인가? 계량화되지 않은 자료들, 즉 양적 자료를 제외하면 모든 것은 질적 자료라고 할 수 있을까? 정답은 "예"라고 할 수 있다. 사회현상을 계량화하여 수치로 측정하는 것이 양적 연구의 핵심이라면, 질적 연구는 계량화되지 않는 사회적 현상들을 다양한 방식으로 조사하여 연구결과를 제시하는 것이며, 그 과정에서 수집되는 다양한 자료들이 연구에 활용될 수 있다. 전통적으로 질적 연구에서 가장 많이 활용되는 자료수집방법은 이 장에서 제시하는 관찰과 면접 등이다. 그러나 현장에서 수행되는 질적 연구에서는 관찰 및 면접 이외에도 사진을 활용한 포토보이스(photovoice), 영상물 자료, 비공식적 문서자료(예: 사업기록, 상담기록 등) 등도 다양하게 활용되고 있으며, 그 활용 가능성이 확장되고 있다.

연구자 자신이 자료수집의 과정에서 도구로 활용된다는 것은 양적 자료수집과 가장 구별되는 점이다. 물론 양적 자료 수집의 과정에서 조사원으로 인한 자료의 오류발생 가능성이 중요한 이슈로 다루어질 정도로 양적 연구 역시 조사원에 의해 조사 결과가 영향을 받는다는 것은 익히 알려진 사실이다. 그러나 질적 연구와는 달리 양적 자료수집의 과정에서는 조사원에 의한 영향을 최소화하여 측정오류를 줄이기 위한 다양한 방법들을 사용한다. 질적 자료수집은 의도적으로 연구자(혹은 조사원) 자신이 질적 자료수집의 도구가 된다. 예컨대, 관찰의 경우 연구자는 연구자 스스로 관심을 갖고 있는 사회현상에 주목하고 선택적으로 관찰하며, 이를 해석하여 연구결과를 제시하게 된다. 면접 역시 마찬가지다. 연구자는 언어적인 비언어적 상호작용을 통해 면접대상자의 경험과 이야기를 이끌어내며, 그 과정에서 연구자는 멀찍이 떨어져 면접대상자의 이야기를 녹취하는 존재가 아니라 적극적으로 면접과정에 관여하고, 때로는 영향을 주고받으며 그 면접 내용을 이끌어내 해석하여 연구결과로 도출하는 능동적 존재로 기능한다. 이처럼 질적 연구에서는 자료수집 과정에서 연구자 스스로가 도구가 된다는 점에서 양적 연구와 구별된다.

질적 자료수집에 관한 흔한 오해 중 하나는 앞서 언급하였듯이 '연구자가 자료수집의 도구가 되기 때문에 연구자가 임의로 자료를 수집하고 해석해도 무방하다.'는 것이다. 이는 처음 질적 연구를 수행하는 연구자가 갖는 흔한 오해 중 하나다. Maxwell(2013)은 질적 연구설계의 과정에는 매우 다양한 맥락 요소(contextual factors)가 영향을 미친다고 설명한다. 연구목표(goals)와 연구방법(methods), 연구질문(research questions), 개념 틀(conceptual framework)은 실제로 개인적인 목표와 개인 경험, 연구비 지원기관의 목표, 윤리적 원칙, 연구환경, 연구자 개인 스타일 등을 통해 매우 다양하게 영향을 받는다. 그런 점에서 양적 자료수집과는 달리 동일한 주제를 연구하더라도 연구자마다 질적 자료수집의 결과가 달라질 수 있다. 그러나 간과해서 안 되는 것은 연구의 타당성(validity)이다. 질적 연구의 타당성은 매우 중요한 이슈이며, 많은 논의를 필요로 하지만, 이 절에서는 질적 자료수집과 연구 역시 그 결과가 사람들에게 설득력과 설명력을 얻을 수 있는지에 대한 타당성의 이슈가 중요하다는 점을 기억할 필요가 있다. 따라서 연구자는 다양한 맥락 요소에 의해 영향을 받을 수 있다 하더라도, 그 해석과 연구결과의 타당성을 염두에 두고 자료수집을 수행해야 한다.

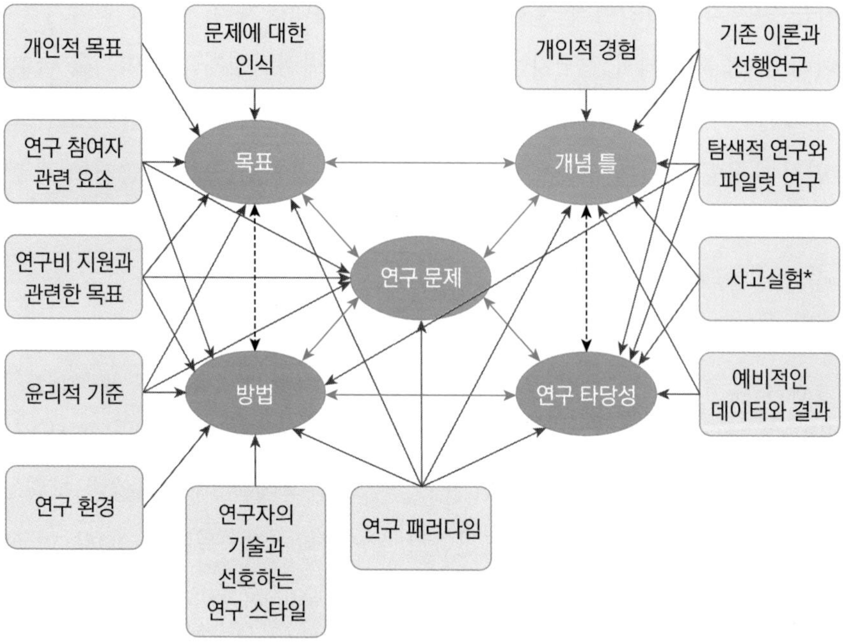

[그림 13-1] 질적 연구설계에 영향을 미치는 다양한 맥락 요소

출처: Maxwell (2013).

* 사고실험(thought experiment): 실제 현상에서 확인되지는 않았지만 사고를 통해 여러 상황들을 두고 그 인과성이나 관련성을 고민하고 잠정적인 결론을 내려 보는 것을 의미한다.

2) 질적 자료수집 대상의 선정

질적 자료수집을 위해서는 연구질문과 연구목적에 부합하는 자료수집 대상을 선정할 필요가 있다. 양적 자료수집에서는 이를 조사대상자의 표본 추출에서 논의하는데, 이때 가장 중요한 것은 모집단을 대표할 수 있는 표본을 어떻게 추출할 것인가에 대한 이슈다. 그러나 질적 연구의 목표는 사회현상에 대한 탐구를 통해 일반화(generalization)하는 것이 아니라, 그 현상을 깊이 있게 이해하고 설명하는 것이다. 따라서 질적 연구의 목적은 연구결과를 일반화하는 것이 목적이 아니라 설명력과 타당성 있는 연구결과를 제시하여 사람들이 그 사회 현상을 보다 심층적으로 상호 이해를 할 수 있도록 하는 것이다. 이에 질적 자료수집을 할 때는 연구주제에 적합한 연구대상을 선정하는 절차를 거치게 된다. 즉, 연구자는 연구목적에 부합하는 적절한 대상자(혹은 참여자)를 의도적으로 선정

(purposive selection)하게 되는 것이다(Miles & Huberman, 1994).[1)]

연구참여자의 선정은 연구목적에 맞게 다양한 방식으로 진행될 수 있다. 흔히 질적 자료수집에서 고려하는 요소는 이론적 포화다. 이론적 포화(theoretical saturation)란 자료수집을 하더라도 더 이상 새로운 것을 발견하기 어렵다는 연구자의 판단이 이루어지는 것을 의미한다. 연구자가 특정한 사회현상을 연구하려고 계획하고 인터뷰 혹은 관찰 등의 방법을 통해 참여자를 선정하여 자료수집을 하려고 인터뷰를 추가하였지만, 더 이상 새로운 발견이 이뤄지지 않는다고 판단되는 시점이다. 그렇다면 질적 자료수집의 대상자 수는 어느 정도가 되어야 이론적 포화가 이루어진다고 볼 수 있을 것인가? 양적 자료수집의 경우에는 검증력 분석(power analysis) 등을 통해 표본 수를 도출할 수 있으나, 질적 연구에서는 이에 대한 명확한 지침이 존재하지 않는다. 사례연구의 경우에는 특수한 몇 사례를 보다 심층적으로 자료수집하여 분석함으로써 연구결과를 도출하는가 하면, 면접을 통한 자료수집에서는 수십 명에 이르는 참여자를 선정하기도 한다. 즉, 연구목적에 맞게 연구참여자를 선정하는 것이 적절하다고 할 수 있다. 연구참여자 선정과 그 규모뿐만 아니라 연구목적에 부합하는 연구참여자의 선정 기준(inclusion criteria) 역시 고려해야 한다. 이를 위해서는 연구설계 단계에서 연구목적을 보다 명확하게 설정하는 것이 필요하다.

2. 관찰

1) 관찰의 정의

모든 탐구의 시작은 관찰에서 이루어진다. 인간은 오관(五觀)의 감각기관을 통해 들어오는 다양한 정보를 통해서 현실 세계를 인식하게 된다. 사회과학 연

1) 질적 자료수집에서 연구참여자 선정(selection)이냐 혹은 표본추출(sampling)이냐에 대한 논쟁이 있다. 국외 문헌들을 살펴보면 'sampling'과 'selection'의 용어가 혼재되어 있는 것으로 보인다. 용어보다 중요한 것은 "일반화를 위한 것(sample to population)" (Miles & Huberman, 1994, p. 28)이 아니라는 점을 명확히 하는 것이다.

구에서 관찰은 연구문제에 대한 답을 얻기 위한 체계적인 방법이며, 연구 분야에 따라 매우 다양하게 적용되어 온 가장 역사가 깊은 연구방법 중 하나다. 관찰법은 선사시대 이전부터 지식을 만들기 위한 수단으로 활용되었다. 관찰이 연구에 활용된 최초의 보고는 기원전 5세기경 헤로도투스가 그리스 사람과 다른 나라의 사람을 비교한 것이라고 한다. 이후 학자, 탐험가, 순례자, 여행가는 관찰을 통해 자연과 인간에 대한 지식을 축적하였다. 자연과학 분야에서 코페르니쿠스는 천체의 이동을 관찰하고 분석하며 지동설을 주장하였다. 다윈은 비글호를 타고 세계를 다니며 동물 종별 유사성과 차이를 관찰하게 되었고, 이를 통해 진화론을 발표하기도 하였다. 뉴턴 역시 자연현상을 관찰한 끝에 만유인력의 법칙을 발견하였다. 자연과학뿐만 아니라 인간과 사회를 연구주제로 하는 사회과학 분야 역시 관찰은 중요한 연구방법이었다. 18세기 파스텔로치는 세 살 된 아들의 발달과정을 관찰하고 아동발달이론을 발표하였으며, 인간의 인지발달이론으로 잘 알려진 피아제 역시 자신의 자녀 발달과정을 관찰하였고 이를 토대로 인지발달이론을 하여 발달심리학과 아동심리학에 지대한 공헌을 하였다.

그러나 20세기 이후 실증주의(positivism) 연구방법이 자연과학뿐만 아니라 사회과학에서도 주류로 자리잡게 되면서, 관찰법은 객관적이지 않기 때문에 비과학적이라는 이유로 비판을 받게 되었다. 그러나 실증주의적 연구에서도 관찰법은 여전히 중요한 연구방법이다. 탈북여성의 남한사회 적응이라는 주제로 연구를 한다고 가정할 때, 적용할 수 있는 방법은 ① 그들에게 질문하는 직접 방법, ② 그들의 일상생활을 관찰하는 방법, ③ 설문지를 이용해 측정하는 방법 등이 있다. 질문 방법을 택할 경우, 질문의 대상은 탈북여성 자신이나 이들에게 서비스를 제공하는 서비스 제공자 등이 될 수 있는데, 이때 질문을 통해 얻어진 자료가 이미 연구참여자의 주관이 개입될 수 있기 때문에 이들의 적응을 실체적으로 파악하는 데 한계가 있을 수 있다. 설문지를 통해 파악하는 경우에 다양한 질문을 반복해서 측정하기 때문에 객관성과 타당성을 높일 수는 있겠으나, 이러한 설문지의 경우 허위 기재, 문항이 많을 경우 무성의한 응답 가능성 등이 있다. 따라서 다양한 연구방법을 보완하기 위해 연구자는 관찰법을 병용하는 경우가 많다. 뿐만 아니라 최근 실증주의적 연구의 한계를 극복하기 위한 연구방법의 대안으로 질적 연구방법이 다양하게 활용되고 있다. 이러한 질적 연구방법에서는 면대면 인터뷰 방법과 함께 사회현상에 대한 깊이 있는 연구자의 이해를 위해 관찰 방법을 활용하고 있다.

2) 관찰의 유용성

관찰은 다양한 연구의 목적과 과정에서 활용될 수 있는 방법이며, 다른 자료수집방법과 배타적이지 않고 상호 보완적으로 사용될 수 있는 유용한 방법이다(최성재, 2005). 질적 연구의 경우 비구조화된 관찰을 통해서 자료수집이 이루어지기도 하고, 양적 연구의 경우 관찰은 연구가설을 수립하는 초기 단계의 원천이 되며, 연구과정 그리고 가설 검증 이후에도 보충을 위해 활용되기도 한다. 관찰의 유용성의 이해를 위해 '저소득 주민을 위한 자활사업'을 담당하고 있는 사회복지사가 관찰을 자신의 연구에서 어떻게 활용하는지를 예로 살펴보기로 한다.

저소득 주민의 자립을 위한 자활사업을 담당하고 있는 사회복지사는 자신과 함께 일하는 클라이언트를 유심히 관찰하며 어떻게 도와야 하는지 고민하게 된다. 자활사업에 참여하는 클라이언트의 개인 차원의 어려움, 가족 차원의 어려움 등은 이들이 자립하는 데 장애요인이 된다. 이러한 다양한 역경에도 사회복지사는 이웃과 친밀한 관계를 유지하며 교류하는 클라이언트의 경우 자활사업이나 교육 프로그램에 보다 성실하게 참여하고 결국 자립하는 데 성공하는 것을 관찰하였다고 할 때, 사회복지사는 자신의 관찰을 통해 '이웃과의 친밀한 관계와 교류'는 '자립'에 긍정적 영향을 미칠 수 있다는 가설을 세울 수 있다. 사회복지 연구자는 끊임없이 사회복지 현장을 관찰하거나 직접 경험함으로써 클라이언트를 도울 수 있는 연구의 가설에 대한 직관을 얻을 수 있으며, 이는 연구의 초기 단계에서 매우 중요하다.

이 사회복지사는 '이웃과의 친밀한 관계'를 '사회적 지지'라는 개념으로 조직화하였고, '자립'이라는 것은 '취업'이나 '창업'을 한 상태 여부로 개념 조작화를 할 수 있다. 이때 사회복지사는 자신의 연구가설이 일반화될 수 있는 것인지, 아니면 자신이 관찰했던 일부의 클라이언트에게만 국한된 현상이었는지에 대해 고민하게 된다. 사회복지사가 설문 조사와 분석을 통해서 사회적 지지와 자립의 유의미한 인과관계를 확인하였더라도 이를 보충하기 위한 목적으로 보다 많은 클라이언트를 관찰할 수도 있다.

또한 연구를 수행하는 과정에서 사회복지 연구자는 자신의 연구주제에 대한 보다 깊이 있는 이해를 위해서 관찰을 활용할 수도 있다. 예를 들어, 음주문제가 있는 자활사업 참여자의 경우 아무리 주변에 마음을 터놓고 이야기를 나누는 술친구가 많다고 하더라도 이러한 사회적 지지 관계가 오히려 자립에 도움이 되지 않을 수도 있음을 관찰을 통해 발견할 수도 있다. 이때 연구자는 자신이 세웠던 사회적 지지와 자립의 인과관계 가설을 보다 정교하게 수정할 수도 있다.

3) 관찰의 장점

관찰은 연구자가 질문을 통해 '직접 묻는 것'이라기보다 '보고 듣는 것'을 통해서 자료수집을 하는 형태다. 따라서 연구자가 질문한 것에 국한하지 않은 보다 광범위한 자료수집이 가능한 특징이 있는데, 관찰의 장점은 이러한 특성과 연결되어 있다.

(1) 비언어적 자료의 수집

서베이 방법은 연구자가 관심이 있는 사회현상에 대해 직접 묻는 방식으로 자료수집이 이루어진다. 이는 연구참여자가 자신의 사고, 감정, 경험 등과 같은 것을 표현하도록 함으로써 자료화하는 데 유리하다. 하지만 관찰은 연구자가 언어적 방법으로 표현되기 어려운 사회현상을 관찰하도록 하는 데 유리하다.

만약 사회적 지지 관계로 술친구가 많은 자활사업 참여자의 경우 응답자가 언어적 표현으로 "나를 걱정해 줄 만한 친구가 있다."고 하였다면, 사회복지 연구자는 이를 연구참여자의 사회적 지지체계가 많다고 해석하기보다는 연구참여자의 일상생활을 관찰해 봄으로써 언어적 표현으로 드러난 사회적 지지 이면에 있는 특성을 발견해 낼 수 있다.

(2) 보다 풍부한 자료수집

관찰의 방법에 따라 다소의 차이는 있으나, 일반적으로 서베이 방법에 비해 관찰은 연구참여자의 행동과 상황적 맥락을 보다 풍부하게 관찰할 수 있는 장점이 있다. 질문지에 응답하는 방식의 서베이 조사는 연구참여자의 익명성이 보장된다고 하더라도 사회적으로 바람직한 응답을 하려는 동기로 인해 측정오류가 발생할 가능성이 늘 존재한다. 특히 범죄나 비행, 일탈행동 등을 측정할 때 이러한 문제는 더욱 심각해진다.

청소년을 대상으로 비행행동을 측정할 때 '지난 1년간 술을 마셔 본 적이 있는가?' '지난 1년간 음란물을 본 적이 있는가?'라는 질문에 대해 아무리 익명성을 보장하더라도 서베이 방식의 경우 측정의 오차를 배제하기 어렵다. 만약 연구자가 청소년의 집단 내에서 함께 시간을 보내며 관찰을 통해 또래 사이에서의 대화나 행동을 관찰해 본다면 실제로 이들의 비행행동을 정확하게 측정하는 것이 가능할 수 있다.

또한 청소년의 학교폭력 피해행동을 묻는 질문에서 조사대상 청소년에게 '지난 1년간 돈을 빼앗겼는가?'라고 물었을 때, 어떤 응답자는 자판기 앞에서 동전이 없는 다른 친구가 500원을 빌려 달라고 하고 갚지 않은 것은 '빼앗긴' 범주에 포함시키지 않았기에 피해가 없었다고 응답할 수 있는 반면, 다른 응답자는 이를 금품갈취를 당한 것으로 인식할 수도 있다. 이때 관찰을 통해 보다 정확하게 자료를 수집할 수 있게 된다.

(3) 양적 조사에 적합하지 않은 대상에 대한 자료수집

설문지를 통한 조사는 일정 시간 동안 질문지를 읽고 이해하며, 자신의 내면을 반영한 응답을 할 수 있어야 한다. 하지만 모든 연구참여자가 이러한 능력을 갖고 있는 것은 아니다. 서베이 방식으로 연구를 하기 어려운 연구참여자의 경우에 관찰은 유용한 자료수집의 방법이 된다.

예를 들어, 미취학 아동의 부모에 대한 애착행동을 연구주제로 삼은 경우, 연구참여자는 미취학 아동이 된다. 하지만 미취학 아동은 일반적으로 설문지를 읽고 이해할 수 있는 능력이 현저히 낮기 때문에 이들을 대상으로 서베이 방식의 조사는 불가능하다. 따라서 연구자는 미취학 아동의 애착행동을 관찰을 통해 자료수집을 하게 된다.

시력이 낮아서 오랜 시간에 걸쳐 설문지를 읽고 응답하기 어려운 노인, 장시간 동안 설문지를 읽기 힘든 중증 환자, 정신적 장애를 가진 사람으로 할 때에도 관찰은 유용한 자료수집방법이 될 수 있다.

(4) 귀납적인 자료수집이 가능

사회복지 연구자는 과학적 연구에 들어가기에 앞서 다양한 사회적 문제를 관찰함으로써 연구주제의 직관을 얻는 경우가 많다. 사회복지 연구자는 응용학문 연구를 위해 다양한 사회문제를 접하게 되는데, 이때 순수 사회과학인 사회학이나 심리학과 달리 무엇이 사회적 문제인지를 고민하게 된다. 이때 연구자는 자신이 접한 다양한 사회문제에 대해 선험적 지식이 없는 상태에서의 관찰을 통해 연구에 대한 직관을 얻는 데 도움을 받을 수 있다.

앞서 예로 들었던 '저소득 주민을 위한 자활사업' 참여자의 자립에 영향을 미치는 요인에 대한 고민을 하는 사회복지 연구자의 경우, 다양한 자활사업 참여자에 대한 관찰이 축적되었을 때 이를 토대로 귀납적으로 연구의 가설을 수립할 수 있게 된다. 특히 사회복지 실천현장에서의 다양한 문제를 연구로 도출할 때 연구자는 사회복지 실천현장을 주의 깊게 관찰함으로써 귀납적으로 연구의 문제를 도출하는 경우가 많다.

(5) 자연스러운 환경에서의 자료수집이 가능

관찰은 자연스러운 환경에서 왜곡을 최소화한 상태에서 자료수집이 가능하다는 장점이 있다. 관찰의 방법에 따라 왜곡의 정도는 다를 수 있지만, 일반적으로 서베이 연구가 응답자가 질문을 해석하는 과정에서 왜곡이 더해지는 것에 비해 관찰은 적은 편이라고 알려져 있다(김영종, 2007).

예를 들어, 소아 · 청소년암으로 자녀와 사별한 부모에 대한 연구에서 일반적인 서베이를 시행할 경우 과거의 힘들었던 기억을 되돌이킬 수 있기 때문에 연구에 대한 저항이 심할 수 있다. 설령 서베이 연구에 성공하더라도 자연스러운 상황에서 조사가 이루어지지 않을 경우 그 연구결과를 신뢰하기 어려운 문제도 발생할 수 있다. 이때 연구자는 소아 · 청소년암 사별가족 모임에 직접 참여하고 관찰함으로써 서베이 연구에 따른 저항을 최소화할 수도 있다.

또한 집단 프로그램에 대한 효과성을 측정할 때 사전 측정에 비해 사후 측정은 '프로그램이 끝났고, 여기에 잘 참여했다.'는 참여자 본인의 성취감으로 인해 실제 문제행동이 변화되었는지의 결과가 오염될 수 있다. 따돌림 피해 청소년을 대상으로 집단상담 프로그램을 진행한 이후 비록 참여 청소년의 문제해결 능력이 실제로 향상되지 않았을 수 있음에도 종결 모임에서 설문평가를 할 때 실제보다 자신의 변화를 긍정적으로 응답할 수 있을 가능성이 있다. 이때 연구자는 집단상담 프로그램의 매 회기마다 직접 연구참여자들의 행동변화나 표현 등을 관찰함으로써 이들의 변화를 보다 자연스럽게 측정할 수 있다.

4) 관찰의 제한점

앞에서 살펴본 관찰의 장점은 한마디로 연구자가 '보고 듣는 것'을 통해 자료수집을 한다는 데 있다. 그러나 이러한 장점은 역설적으로 관찰자의 판단이라는 주관에 의해 현상에 대한 해석이 오염될 수 있다는 단점으로 작용할 수 있다.

(1) 관찰을 현실적으로 하기 어려운 상황

사회현상 중에서는 실제로 연구자가 관찰을 하기 어려운 일이 많다. 현실적으로 접근하기 어려운 영역에서 발생하는 현상은 불가피하게 연구대상자의 생각 및 감정과 같은 내면에 의존하여 측정할 수밖에 없는 경우가 있다.

예를 들어, 부부간의 폭력 피해경험은 현실에서 연구참여자의 피해 수준을 관찰하는 것이 거의 불가능하다. 또한 마약 범죄집단을 연구할 때 일반적으로 연구자로서 이들의 행동을 관찰한다는 것은 매우 힘든 일이다.

(2) 익명성의 문제

관찰자의 신분 노출은 연구참여자의 자연스러운 행동에 영향을 미칠 수 있기 때문에 익명성의 문제가 발생할 수 있다. 많은 관찰방법의 경우 윤리적 문제 등으로 불가피하게 관찰자가 연구자임을 드러낼 수밖에 없는 경우가 있다. 자연스러운 자료수집을 위해 연구자가 관찰의 방법을 택한다고 하더라도 연구참여자가 관찰자를 의식하며 행동하게 될 경우 그 행동이 자연스럽지 못할 수 있다.

미국 시카고의 범죄집단이 지배하는 지역사회의 특성을 연구한 Venkatesh

(2009)는 처음에 자신이 연구자임을 밝히지 않고 범죄집단에 잠입했기 때문에 이들의 행동을 자연스럽게 관찰하는 것이 가능했다. 만약 범죄집단에 대한 관찰연구에서 연구자임이 드러날 경우 그 행동은 매우 부자연스러울 수 있었을 것이고, 위험할 수도 있었다.

(3) 계량화의 문제

연구참여자의 행동을 주로 관찰의 대상으로 삼게 되기 때문에 계량화가 쉽지 않은 단점이 있다. 반면, 서베이 연구에서는 설령 연구참여자의 응답에 정확성이 다소 문제가 되더라도 계량화된 응답을 자료로 활용하기 때문에 관찰에 비해 계량화가 쉬운 편이다.

따돌림 피해 청소년 집단상담 프로그램에서 설문 자료의 신뢰성을 보충하기 위해 매 회기마다 관찰자가 참여하여 연구참여자의 말이나 행동을 관찰하였다고 하더라도, 그 말과 행동을 어떻게 계량화할 것인지에 대한 이슈가 남는다. 예를 들어, 집단상담에 참여한 한 청소년이 어떤 회기 내내 아무런 말도 하지 않고 침울한 표정이 관찰되었다고 할 때, 이를 어느 정도 수준의 우울이라고 계량화할 것인지는 관찰자마다 모두 다를 수 있기 때문에 한계가 있다.

(4) 관찰자의 주관에 의한 왜곡

아무리 객관적으로 관찰을 하려고 하더라도 관찰자 역시 사람이기 때문에 자신의 선험적 지식과 경험에 의해 연구참여자의 행동을 본질과 다르게 해석할 가능성이 있다. 특히 관찰에 기반을 둔 연구방법을 많이 사용하는 질적 연구의 경우 이러한 관찰자의 주관에 의한 오염을 경계하여 관찰자의 자질을 매우 중요하게 여긴다.

따돌림 피해를 겪은 청소년 집단상담의 각 회기마다 관찰자로 참여하여 연구참여자의 행동을 관찰하는 경우를 예로 들어 보자. 어떤 청소년은 이전 회기에 항상 밝고 쾌활한 모습을 보이다가 마지막 회기에서 내내 말도 없고 침울해 보이는 행동을 보였던 반면, 다른 청소년은 이전 회기에 항상 침울해 보이다가 마지막 회기에서 몇 마디의 말을 하며 다소 밝아진 모습을 보였다. 이때 관찰자는 대조적으로 전자를 매우 침울해졌다고 해석하는 반면, 후자를 매우 밝아졌다고 해석할 수 있다. 실제로는 전자의 청소년이 보다 우울의 수준이 낮음에도 불구하고 마지막 회기에서 관찰자의 주관에 따라 후자의 청소년이 마지막 회기에서 우울이 더 낮다고 해석할 수도 있다.

(5) 관찰대상 크기의 제한

관찰은 관찰자 본인이 자료수집의 도구가 되기 때문에 대상의 크기를 무한정 늘리는 데 한계가 있을 수밖에 없다. 앞서 예로 들었던 자활사업 참여자에 대한 관찰, 범죄집단에 대한 관찰, 청소년 집단상담 프로그램의 관찰 등은 상대적으로 소규모의 표본에서 가능한 연구다. 만약 연구자가 우리나라의 자활사업 참여자로 연구대상을 확대할 경우 관찰자를 여러 명 둘 수도 있겠으나, 막대한 비용이 들 수 있고 그 결과의 객관성을 담보하기도 어렵다.

5) 관찰의 종류

관찰은 그 방법에 따라 몇 가지로 구분될 수 있다. 연구자는 다음 상황을 고려하여 관찰의 방법을 선택해야 한다.

첫째, 무엇을 관찰할지 결정해야 한다. 연구의 목적에 부합하는 관찰의 대상이 무엇인지 명확하게 결정하지 않을 경우, 관찰자는 연구의 목적과 다른 주변적인 것에 관찰의 집중이 흐려질 가능성이 있다. 무엇을 관찰할지 명확히 정한 이후 그에 걸맞은 관찰방법을 선택해야 한다.

둘째, 관찰자와 연구참여자의 관계 설정에 대해 결정하고, 그에 맞는 관찰방법을 택해야 한다. 연구의 주제나 연구참여자의 특성을 고려해 관찰자와 연구참여자를 설정해야 하고, 그 관계는 연구윤리에 부합해야 한다.

셋째, 연구주제에 따라 관찰의 단점을 최소화하고, 정확한 자료를 얻기 위한 최선의 관찰방법이 무엇인지 고려해야 한다.

(1) 직접 관찰과 간접 관찰

직접 관찰은 연구자가 조사대상을 직접 만나서 보며 수행하는 반면, 간접 관찰은 직접적인 관찰이 어려운 사회현상의 경우 기록이나 문헌, 간접적인 관계자의 증언 등을 통해서 관찰하는 방법이다. 중국이나 동남아시아를 경유하는 탈북자가 제3국 체류 시 어떠한 인권피해를 경험하는지 연구할 때 직접 관찰을 택한 연구자는 실제로 북한과 접경한 중국의 각 지역에 가서 탈북자의 생활을 관찰할 수 있다. 하지만 현실적으로 이러한 방법을 택하기 힘든 경우 연구자는 탈북자를 만나 간접적으로 제3국 체류 경험을 듣기, 관련 수기를 읽기, 제3국에서 직접 탈북자를 도왔던 지원 단체의 관계자 인터뷰 등의 간접적인 관찰방법을 택할 수 있다.

(2) 참여 관찰과 비참여 관찰

관찰자가 연구참여자의 활동에 얼마나 참여하는지에 따라 참여 관찰과 비참여 관찰로 나눌 수 있다. 참여 관찰은 연구자가 연구참여자와 교류하며 상호작용을 의도적으로 관찰에 활용하는 것인 반면, 비참여 관찰은 연구자가 연구참여자와의 교류나 상호작용을 최소화한 상태에서 관찰을 주로 하는 것을 말한다. 이는 다음에서 다루게 될 현시적 관찰과 비현시적 관찰과는 구별된다.

대표적으로 참여 관찰을 자료수집의 방법으로 택하는 연구방법으로 질적 연구방법인 민속지학 연구방법(ethnomethodology)이 있다. 이는 사회현상을 바깥에서 이루어지는 관찰의 대상이 아니라 실제로 사회 안에 구성된 것으로 보며, 연구자 역시 그 안에 참여하여 연구참여자와 관계를 맺음으로써 보다 본질에 접근할 수 있다고 보았다. 예를 들어, 빈곤지역에 연구자로서에서 주민으로 참여하여 관찰한 연구는 대표적인 참여 관찰에 해당한다(조문영, 2001). 또한 초점집단 인터뷰(focus group interview)는 특정한 주제에 대해 연구대상자(주로 관련 전문가)가 모여 토론하도록 하고 관찰자 역시 토론에 참여함으로써 자료를 수집하기도 한다.

비참여 관찰은 연구참여자의 행위에 가급적 개입하지 않은 채 자연스럽게 행동하도록 하고 관찰하는 방법이다. 집단상담 프로그램에서 관찰자가 비참여적으로 관찰하기로 결정되었다면 관찰자는 연구참여자의 행동에 대해 아무런 개입 없이 순수하게 관찰하고 그것을 기술하는 역할만을 해야 한다. 이를 통해 연구참여자는 관찰자를 의식하지 않을 수 있다.

(3) 조직적 관찰과 비조직적 관찰

조직적 관찰과 비조직적 관찰은 관찰의 방법을 구조화시켜 조직화하는지에 따라 구분된다. 조직적 관찰에서는 관찰의 방법이나 내용, 기록의 방법 등을 구체적으로 계획한다. 반면, 비조직적 관찰에서는 일정한 계획을 세우기는 하지만 과도한 선행지식을 통한 계획을 배제하는 것이 바람직할 경우에 구체적인 수준까지 관찰을 계획하지 않는 방법이다.

조직적 관찰은 주로 연구모형이나 이론에 대한 검증을 할 경우에 특정한 방향을 갖고 연구대상을 관찰할 때 사용될 수 있다. 사회복지 연구자가 자활사업 참여자의 사회적 지지와 자립의 인과관계를 연구할 때 보다 많은 자활사업 참여자와 인터뷰를 통해서 이들에 대한 자료를 얻을 수 있는데, 이때 연구참여자를 어떻게 면접할 것이며, 개방형 질문이라 하더라도 어떤 질문을 할 것인지, 어떻게 기술을 하고 자료로 생성할 것인지 구체적으로 계획을 세우는 것이 여기에 해당한다.

한편, 비조직적 관찰은 질적 연구방법 중에서도 민속지학 방법이나 현상학적 연구에서 많이 사용되는 방법이다. 이러한 질적 연구의 방법론에서는 연구자의 선이해를 가급적 배제한 상태에서 연구가 진행되기 때문에 관찰에 대한 조직적이고 체계적인 계획을 최소화하게 된다. 이는 연구의 방향이나 순수한 현상에 대한 해석을 방해하지 않기 위한 것이다. 하지만 비조직적 관찰이 아무런 계획이 없는 무계획적이고 무방향적인 관찰로 이해되어서는 안 된다.

(4) 현시적 관찰과 비현시적 관찰

현시적 관찰과 비현시적 관찰은 관찰자가 연구참여자의 눈에 보이는지에 따라 구분된다. 이는 연구참여자와의 상호작용이 있는지에 따라 구분되는 참여적 관찰과 비참여적 관찰과는 구별된다. 일반적으로 참여 관찰의 경우 관찰자가 눈에 보이지 않는 비현시적 관찰방법을 택하기 매우 어렵지만, 비참여 관찰은 연구참여자에게 관찰자가 눈에 보이는 현시적 관찰도, 눈에 보이지 않는 비현시적 관찰도 모두 가능하다. 현시적 관찰에 비해 비현시적 관찰은 연구참여자의 익명성과 자유로운 행동을 보장할 수 있는 장점이 있기 때문에 비참여적 관찰의 장점을 극대화하기 위해서는 비현시적 관찰을 택할 경우 보다 정확한 자료를 얻을 수 있다.

현시적 관찰은 흔히 사용되는 방법이며 의도적으로 관찰자를 드러내기도 하지만, 불가피하게 완벽히 숨길 수 없기 때문에 드러날 수밖에 없는 상황도 있다. 연구목적에 따라 현시적 관찰의 장단점을 잘 이해하고 활용해야 할 필요가 있다. 비현시적 관찰의 대표적인 방법으로 일면경(one-way mirror)을 활용한 행동관찰이 있다. 일면경은 한쪽 방향에서만 보이는 유리로 창을 만든 것인데, 연구참여자는 설령 관찰자가 자신의 행동을 관찰하고 있음을 인지함에도 불구하고 눈에 보이지 않기 때문에 보다 자연스럽게 행동할 수 있고, 관찰자 역시 물리적으로 분리된 공간에서 보다 거리를 둔 관찰이 가능하도록 한다. 혹은 일면경이 사람들에게 어느 정도 알려져 있기 때문에 폐쇄형 회로 카메라(CCTV)를 설치하고 행동을 관찰하는 것도 가능한 비현시적 관찰방법이다. 하지만 비현시적 관찰방법의 경우 연구참여자의 행동이 연구에 활용됨을 분명하게 고지하고 동의를 구함으로써 윤리적 문제를 피해야 한다.

6) 관찰의 기록

(1) 설화적 기술법

설화적 기술법(narrative description)은 관찰한 내용을 가급적 하나도 빠뜨리지 않고 기술하는 방법을 말한다. 엄격하게 정해 둔 방식으로 '누가, 언제, 어디서, 무엇을, 어떻게' 등과 같은 내용을 그대로 기술하게 된다. 설화적 기술법에 따른 기록을 통해 이를 읽는 사람은 이 내용만 보더라도 실제로 어떠한 상황이었는지 있는 그대로 이해할 수 있게 된다. 이러한 기록의 방법은 관찰자가 관찰뿐만 아니라 기록까지 병행할 경우 많은 시간과 노력이 필요하다. 따라서 설화적 기술법을 사용하기 위해서는 비디오 촬영이나 녹음 등의 방법을 통해 기록을 보완하게 된다.

이러한 설화적 기술법의 장점으로는 가장 개방적인 형태로 연구자의 주관이나 편견에 따라 누락되지 않고 있는 그대로 기술되기 때문에 연구참여자의 행동, 상황, 맥락 등을 모두 함께 파악할 수 있다는 것을 꼽을 수 있다. 예를 들어, 비행 청소년을 위한 집단상담 과정을 관찰하고 설화적 기술법으로 기록하였다고 가정할 때 한 참여자가 욕을 했다고 한다면, 이때 설화적 기술법에 의한 기록이 있을 경우 그 욕을 한 맥락과 상황은 무엇인지 등을 함께 파악함으로써 이해가 가능하게 된다.

그러나 이러한 기록방법의 단점은 시간과 노력이 많이 투입될 수밖에 없다는 점이다. 관찰자가 관찰과 기록을 병행하기 힘든 이러한 기술방법의 특성 때문에 연구자는 녹음이나 비디오 촬영 등을 통해 보완하게 된다. 관찰자는 관찰의 상황이 종료된 이후 녹음이나 촬영영상 등을 다시 시청하고 이를 세부적으로 기록하는 필사(transcription)의 과정을 거치게 되는데, 필사과정은 매우 많은 시간과 노력이 투입된다.

(2) 일기작성법

일기작성(diary description) 방법은 설화적 기술법에 비해 다소 비형식적인 기록방법에 해당한다. 이러한 일기작성법과 같은 기록방법은 관찰대상의 행동에 대해 있는 그대로 개방적으로 기술할 수도 있으나, 대부분의 경우 관찰내용과 주관적 판단 등의 해석이 포함되어 기술된다. 또한 관찰내용을 있는 그대로 기술한다 하더라도 일기작성법에서는 관찰내용 중 일부를 선택적으로 기술할 수밖에 없는데, 이때 연구자의 주관적 판단이 포함된다.

일기작성법의 장점으로는 설화적 기술법과 마찬가지로 기록의 내용이 풍부하다는 장점이 있다. 또한 일기관찰법은 단기간 기록이 이루어지는 것이 아니라 비교적 장기간에 걸쳐 기술이 이루어지기 때문에 종단적 특성을 반영할 수 있다. 예를 들어, 빈곤지역의 문화를 파악하기 위해 민속지학 연구방법을 택한 연구자의 경우 빈곤지역 내에서 다양한 지역주민과 만나서 이야기하고, 문화를 관찰할 것이다. 이때 설화적 기술법으로 모든 내용을 기록하는 것은 현실적으로 불가능하며, 매일매일 연구자가 기록한 일기 형식의 기록이 이후 연구에 도움이 된다. 이러한 일기작성법은 장기간의 맥락이 있기 때문에 종단적 이해를 가능하게 하는 장점이 있다.

그러나 일기기록법은 이러한 장점에도 불구하고 연구자의 주관에 의해 재해석된 현실이 기록되기 때문에 누락이 발생할 수 있다는 한계가 있다. 물론 이는 현실적으로 설화적 기술법이 모든 연구에서 사용될 수 없기 때문에 일정 부분

이해되기는 하지만, 연구자는 일기기록법이 갖는 한계에 대해 충분히 이해하고 이러한 기록법이 완벽하지 않음을 감안하여 연구에 임해야 한다.

(3) 행동발생빈도기록과 지속시간기록법

행동발생빈도기록(behavioral frequency counts)은 관찰자가 관심을 갖고 있는 연구주제의 행동을 연구참여자가 얼마나 자주 하는지 기록하는 방식이다. 또한 행동의 지속시간까지 함께 병기할 수 있기 때문에, 행동발생빈도기록은 지속시간기록(duration records)과 함께 사용되기도 한다. 예를 들어, 학교폭력 가해 청소년에 대한 집단상담 프로그램을 진행할 때, 프로그램 참여자의 행동변화를 관찰하고자 연구자는 관심을 갖고 있는 공격적 행동(예: 욕설 사용, 위협행동 등)이 프로그램 진행과정에서 얼마나 감소하였는지를 측정하고, 그 빈도를 기록할 수 있다. 이러한 방법은 프로그램에서 이러한 공격적 행동이 발생한 맥락을 배제하기 때문에 매우 선택적이며 주관적인 방법이다. 또한 연구자가 어떤 행동을 공격적 행동으로 볼 것인지 판단하기 때문에 주관적 해석이 개입될 여지가 크다.

7) 참여관찰

참여관찰은 연구자가 관찰대상의 상황 속에 들어가서 그 상황의 일부가 되는 관찰방법으로 문화인류학과 사회학 분야에서 많이 사용되고 있는 연구방법이다. 사회복지 분야에서도 최근 현장참여연구의 중요성을 강조하는 경향이 증가하게 되면서 실제로 연구자가 사회복지 실천현장이나 클라이언트가 겪는 삶의 현장으로 들어가서 참여하고 관찰하는 연구가 늘어나고 있다. 참여관찰의 방법은 다음의 세 가지 차원에 따라 구분할 수 있다.

첫째, 관찰자의 역할이 완전한 내부자 관점(emic perspective)이 되는 것부터 완전한 외부자 관점(etic perspective)까지 될 수 있다. 전자의 경우, 연구자가 연구대상자의 삶의 현장 속으로 자신을 참여시키고 그 안에서 생활하며 동일한 관점을 갖기 위해 노력하게 된다. 반면에 후자의 경우, 철저한 관찰자로서의 시각을 잃지 않은 채 외부자로서 연구대상을 관찰하게 된다.

둘째, 연구대상자에게 관찰자의 역할을 어디까지 공개하는지에 따라 공개적 관찰에서 은밀한 관찰로 구분된다. 공개적 관찰은 연구자가 자신의 신분이 연구자임을 모든 연구대상자에게 공개적으로 알리는 방법이다. 이때 이러한 공개가 연구대상자의 삶의 장에 직접적 영향을 미칠 수 있으며 관찰 내용 자체를 왜곡할 수 있는 장점이 있지만, 연구대상자에게 사실을 공개하는 등을 통해 철저한 연구윤리를 준수할 수 있다. 반면에 은밀한 관찰은 연구대상자에게 연구자로서의 신분을 숨기게 된다. 이때 연구대상자의 행동에 영향을 미치지 않는다는 장점은 있지만, 연구대상자를 기만할 수 있기 때문에 연구윤리의 문제가 따른다.

셋째, 관찰 기간에 따라 단기간과 장기간으로 구분할 수 있다. 단기간의 경우 짧게는 1시간 정도 연구대상자의 행동에 참여하고 관찰할 수 있고, 장기간의 경우에는 수개월에서 수십 년까지 매우 다양하다. 참여관찰을 주로 하는 민속지학 연구방법의 경우 수개월 이상 참여해야 연구의 조망이 가능하다고 여긴다.

3. 질적 면접

면접(interview)이란 사전적 의미 그대로 상호 대면하여 다양한 방식으로 커뮤니케이션하는 것을 의미한다. 그러나 사전적 의미대로 면접이 진행되는 것은 아니다. 대면하여 상호작용함으로써 얻게 되는 다양한 비언어적 정보들의 유용성도 있으나, 때로는 온라인 화상 면접, 전화 면접, 나아가 이메일 등을 활용하여 면접이 이루어지기도 한다. 중요한 것은 대면 여부와 무관하게 다양한 방식의 상호작용의 과정을 통해 커뮤니케이션이 이루어지게 된다는 점이다. 국내 사회복지 질적 연구 경향을 살펴보면 가장 많은 비중을 차지하는 것이 바로 면접이다. 면접을 통해 획득된 음성(혹은 영상) 정보의 필사본을 작성하고, 그 필사본을 다양한 분석방법을 활용하여 연구결과를 도출하는 경우가 다수를 차지하고 있다. 그렇기 때문에 질적 연구가 곧 인터뷰 연구방법과 동일한 것으로 오해되는 경우도 흔히 확인된다. 질적 면접의 방식이 질적 자료수집에서 매우 큰 비중을 차지하는 것은 틀림없지만, 앞서 살펴보았듯이 자료수집이 다양하게 가능하다는 점에서 질적 자료수집이 반드시 인터뷰의 방식만으로 이뤄진다고 볼 수 없다.

1) 면접의 방법

질적 자료수집을 위한 면접은 다양한 방식으로 수행될 수 있다.

첫째, 면접을 단일한 대상과 하는지 혹은 여러 사람과 한꺼번에 하는지에 따라 개별 면접과 집단 면접으로 구분할 수 있다. 개별 면접은 1:1로 진행되기 때문에 인터뷰 참여자와 연구자가 긴밀한 상호작용을 할 수 있으며, 신뢰관계 구축을 통해 매우 심층적인 정보를 획득할 수 있는 장점이 있다. 하지만 연구목적에 따라 개별 면접이 아닌 집단 면접을 진행하게 되기도 한다. 집단 면접으로 가장 널리 사용되는 방법은 초점집단면접(Focus Group Interview: FGI)이다. 집단 면접에서 연구자가 하는 가장 흔한 실수 중 하나는 개별적인 경험을 듣기 위해 한곳에 모아 진행하는 것이다(Barbour, 2007). 집단 면접을 하는 가장 중요한 목적은 개별 면접과 달리 집단의 역동을 활용한 상호 토의를 통해 자료를 수집하는 것이다.

둘째, 면접 질문의 구조화 수준에 따라서 구조화 면접(structured interview), 반구조화 면접(semi-structured interview), 비구조화 면접(non-structured interview) 등으로 구분할 수 있다. 연구자는 연구목적에 부합한 인터뷰 질문을 준비해야 하는데, 어느 정도로 구조화시킬 것인지를 결정해야 한다. 구조화 면접은 매우 구체적인 수준에서 인터뷰 질문을 구성하는 것이고, 비구조화 면접은 중요한 질문을 구성하기는 하나 인터뷰 현장에서 상호작용 과정에 새롭게 질문들이 파생되어 도출될 수 있다. 반구조화 면접은 그 중간 수준에서 인터뷰의 질문을 구조화하는 것을 뜻한다. 구조화 면접은 연구주제에서 벗어난 질문을 하지 않는다는 장점이 있지만, 인터뷰 참여자의 자연스러운 반응이나 이야기를 제한할 가능성이 있다. 반면, 비구조화 면접은 연구참여자가 자유롭게 주제에서 다소 벗어난 이야기를 하더라도 그 안에서 풍부한 의미를 도출할 수 있지만 연구의 목적에서 벗어날 위험성이 있다. 일반적으로 연구자들은 반 구조화된 면접 질문을 준비하는 경우가 흔한 것으로 보인다.

셋째, 면접을 대면해서 하는지 혹은 비대면으로 하는지에 따라 대면 면접(face-to-face interview)과 비대면 면접(non face-to-face interview)으로 구분할 수 있다. 앞서 언급하였듯이, 일반적으로 대면 면접은 연구참여자의 언어적 의사소통뿐만 아니라 표정, 몸짓, 분위기 등과 같은 매우 풍성한 비언어적 의사소통을 통한 의미전달을 포함할 수 있다는 점에서 풍부한 자료수집이 가능하다는 장점이 있다. 그러나 때로는 대면 면접을 선호하지 않는 참여자들은 비대면 방식으로 전환하는 것이 필요한 경우도 있다. 또한 대면 면접을 위해서는 연구자 혹은 연구참여자가 이동해서 만나야 하지만 현실적으로 어려운 경우에는 전화나 온라인 화상회의 플랫폼 등을 활용할 수도 있다. 코로나바이러스감염증-19와 같은 감염성 질환 유행 시 실제 2020년에 수행된 인터뷰 연구들은 화상회의 방식을 사용한 경우가 많았다. 과거 전화 면접이 비대면 면접에서 많이 사용되었는데, 전화의 경우 비언어적 정보를 획득하기 어렵다는 한계가 있었으나, 온라인 화상회의를 활용한 비대면 면접은 이러한 한계를 보완할 수 있다.

2) 면접의 장점

면접이 갖는 장점이 많기 때문에 질적 자료수집의 방법으로 가장 많이 사용되고 있다. 면접이 갖는 장점은 다음과 같다.

첫째, 연구자와 연구참여자가 언어적 · 비언어적 상호작용을 통해 의사소통을 한다는 점에서 매우 풍부한 자료수집이 가능하다.

둘째, 연구참여자가 이해한 경험과 현상을 연구참여자의 말로 직접 듣게 됨에 따라 연구자는 참여자의 경험 세계 속으로 보다 몰입할 수 있다. 관찰 중 비관여적 방식은 연구참여자의 행동을 자연스럽게 관찰하며 자료수집이 가능하나, 행동에 대한 해석은 전적으로 연구자의 몫이다. 그러나 인터뷰 방식은 연구참여자의 삶 경험을 자신의 이야기로 표현하는 것이기 때문에 당사자의 삶에 더욱 함입될 수 있는 장점이 있다.

셋째, 면접은 통상적으로 녹음 혹은 녹화를 하게 되는데, 녹음자료의 필사본은 관찰자료 등에 비해 풍부한 텍스트를 제공한다. 질적 연구는 귀납적 방식의 접근을 하는 경우가 일반적인데, 이는 풍부한 텍스트(자료)가 기반이 되어야 한다. 인터뷰는 매우 구체적인 발화 자료(필사본)를 생산하기 때문에 연구자는 풍부한 분석 자료를 획득할 수 있다.

넷째, 상호작용을 통해 연구자가 예측하거나 기대하지 않았던 창조적인 새로운 내용이 도출될 때도 있다. 개별 면접에서는 통상 연구자와 연구참여자 간 신뢰관계를 구축하게 되는데, 이러한 신뢰 있는 소통과정에서 연구참여자들은 삶과 경험의 의미를 새롭게 구축할 수도 있다. 그 과정에서 자신의 경험에 대한 새로운 해석과 의미를 이야기할 수도 있다. 집단 면접의 경우에는 연구참여자 간 토론을 통해 창조적 결과가 도출될 가능성도 있다.

4) 면접의 제한점

면접이 갖는 장점에도 불구하고 다음과 같은 제한점이 있다.

첫째, 면접은 필연적으로 질문자(interviewer)와 답하는 사람(interviewee)로 구분되며, 그 과정을 최대한 자연스럽게 하고자 노력하더라도 필연적으로 연구참여자들을 인위적 환경 속에서 답하도록 만들 가능성을 배제할 수 없다. 연구참여자들은 낯선 사람과 자신의 경험을 이야기하는 것에 대한 긴장을 느낀다. 최대한 신뢰관계를 구축하기 위해 노력하더라도 자신의 사생활과 경험을 어디까지 공개해야 하는지에 대한 두려움은 면접과정에서 늘 발생할 수 있다. 자칫 연구자들은 인터뷰를 통해 연구참여자들의 경험을 충분히 이해했다고 하나, 사실 연구참여자들은 낯선 사람과의 인터뷰라는 사회적 맥락 속에서 답변하기 때문에 그것이 실제 그 사람의 경험을 해석할 수 있는 풍부한 데이터가 아닐 가능성도 있다.

둘째, 연구자의 훈련 수준에 따라 자료수집의 결과가 매우 달라질 가능성이 있다. 물론 이는 면접뿐만 아니라 다른 질적 자료수집의 방법에서도 발생할 수 있는 문제다. 하지만 면접은 직접 연구참여자와 만나거나 혹은 비대면 상호작용을 통해 이뤄지기 때문에 낯선 사람과 신뢰관계를 구축하고, 때로는 계획에 없는 질문을 순발력 있게 던지며 풍부한 이야기가 도출될 수 있도록 이끌어야 하기 때문에 높은 수준의 숙련도를 요구한다.

셋째, 윤리적 쟁점이 발생할 소지가 있다. 앞서 언급하였듯이, 상호작용을 통해 자료수집을 하는 면접에서 연구참여자들은 긴장을 하게 된다. 특히 죄책감이나 수치심을 유발하는 인터뷰 질문 앞에 연구참여자들이 답할 상황이 발생하는 경우, 이에 대하여 충분히 사전 동의를 얻었다 하더라도 인터뷰 진행과정에서 감정 손상을 일으킬 수 있다. 이에 연구자들은 충분히 대비하고 윤리적인 자료수집이 이뤄질 수 있도록 노력해야 한다.

5) 면접 조사의 절차

(1) 면접 약속 정하기

면접 조사는 연구참여자의 면접 수락이 없으면 조사가 불가능하다. 이에 면접의 첫 번째 단계는 연구참여자를 확보하는 것이다. 연구참여자가 확보되면 연구참여자가 편안한 시간과 장소에서 면접이 진행될 수 있도록 해야 한다. 일반적으로 면접을 위해 사전에 면접 시간과 장소를 정하고 면접이 이뤄지게 된다. 면접 약속을 정하는 과정에서 면접방법, 소요되는 시간, 면접 질문의 대략적인 내용, 동의 여부 등에 대해 충분히 연구참여자가 이해할 수 있도록 설명하여야 한다.

(2) 면접 개시

연구참여자가 확보되어 면접이 이루어지면 연구자는 자기소개를 하고 연구의 목적 및 연구결과의 유용성, 면접 시간, 비밀 보장의 원칙 등의 내용을 간략하게 연구참여자에게 설명해야 한다. 이를 위해 연구자는 면접 개시의 순서와 내용에 대해 잘 숙지하고 있어야 한다. 또한 연구자는 연구참여자와의 첫 만남에서 가급적 좋은 인상을 주고, 편안한 면접 분위기를 제공해야 한다. 연구자의 첫인상이 면접 조사의 성패를 좌우할 정도로 중요하기 때문에 연구자는 항상 복장이나 태도에 세심한 주의를 기울여야 한다.

(3) 면접 진행

연구참여자에게서 면접에 대한 공식적인 동의가 이뤄지게 되면 본격적인 면접이 시작된다. 연구참여자의 특성에 따라 면접의 구체적인 과정에는 차이가 있을 수 있으나, 보편적인 원칙을 지키며 진행하는 것이 중요하다. 구조화 면접의 경우 준비된 질문 항목에 체크를 하면서 질문이 누락되지 않도록 해야 한다. 반구조화 인터뷰에서는 연구참여자의 다양한 반응들을 관찰하며 다양한 질문들을 수행하게 된다. 인터뷰는 일반적으로 녹음 혹은 녹화하게 되는데, 녹음의 시작과 종료는 명확하게 고지하여야 한다. 드물게 인터뷰의 녹음 고지가 이뤄지지 않고 녹음하는 경우가 있는데, 이는 연구윤리 위반의 가능성이 있다. 인터뷰의 진행은 다음과 같이 이뤄지는 것이 적절하다.

첫째, 면접은 가급적 비공식적인 분위기에서 편안하게 진행되어야 한다. 이를 위해 연구자는 인터뷰 질문을 철저히 숙지하여 연구참여자가 편안함을 느끼도록 해야 한다.

둘째, 연구자는 면접 지침을 가급적 잘 따르는 것이 바람직하지만, 때로는 상황에 따라 면접 질문의 순서를 변경하면서 유연하게 대처할 수 있어야 한다.

셋째, 연구자가 특정 응답을 유도하거나 시사해서는 안 된다. 응답이 쉽게 이루어지지 않을 경우 연구자가 조급하게 생각하여 답을 재촉하거나 유도하는 보충적인 질문을 하는 것은 바람직하지 않다(김태성 외, 2012).

(4) 프로빙 기법 사용

면접과정에서 프로빙(probing, 캐어 묻기) 기법을 사용하여 불충분한 답변을 보충하거나 불확실한 답변을 수정하여 충분한 이야기를 이끌어 낼 수 있다. 구체적인 프로빙 기법은 다음과 같다.

첫째, 완성형(completion) 질문이다. 이는 "그 밖에 더 하실 말씀은 없으신가요?"와 같은 질문을 통해 연구참여자로 하여금 응답한 내용을 더 보완하거나 종결을 유도하는 질문이다.

둘째, 명료화(clarification) 질문이다. 이는 "좀 더 자세히 설명해 주시겠습니까? 정확하게 언제 있었던 일인가요?"와 같은 질문을 통해 모호하거나 모순되는 내용의 응답을 보다 자세하고 명확하게 하는 것이다.

셋째, 경로형(channel) 질문이다. 이는 "어디서 들었던 내용이다." "누가 그런 소리를 하더라." 등과 같은 내용의 출처가 불분명한 응답의 근거나 출처를 밝히기 위해 사용되는 기법으로 주로 "누구는 구체적으로 어떤 사람을 지칭합니까? 어디서 누구로부터 이야기를 들었습니까?"와 같은 질문을 통해 이루어진다.

넷째, 침묵이나 무언의 암시 기법이다. 이는 좀 더 자세한 정보를 원할 경우 연구참여자로 하여금 약간 어색한 느낌을 받도록 면접자가 아무 말도 하지 않거나 연구참여자의 눈을 주시하는 기법이다. 연구참여자는 면접자의 이러한 태도에 뭔가 이야기를 더 해야 할 것 같은 압박감을 느껴 추가적인 설명이나 정보를 제공하게 된다.

다섯째, 반복(repetition) 질문이다. 이는 한 번 더 물어봄으로써 보다 분명한 대답을 요구하는 기법이다(김태성 외, 2012).

프로빙 기법은 중립적으로 사용되어야 한다. 한 가지 질문에 대한 심층적인 정보를 얻기 위해 사용되어야 하며, 다른 질문에 영향을 미치지 않아야 한다. 또한 프로빙 기법을 사용할 때는 이를 기록하여 모든 연구참여자에게 동일한 프로빙 기법을 사용함으로써 기법 자체가 응답에 미치는 영향을 최소화하도록 해야 한다.

(5) 응답의 기록

연구참여자의 응답을 기록하는 것은 연구자의 주요 역할 중 하나다. 응답의 기록은 주로 다음의 네 가지 방법으로 이루어진다.

첫째, 응답을 미리 정해진 범주로 분류하는 방법이다. 대부분의 표준화 면접은 폐쇄형 질문으로 구성되어 있기 때문에 응답 내용을 기록하는 것이 용이하다. 응답의 기록을 정해진 일정한 범주대로 분류만 하기 때문에 기록에 특별한 기술이 필요하지 않다.

둘째, 응답 내용을 요약하는 방법이다. 비표준화 면접에서는 개방형 질문이 많고 응답이 길게 이어지는 경우가 많기 때문에 이를 요약하여 기록해야 한다. 이를 위해서 응답의 내용을 정확하게 기록할 수 있게 연구자에 대한 교육이 필요하다.

셋째, 응답 내용을 그대로 옮겨 적는 방법이다. 이 방법은 응답을 요약할 경우 면접자의 편견이 개입되거나 중요한 내용이 누락될 수 있기 때문에 사용되는 방법이다. 그러나 응답 내용을 그대로 옮겨 적는 것은 면접자에게 큰 부담으로 느껴질 수 있으며, 오히려 면접자가 면접에 집중을 하지 못하여 연구참여자의 반응에 소홀해지는 등의 문제점이 있다.

넷째, 녹음기나 캠코더 면접을 녹음 혹은 녹화하는 방법이다. 이는 면접자의 기록에 대한 부담을 덜어 주어 보다 면접에 집중할 수 있게 하는 장점이 있다.

그러나 녹음된 내용의 경우에는 이를 다시 풀어서 기록해야 하기 때문에 시간과 비용이 소모되는 단점이 있다(김태성 외, 2012).

(6) 면접의 종료와 메모하기

준비한 문항에 대한 정보를 모두 얻으면 면접이 종료된다. 면접이 종료되면 연구자는 면접에 사용된 자료를 정리하고 내용을 검토해야 한다. 그리고 연구참여자에게 협조에 대한 감사의 인사말을 정중하게 하는 것이 좋다. 좋은 감정으로 면접을 종료함으로써 미래에 보충적인 질문이 필요한 경우 다시 면접할 수 있는 여지를 남겨 두어야 한다. 그리고 면접에 소요된 시간 및 장소, 연구참여자의 태도와 이해도, 민감하게 반응한 문항, 잘 이해하지 못했던 문항 등을 기록해 두는 것이 연구에 도움이 된다. 또한 자료수집 이후 분석 작업 전 단계에서 연구자의 느낌이나 인상, 인터뷰를 통해 새롭게 발견한 내용을 요약함으로써 다음 인터뷰에 환류될 수 있도록 하는 것이 필요하다.

연습문제

01 질적 자료수집에 대한 설명 중 잘못된 것을 고르시오.

① 계량화되지 않는 모든 자료들은 질적 자료라고 할 수 있다.
② 최근 들어 사진과 같은 자료도 질적 연구의 자료로 활용되고 있다.
③ 질적 자료수집을 통한 연구결과를 전체 인구집단에 일반화될 수 있도록 모집단을 대표하는 표본 추출이 이루어져야 한다.
④ 연구참여자 선정은 이론적 포화를 고려하여 이루어져야 한다.
⑤ 질적 연구는 매우 다양한 맥락적 요소에 의해 영향을 받을 수 있다.

02 다음 중 관찰의 장점이 아닌 것은?

① 보다 정확하게 계량화된 자료를 수집할 수 있다.
② 비언어적 자료의 수집을 통해 언어로 표현되기 힘든 사회현상의 이면을 파악할 수 있다.
③ 글을 읽고 이해하기 힘든 유아에 대한 행동 연구에 활용될 수 있다.
④ 사회현상을 관찰함으로써 구조화되지 않았더라도 연구질문에 대한 직관을 얻을 수 있다.
⑤ 자연스러운 상황에서 자료를 수집하는 것이 가능하다.

03 다음 중 관찰 방법이 가장 적절한 것을 고르시오.

① 개인의 성폭력 피해나 가정폭력 피해 등과 같은 사적 폭력 피해경험 그 자체
② 연구자의 존재가 조사대상자의 행동이나 반응에 영향을 미칠 수 있는 집단
③ 우리나라 병사의 자살행동
④ 빈곤지역에서 사회복지 공무원과 수급자의 의사소통
⑤ 북한 미취학 아동이 경험하는 부모와의 애착관계 특성

04 관찰의 종류 중 옳은 것을 모두 고르시오.

가. 직접 관찰은 조사대상자를 연구자가 직접 만나서 보며 수행하는 것을 뜻한다.
나. 비참여 관찰은 연구자의 존재를 조사대상자에게 드러내지 않는 것을 뜻한다.
다. 초점집단 인터뷰 연구자가 조사대상자와의 상호작용을 하기 때문에 참여 관찰에 해당한다.
라. 비참여적 관찰은 모두 현시적 관찰 방법을 따른다.
마. 비조직적 관찰은 관찰대상에 대한 선이해를 가급적 배제하기 때문에 관찰의 방법, 기록의 형태 등에 대해 백지 상태에서 이루어져야 한다.

① 가, 다 ② 가, 나, 다 ③ 가, 다, 라
④ 가, 나, 마 ⑤ 가, 다, 마

05 다음 중 관찰의 단점으로 잘못된 것을 고르시오.

① 우범지역의 문화 등을 실제로 관찰연구하는 데 다양한 위험이 따를 수 있다.
② 관찰자 자신이 조사대상자의 행동에 영향을 미칠 수 있다.
③ 관찰의 결과를 계량화하기 어렵다.
④ 관찰대상의 크기 제한이 거의 없다.
⑤ 관찰자의 주관에 따라 연구결과가 오염될 수 있다.

06 면접에 대한 설명으로 잘못된 것을 고르시오.

① 면접은 질적 자료수집에서 가장 많이 사용되는 방식이다.
② 면접은 1:1의 방식으로만 이루어진다.
③ 면접 질문의 구조화 수준에 따라 구조화, 반구조화, 비구조화 면접으로 구분된다.
④ 구조화 면접은 연구참여자의 자연스러운 반응이나 이야기를 제한할 가능성이 있다.
⑤ 최근 온라인 화상 플랫폼을 활용한 면접이 늘어나고 있는 추세다.

07 면접의 장점과 단점에 대한 설명으로 잘못된 것을 고르시오.

① 연구자와 연구참여자가 상호작용을 통해 자료수집이 이뤄지므로 매우 풍부한 자료 획득이 가능한 장점이 있다.

② 연구참여자가 자신의 경험을 직접 언어로 표현하기 때문에 당사자를 더 깊이 있게 이해할 수 있는 장점이 있다.

③ 면접은 일반적으로 녹음 및 녹화 등을 통해 풍부한 텍스트를 생산할 수 있다는 장점이 있다.

④ 면접 방식이 인위적인 환경 속에서 이루어질 경우 연구참여자가 긴장 속에서 참여할 수 있는 단점이 있다.

⑤ 직접 대면하여 면접이 이루어지기 때문에 연구윤리 위반의 가능성이 다른 연구방법에 비해 적은 장점이 있다.

08 면접의 절차에 대한 설명으로 잘못된 것을 고르시오.

① 면접 전에 가급적 면접의 시간, 장소 등에 대한 약속을 하는 것이 좋다.

② 자연스러운 면접을 위해 면접 전에는 면접의 방법이나 절차 등에 대해 설명하지 않는 것이 바람직하다.

③ 인터뷰의 녹음 개시와 종료는 명확하게 하는 것이 바람직하다.

④ 면접과정에서 대화를 촉진하기 위해 프로빙 기법을 활용할 수 있다.

⑤ 면접 후 면접 내용과 인상, 알게 된 것을 메모하고 이후의 면접에 환류될 수 있도록 하는 것이 바람직하다.

답

01 ③ 02 ① 03 ④ 04 ① 05 ④ 06 ② 07 ⑤
08 ②

해설

01 질적 자료수집은 사회현상에 대한 심층적 이해를 목표로 하며, 모집단에 대한 일반화를 고려하는 것은 양적 연구에 해당한다.

02 관찰은 질적 자료수집의 방법에 해당한다.

03 빈곤지역에서 사회복지 공무원과 수급자의 의사소통은 관찰방법으로 가능하다. ①의 경우에는 윤리적 문제를 야기할 수 있으며, ②는 관찰이 불가능한 것은 아니지만 관찰에 의해 수집된 자료가 왜곡될 가능성이 있고, ③과 ⑤번의 경우는 현실적으로 관찰 자체가 불가능하다.

04 나와 라의 비참여 관찰은 연구자가 연구참여자에게 드러나는지(현시성)를 의미하는 것이 아니라, 연구참여자와 상호작용을 실제로 하는지의 여부에 따라 구분된다. 즉, 비참여 관찰방법은 때로 연구자가 드러난 상태에서 이뤄지기도 하며, 드러나지 않은 상태에서 이뤄지기도 한다.

마의 비조직적 관찰의 경우 관찰 대상에 대한 선행 이해가 관여되는 경우가 종종 있다.

05 관찰은 연구자에 의해 직접 이뤄지는 질적 자료수집방법이기 때문에 설문 조사와는 달리 자료수집의 범위에 일정한 한계가 있다.

06 1:1의 면접뿐만 아니라 초점집단면접과 같이 여러 연구참여자의 집단이 함께 면접에 참여하는 경우도 있다.

07 면접의 방법이 연구윤리 위반 가능성을 낮추지는 않는다.

08 면접 전 가급적 면접의 방법이나 절차, 동의 여부 등에 대해 충분히 설명하는 것이 바람직하다.

용어정리

이론적 포화(theoretical saturation) 연구자가 수집하고 분석한 자료로 충분하다고 판단하여 더 이상의 추가적 자료 수집이 필요하지 않다고 판단하는 상황

직접 관찰 연구자가 조사 대상을 직접 만나고 보며 수행하는 관찰방법

간접 관찰 직접적인 관찰이 어려운 사회현상의 경우 기록이나 문헌, 간접적인 관계자의 증언 등을 통해서 관찰하는 방법

참여 관찰 연구자가 연구참여자와 상호작용하며 관찰하는 방법

비참여 관찰 연구자가 연구참여자와의 교류나 상호작용을 최소화한 상태에서 관찰하는 방법

조직적 관찰 관찰의 방법이나 내용, 기록의 방법 등을 구체적으로 계획하는 방법

비조직적 관찰 일정한 계획을 세우기는 하지만 과도한 선행지식을 통한 계획을 배제하는 것이 바람직할 경우에 구체적인 수준까지 관찰을 계획하지 않는 방법

현시적 관찰 관찰자가 연구참여자에게 확인되는 관찰방법

비현시적 관찰 관찰자가 연구참여자에게 확인되지 않는 관찰방법

프로빙(probing) 기법 면접과정에서 불충분한 답변을 보충하거나 불확실한 답변을 수정하여 충분한 이야기를 이끌어 내는 질문방법

참고문헌

김영종(2007). 사회복지조사론: 이해와 활용. 서울 학지사.

김태성, 김기덕, 이채원, 홍백의 (2012). 사회복지조사론. 서울: 청목출판사.

조문영(2001). '가난의 문화' 만들기: 빈민지역에서의 '가난'과 '복지'의 관계에 대한 연구. 연세대학교 석사학위논문.

최성재(2005). 사회복지조사방법론. 경기: 나남출판.

Barbour, R. (2007). *Doing focus groups*. Thousand Oaks, CA: Sage Publications.

Maxwell, J. A. (2013). *Qualitative research design: An interactive approach* (3rd Eds). Thousand Oaks, CA: Sage Publications.

Miles, M. B., & Huberman, A. M. (1994). *Focusing and bounding the collection of data: The substantive start*. In Qualitative data analysis (2nd ed., pp.16-39). Thousand Oaks: Sage Publications, pp. 16-39.

Van Manen, M. (1998). *Researching lived experience*. Ontario: The Althouse Press.

Venkatesh, S. A. (2009). 괴짜사회학. 김영선 역. 서울: 김영사.

제14장

양적 자료분석

학습목표

1. 통계의 개념에 대해서 이해한다.
2. 빈도분석의 개념에 대해서 이해한다.
3. 중앙집중경향도의 개념에 대해서 이해한다.
4. 산포도의 개념에 대해 이해한다.

양적 자료분석은 이론에서 가설을 수립하고 수집된 자료를 통해 가설을 검증하는 연역적 방법에 의해 이루어지며, 증거기반의 객관적이고 일반적인 보편성을 강조하는 자료수집방법이다. 양적 자료분석은 연구자가 관심을 가지는 연구대상의 속성을 계량화하거나 수집한 자료를 수량화하여 통계분석 등의 방법을 통해 분석한 결과와 가설의 인과관계를 규명하는 연구방법을 말한다. 따라서 통계분석에서 사용되는 개념 및 용어에 대해서 숙지하는 것이 중요하다.

이 장에서는 통계의 개념, 빈도분석 및 중앙집중경향도와 산포도 등에 대해 살펴보고자 한다.

1. 통계의 개념

통계란 어떤 관찰 가능한 대상이나 사건에 대해 측정결과를 서술하거나 일부에 대한 측정결과를 통해 전체를 미루어 생각하는 절차를 말한다. 이러한 통계에서는 현상을 측정하고 자료를 취합하는 것이 매우 중요한데, 통계학에서는 분류체계나 측정도구에 의해 수치로 표현될 수 있는 현상의 속성을 '변수'라 하며, 이러한 변수를 수치로 표현한 것을 '자료'라 한다(장상희 외, 2007). 이에 통계는 일상생활에서의 현상을 과학적으로 이해하고 합리적으로 판단하기 위해 변수를 측정한 자료를 체계적으로 수집하여 정리하고 이를 분석하여 해석하는 기술이라 할 수 있다.

일상생활에서의 통계 예시를 살펴보면 다음과 같다. 우리의 일상생활에서의 불확실성을 분석하고 이를 감소시키려는 노력이 통계라 할 수 있다. 예를 들면, 장마철에 올해는 비가 얼마나 올지 이전의 강수량 자료들을 모아서 올해의 강수량을 예측하는 일련의 과정, 이전까지의 전 세계 전염병 발병 양상 등에 대한 수치를 중심으로 우리나라에 언제, 얼마나 전염병이 유행할지를 예측하는 것, 그리고 외교문제에 있어 북한, 미국, 중국, 일본과의 관계의 불확실성이 높은 상황에서 미래를 대비하기 위해 과거와 현재의 외교 자료를 수집하고 분석하여 외교적 대비를 하는 일 등 이러한 일련의 우리 일상의 활동들이 통계와 밀접하게 관련이 있다.

2. 통계의 목적

통계는 사용하는 목적에 따라서 크게 다음의 두 가지로 구분할 수 있다(박정식, 윤영선, 2005; 최원석 외, 2017).

첫째, 기술통계(descriptive statistics)로, 얻어진 자료를 정리하고 해석하는 과정을 통해 단순히 설명하고자 할 때 사용하는 방법이다.

둘째, 추리통계(inferential statistics)로, 얻어진 자료의 결과를 기초로 해서 결과를 일반화하고 집단의 특성을 추론하는 방법이다.

이와 같이 통계는 목적에 의해 두 가지로 구분할 수 있으나, 궁극적인 목표는 두 방법 모두 연구자의 관심의 대상이 되는 집단의 특성을 알기 위한 것이라는 점에서는 마찬가지라 할 수 있다.

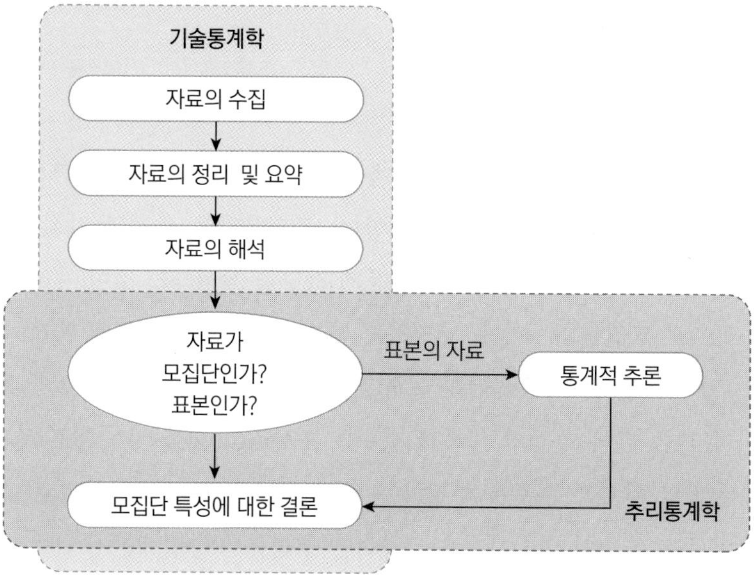

[그림 14-1] 기술통계와 추리통계 관계

출처: 박정식, 윤영선(2005).

1) 기술통계

기술통계(descriptive statistics)는 수집된 자료를 활용하여 현상을 간단하게 기술하고 요약하는 경우에 사용하는 통계기법을 말한다. 즉, 어떤 현상을 숫자로 표시된 자료로 만든 후 그 자료를 체계적으로 정리 · 요약하여 자료 및 현상에 대한 전반적인 특성을 파악하고자 할 때 사용한다(박정식, 윤영선, 2005). 기술통계는 통계적 자료를 정리하고 요약하는 등 자료특성의 계산방법과 관련된 통계적 방법이다. 따라서 기술통계에 사용되는 자료들은 일반적으로 분포라는 일련의 점수로 이루어질 수 있으며, 분포에서 비롯된 원래의 측정값을 원점수(raw data)라 하고 이를 요약하고 분류하는 작업이 기술통계다. 예를 들면, 사회복지학개론 강의를 수강하고 있는 학생들의 월 평균 용돈 수준을 알기 위해 자료를 조사하여 월 평균 용돈이 얼마인지 구하는 것이 기술통계라 할 수 있다. 참고로, 기술통계는 요약수치와 도표로 나타낼 수 있다. 요약수치에는 빈도분석, 중심경향치, 산포도, 상관관계 등이 있으며, 도표에는 원도표, 막대도표, 히스토그램 등이 있다.

2) 추리통계

추리통계(inferential statistics)는 표본에서 얻은 자료로 모집단의 특성을 확인하고자 할 때 사용하는 통계기법을 말한다. 추리통계는 추정과 가설검증으로 이루어지며, 평균 · 표준편차 등의 기술통계 값만을 제시하는 것이 아니라, 표본자료를 근거로 모집단의 특성을 규명하는 통계적 방법이다(이종환, 2016; 장상희, 이상문, 2007). 예를 들면, 우리나라 대학생들의 행복감 수준을 알아보기 위해 몇 천 명만 표본을 뽑아 그들의 행복감 점수를 조사하고 이를 바탕으로 우리나라 대학생 전체의 행복감 수준을 추정하는 것이 추리통계학이다. 참고로, 모집단의 모수치 등을 추정하거나 가설을 검증하는 추리통계 방법에는 t-검증, 분산분석, 회귀분석 등의 방법이 있다.

오늘날에는 추출한 표본을 중심으로 모집단의 특성을 추론하는 추리통계 방법이 널리 사용되고 있다. 이는 문제해결의 대상이 되는 전체 집단을 모두 조사하고 분석하는 데 막대한 비용과 시간이 필요하며, 전체 모집단을 모두 조사하는 것이 현실적으로 불가능한 경우가 많기 때문에 표본을 추출하여 분석하는 추리통계방법이 보다 널리 사용되고 있다.

표 14-1 기술통계와 추리통계

통계	기술통계	• 수집한 자료를 활용하여 현상을 단순하게 기술 - 요약수치: 중심경향치, 산포도, 상관관계 - 도표: 히스토그램, 막대도표, 원도표 등
	추리통계	• 표집한 자료를 통해 전체 집단의 특성을 파악하는 방법 - 요약수치: t-검증, 분산분석, 회귀분석 등

3. 통계의 기초 개념

1) 모수통계와 비모수통계

모수통계와 비모수통계의 차이를 이해하고 이를 비교하기 위해서는 보다 깊은 통계학에 대한 지식이 필요하다. 따라서 이 절에서는 통계의 종류를 소개하기 위해 모수통계와 비모수통계의 특성을 간략하게 살펴보고자 한다.

모수통계는 모집단이 정규분포라는 가정이 필요하다는 것이 가장 큰 특징이며, 사용되는 자료가 수량적 자료 중에서 연속적 자료를 요구하는 경우가 많다. 반면, 비모수통계는 모집단의 분포 모양에 대한 가정이 필요 없으며, 표본의 수가 작아도 되며, 비연속적 수량적 자료는 물론 질적 자료를 사용한다는 특징이 있다.

비모수통계는 모집단에 대한 가정이 필요 없으며, 적은 수의 표본을 가지고도 분석이 가능하기 때문에 편리하다는 장점이 있다. 그러나 모수통계학이 실제 연구에서 더 자주 사용되는데, 그 이유는 비모수통계가 더 편리하기는 하나 모수통계 방법이 모수치를 추정하는 데 있어 더 신뢰할 만한 방법이기 때문이다.

2) 모집단과 표본, 표집

양적 연구를 위해서는 통계학에서 사용되는 기본적인 개념들을 이해해야 한다. 여기서는 통계와 관련된 기초 개념들에 대한 이해가 이루질 수 있도록 관련 개념을 다루고자 한다. 먼저, 연구를 수행하기 위해서는 연구의 대상을 명확히 규명하는 것이 중요하며, 양적 연구의 첫 과정으로서 연구대상을 체계화하는 데 사용되는 모집단, 표본, 표집에 대해 살펴본다.

(1) 모집단

모집단(population)은 연구자가 관심을 가지고 연구하고자 하는 전체 집단의 모든 구성원을 말한다(최원석 외, 2017). 예를 들면, 대한민국 고등학교 3학년의 행복지수를 조사하는 연구에서는 모집단이 대한민국 고등학교에 재학하고 있는 3학년 학생 전체가 되는 것이다.

단, 모집단을 구성하는 개체의 수는 상황에 따라 각기 다르다는 특징이 있다(장상희, 이상문, 2007). 예를 들면, 대학민국 고등학교 학생의 평균 키를 살펴보고자 한다면 모집단의 수는 대한민국 고등학생 수만큼 될 것이며, 통계학 강의를 듣는 수강생들의 평균연령이 연구자의 관심 대상이라면 수강생 수가 모집단이 된다. 또한 우리 가족의 스트레스 정도가 관심이라 하면 모집단이 더 작게도 설정될 수 있다. 이렇게 모집단의 수는 정해져 있는 것이 아니라 연구자의 관심의 대상에 따라 달라질 수 있다.

앞의 예시에서처럼 모집단이 가족, 수강생 등 작을 때는 가능하면 모집단을 구성하고 있는 모든 대상을 조사・분석하여 파악하여야 한다. 하지만 우리나라 고등학생 또는 세계인구 등과 같이 모집단의 구성원을 다 조사할 수 없는 경우에는 시간적・경제적으로 한계가 있기 때문에 표본을 뽑아 분석하여 모집단의 특성을 파악해야 한다.

(2) 표본

표본(sample)은 모집단 중에서 조사대상으로 채택된 일부를 말한다(최원석 외, 2017). 즉, 모집단의 특성을 추정하기 위해 선정된 집단으로 모집단을 대표하는 일부분인 것이다. 예를 들면, 우리나라 고등학생의 행복감을 측정하기 위해 서울, 경기도, 강원도, 충청도, 전라도, 경상도, 제주도에서 각각 고등학생 100명씩 뽑아 조사하는 경우를 말한다.

(3) 표집

표집(sampling)은 모집단에서 표본을 추출하는 과정을 말한다. 표집은 실제 연구에서 연구대상 전체를 모두 조사하는 것이 불가능할 경우에 이루어지며, 모집단 중 일부만을 대상으로 하여 연구를 진행하고 그 결과를 통해 모집단을 추론할 때 이루어진다(최성재, 2005). 예를 들면, 초등학교 6학년의 건강상태에 대한 연구에서 모집단은 우리나라 초등학교에 다니는 6학년 학생 모두가 해당된다. 여기서 1,000명을 뽑아 연구를 진행하게 되면 뽑힌 초등학생은 표본이 되며, 이 1,000명을 표본크기(sample size)라 한다.

3) 모수치와 통계치

양적 연구를 수행할 때, 모집단 전부를 대상으로 하여 어떤 특성을 수치로 알아보는 경우도 있으며, 모집단을 전부 조사하지 않고 표본을 뽑아서 그 특성을 수치로 나타내기도 한다. 앞의 예를 통해 보면, 우리나라 초등학교 6학년 학생 전체를 대상으로 건강상태를 조사하는 경우도 있을 수 있으며, 전체 대상 중 표본을 뽑아 그 수준을 계산할 수도 있다. 두 경우 모두 건강수준에 대한 수치를 제시하는 것이지만, 하나는 모집단을 대상으로 계산된 수치이며 다른 하나는 표본을 대상으로 계산된 수치이기에 분명한 차이가 있다(장상희, 이상문, 2007). 그러므로 양적 연구에서 제시되는 통계적 수치들은 그 대상을 모집단으로 하느냐 또는 표본으로 하느냐에 따라 구분하여 나타내야한다.

(1) 모수치

모수치(parameter)는 모집단의 특성을 묘사하는 측정치를 말한다. 이는 모집단이 가지고 있는 특성을 의미하며, 모수치의 평균은 μ(뮤), 표준편차는 σ(시그마), 분산은 σ^2(시그마 제곱)으로 표기한다(최원석 외, 2017).

(2) 통계치

통계치(statistics)는 표본의 특성을 수치로 나타낸 것을 말한다. 이는 모집단의 모수를 정확히 계산하지 못하는 상황에서 모집단에서 추출된 표본의 특성이라 할 수 있다. 통계치의 평균은 $\overline{X}$, 표준편차는 S, 분산은 S^2으로 표기한다(장상희, 이상문, 2007).

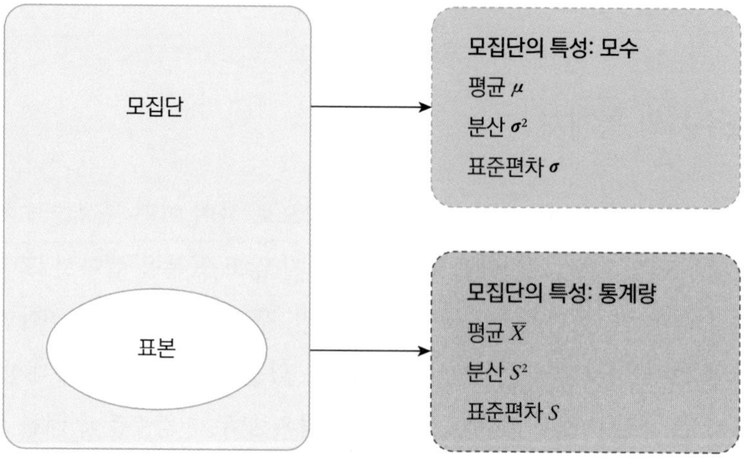

[그림 14-2] 모수와 통계치

4) 변수

변수(variable)는 개념을 측정 가능한 면으로 본 것으로, 개념이 가설의 진술에 사용될 때 이를 변수라 부른다. 즉, 개념을 관찰하거나 측정하는 의미로 사용하면 개념은 변수로 바뀌게 된다(최성재, 2005, p. 140). 따라서 변수란 개념의 경험적 속성을 나타내며, 그 속성에 계량적 수치를 부여하여 측정 가능한 개념을 나타내는 것이 개념과 구분되는 점이다.

변수는 한 연속선상에서 둘 이상의 값(value)이나 범주를 가지는 점이 중요한 특징이다. 예를 들어, 성별이라는 변수는 남성과 여성이라는 변숫값을 가지고, 학력은 초등학교, 중학교, 고등학교, 대학교, 대학원, 기타로 분류되는 여섯 가지의 값을 가진다. 또한 우울이라는 변수는 우울의 정도에 따라 1~5의 값을 가질 수 있고, 연령은 1~100세 이상의 다양한 값을 가질 수 있다.

변수는 연속성 여부에 따라 이산변수(discrete variable)와 연속변수(continuous variable)로 구분되며, 기능에 따라 독립변수, 종속변수, 통제변수, 매개변수, 외생변수, 억압변수로 구분된다. 여기에서는 기능에 따른 변수의 분류를 살펴보고자 한다.

(1) 독립변수와 종속변수

인과관계에서 원인(cause)을 가져오는 변수를 독립변수(independent variable)라 하고, 결과(effect)를 나타내는 변수를 종속변수(dependent variable)라고 한다. 독립변수는 설명변수, 원인변수, 예측변수라고도 하며, 종속변수는 결과변수, 피설명변수, 피예측변수라고도 한다. 독립변수는 종속변수의 논리적인 선행조건으로 종속변수에 영향을 미치는 원인으로 작용하며, 종속변수는 다른 변수에 영향을 받는 변수다. 예를 들어, '부모-자녀 간 역기능적 의사소통이 높을수록 청소년의 자살생각은 높을 것이다.'라는 가설에서 역기능적 의사소통은 자살생각의 원인이 되기 때문에 독립변수가 되고, 자살생각은 역기능적 의사소통이 나타난 후에 생기는 관계이기 때문에 종속변수가 된다.

하지만 독립변수와 종속변수의 관계는 정해져 있는 것이 아니라 경우에 따라서 독립변수가 종속변수로, 종속변수가 독립변수로 되기도 한다(최성재, 2005, p. 141). 예를 들어, 공격성과 자존감이라는 변수관계에서 공격성과 자존감은 상호 원인과 결과가 될 수 있다. 즉, 공격성이 높아서 자존감이 낮을 수도 있고, 자존감이 낮아서 공격성이 높을 수도 있다.

사회현상은 인과관계를 규명하기 어려운 경우가 많지만, 일반적으로 변수 간의 관계에서 독립변수와 종속변수는 공변관계, 시간선행, 허위관계의 배제라는 세 가지 요건을 충족시켜야 한다. 공변관계란 두 변수가 상관관계에 있는 것을 의미하고, 시간선행이란 독립변수가 종속변수의 변화에 선행하여야 함을 의미한다. 허위관계의 배제란 두 변수 간의 관계가 다른 변수의 영향으로 인하여 결과가 나타나서는 안 된다는 것이다.

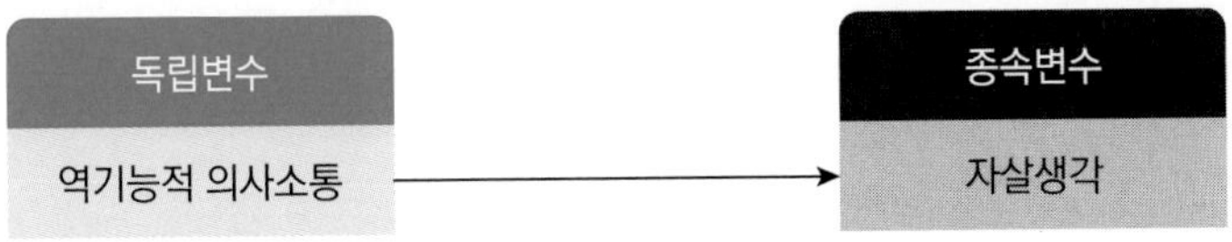

[그림 14-3] 독립변수와 종속변수 관계

(2) 통제변수

통제변수(control variable)란 독립변수와 종속변수 간의 인과관계에 영향을 주는 제3의 변수를 말한다. 조사연구에서는 독립변수와 종속변수 간의 관계에 영향을 주는 다양한 요인이 있는데, 이러한 요인을 통제하지 않으면 인과관계가 정확히 규명될 수 없다. 외생변수, 매개변수, 억압변수 등이 조사연구에서 고려되어 통제되면 이를 통제변수라 칭한다. 예를 들어, 한 중학교에서 학생의 키와 몸무게를 증진시키기 위해서 A 영양제를 1년 동안 의무적으로 먹게 했다고 하자. 1년 후 이 학교 학생의 키와 몸무게를 측정했을 때 비약적으로 성장하는 효과가 있었다고 해서, 과연 학생의 성장이 이 A 영양제의 효과라고만 할 수 있는지에 대한 의문이 발생한다. 성장기에 있는 학생은 자연적으로 몸무게와 키가 늘어나는 경향이 있기 때문이다. 그렇다면 A 영양제가 학생의 키와 몸무게에 미치는 영향 사이에 자연적 성장이라는 외생변수가 작용하여 왜곡된 결과를 가져올 수 있다. 이러한 외생변수를 잘 통제하지 못하면 독립변수와 종속변수 간의 정확한 인과관계를 설명할 수 없다. 따라서 이러한 요인은 통계적으로 제거하여 연구를 진행하여야 한다.

[그림 14-4]의 예를 보면, '친구와의 네트워크 게임 사용 시간'이란 통제변수가 사용되었다. 이는 대부분의 청소년이 인터넷 게임을 할 때 친구들과 함께 네트워크 게임을 하므로 이 변수의 영향을 통제해야만 주요 변수 간의 관계를 보다 정확히 파악할 수 있기 때문이다(조춘범, 2010).

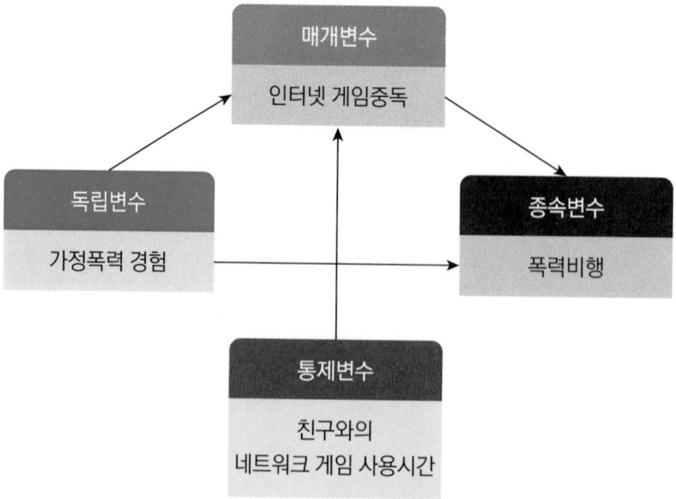

[그림 14-4] 통제변수 적용의 예

(3) 매개변수

매개변수(intervening variable)란 독립변수와 종속변수 간의 관계를 더 명백하게 설명해 주는 변수로 독립변수의 결과인 동시에 종속변수의 원인이 되는 변수다(Baron & Kenny, 1986). 즉, 매개변수는 독립변수가 매개변수를 통해 종속변수에 간접적인 영향을 미치게 한다. 예를 들어, [그림 14-5]처럼 우울감이라는 매개변수는 독립변수가 매개변수를 통해서 종속변수에 영향을 미치게 하는 역할을 한다. 이러한 매개변수는 독립변수와 종속변수 간의 시간적 선후관계, 논리과정에 대한 이해를 도모하여 인과관계에 대한 정확한 규명을 가능케 한다.

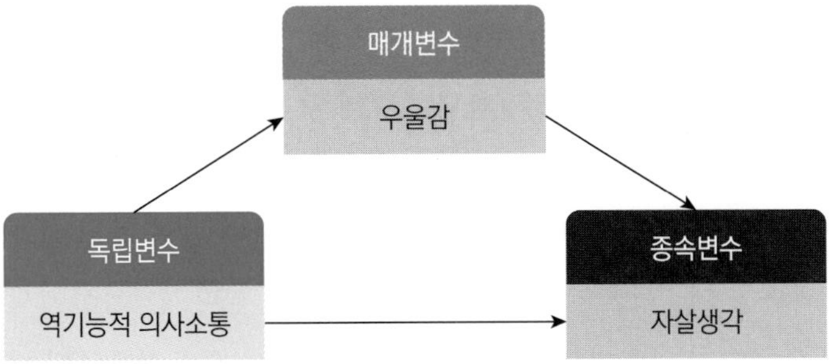

[그림 14-5] 매개변수의 예

(4) 외생변수

외생변수(extraneous variable)란 독립변수와 종속변수 간의 관계가 표면적으로 인과관계가 있는 것처럼 보이게 하는 변수로 이 변수를 통제해야만 독립변수와 종속변수 간의 정확한 관계를 규명할 수 있다. 예를 들어, 서울 소재 중학교의 학생 수가 지역 청소년의 비행 정도에 정적(+)으로 영향을 미친다는 연구결과가 발표되었다고 하자. 하지만 실제로는 독립변수와 종속변수 간의 인과관계가 도시 규모라는 제3의 변수로 발생하였다고 가정한다면, 이 제3의 변수는 독립변수와 종속변수 간의 관계를 표면적으로 인과관계가 있는 것처럼 보이게 한다. 이러한 제3의 변수인 도시규모를 외생변수라고 한다. 이러한 관계에서 외생변수인 도시 규모는 중학교 학생수와 청소년 비행이라는 변수의 원인이 된다. 이러한 외생변수는 조사연구에서 통제변수로 고려되어야 독립변수와 종속변수 간의 정확한 인과관계를 파악할 수 있다.

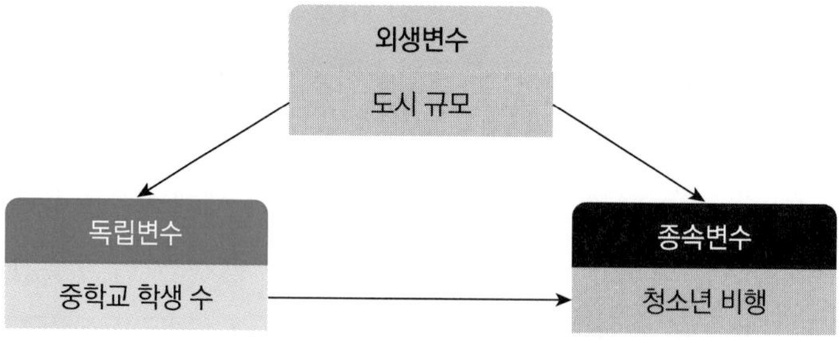

[그림 14-6] 외생변수의 예

(5) 억압변수

억압변수(suppressor variable)란 독립변수와 종속변수 간의 관계를 억제시키는 변수를 말한다. 두 변수가 아무런 관계가 없는 것처럼 보이게 하는 제3의 변수를 말하며, 이러한 억압변수는 하나의 변수와 긍정적 상관관계를, 다른 하나의 변수와는 부정적 상관관계를 가지고 있어 독립변수와 종속변수 간의 관계를 억압하고 있다. 따라서 억압변수가 통제될 때 두 변수 간의 참된 관계가 나타나게 된다. 예를 들어, '학력이 높을수록 소득수준이 높다.'는 가설에서 연령이라는 변수가 통제되지 않는다면 두 변수 사이의 인과관계가 정확하게 나타나지 않게 될 수 있다. 연령이라는 변수는 학력과 소득 수준과의 관계에서 긍정적 상관관계와 부정적 상관관계를 각각 가지고 있다. 즉, 연령이 높을수록 학력은 낮고(부정적 상관관계), 소득수준은 높다(긍정적 상관관계). 따라서 낮은 연령은 소득수준을 낮추고, 높은 연령은 교육수준을 낮추게 되어 학력과 소득수준의 인과관계를 정확히 파악할 수 없게 한다.

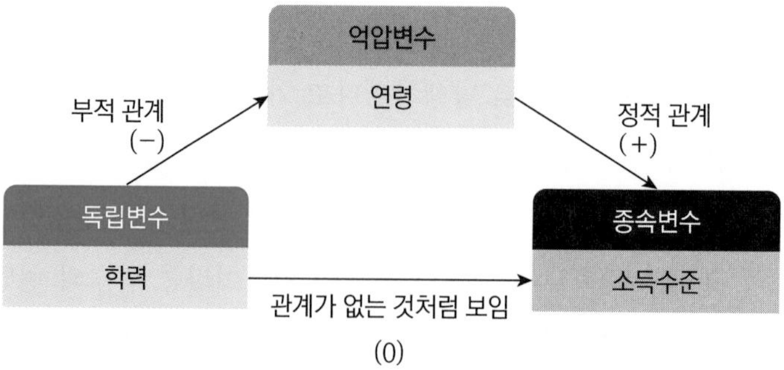

[그림 14-7] 억압변수의 예

4. 빈도분석

빈도는 변수의 값이 몇 번 나타나는지에 대한 수치다. 빈도분석은 빈도결과를 기술하며, 더불어 시각적으로 한눈에 확인할 수 있도록 하는 빈도표, 그래프(막대그래프, 파이그래프 등) 등을 사용하여 자료의 특성을 요약하여 나타낸다(손병덕 외, 2012).

1) 빈도표

빈도분석은 가장 기초적인 정보를 확인하는 통계적 방법이다. 빈도표는 변수에 대한 가장 기초적인 정보를 확인하는 방법이며, 주로 빈도(frequency), 백분율(percentage), 유효백분율(valid percentage), 누적백분율(cumulative percentage)의 통계치가 사용된다. 뒤에 나오는 〈표 14-2〉를 통해 살펴보면, 빈도는 변수에 대한 값이 얼마나 자주 나타나는지에 대한 수치라 할 수 있으며, 백분율(%)은 값들에서 나타나는 사례가 총 사례 수 100을 기준으로 하였을 때 차지하는 위치를 말하며, 유효백분율은 결측값(missing value)을 제외하고 계산한 백분율을 의미한다. 그리고 누적백분율은 개별 변숫값들의 백분율을 누적하여 표현한 백분율이다.

빈도분석은 변수의 종류에 관계없이 사용할 수 있는 통계분석 방법이지만, 비연속 변수(명목변수와 서열변수)를 분석하는 경우에 더 적합하다(황해익 외, 2017). 반면, 등간변수와 비율변수는 빈도표와 그래프를 이용하여 설명하는 것보다는 중앙집중경향도, 산포도 등을 이용하여 변수의 분포 형태를 보고하는 것이 적절하다.

2) 그래프

빈도분석을 통해 확인한 명목변수 혹은 범주의 값이 지나치게 많지 않은 서열변수의 경우에는 막대그래프(bar graph), 파이그래프(pie graph)를 활용한다.

또한 등간 및 비율 변수는 주로 히스토그램(histogram)이 주로 활용된다.

막대그래프는 막대의 높이가 변숫값의 빈도를 의미하며, 높이를 비교하여 값들의 빈도를 비교할 수 있다. [그림 14-8]을 보면, 각각 막대의 높이가 변숫값의 빈도를 나타내어 두 배 또는 세 배 길이의 막대는 그 만큼의 빈도를 의미하는 것이다.

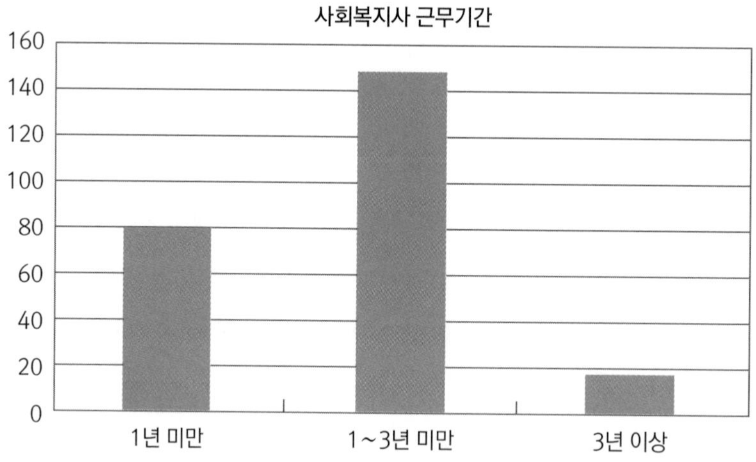

[그림 14-8] 막대그래프 예

파이그래프는 전체를 원으로 보고 각 값이 차지하는 비율에 비례하여 영역의 크기를 그리는 방법이다. [그림 14-9]에서 확인할 수 있듯이, 비율에 비례하여

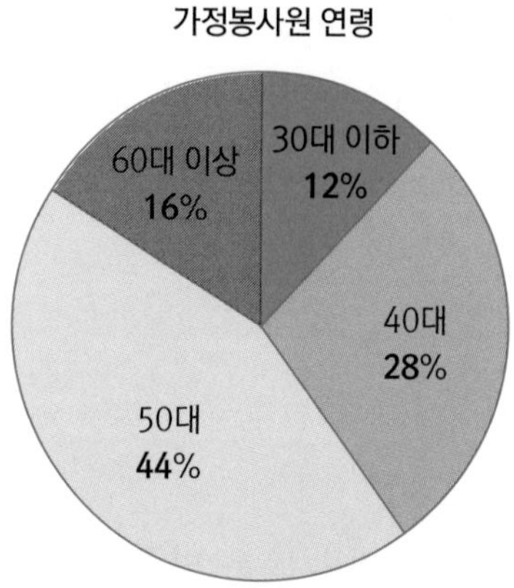

[그림 14-9] 파이그래프 예

원 안에서의 크기가 그려지므로 개별값들이 차지하는 영역의 크기를 비교할 수 있다.

히스토그램은 막대의 넓이가 등간의 크기와 일치하도록 그려지며 막대의 높이가 값의 빈도를 나타내게 된다. [그림 14-10]을 보면, 가로의 x축은 값의 범위에 상응하여 일정 간격으로 표시되어 값의 범위를 나타내게 된다(손병덕 외, 2012).

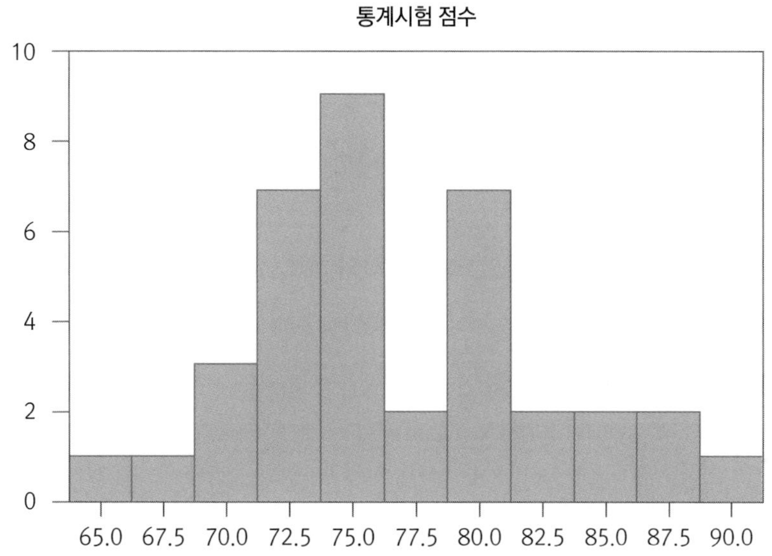

[그림 14-10] 히스토그램 예

5. 중앙집중경향도

수집된 자료를 정리해 보면, 우리는 관찰된 값들이 어느 곳에 모여 있는지를 쉽게 확인할 수 있다. 즉, 어느 구간에 많은 빈도수가 있으며, 그 외의 곳에는 빈도수가 적다든지 하는 것이다(황해익 외, 2017). 이러한 것을 나타내는 것이 중앙집중경향이라 한다.

이에 중앙집중화경향은 자료의 특성을 대표할 만한 하나의 수치로 나타낸 것으로 자료가 집중되는 위치 또는 중심이 되는 위치를 통계치를 통해 보여 주게 되며, 주로 최빈값, 중앙값, 평균의 통계치를 통해 확인하게 된다. 이러한 중앙집중경향치는 한 변숫값의 분포에 대해 요약할 수 있는 대표적인 값이라 할 수 있고, 특정 값을 분포에서 다른 값과 비교할 때 어느 정도 위치에 있는지를 알 수 있도록 하는 기준이 된다(손병덕 외, 2012).

1) 최빈값

최빈값이란 빈도가 가장 많이 발생한 관찰값을 말한다. 즉, 자료의 분포에서 가장 빈번하게 나타난 값을 이른다. 이러한 최빈값은 양적 자료, 질적 자료 모두에서 사용된다. 〈표 14-2〉를 통해 최빈값을 살펴보면, 소득수준에서는 중이며, 종교에서의 최빈값은 천주교다. 이렇게 최빈값은 모든 측정수준에서 사용할 수 있다는 특징이 있다.

한편, 〈표 14-2〉의 학력에서 고졸 이하와 대졸 집단의 빈도에서처럼 최빈값

표 14-2 평생교육 프로그램 참여자의 특성에 대한 빈도표

변수 명	변숫값	빈도(n)	백분율(%)	유효백분율(%)
소득수준	상	55	22.0	22.0
	중	120	48.0	48.0
	하	75	30.0	30.0
	합계	250	100.0	100.0
종교	기독교	30	12.0	12.0
	불교	70	28.0	28.0
	천주교	110	44.0	44.0
	기타	40	16.0	16.0
	합계	250	100.0	100.0
학력	고졸 이하	100	40.0	40.0
	대졸	100	40.0	40.0
	대학원졸	50	20.0	20.0
	합계	250	100.0	100.0

은 반드시 하나만 존재하는 것이 아니라 두 개 이상일 수 있으며, 변숫값의 분포가 한쪽으로 심하게 치우친 비대칭 모양에서는 중앙집중경향을 대표하는 값으로 사용하는 것은 부적절하다고 하겠다(손병덕 외, 2012).

2) 중앙값

중앙값은 값의 양적 자료에서만 사용되는 개념으로, 수치로 된 자료를 크기 순서대로 나열한 후 가운데(분포에서 50%) 위치하는 값을 말한다. 변숫값을 낮은 값에서 높은 값으로 순서대로 배열한 후 중간에 위치한 값이므로 전체 분포에서 50%에 위치한다고 할 수 있다. 중앙값은 서열변수, 등간변수, 비율변수의 중앙집중경향을 확인하는 통계치로 활용될 수 있다. 반면, 중앙값은 사례가 홀수인 경우와 짝수인 경우에 따라 구하는 방법이 다르다. 〈표 14-3〉처럼 사례가 홀수인 경우에는 앞에서 언급한 것처럼 자료를 크기 순서대로 나열한 후 중간에 오는 값이 중앙값이지만, 사례가 짝수인 경우에는 〈표 14-4〉와 같이 구해야 한다.

표 14-3 중앙값의 예(홀수 사례 수)

예시

- 중학생 9명을 대상으로 수학 점수를 조사한 결과를 가지고 성적이 낮은 점수에서 높은 점수로 순서대로 나열하였다.
  - 변숫값: 50, 60, 70, 72, 80, 85, 90, 91, 95
  - 중앙값: 80

표 14-4 중앙값의 예(짝수 사례 수)

예시

- 고등학생 10명을 대상으로 하루 평균 스마트폰 사용시간을 조사한 결과를 가지고 시간이 긴 순서대로 나열하였다.
  - 변숫값: 1시간, 2시간, 2시간, 3시간, 4시간, 5시간, 6시간, 6시간, 10시간, 11시간
  - 중앙값: 4.5시간
  - 계산방법: 가운데 5번째 수와 6번째 수의 평균값

최빈값이 두 개 이상일 수 있는 것에 비해 중앙값은 하나만 존재하기 때문에 보다 자주 사용되며, 변숫값의 분포에서 값들이 집중되어 있는 곳에 값이 위치하게 되므로 중앙집중경향을 나타내는 데 보다 유용하게 사용된다(손병덕 외, 2012).

중앙값은 변수의 가운데를 의미하기보다는 크기 순서대로 배열된 모든 값 중 가운데 지점에 위치한 값을 의미한다. 〈표 14-3〉에서 보면, 중앙값이 100점의 가운데 50점이 아니라 배열된 값들 중 가운데 지점에 해당하는 80점임을 통해 확인할 수 있다.

3) 평균

평균은 양적 자료에만 사용되는 개념으로, 중앙집중화경향을 나타내는 척도 중에서 가장 많이 활용하는 값이다(황해익 외, 2017).

평균은 변숫값의 합계를 사례 수로 나눈 산술평균(average)을 의미하며, 변수가 등간 혹은 비율 수준으로 연속변수인 경우에 중앙집중경향치의 대푯값으로 사용할 수 있다. 더불어 평균은 분포에 나타난 모든 값을 반영하고 있기 때문에 중앙값이나 최빈값에 비해 중앙경향의 대푯값으로 보다 잘 활용된다.

〈표 14-4〉에서 보면, 고등학생의 하루 스마트폰 사용시간의 평균은 변숫값 모두를 합한 후 사례 수로 나누어 산출하게 된다. 이에 변숫값을 모두 합친 50을 사례 수인 10으로 나누면 평균 5시간이 된다.

하지만 평균도 변숫값의 분포가 극솟값 혹은 극댓값 등으로 인해 값의 분포가 비대칭인 경우 중앙경향을 나타내는 통계치로서는 정확성이 떨어진다. 특히 사례 수가 적을 경우에는 이러한 경향이 더욱 커지게 된다고 할 수 있다. 따라서 변숫값의 분포가 너무 기울어지거나 치우친 분포를 이룰 경우, 또는 사례 수가 너무 적은 경우에는 평균을 사용하는 것을 신중히 고려해야 할 것이다.

6. 산포도

산포도(variability)는 분산도라고 부르기도 하며, 변숫값들의 분포가 얼마나 밀집 혹은 분산되어 있는지를 나타낸다. 변숫값들 사이의 변화 정도를 확인할 수 있는 산포도는 변수의 분포에 대한 정보도 제공할 수 있기 때문에 중앙집중 경향치보다 변수의 특성을 정확하게 확인할 수 있다.

산포도에 포함되는 주요 통계치는 범위, 사분위범위, 분산, 표준편차다. 분산, 표준편차는 평균과 관련되어 있기 때문에 산포도는 측정수준이 등간 또는 비율 변수 수준인 경우에 사용할 수 있다.

1) 범위와 사분위범위

자료의 분산도를 측정하는 간단한 방법으로 양극단의 두 수치의 떨어져 있는 정도를 살펴보는 방법을 범위(range)라 한다(박정식, 윤영선, 2005). 범위는 최댓값과 최솟값의 거리를 의미하며, 모든 변숫값을 포함시켜 그 값을 산출한다. 〈표 14-5〉를 통해서 그 값을 구하는 방법을 살펴보고자 한다. 〈표 14-5〉를 보면, 한 학급 학생들의 강의 만족도 분포에서 최솟값 10과 최댓값 90을 확인할 수 있다. 이에 최댓값에서 최솟값을 뺀 80이 이 자료의 범위가 된다.

이처럼 범위는 비교적 쉽게 그 값을 구할 수 있으며, 산출된 범위를 바탕으로 집단의 빈도분포를 알 수 있다는 점에서 장점을 가지고 있다. 반면, 범위는 자료에서 극솟값(minimum value) 또는 극댓값(maximum value)이 존재하는 경우에 범위를 증가시키는 한계를 가지기도 한다. 〈표 14-5〉에서 90은 다른 값들과 크게 차이가 나는 극댓값이며, 이 영향으로 자료의 범위가 커져 범위값을 자료

표 14-5 범위 계산하는 방법

예시

- 한 학급 학생들의 강의 만족도에 대한 점수분포가 10점에서 90점까지로 나타났다.
  - 변숫값: 10, 20, 20, 30, 40, 45, 47, 52, 56, 58, 62, 90
  - 범위 = 최댓값 - 최솟값 → 90 - 10= 80

를 이해하는 통계치로 사용하기에는 정확성이 떨어진다고 할 수 있다(손병덕 외, 2012).

사분위범위(interquartile range)는 범위의 단점을 보완한 것으로, 사분위수를 구하고 3사분위수에서 1사분위수를 뺀 값이 사분위범위다(최원석 외, 2017). 여기서 사분위수는 전체 자료를 4등분할 때 기준 수치인 25%, 50%, 75%의 수치를 사분위수라 한다. 25%의 수치는 제1사분위수, 50% 수치는 제2사분위수 또는 중위수라 하며, 75%의 수치는 제3사분위수라 한다(이종환, 2016).

표 14-6 사분위범위 구하는 방법

예시

① 자료를 차순대로 정리한 후, 1사분위수(25%), 2사분위수(50%), 3사분위수(75%), 4사분위수(100%) 위치로 구분한다.

② 3사분위수에서 1사분위수의 값을 뺀다.

2) 분산과 표준편차

분산(variance)은 변량이라고도 하고, 개별 값들이 평균에서 떨어진 거리의 정도를 나타낸다. 분산은 각 개별 관찰값이 평균에서 떨어진 거리의 제곱합을 전체 사례 수로 나눈 값을 말한다. 또한 분산과 표준편차는 각 관찰값에서 표본평균을 뺀 차이를 활용한다(최원석 외, 2017). 이러한 이유로 모든 사례값이 반영되는 분산과 표준편차는 가장 많이 사용되는 산포다. 분산은 〈표 14-7〉과 같이 각 사례의 평균편차(평균-사례값)를 제곱한 값을 모두 합한 후 사례 수로 나누면 구할 수 있다(손병덕 외, 2012).

표 14-7 분산 구하는 방법

예시

- 사례값: 1, 2, 3, 4, 5, 5, 6, 7, 8, 9 (평균: 5)
  - 분산: (사례값-평균)^{2}의 합 / 사례 수
  - 계산: $\{(1-5)^2+(2-5)^2+(3-5)^2+(4-5)^2+(5-5)^2+(5-5)^2+(6-5)^2+(7-5)^2+(8-5)^2+(9-5)^2\} \div 10=6$

표준편차(standard deviation)는 분산의 제곱근으로 산포도의 수치로 분산보다 더 자주 사용된다. 표준편차도 평균에서 떨어진 거리를 표준화한 값이며, 각 값들이 평균 근처에서 어느 정도나 떨어져 있는지를 나타낸다. 즉, 평균을 기준으로 특정 값들과의 거리가 어느 정도나 되는지를 알 수 있는 기준이 된다.

표준편차의 계산은 분산에 제곱근을 해 주면 된다. 〈표 14-7〉을 보면, 분산 6의 제곱근인 약 2.45($\sqrt{6}$)이 표준편차값이 된다.

연습문제

01 양적 자료분석에 대한 설명으로 옳지 <u>않은</u> 것은?

① 양적 자료는 수학적 공식에 의한 계산을 통계 프로그램을 이용하여 분석하게 된다.
② 양적 자료는 숫자, 부호, 문자 등으로 구성된다.
③ 양적 자료분석은 연구대상의 속성을 계량화 또는 수량화하여 분석하는 방법이다.
④ 양적 자료분석은 측정한 자료를 체계적으로 수집하여 정리하고 이를 분석하여 해석하는 기술이라 할 수 있다.
⑤ 양적 자료분석의 설계와 결과에 대한 해석은 통계 프로그램의 몫이다.

02 사회복지 기관에 1급 사회복지사가 많으면 서비스 질이 높아진다. 이때 서비스 질은 어떤 변수인가?

① 외생변수　② 매개변수　③ 종속변수
④ 통제변수　⑤ 독립변수

03 다음 설명에 해당하는 알맞은 개념을 고르시오.

이는 막대의 넓이가 등간의 크기와 일치하도록 그려진다. 그리고 막대의 높이가 값의 빈도를 나타내게 된다.

① 막대그래프　②) 파이그래프　③ 빈도표
④ 히스토그램　⑤ 꺾은선그래프

04 다음의 통계치 중 중앙집중경향도를 나타내는 것은?

① 비율　② 왜도　③ 분산
④ 최빈값　⑤ 첨도

05 산포도를 측정하는 통계치로 <u>부적절한</u> 것은?

① 분산　② 범위　③ 표준편차
④ 사분위범위　⑤ 평균

06 다음 변숫값들에 대한 통계치 중 잘못된 것을 고르시오.

> **A학급(20명)의 영어 점수**
> 20, 22, 30, 40, 50, 60, 60, 60, 65, 70, 72, 75, 75, 80, 82, 82, 82, 90, 90, 95

① 최솟값: 20　② 최댓값: 95　③ 평균: 65
④ 중앙값: 71　⑤ 최빈값: 60

07 학업성적이 직접적으로 행복감에 영향을 미치지만, 동시에 자기효능감을 경유해서 삶의 질에 영향을 미칠 수도 있다.'라는 명제에서 '자기효능감'은 어떤 변수인가?

① 독립변수　② 종속변수　③ 매개변수
④ 조절변수　⑤ 통제변수

08 변수에 관한 설명으로 옳은 것은?

① 종속변수는 원인변수다.
② 매개변수는 독립변수의 원인변수다.
③ 독립변수는 종속변수의 결과변수다.
④ 독립변수와 종속변수 간의 관계를 억제시키는 변수를 억압변수라 한다.
⑤ 매개변수는 종속변수의 결과가 되는 변수다.

09 다음이 설명하는 것은 무엇인가?

> 모집단에 대한 정보를 알기 위해 일부 선택된 대상을 말하며, 모집단의 성격을 대표할 수 있어야 한다.

① 표본　② 모수　③ 모집단
④ 모수치　⑤ 표집

10 비모수통계방법을 선택하기에 유용한 상황을 고르시오.

① 표본이 정규분포를 이루고 있을 때　② 표본이 무작위로 추출되었을 때
③ 변수가 비율변수 이상일 때　④ 표본의 크기가 작거나 질적 자료일 때
⑤ 표본의 크기가 클 때

답

01 ⑤ 02 ③ 03 ④ 04 ④ 05 ⑤ 06 ⑤ 07 ③
08 ④ 09 ① 10 ④

해설

01 양적 자료분석의 설계와 해석은 연구자가 가진 연구대상, 주제 등의 통찰력을 통해 이루어진다.

02 사회복지사의 수는 독립변수이며, 서비스의 질은 독립변수에 영향을 받는 종속변수다.

03 히스토그램은 빈도표 중 하나로, 가로의 x축은 값의 범위에 상응하여 일정 간격으로 표시되어 값의 범위를 나타내게 된다.

04 중앙집중경향도의 특성을 나타내는 통계치로는 최빈값, 중앙값, 평균 등이 있다.

05 산포도를 측정하는 통계치로는 범위, 사분위범위, 분산, 표준편차 등이 있다. 이에 평균은 해당하지 않는다.

06 해당 자료의 최빈값은 3의 빈도를 가지고 있는 60과 82다.

07 자기효능감은 독립변수인 학업성적과 종속변수인 행복감을 연결해 주는 매개변수다.

08 독립변수는 원인변수이고, 종속변수는 결과변수다. 매개변수는 독립변수의 결과변수이자 종속변수의 원인변수의 역할을 한다.

09 표본은 모집단 중에서 조사대상으로 채택된 일부를 말하며, 모집단의 특성을 추정하기 위해 선정된 집단으로 모집단을 대표하는 일부분이다.

10 표본이 무작위추출되고 자료가 정규분포일 경우, 그리고 변수가 비율변수 이상이거나 자료의 특성이 연속적일 때는 모수통계를 사용하나, 자료가 질적 자료이거나 표본이 적은 경우에는 비모수통계를 사용한다.

용어정리

통계(statistics) 어떤 관찰 가능한 대상이나 사건에 대해 측정결과를 서술하거나 일부에 대한 측정결과를 통해 전체를 미루어 생각하는 절차

기술통계(descriptive statistics) 수집된 자료를 활용하여 현상을 간단하게 기술하고 요약하는 경우에 사용하는 통계기법

추리통계(inferential statistics) 표본에서 얻은 자료로 모집단의 특성을 확인하고자 할 때 사용하는 통계기법

모집단(population) 연구자가 관심을 가지고 연구하고자 하는 전체 집단의 모든 구성원

표본(sample) 모집단 중에서 조사대상으로 채택된 일부

변수(variable) 개념을 측정가능한 면으로 본 것

독립변수(independent variable) 인과관계에서 원인(cause)을 가져오는 변수

종속변수(dependent variable) 인과관계에서 결과(effect)를 나타내는 변수

통제변수(control variable) 독립변수와 종속변수 간의 인과관계에 영향을 주는 제3의 변수

매개변수(intervening variable) 독립변수와 종속변수 간의 관계를 더 명백하게 설명해 주는 변수

외생변수(extraneous variable) 독립변수와 종속변수 간의 관계가 표면적으로 인과관계가 있는 것처럼 보이게 하는 변수

억압변수(suppressor variable) 독립변수와 종속변수 간의 관계를 왜곡시키는 변수

산포도(variability) 분산도라고 부르기도 하며, 변숫값들의 분포가 얼마나 밀집되어 있는지 혹은 분산되어 있는지를 나타냄

참고문헌

공정석(2011). 부모-자녀 간 역기능적 의사소통과 학업스트레스가 청소년의 자살생각에 미치는 영향에 관한 연구: 우울감의 매개효과와 성별 차이를 중심으로. 연세대학교 대학원석사학위 청구논문.

박정식, 윤영선(2005). 현대통계학. 서울: 다산출판사.

손병덕, 신연희, 양혜원, 이상무, 장신자, 전미애, 최선경, 황혜원(2012). 사회복지조사방법론: 이해와 실천. 서울: 학지사.

이종환(2016). SPSS를 이용한 조사방법 및 통계분석의 이해와 적용. 경기: 공동체.

장상희, 이상문(2007). 사회통계학: 원리와 실제. 서울: 교우사.

조춘범(2010). 청소년의 가정폭력경험 및 부모-자녀상호작용이 폭력비행에 미치는 영향. 청소년복지연구, 12(1), 93-121.

최성재(2005). 사회복지조사방법론. 경기: 나남출판.

최원석, 강순화, 박세희, 안수경(2017). 자료분석의 이해. 경기: 양서원.

황해익, 송연숙, 최혜진, 손원경(2017). 쉽게 배우는 SPSS 자료분석. 경기: 공동체.

Baron, R. M., & Kenny, D. A. (1986). The moderator-mediator variable distinction in social psychological research: Conceptual, strategic, and statistical considerations. *Journal of Personality and Social Psychology*, *51*(6), 1173-1182.

Rubin, A., & Babbie, E. R. (1993). *Research Methods for Social Work Pacific Grove*, CA: Books/Cole.

Rubin, A., & Babbie, E. R. (2000). 사회복지조사방법론. 성숙진, 유태균, 이선우 역. 서울: 나남출판.

찾아보기

인명

내용

ㅇ

ㅈ

ㅎ

저자 소개

김동기(Kim, Dong-ki)

연세대학교에서 사회복지학 박사학위를 취득했고, 현재 목원대학교 사회복지학과 교수로 재직 중이다. 장애인복지정책, 전달체계, 사회서비스, 민관협력 등에 관심을 갖고 연구하고 있다.

조춘범(Cho, Choon-Bum)

연세대학교에서 사회복지학 박사학위를 취득했고, 현재 성결대학교 사회복지학과 교수로 재직 중이다. 아동복지, 청소년복지, 학교사회복지 등에 관심을 갖고 연구하고 있다.

엄태영(Um, Tae-young)

연세대학교에서 사회복지학 박사학위를 취득했고, 현재 경일대학교 사회복지학과 교수로 재직 중이다. 빈곤, 자활, 지역사회복지 등에 관심을 갖고 연구하고 있다.

장용언(Jang, Yong-Eun)

연세대학교 사회복지대학원에서 박사학위를 취득했고, 현재 위덕대학교 사회복지학과 교수로 재직 중이다. 정신건강, 공공부조, 자활사업, 학교사회복지, 폭력 및 학대 등에 관심을 갖고 연구하고 있다.

황정하(Hwang, Jeongha)

미국 메릴랜드대학교(University of Maryland)에서 사회복지학 박사학위를 취득했고, 현재 전남대학교 생활복지학과 교수로 재직 중이다. 아동복지, 청소년복지, 사회복지행정, 사회서비스 전달체계 등에 관심을 갖고 연구하고 있다.

오인근(Oh, In-geun)

연세대학교에서 사회복지학 박사학위를 취득했고, 현재 한국침례신학대학교 사회복지학과 교수로 재직 중이다. 사회보장론, 노인복지, 사회복지정책 등에 관심을 갖고 연구하고 있다.

이민홍(Lee, Minhong)

미국 조지아대학교(University of Georgia) 사회복지학과에서 박사학위를 취득했고, 현재 동의대학교 사회복지학과 교수로 재직 중이다. 노인복지, 프로그램 개발과 평가, 인간행동과 사회환경 등에 관심을 갖고 연구하고 있다.

손인봉(Son, In-bong)

연세대학교에서 사회복지학 박사학위를 취득했고, 현재 나사렛대학교 사회복지학부 교수로 재직 중이다. 사회복지행정, 사회복지의 역사, 근로자복지 등에 관심을 갖고 연구하고 있다.

최권호(Choi, Kwonho)

연세대학교 사회복지대학원에서 박사학위를 취득했고, 현재 경북대학교 사회복지학부 교수로 재직 중이다. 암 서바이버십 및 의료사회복지, 만성질환 아동의 복지, 사회복지교육 등에 관심을 갖고 연구하고 있다.

임진섭(Lim, Jin-seop)

연세대학교에서 사회복지학 박사학위를 취득했고, 현재 배재대학교 실버보건학과 교수로 재직 중이다. 노인장기요양, 사회복지전달체계, 사회복지행정 등에 관심을 갖고 연구하고 있다.

김태형(Kim, Tae-hyeong)

연세대학교 사회복지대학원에서 박사학위를 취득했고, 현재 부산외국어대학교 사회복지학과 교수로 재직 중이다. 청소년 정신건강, 보건 및 의료사회복지, 근로자복지, 호스피스 등에 관심을 갖고 연구하고 있다.

이상우(Lee, Sang-Woo)

연세대학교에서 사회복지학 박사학위를 취득했고, 현재 목원대학교 사회복지학과 교수로 재직 중이다. 사회복지행정, 사회복지 전달체계, 노인복지 등에 관심을 갖고 연구하고 있다.

류원정(Ryu, Wonjung)

연세대학교에서 사회복지학 박사학위를 취득했고, 현재 연세대학교 사회복지연구소에서 전문연구원으로 재직 중이다. 가정폭력, 아동학대, 탈북가정 및 다문화가정, 자료분석 등의 분야에 관심을 갖고 연구하고 있다.

이선우(Lee, Sunwoo)

미국 조지아대학교(University of Georgia)에서 사회복지학 박사학위를 취득했고, 빈곤, 사회적 배제, 인권 등의 분야에 관심을 갖고 연구하고 있다.

사회복지조사방법론

Research Methodology for Social Welfare

2021년 3월 1일 1판 1쇄 발행
2023년 10월 20일 1판 3쇄 발행

지은이 • 김동기 · 조춘범 · 엄태영 · 장용언 · 황정하 · 오인근 · 이민홍
손인봉 · 최권호 · 임진섭 · 김태형 · 이상우 · 류원정 · 이선우

펴낸이 • 김 진 환

펴낸곳 • (주) 학지사
04031 서울특별시 마포구 양화로 15길 20 마인드월드빌딩 5층

대표전화 • 02) 330-5114 팩스 • 02) 324-2345

등록번호 • 제313-2006-000265호

홈페이지 • http://www.hakjisa.co.kr
인스타그램 • https://www.instagram.com/hakjisabook

ISBN 978-89-997-2281-3 93330

정가 20,000원

저자와의 협약으로 인지는 생략합니다.
파본은 구입처에서 교환하여 드립니다.